中华现代学术名著丛书

中国目录学史

姚名达 著

商務印書館
创于1897 The Commercial Press

2014年·北京

图书在版编目(CIP)数据

中国目录学史/姚名达著．—北京:商务印书馆，2014
(中华现代学术名著丛书)
ISBN 978-7-100-09907-3

Ⅰ.①中… Ⅱ.①姚… Ⅲ.①目录学史—中国
Ⅳ.①G257

中国版本图书馆CIP数据核字(2013)第072593号

本书据商务印书馆1957年版排印

中华现代学术名著丛书
中国目录学史
姚名达　著

商务印书馆出版
(北京王府井大街36号　邮政编码100710)
商务印书馆发行
北京瑞古冠中印刷厂印刷
ISBN 978-7-100-09907-3

2014年6月第1版　开本880×1240　1/32
2014年6月北京第1次印刷　印张12¾　插页2
定价：38.00元

姚名达

(1905—1942)

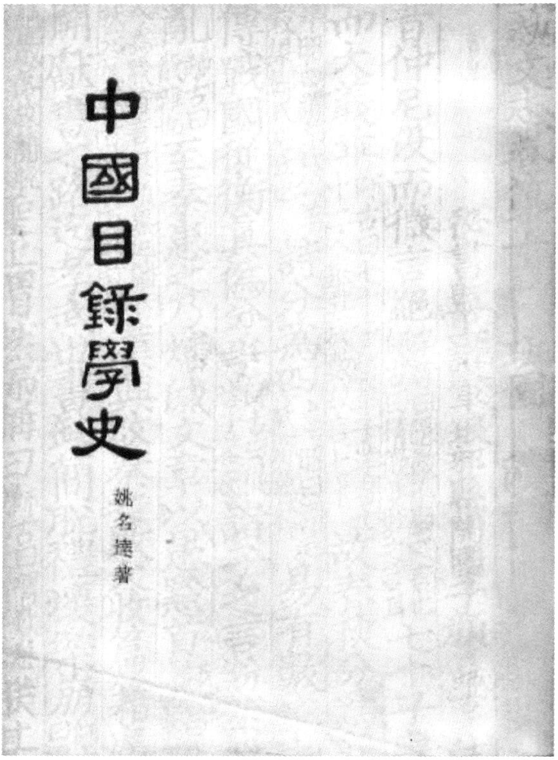

商务印书馆 1957 年版《中国目录学史》封面

出版说明

百年前，张之洞尝劝学曰："世运之明晦，人才之盛衰，其表在政，其里在学。"是时，国势颓危，列强环伺，传统频遭质疑，西学新知亟亟而入。一时间，中西学并立，文史哲分家，经济、政治、社会等新学科勃兴，令国人乱花迷眼。然而，淆乱之中，自有元气淋漓之象。中华现代学术之转型正是完成于这一混沌时期，于切磋琢磨、交锋碰撞中不断前行，涌现了一大批学术名家与经典之作。而学术与思想之新变，亦带动了社会各领域的全面转型，为中华复兴奠定了坚实基础。

时至今日，中华现代学术已走过百余年，其间百家林立、论辩蜂起，沉浮消长瞬息万变，情势之复杂自不待言。温故而知新，述往事而思来者。"中华现代学术名著丛书"之编纂，其意正在于此，冀辨章学术，考镜源流，收纳各学科学派名家名作，以展现中华传统文化之新变，探求中华现代学术之根基。

"中华现代学术名著丛书"收录上自晚清下至20世纪80年代末中国大陆及港澳台地区、海外华人学者的原创学术名著（包括外文著作），以人文社会科学为主体兼及其他，涵盖文学、历史、哲学、政治、经济、法律和社会学等众多学科。

出版“中华现代学术名著丛书”，为本馆一大夙愿。自1897年始创起，本馆以“昌明教育，开启民智”为己任，有幸首刊了中华现代学术史上诸多开山之著、扛鼎之作；于中华现代学术之建立与变迁而言，既为参与者，也是见证者。作为对前人出版成绩与文化理念的承续，本馆倾力谋划，经学界通人擘画，并得国家出版基金支持，终以此丛书呈现于读者面前。唯望无论多少年，皆能傲立于书架，并希冀其能与“汉译世界学术名著丛书”共相辉映。如此宏愿，难免汲深绠短之忧，诚盼专家学者和广大读者共襄助之。

商务印书馆编辑部

2010年12月

凡　　例

一、“中华现代学术名著丛书”收录晚清以迄20世纪80年代末，为中华学人所著，成就斐然、泽被学林之学术著作。入选著作以名著为主，酌量选录名篇合集。

二、入选著作内容、编次一仍其旧，唯各书卷首冠以作者照片、手迹等。卷末附作者学术年表和题解文章，诚邀专家学者撰写而成，意在介绍作者学术成就，著作成书背景、学术价值及版本流变等情况。

三、入选著作率以原刊或作者修订、校阅本为底本，参校他本，正其讹误。前人引书，时有省略更改，倘不失原意，则不以原书文字改动引文；如确需校改，则出脚注说明版本依据，以“编者注”或“校者注”形式说明。

四、作者自有其文字风格，各时代均有其语言习惯，故不按现行用法、写法及表现手法改动原文；原书专名（人名、地名、术语）及译名与今不统一者，亦不作改动。如确系作者笔误、排印舛误、数据计算与外文拼写错误等，则予径改。

五、原书为直（横）排繁体者，除个别特殊情况，均改作横排简体。其中原书无标点或仅有简单断句者，一律改为新式标点，专名号从略。

六、除特殊情况外，原书篇后注移作脚注，双行夹注改为单行夹注。文献著录则从其原貌，稍加统一。

七、原书因年代久远而字迹模糊或纸页残缺者，据所缺字数用“□”表示；字数难以确定者，则用“（下缺）”表示。

目　录

自序

书恒有序，以自炫也；而美其义曰：述著作之旨！自《庄子·天下篇》、《太史公自序》已不能无过实之辞；其他复何论哉？名达三十二载之生程，印满汗血与泪之污迹：智不足以免饥寒，仁不足以救妻子，勇不足以雪耻辱，其有忝于达德也甚矣！方且贻讥学阀，见笑高明，招架不住，落荒而走；允宜效金人之三缄其口，法董子之下帷三年；岂敢妄弄丹铅，嫁灾梨枣，自欺之不足，复以欺世乎？虽然，吾之著作，非以猎取功名，亦非为博得升斗；正因学力孱弱，窃欲藉此多读专门之书以自营养耳。忆昔清华园中，涵芬楼下，优游修习，其乐何极？而不幸一遭倭燹，再罹乱离，内增家室之忧，外乏图书之豢；犹复妄据讲坛，漫刊空论；驯致荏苒五年，学无寸进。其不合流同污，与狗争骨也几希！及乎妻死家残，故交乖戾，然后恍然于傲骨之不容于媚世而实学又不足以称其虚名也，乃有折节读书之志。

先是二十四年冬，商务印书馆以《中国目录学史》相属。名达自维业愧专门，学无创获，旧著《目录学》舛漏百出，方滋内疚，故受命之后，忧心忡忡！每趁课暇，辄走京、杭各图书馆借读，累月弥年，丛料愈积而组织愈难，乃力辞复旦讲席，移居杭州，专心研求，又历八月，始克告成。其始原欲博搜精考，撰成毫无遗漏之文献史，故逐书考察其内容，逐事确定其年代，逐人记述其生平，依时代之先后叙成系统。佛教目录即其残迹。著作过半，始知其规模太大，非克期出版之预约书所宜；亟毁已成之稿，改用主题分篇之法，撷取大纲，混合编制，几经改造，遂为今式。

是书绝非成熟之作。如能假以岁月，或可保持最初彻底研究之精神，求得明确详备之知识。惜因汗青期迫，致有虎头鼠尾之弊，不能一一如意探寻，私衷深以为憾。书中论断，多出心裁；近人新作，未克遍窥。姑举数端，聊示一斑：对于史事之考察，如谓《别录》无辑略，《诗》、《书》皆丛书，《隋志》四部为《七略》、《七录》之嫡裔，而非荀勖、李充四部之后身，《佛经》之《旧录》及《别录》即支敏度之《经论都录》及《别录》，马怀素之续《七志》与褚无量之整比四部并不同功，此类皆一反古今成说，不惮立异之讥。对于编制之体裁，杂用多样之笔法，不拘守一例，亦不特重一家。务综合大势，为有条理之叙述。亦一般不习见者。对于研究之结论，间有创说，如谓目录必兼解题与引得而有之，丛书必须拆散，不应合入总类，文集如不作分析目录则宜改入总类，皆昔人未出之言也。然统较全书得失，则其创获远少于过谬。如详究佛经目录而抹杀藏书目录，讲述分类而忽略编目，甚至同于《特种目录篇》中，亦各有详略，每无理由之可陈。此其剪裁之失均，大病一也。有时专读一书，兼旬弥月，有时片刻之间，涉猎数部，初则每书必目击心知，后竟望名生义。此其精懈之不等，大病二也。其他挂一漏万，知古昧今，荒谬之处，诚不堪专家之一击。且丛稿盈箱，每有已知而未用；私见所及，临时反忘而不录。他年如有馀兴，尚拟痛改而重造之，不敢隐恶拒善，自画于不知妄作之列耳。

当名达之写此稿也，如独入古墓，如长征沙漠，趱程愈远而痛苦愈深，废然思返者数矣。况又箪瓢屡空，典质俱尽。而又不愿苟且，初未因腹馁而漫剪报纸法令以充篇幅而图速成。当斯时也，有人焉济以干粮，煦以慈爱，俾其精神复振，有进无退，乃克有成，斯诚不可以不纪。今日何日？非吾父母六旬诞辰耶？非巴雪楼翁许吾与漱泉订婚之良辰耶？谨以此曾经用功而成绩极劣之著作呈献于父、母、雪翁暨漱泉之前，尚祈继续扶助而勉励之，俾于崎岖行尽之后，终能步入学域而有所树立，则尤幸事也。

最后，更以至诚感谢陈叔谅先生暨浙江省立图书馆诸君子，赖其恩惠，享有最大之自由，始得丰厚之养料以喂此弱不胜衣之婴儿。

一九三七年七月十一日，姚名达

叙论篇

目录

有一书之目录，有群书之目录。“《尚书》有青丝编目录。”《文选》任彦昇为范始兴作《求立太宰碑表》注引《七略》语。此一书之目录也。班固所谓“爰著目录，略述洪烈，述《艺文志》第十”，《汉书·叙传》语。今人引用此语者，每抹去最后一句，而漫属上文“刘向司籍，九流以别”为句。殊不知此“爰”字属于班固而不属于刘向。盖因向已别九流，固方得藉以著目录为《艺文志》也。试比较《叙传》其他各条，便知此义。此群书之目录也。遍辨其名之谓目；详定其次之谓录；有多数之名目且有一定之次序之谓目录。曰目曰录，皆非单独，义本相通，故成一体。万事万物，莫不有名，即莫不有目录；然多随意编次，不成学术。独图书之目录，发生甚早，发展甚速，其为学者所研究且成为一切学术之纲领也，尤迥异于他项目录，故独成为专门之学术焉。一般简称图书目录为目录，固非无由。

考目之本义原为人眼：甲骨文有《铁云藏龟》页十六之一。《铁云藏龟之馀》页十一之一。《铁云藏龟拾遗》页十之三。等字，拙著《目录学》误据《殷虚文字类编》，妄谓甲骨文无目字，失之不考，深滋内疚。谨于此敬告读者曰：凡本书论断有与旧著差异者，请以本书为主，勿怪其矛盾。《𤔲目父癸爵》有

字，皆像人眼外匡内眹之状。《管子·宙合》："目司视。"《礼记·郊特牲》："目气之清明者也。"然人眼有二，木之节似眼而其数不限于一，故木节亦谓之目。《考工记》："斫目必荼。"注："目，干节目也。"《礼记·学记》："善问者如攻坚木，先其易者，后其节目。"《吕氏春秋》："尺之木必有节目。"后世以复数之名物谓之节目，即援斯义而引申之也。《周官·天官》："一曰正掌官法以治要，二曰师掌官成以治凡，三曰司掌官法以治目。"《公羊传·僖五年》："诸侯何以不序？一事而再见者，前目而后凡也。"《春秋繁露·深察名号》："目者遍辨其事也，凡者独举其事也。"故目者凡之反，有逐一称道之义。《论语》："颜渊问仁，子曰：'克己复礼为仁。'请问其目，子曰：'非礼勿视，非礼勿听，非礼勿言，非礼勿动。'"即其例也。自后凡有著述者，多撷二三字为一篇之眉目。故刘向校书，"辄条其篇目"；《汉志》。"比类相从，各有条目"。《汉书》本传。渐进而与录字结合为一体矣。

録之本字作录：甲骨、钟鼎文字皆无録字，仅有录字，作《殷虚书契前编》卷六页一之八。《后编》卷下页十三之十四。《菁华》页五之一。《颂敦》。《录伯戎敦》。《多父槃》。等形。俞樾《儿笘録》："《说文·金部》：'録，金色也，从金，录声。'樾谓録为金色，于古无征。许君盖依绿字说之。绿从系，为色青黄也，故録从金为金色，金之色亦在青黄之间也。然恐非字之本义。今按録者，录之或体也。录部：'录，刻木录录也。'刻木必用刀，故或从金。《周官·职币》曰：'皆辨其物而奠其録。'杜子春曰：'定其録籍也。'隐十年《公羊传》曰：'《春秋》録内而略外。'盖古人文字，箸在方策，故谓之録，即从刻木之义而引申之也。録与虑，古音相近，故録囚亦谓之虑

因,《金部》:‘鏕,错铜铁也。从金,虑声。’错铜铁谓之鏕,刻木谓之録,盖声近而义可通矣。”章炳麟《小学答问》:“凡言记録者,借为刻木录录之录,古为书契,本刻木为之也。束、娄、録,古音皆在侯部,得相通假。娄、録同为束,犹镂、录同为刻矣。”推俞、章二家之说,察甲骨、钟鼎文字之形,则录字为刻木之声,亦为刻木之形,故成为刻木之义。録之本字当为录,似可无疑。作动词用,则有详明记识之义。《礼记·檀弓下》:“铭,明旌也;以死者为不可别已,故以其旗识之;爱之斯录之矣,敬之斯尽其道焉耳。”注:“爱亲者不忍死其亲,故录而识之。”《公羊传》隐十年:“内大恶讳,此其言甚之何?《春秋》录内而略外:于外大恶书,小恶不书;于内大恶讳,小恶书。”成八、九、十年:“此何以书?录伯姬也。”定四年:“外大夫不书葬,此何以书?录我主也。”庄二年:“外大夫不卒,此何以卒?录焉尔。曷为录焉尔?我主之也。”《穀梁传》桓五年:“任叔之子者,录父以使子也,故微其君臣而著其父子,不正父在子代仕之辞也。”庄七年:“《春秋》著以传著,疑以传疑;中之几也,而曰夜中,著焉尔。何用见其中也?失变而录其时,则夜中矣。”庄十七年:“逃来则何志焉?将有其末,不得不录其本也。”比证上列各文,则录字系动词,有如现代所谓“特写”之义,加重,加详,使文义益加显著耳。如作名词用,则为名目之次第。《国语·吴语》载黄池之会,吴师昧明进逼晋师,晋遣使问曰:“两君偃兵接好,日中为期;今大国越录,而造于弊邑之军垒,敢请乱故!”吴国所越之录,必与现代开会所用之秩序单相同;原定日中开会,而吴师“昧明”进军,故晋使责以越录耳。《周礼·天官》:“职币掌式法以敛官府都鄙;与凡用邦财者之币,振掌事者之馀财,皆辨其物而奠其录,以书楬之,以诏上之小用赐予。岁终则会其出。凡邦之会事,以式法赞之。”夫既辨其物而奠其录,则物之名称数量及赐予之先后，皆一目了然。虽与上述之开会秩序单功用略异，然其有一定之次第及含多数之名物也，固无不同。则春秋、战国之间，已称序列名物次第之单簿为录矣。《汉官旧仪》亦载有二种录，其一云：“丞相府……官属吏不朝旦，白录而已。”“掾史有过，君侯取录，推其录三日，白病去。”“大夫见孝廉上计，丞长史皆放官司马门外，比丞相掾史，白录。”此官吏之名单或签到簿也。其二云：“掖庭令，昼漏未尽八刻，庐监以茵次上婕妤以下，至后庭，访白录所，录所推当御见，刻尽，去簪珥，蒙被入禁中。”此妃嫔之名单也。《周礼》“内小臣阴事”注亦云：“若今掖庭令，昼漏不尽八刻，白录所记推当御见者。”综上四例，则录字在刘向以前，早已成为专门名词矣。推此含义，遂用为图书目录之简称。《汉书·艺文志》：“张良、韩信序次兵法”，“杨仆捃摭遗逸，纪奏《兵录》”。名图书目录为录，实始见于此。揆其字义，亦由于上述之名目次第而来。故“每一书已，向辄条其篇目，撮其旨意，录而奏之。”此录字亦非如后世所谓钞录而实为“特写”，为次第名目，为详细说明也。《七录序》：“昔刘向校书，辄为一录……皆载在本书。时又别集众录，谓之《别录》。”据此，则向所特写之目录，在本书中即谓之录，集合多篇，另成一书，则谓之《别录》。录字之为目录简称，正与兵法目录之简称《兵录》相同。故录可包目，而目未必可包录。单举之则曰录，复称之则曰目录。

目录学

目录学之成词，始见于清乾隆间王鸣盛之《十七史商榷》。其在古代，则与校雠学形成二位一体，名实近似，缭绕不清。盖自刘向校书，始有《别录》，其子歆种别群书，始著《七略》。父、子世业，《录》、《略》并传，牵连而言，辨别非易。其实若以现代分科之眼光论之，则刘向之事近乎校雠学，刘歆之事近乎目录学；纵使歆亦校书，向亦有目，要其精神各有所重，学术断然分途，可无疑也。然其成书则皆目录之俦。古代秘阁藏书，自购求至插架，不似现代之便易，必须经过一番整理校雠工夫，使书之体质固定，内容整洁，然后始可分类编目，插架庋藏。此在第一次大校理之向、歆时代其前亦有二次，然史实不甚明显，且其规模不及向、歆之大。实为必不可少之过程；而在后世，宜可稍稍减少繁琐之手续，径将购求所得之书分类编目；而不幸秘阁藏书仅为皇帝装饰门面，故任何书籍必须改写成形质同样之书本，因此校雠之功又属必需；直至清廷校写《四库全书》，编撰《总目提要》，犹两事同时并举，不可分离焉。此种校书撰录之事既为旷代一逢，故任其职者亦由一时文臣滥竽充数，未必有专家视为专门之学，聚精会神以贯注之。私家目录亦不过聊便稽检而已，更无出奇制胜之必要。以是之故，二千年来，校雠目录之学并无特殊飞跃之进步。无论从任何方面观察，后人之所加于向、歆者，较之向、歆之所已发明而实践者，究属戋戋有限，与二千年之长时期比照，惭愧抑不胜矣。至于专门研究校雠目录之书，尤屈指可尽。吾人欲知此学之原理为何，方法为何，仅可从散在各种目录之字里行间寻绎之，或可得其一鳞半爪，然后组织成为有系统、有条理之学术焉。窃自向、歆校书，著成《录》、《略》，实为我国目录学史上之辉煌成就。只以后人习于旧说，称其事为校雠，遂使目录与校雠判为二事，久矣夫不能得其的解。故著者就研究所得，挹校雠于目录之怀，吸收其有关于目录之精华，而唾弃其无关大义之糟粕，于以进行其工作，庶乎无举步维艰之苦焉。《别录》释“雠校”之义，谓“一人读书，校其上下，得缪误，为校；一人持本，一人读书，若怨家相对，为雠”。《文选·魏都赋》注，《御览》六百一十八。原指校勘文字篇卷之错误而言。然自向、歆领校秘书，始将流动不居、乱杂无序之古书，编定目录以固定其形质。晋世荀勖、宋世谢灵运，皆尝受诏“整理记籍”。故校雠之义即为整理，并不似近代之专指校勘文字之脱误也。唐有详正学士，宋有秘阁校理，顾名思义，皆可证其职务未必限于校勘。且校书所撰之目录，自《七录》聚为《簿录部》后，或谓《隋志》始有簿录类，非也。《古今书录》又改为《目录类》。倘使类名即为学科之名，则校雠整理之学，古人已认为目录学矣。及宋人郑樵“取历朝著录，略其鱼鲁豕亥之细，而特以部次条别，疏通伦类，考其得失之故，而为《校雠略》。”见章学诚《校雠通义》。转弃狭义之校勘，而直以广义之求书、分类、编目等项为校雠学之主要任务。清人章学诚祖述其说，乃谓“校雠之学，自刘氏父子，渊源流别，最为推见古人大体。而校订字句，则其小焉者也。绝学不传，千载而后，郑樵始有窥见，而未尽其异，人亦无由知之。世之论校雠者，惟争辨于行墨字句之间，不复知有渊源流别矣。近人不得其说，而于古书有篇卷参差，叙例同异，当考辨者，乃谓古人别有目录之学，真属诧闻。且摇曳作态以出之，言或人不解，问伊书止求其义理足矣，目录无关文义，何必讲求？彼则笑而不言。真是贫儿卖弄家私，不值一笑矣”。见《章氏遗书·信摭》。学诚之意，直不承认有所谓目录学，而欲以校雠学包举之。实则学诚之所谓校雠学，正吾人亟应提倡之真正目录学，而其所鄙薄之目录学，却又相当于狭义之校雠学——校勘学也。试述其言，一则曰：“校雠之义，盖自刘向父子，部次条别；将以辨章学术，考镜源流；非深明于道术深微，群言得失之故者，不足与此。”《校雠通义叙》。再则曰：“著录部次，辨章流别，将以折衷‘六艺’，宣明大道；不徒为甲乙纪数之需。”同上《原道》。三则曰：“古人著录，不徒为甲乙部次计；如徒为甲乙部次计，则一掌故令史足矣，何用父子世业，阅年二纪，仅乃卒业乎？实则甲乙部次亦并不易，且向、歆世业乃因整理及校雠缮写之费时，并非因有何神妙。盖部次流别，申明大道，叙列九流百氏之学，使之绳贯珠联，无少缺逸，欲人即类求书，因书究学。”同上《互著》。夫目录学分类之目的，正欲人“即类求书，因书究学”。同类之书，所以须按时代排列者，正欲“考镜源流”。编目之法，所以详列各书梗概者，正欲“辨章学术”。此所谓“部次条别”者，正广义校雠学之目录学所应负责之事，古人既早已名此种著录书名之书为目录，则正名为目录学也实最适宜。何必拘守郑樵不甚通道之旧名，致使人误认为狭义校雠学之校勘学哉？著者尝取学诚之语而修正其意，定目录学之意义曰：“目录学者，将群书部次甲乙，条别异同，推阐大义，疏通伦类，将以辨章学术，考镜源流，欲人即类求书，因书究学之专门学术也。”见拙著《目录学》。盖学术渊深，研究非易，舍师生口耳传授及亲身实地经验之外，实惟书籍是赖。学术如千门万户，书籍更已不只汗牛充栋。将欲因书究学，非有目录学为之向导，则事倍而功半。故分言之，各种学术皆有其目录学；合言之，则目录学实负有指导各种学术之责任。浅言之，将繁富乱杂之书籍编次为部别州居之目录，使学者自求之，目录学家之职务也。深言之，不特使书籍有一定之位置，且能介绍其内容于学者，使学者了然依南针以前趋，尤目录学家之功勋也。著者之见解若是，故其所谓目录不限于书名，目录学亦不限于分类编目，试读次章，便知其义。

目录之种类与目录学之范围

区别目录为若干种类，其说颇繁。首先议及者，当推清乾、嘉间之洪亮吉。其言虽指藏书家，实可借为目录学家之分类。曰：“藏书有数等：得一书必推求本原，是正缺失，是谓考订家，如钱少詹大昕、戴吉士震诸人是也。次则辨其板片，注其错讹，是谓校雠家，如卢学士文弨、翁阁学方纲诸人是也。次则搜采异本，上则补石室金匮之遗亡，下可备通人博士之浏览，是谓收藏家，如鄞县范氏之天一阁、钱塘吴氏之瓶花斋、昆山徐氏之传是楼诸家是也。次则第求精本，独嗜宋刻，作者之旨意纵未尽窥，而刻书之年月最所深悉，是谓赏鉴家，如吴门黄主事丕烈、邬镇鲍处士廷博诸人是也。又次则于旧家中落者，贱售其所藏，富室嗜书者要求其善价，眼别其赝，心知古今，闽本蜀本，一不得欺，宋椠元椠，见而即识，是谓掠贩家，如吴门之钱景开、陶五柳，湖州之施汉英诸书估是也。”《北江诗话》卷三。由其所论以事推究，则藏书有考订、校雠、收藏、赏鉴、掠贩诸家之不同，即目录亦有此五者之异。虽非甚切，亦可借喻也。为一切目录作总目录，从而分别部类者，则始于二十年前之周贞亮、李之鼎。其《书目举要》分一切目录为部录、编目、补志、题跋、考订、校补、引书、版刻、未刊书、藏书、释道目十一类。后来陈钟凡加“自著书”而成十二类。见《古书校读法》。孙德谦则分为藏书家之目录，读书家之目录，史家之目录三类。见刘向《校雠学阐微》。张尔田则分为官家之目录、藏家之目录、史家之目录三类。见《汉书·艺文志·举例序》。业师胡朴安先生则以网罗古人著作、保存自己收藏、考订板本、研究学问四项目的之歧而分为四类。《论编书目》，见《国学汇编》。此三家徒作空论，不似周、李之实地经验，故详略迥殊，而其不恰切则亦从同。近年邵瑞彭、阎树善等撰《书目长编》，用意与周、李同而分类又异，列表如下：

- 《书目长编》
  - 贮藏类
    - 公藏
    - 私藏
  - 史乘类
    - 正史
    - 备采
    - 补史
    - 通载
    - 方志
  - 征存类
    - 门类
      - 全类
      - 分类
      - 专书
    - 征阙
    - 禁毁
    - 征引
    - 著刊
      - 自著
      - 自刊
    - 丛书
      - 丛书总目
      - 丛书分目
    - 版片
    - 经眼
      - 知见
      - 题志
    - 劝学
  - 评论类
    - 流略
    - 掌故

确有其书而详为分类者则以《北平图书馆书目》为比较最详，列表如下：

- 《国立北平图书馆书目》目录类
  - 图书学
    - 通论
    - 目录学
    - 板刻
    - 校雠
    - 考证
    - 书影
  - 图书目录
    - 著录
      - 书录
      - 丛书目录
        - 总目
        - 子目
        - 附丛刻
      - 艺文志
        - 史志
          - 通记
          - 断代
        - 邑志
          - 中国
          - 外国
      - 著述考
        - 族姓
        - 学派
        - 个人
      - 学术总目
      - 学科专目
        - 经籍
        - 小学
        - 历史
        - 地理
        - 金石
        - 传记
        - 哲学
        - 宗教
        - 科学
        - 艺术
        - 文学
      - 存毁书目
        - 征存
        - 知见
        - 引用
        - 禁毁
        - 阙佚
        - 未刊
      - 刊行书目
      - 题跋及读书记

- ……
  - 收藏
    - 公藏
      - 汉
      - 宋
      - 明
      - 清
      - 民国
      - 外国
    - 图书馆书目
      - 公家
        - 独立
        - 学校附属
        - 外国
      - 私人
    - 私藏
      - 宋
      - 明
      - 清
      - 民国
      - 外国
- 图书馆学
  - 通论
  - 行政——馆规
  - 管理
    - 采访
    - 分类
    - 编目
    - 推广
  - 特种图书馆
    - 儿童
    - 通俗
    - 学校
  - 普通图书馆
    - 概况
    - 事务报告
  - 图书馆教育
  - 图书馆调查

次则《清华大学图书馆目》分为图书学、图书目录、艺文志与著述考、存毁书目、学术书目、收藏书目、群书题记、刊行书目、各国藏书目九大类，每类各有子目。此二书分类皆不能无误，《清华目》甚至合叙录与论文索引为一类，分题跋与读书记为二类，甚可笑也。

著者对于目录之分类非群书之分类。则认为应从多方面着眼。一、自条目体积之大小分之，则有篇目与书目之异。一般仅认书目为目录，固嫌已隘，即承认一书之篇目而不承认群书篇目之引得（Index），亦未为知方之论也。盖篇目犹传记，书目犹历史，集传而成史，无异集篇而成书。故本书不仅专论书目而并论及篇目焉。二、自书籍典藏之有无分之，则有藏书目录与非藏书目录之异。杜定友以目录之名专属之藏书目录，其非然者则谓之书目，名词界义殊不清晰；未若以目录为通名而别加以形容词之为愈也。倘使论目录学而不及非藏书之目录，新旧二派皆然。则目录学之功才得其半，尤为未可。三、自藏书目录之藏者分之，则有公藏、私藏，公开、非公开，独立、非独立，古今，中外，种种区别，皆为庋藏方便起见，实无深义存焉。四、自非藏书目录之对象分之，则有时代、地方、学术、人格、数量、实质之别，纷纷非一语可尽也。五、自目录结集之形式分之，则有账簿式、固定。活页式卡片。之异。六、自目录排列之方法分之，则有辞典式、依检字法排列。类书式、依分类法排列。年表式、依年月排列。百科全书式、依事物排列。序跋式漫无定序。之异。七、自目录标题之性质分之，则有著者目录、以著者姓名为纲。书名目录、以书名为纲。分类目录、以类名为纲。主题目录以事物名为纲。之异。八、自目录内容之体制分之，则有纯书目、有仅记书名、著名、卷数者，有兼记版本参考事项者。纯解题、有于书目后作解题者，有于书籍中作题跋者。兼书目及解题之异。自解题内容之旨趣分之，则有解释内容、订正讹误、考索存佚、研究版本、批评是非、叙述源流之异，又或兼而有之。

穷流索枝，其类实繁，目录学之范围亦缘此而画定焉。曰：非书目之是究而篇目之或忘，一也。非藏书之是限而阙书之不求，二也。非名数之是征而内容之不问，三也。更有进于此者，曰：目录学与校雠学有关，但重其篇卷之整理而忽其字句之校勘，一也。目录学与考证学有关，但取其对于书籍真伪，史事先后之考订而弃其不关于书籍者，二也。目录学与版本学有关，但取其对于版本人代优劣之考定而弃其嗜古好奇之态度，三也。目录学与传记学有关，但记著者对于书籍之关系而不必详其人之全体，四也。目录学与检字学有关，用其法以排列条目，五也。目录学与分类学有关，取百科分类之标题为分类目录或主题目录之纲领，六也。目录学与图书馆学有关，但只分其疆域之半，过问选书、求书、分类、编目、插架、辅导等事而不必预闻图书馆之组织管理经营等事，七也。目录学与图书史或学术史西人所谓书史学。有关，然彼则注重书籍及其所表现之学术之直线关系而此则注重其平面关系，八也。目录学与百科学术皆有关系，盖必识百科之大概，或就教于各科专家，然后可制成优良之目录以助百科学术之发展，九也。综此十余义，则目录学之性质及其范围约略可定，如丝之有绪，海之有涯，庶无惑焉。

目录学史之组织

著者对于目录学之性质及其范围既有如上之认识，故其目录学史之撰著亦依此线索以寻求史料，推究大势。著者以为分类、编目固目录学之二大工程；而编目必须包括解题，此义为今人之所忽略而其事则为古人之所尝努力，乃吾人亟应恢复其注意者。狭义之校雠学固另有其界域，为目录学史所不宜侵略；然古代之校书实与编目有密切之关连，苟不涉及，则犹截流治水，不从源头设法，其不能成功也必矣。故于广义之校雠学亦不能不连带叙述焉。

一般治历史者，每喜用断代法，盖一时代苟有一时代之特殊色彩，其断代也固宜；然在中国目录学史中，则时代之精神殆无特别之差异，强立名义，反觉辞费。故本书不用此法而特取若干主题，通古今而直述，使其源流毕具，一览无余。然此种主题分述法亦有其流弊，一则同一事件而分散于各题之中，不能识其全貌；盖有经无纬，则组织不能周密也。一则文气所至，不便琐陈，以致时代不明，后先倒乱，盖既分题各篇，则不能依时代为先后，故忽今忽古，使读者迷乱莫明，尤其大患。著者为此统筹并顾，决依史事之所宜，采多样之体例，以蕲体例为史事所用而史事不为体例所困。故首述《溯源篇》，以推究目录之渊源，迄于向、歆《录》、《略》而止，举凡书籍之产生、传述、整理、校勘、写定、分类、编目以至插架，莫不推寻其原始、状态，混合叙述，不似后此各篇之以主题为纲领。在全书中，其笔法独异，倘欲名之，或可谓之追问法。其次所宜述者为目录学史之全貌，既不欲顺时断代为混合之论次，又不欲杂厕无关要义之关系史事于各主题篇中，故特用正史之本纪体例，取自古至今有关于目录学之零星史事，依年代之先后，逐件系年，名之曰《通纪篇》。此篇悉属原料，从千百书中钩稽而出，考定排比，费时最多。书成自观，殊觉乏味。然欲确知某一史事之时代及其过程，则舍是莫由；苟能一气读毕，对于中国目录学之发展，亦可隐约得一概念；专家用作参考，必可免翻检之烦；且读各主题篇时，必有随手比照，增加领略之功。然因其数量太多，颇觉累赘，故特抽出单行，易名曰《中国目录学年表》。此篇之后，分题另篇，不复综合。一曰《体质篇》，二曰《分类篇》，皆所以勘同析异，明变求因，上下古今，分别学派，合数十家为一段，不复胪列条别。所用体例，盖如正史之书志，以事为主，不以人或书为主，重在大势而不重在个体。此二篇者，在全书最为重要。欲知中国目录学之主要精神，必亦于此求之。然其所述皆为总目录之演变，故于性质特别之目录未暇兼顾。于是另作《史志篇》以述各时代之目录，作《宗教目录篇》以述见弃于总目录之目录，作《专科目录篇》以述各种学术之目录，作《特种目录篇》以述各种畸形发展，不以学术分类之目录。《专科篇》以学术分科，溯古详今，侧意提倡。《特种篇》以对象分题，如丛书、禁书，以至地方著作，皆未可限于一科者也。《宗教篇》大体以书名为主，若解题然，此因其向为正统派所不道，知者尤鲜，故考证论次，比较稍详。《史志篇》则以时代为主，凡正史艺文志之来源，后世补志之纷起，莫不加以评骘。而史志之成，莫不据秘阁之校雠，合而为目录学之正统派，故作一《校雠篇》为之前驱。此五篇者，所用笔法各异，且与前二篇亦迥殊。纵横经纬，交相为功。不拘泥于体例之一致，庶几各得如意遣辞，不为文气所迫焉。最后乃作《结论篇》，略陈著者对于过去之感想，将来之希望，以结束全书。如此安排，稍觉称意。但恐材料芜杂，分配维艰，则重复矛盾之弊失于检点者，亦不少耳。

溯源篇

上古典籍与目录之体制为何如乎

此问题颇难解答。故一般叙次中国目录源流者，多断始于西汉末年之《别录》与《七略》，反援今人之叙哲学史以自解，意谓古书多伪，未敢据以为说耳。此犹直认黄河出于积石，长江导于岷、沱，而不知其上流尚有更幽远之渊源也；因噎而废食，画地以自限，讵足与议史学哉？竺旧之流，则又侈谈羲、农，曲尊孔、孟，以谓古学尤盛于后世，《六艺》为百科之祖宗；此其泥古寡闻，弊深于怀疑派，更不可沿为记事之法。著者窃谓研究古史，宜取最真实而最清楚之某一事迹为根据点，用追问溯寻法向上循察，步步为营，逐一解决。盖有已知之史事为向导，循其脉络，钩沉显微，自易为力，可无擿埴索涂之苦。较之轻信成说，顺叙古今，不复深究者，似觉稍妥。兹当推究中国目录之起源，不能不连带明瞭上古典籍之情状。而前人成说，多不可靠。故拈取《别录》、《七略》为追求之出发点，先领略其本身之一切，然后遍查现存古书，从字里行间，拔识有关于典籍与目录之记载，综合比较，以解答所欲寻索之问题。即用问答式逐条论次，倒溯上去。首宜提问者：

（1）《录》、《略》之前，有目录乎？曰：有，有。《汉书·艺文志》

简称《汉志》。有云："自春秋至于战国，出奇设伏，变诈之兵并作。汉兴，张良、韩信序次兵法，凡百八十二家，删取要用，定著三十五家。诸吕用事，而盗取之。武帝时，军政杨仆捃摭遗逸，纪奏《兵录》，犹未能备。至于孝成，命任宏论次兵书为四种。"据此，则任宏与刘向等校书以前，已有良、信校兵法，杨仆撰《兵录》之事。《兵录》之确为兵书目录，望名可知。参看《叙论篇》。良、信之"序次"等于任宏之"论次"，亦有编次目录之意。"删取"之后，又有"定著"，则旧书新书殆各有目录也。杨仆纪奏《兵录》之时，当在元朔五年之后。盖是年夏六月，武帝有"今礼坏乐崩，朕甚闵焉"之诏。见《汉书·本纪》。"于是建臧同藏。书之简，同册。置写书之官，下及诸子传说，皆充秘府。"《汉志》。杨仆既撰兵书目录，则其他各种藏书之策亦或各有校书撰录之事。盖"外则有太常、太史、博士之藏，内则有延阁、广内、秘室之府"，《汉志》注引《七略》。藏书之府，多至六处，而谓其皆无目录，其谁信之？何况在后之任宏论次兵书，同时有刘向、尹咸、李柱国等分校《六艺》、《诸子》、《诗赋》、《术数》*、《方技》；在前之良、信序次兵法，同时有"萧何次律令，张苍为《汉书》作定。章程，叔孙通定礼仪"。《史记·自序》末段。岂有中间之汉武帝独令杨仆纪奏《兵录》，而不更令他人校定所写所藏之书乎？此盖史文偶未及载耳。治史之法，固不可错认不见史载之事便为并无其事也。至于"萧何次律令"等事，《史记·自序》之于"秦拨去古文，焚灭《诗》、《书》，故明堂、石室、金匮、玉版图籍散乱，于是汉兴"之后，与"韩信申军法"相属为文，足证其为同一目的，同一办法，同因"图籍散乱"而加以"序次"，"删取要用"，"定著"为若干家，俾合当代政治上之实

* 原版作《数术》，据《汉志》改。——编者注

用。此种对古书下一番大规模之整理，在现存史料中实为最古之事实。考“沛公至咸阳，萧何独先入，收秦丞相、御史律令、图书藏之”。《史记》本传。张苍“秦时为御史，主柱下方书”，“明悉天下图书计籍”。《史记》本传。叔孙通“起朝仪”，“颇采古礼与秦仪，杂就之”。《史记》本传。朝仪之外，必又定一切礼仪。此其人皆熟悉古书，故堪任序次定著之选。韩信被俘，叔孙起仪，皆为汉高帝六年之事。倘使彼等所序次之律令、军法、章程、礼仪而各有目录也，则目录之产生距今已2138年矣。虽然，此仅就《史记》明白标举者而推论之耳。若更追究之，则宜问曰：

(2)秦室藏书有目录乎？曰：有，有。即从上引《史记·自序》所载可以知之。盖“明堂、石室、金匮、玉版”之“图籍”所以“散乱”，实因“秦拨去古文，焚灭《诗》、《书》”之“故”。《诗》、《书》为图籍之一部分，既经抽出焚灭，故图籍为之“散乱”耳。当未散乱时，其必有目录为之纲纪亦在意中。况当秦始皇焚书时，李斯定其令曰：“史官非《秦纪》皆烧之。非博士官所职，天下敢有藏《诗》、《书》、百家语者，悉诣守尉杂烧之。所不去者，医药、卜筮、种树之书。若欲有学法令，以吏为师。”见《史记》卷六。夫其必焚与不必焚者既各有其类，而非不分皂白，倘欲臣民有所依循乎？其必有目录以为标准，或列举其书名，或约定其种类，庶使臣民不致无所措手足焉。史文贵简，虽不暇记其目录之体制如何，然即就此令分析之，则《秦纪》、法令及医药、卜筮、种树五类之书不必烧，《诗》、《书》、百家语及《秦纪》以外之诸侯史记四类之书必须烧，其类别亦已俨然存在矣。

(3)然则战国时代如何？曰：史料缺乏，不能确知矣。所可知者，一、《墨子》称“今天下之士君子之书不可胜载”，见《天志上》。

《庄子》称"惠施多方,其书五车",见《天下篇》。则私人已有藏书者矣。二、《墨子》屡称"尚观于先王之书",见《非命上》。"征以先王之书",见《非命中》。"先王之书,子亦见之",见《公孟篇》。又屡引"先王之书"《距年》、《吕刑》、《太誓》、《汤誓》、《仲虺》及《夏书》、《禹书》、《殷书》、《周书》、《周颂》之言,见《尚贤》中下、《尚同中》、《非命中》、《七患》等篇。及周之《春秋》、燕之《春秋》、宋之《春秋》、齐之《春秋》。见《明鬼上》。《战国策》称苏秦"发书陈箧数十,得太公《阴符》之谋",《史记》作得周书《阴符》。《孟子》称"尽信《书》则不如无《书》;吾于《武成》,取其二三策而已"。见《尽心下》。其他诸子亦多征引古书篇名者,可见向来官府所守之典籍,至战国时代已为民间通行之读物,且皆有篇目矣。三、司马迁称"吾读管氏《牧民》、《山高》、《乘马》、《轻重》、《九府》及《晏子春秋》",《史记》卷六十二。"庄子著书十余万言,大抵率寓言也,作《渔父》、《盗跖》、《胠箧》,以诋訾孔子之徒","韩非作《孤愤》、《五蠹》、内外《储》、《说林》、《说难》十余万言"。并见《史记》卷六十三。墨翟、孙卿著书亦有包含文义之篇目。惟《孟子》篇目无意义。可见战国后期著述必命题目,其单篇亦能孤行也。《管》、《晏》、《墨子》之篇目,疑为后期所加,非春秋及战国前期原有。观乎《论语》、《孟子》皆摘每篇首二三字为篇目,并无意义,则知含义之篇目应稍后出。四、百家竞出,各有异同。庄子尝别当代诸子为(1)邹鲁之士,(2)墨翟、禽滑釐,(3)宋钘、尹文,(4)彭蒙、田骈、慎到,(5)关尹、老聃,(6)惠施,(7)庄周七派,见《天下篇》。则当时藏百家语者,容有依思想之派别为书籍之分类者矣。看《分类篇》。五、司马迁又称:"秦既得意,烧天下《诗》、《书》,诸侯史记尤甚,为其有所刺讥也。《诗》、《书》所以复见者,多藏人家。而史记独藏周室,以故灭。"《史记》卷十五。由此又知周室藏书,至战国犹然;《墨子》称孔子如周,得百二十国宝书,诚不诬也。《史记》卷十四亦称孔子“西观周室,论史记旧闻,兴于鲁而次《春秋》。”综此五例,则战国时代,官私皆多藏书,著述各有篇目,盖平民初得解放,学术遽然发达,书之数量增多,即目录之需要益亟,今虽未得确证,亦不能武断当时藏书必无目录也。

(4)春秋时代藏书之法如何?曰:典司之官,藏守之所,分类之名,皆昭昭可考也。一、《春秋左氏》述周襄王诘籍谈之言曰:“且昔而高祖孙伯黡司晋之典籍,以为大政,故曰籍氏。及辛有之二子董之,晋于是乎有董史,女司典之后也,何故忘之?”昭公十五年,当公元前五二七年。又记“王子朝及召氏之族、毛氏得、尹氏固、南宫嚚,奉周之典籍以奔楚。”昭公二十六年。《史记》记“司马氏世典周史,惠襄之间,司马氏去周适晋。”《自序》。《国语》述周灵王太子晋之言曰:“若启先王之遗训,省其典图刑法而观其废兴者,皆可知也。”《周语下》。读此,则周室诸侯皆有专官以司典籍,故得“启”而“省”之。二、其藏典籍之所,则或曰盟府,或曰故府。诸侯称周,则曰周府。大夫称公,则曰公府。《春秋左氏》记:“虢仲、虢叔,为文王卿士,勋在王室,藏于盟府。”僖公五年。“周公、大公,股肱周室,夹辅成王,成王劳之而赐之盟曰:‘世世子孙,无相害也。’载在盟府,大师职之。”僖公二十六年。“夫赏,国之典也,藏在盟府,不可废也。”晋事,见襄公十一年。晋士弥牟不能解薛、宋之纷,因“薛征于人,宋征于鬼”,乃不得不征诸典籍,曰:“晋之从政者新,子姑受功归,吾视诸故府。”定公元年,当公元前五〇九年。蔡、卫争先,卫子鱼曰:“晋文公为践土之盟,卫……犹先蔡,其载书云:‘王若曰:晋重、鲁申、卫武、蔡甲午、郑捷、齐潘、宋王臣、莒期。’藏在周府,可覆视也。”定公四年。杜洩反对不以卿礼葬叔孙,曰:“书在公府而弗以,是废三官也。”昭公四年。鲁昭公“二年春,晋侯使韩宣子来聘……观书于大史氏,见《易象》与《鲁春秋》,

曰:'周礼尽在是矣。吾乃今知周公之德与周之所以王也。'"当公元前五四一年。据此,则周与晋、鲁皆有藏书之府,且有大史氏"贰而藏之"。《周礼》。三、鲁哀公"三年夏五月辛卯,司铎火,火逾公宫,桓僖灾,救火者皆曰'顾府'。南宫敬叔至,命周人出御书。……子服景伯至,命宰人出礼书。……季桓子至……命藏象魏,曰:'旧章不可亡也。'"亦见《左氏》。象魏为公布于府外之法令,御书、礼书为深藏于府内之典籍;观三大夫之权衡轻重,各有所取,则平日庋藏原已分类,可想而知。四、《国语》述申叔时对楚庄王贡献教育太子之意见曰:"教之《春秋》,而为之耸善而抑恶焉,以戒劝其心。教之《世》,《国语·鲁语上》"工史书世",谓先王之世系也,如《世本》。以休惧其动。教之《诗》,而为之导广显德,以耀明其志。教之《礼》,使知上下之则。教之《乐》,以疏其秽而镇其浮。教之《令》,谓先王之官法时令也。或即如楚之令典一类。使访物官。教之《语》,或即《国语》之类。《礼记》、《乐记》尝引牧野之语。使明其德而知先王之务用明德于民也。教之《故志》,使知废兴者而戒惧焉。教之《训典》,使知族类,行比义焉。"见《楚语上》。其时约在公历纪元前五百九十年。是九者,固当时习见日用之典籍之一部分,欲取以为教科书者,较诸后世所尊之《六艺》——《六经》,少《易》、《书》但《故志》或即书。《左氏》、《公羊》之"书"字,《穀梁》皆作"志"。而多《世》、《令》、《语》、《故志》、《训典》。夫以开化未久之楚国已有如此繁多之典籍,则中原各国,藏书决不限于区区《六经》,亦可恍然矣。五、《左氏》又述楚之左史猗相"是能读《三坟》、《五典》、《八索》、《九丘》"。昭公十二年,当公元前五三〇年,孔丘已二十二岁。正义引孔安国《尚书序》及贾逵、张平子、马融之异说,然"此诸家各以意言,无正验",杜预已不信之,故注云:"皆古书名。"亦正义语。著者则以为既有数字,必非书名而为类名,如后世之合称《易》、《书》、《诗》、《礼》、《乐》、《春秋》为《六艺》、诸子为九流之例。倘此说不谬，则《三坟》、《五典》、《八索》、《九丘》即为楚府藏书之分类名称。观乎楚灵王盛夸猗相之时，子革则称其不知祭公谋父《祈招》之诗；足见《诗》为书目，包括在《坟》、《典》、《索》、《丘》之某一类内。观乎《周礼》“大宰之职掌建邦之六典，一曰治典，二曰教典，三曰礼典，四曰政典，五曰刑典，六曰事典”。《天官冢宰》。《礼记》“大宰、大宗、大史、大祝、大士、大卜典司六典”。《曲礼下》。《今文尚书》有所谓“慎徽五典，五典克从”，《舜典》。“天叙有典，敕我五典五惇哉”。《皋陶谟》。则古代确有所谓五典、六典者，宜其可为藏书之类名。《三坟》、《八索》、《九丘》之义，虽难索解，当亦可据五典以推定之。此诚一最有趣味之问题也。

(5)孔丘以前有何典籍乎？二千年来，中国学术受汉武帝表章《六艺》之影响，抱残守缺，进步极缓，有识者痛心焉。时至科学飞跃之今日，犹有人提倡读经，而不知所谓《五经》者乃上古典籍千百中偶存之一二也。请先考出孔丘以前周、鲁府藏有何典籍？然后辨明孔丘与《六艺》——《五经》有何关系？读现存古籍，犹知上古最多者为史官所书之“书”。“书”字原系动词，《颂鼎》作，《颂敦》作，象以手秉笔，象竹简，中间各画象刻简作字之形，小点则其残屑也。作书为史官之专技，故“史”字甲骨文作《殷虚书契前编》卷五页三十九。《史彝》作，《史燕彝》作，《吴彝》作，《师酉敦》作，向来考释字义者所见多误，著者于六年前授《中国史学史》于国立暨南大学，即谓史字之丨甚长而贯穿手心，必为刻字之刀笔；则一般已承认为简形；以手执简秉笔，确为史官之专门职业。试求证据于古籍，则“史载笔”，见于《礼记·曲礼上》；董安于多

“之少也，进秉笔，赞为名命，称于前世，立义于诸侯”，见于《国语·晋语九》；“南史氏闻大史尽死，执简以往”，见于《左氏·襄公二十五年》；“史由君右，执策命之”，见于《礼记·祭统》；“大史典礼，执简记”，见于《礼记·王制》；“史为书”，见于《左氏·襄公十四年》；“史不绝书”，见于同上二十九年；“史不失书”，见于《国语·楚语上》；“君举必书”，见于《左氏·庄公二十三年》及《国语·鲁语上》；“史献书”，见于《国语·周语上》；“史掌官书以赞治”，见于《周礼·天官冢宰》。综合上述诸义，比较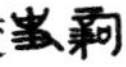之形，则史为秉笔执简之人，书为史官秉笔刻简之状，当可瞭然。只因上古作书，平常则刻于竹简木版，卜筮则刻于龟甲兽骨，欲传久远则“镂于金石，琢于盘盂”，《墨子·兼爱下》。皆非常人所能胜任，故史官乃成专技。《礼记·王制》所谓“凡执技以事上者，祝、史、射、御、医、卜及百工。凡执技以事上者，不贰事，不移官，出乡不与士齿”。司马迁《与任少卿书》所谓“文史星历，近乎卜祝之间，固主上所戏弄，倡优所畜，流俗之所轻也”，皆足证史犹现代之书记员，故各种衙门皆有之。如《礼记·内则》之州史闾史，《仪礼·既夕礼》之主人之史、公史，皆足证《周礼》有史数百人之并非虚设。惟大史所书者为国家之大事，故其书即以“书”为名而冠以国号。各种史官之分职，著者别有史学史以详述之，此不赘陈。上古史书之名称见引于现存古籍者，如《虞书》、见《左氏·文公十八年》。《夏书》、《左氏》僖二十四、二十七，成十六，襄五、十四、二十一、二十三、二十六，昭十四、十七，哀六、十八年。《墨子·七患》、《明鬼上》。《商书》、《左氏》文五，成六，襄三。《殷书》、《墨子·七患》。《周书》、《左氏》僖五，宣六，成二，襄三十一，昭八。《墨子·七患》。《郑书》、《左氏》襄三十，昭二十八。《楚书》，《礼记·大学》。皆是类也。其书皆史官随时所记，文体散漫，各篇独立，无严密之结构。亦有散出单行者，如《距年》、《吕刑》、《秦誓》、《汤誓》、《仲虺》、《禹誓》、《官刑》、《汤说》、《武观》、并见《墨子》。《盘庚》、《国语》。《尹吉》、《高宗》、《礼记》。《大战》、《揜诰》、《多政》、《尚书·大传》。《大戊》、《史记》。《伯禽》、《康诰》等篇,皆是也。后来史官知识进步,以单篇独立之"书"未能表现前后史事之关系,且文字繁芜而不易省览,故删节文字,编次年月,通记古事为一篇。晋初出土之《竹书纪年》,"记夏以来,至周幽王为犬戎所灭,以事接之三家分,仍述魏事,至安厘王之二十二年。盖魏国之史书"。见《晋书》卷五十一。汉司马迁所读之《牒记》,"黄帝以来皆有年数",《史记》卷十三。又名《春秋历谱牒》。《史记》卷十四。盖此种体制,由来颇远,但至春秋时代始盛行于世,故今存之《春秋》断始于鲁隐公元年。当公元前七二二年。而旧式之"书"则渐渐显新陈代谢之态,故《书》之最后一篇《秦誓》截止于鲁僖公三十三年。当公元前六二七年。迨鲁昭公二年,韩宣子聘鲁,"观书于大史氏",所见者惟"《易象》与《鲁春秋》",当然尚有其他。史官不记其尝见《鲁书》,则《书》之体制,已为纪年式之《春秋》所代替,不为一般所重矣。故晋"羊舌肸习于《春秋》",《国语·晋语七》。"孔子成《春秋》而乱臣贼子惧",《孟子·滕文公下》。《墨子》尝引周之《春秋》,燕之《春秋》,宋之《春秋》,齐之《春秋》。《明鬼上》。及战国时代,"捃摭《春秋》之文以著书"者,"不可胜纪"。不幸秦始皇"烧天下《诗》、《书》,诸侯史记尤甚","而史记独藏周室,以故灭",遂不为后世所知。"独有《秦纪》,文不载日月,其文略不具"。《史记》卷十五。凡此所述,皆《春秋》一体发展之迹,以见其名非今存《春秋》所可专有也。春秋时代,"诸侯之会,其德刑礼义,无国不记"。《左氏·僖七》。宋华耦谓"君之先臣督得罪于宋殇公,名在诸侯之策"。《左氏·文十五》。卫宁殖谓其子曰:"吾得罪于君,悔而无及也,名藏在诸侯之策,曰:'孙林父、宁殖出其君。’君入则掩之。”《左氏·襄二十》。今存《春秋》襄十四。书“卫侯出奔齐”，果无“孙林父、宁殖出其君”之字样，则以后宁殖之子遵父遗命而迎“卫侯复归于卫”，襄二十六。故《春秋》原殖之过而“掩”之也。齐大史书“崔杼弑其君”，《左氏·襄二十五》。今存《春秋》亦书“齐崔杼弑其君光”。晋大史书“赵盾弑其君”，《左氏·宣二》。今存《春秋》亦书“晋赵盾弑其君夷皋”。《公羊传》则晋史原文与此同。且《左氏》称人，多以谥字，而今存《春秋》则直称姓氏，不称谥字。故知《春秋》为当年史官所书；今存《春秋》为《鲁春秋》之旧，纵使曾经孔丘之笔削，大体亦无甚歧异，惟繁简各殊耳。除《书》与《春秋》之外，孔丘以前，可考知之书名亦复不少。《事典》、《左氏·文六》。《政典》、《古文尚书·胤征》。《祀典》、《礼记·祭法》。《训典》、《左氏·文六》，《楚语上》。《令典》、《左氏·宣十二》。《周公之典》，《左氏·哀十一》。皆以典名；《礼书》、《左氏·哀三》。《刑书》、《今文尚书·吕刑》，《左氏·昭六》。《丹书》、《左氏·襄二十三》。《载书》、《左氏》十数见。《盟书》、《周礼·秋官》。《命书》、《左氏·定四》。《玺书》，《左氏·襄二十九》。最后四者，皆普通名词，非成册之书。皆以书名；《军志》、《左氏·僖二十八》。《前志》、《左氏·文六》。《周志》、《左氏·文二》。《史佚之志》、《左氏·成四》。《仲虺之志》、《左氏·襄三十》。《志》、《左氏·昭三》。《故志》，《国语·楚语上》。皆以志名；《周文王之法》、《楚文王之法》、《左氏·昭七》。《太公之法》，《国语·鲁语上》。皆以法名；《商颂》、《左氏·襄二十六》。《周颂》、《墨子·尚同》。《周文公之颂》，《国语·周语》。皆以颂名；《周诗》、《左氏》。《周文公之诗》，《周语》皆以诗名；注意雅颂皆不称诗。此外复有《夏训》、《左氏·襄四》。《周易》、《左氏》。《周制》、《周语》。《周礼》、《左氏》。《周谚》、《周语》。《大雅》、《周语》。《牧野之语》。《乐记》。试遍查古籍，尚有出乎此文所举者。一言以蔽之曰:春秋时代习见之典籍,决不仅仅限于《诗》、《书》、《易》、《礼》、《乐》、《春秋》所谓《六艺》也。

(6)然则孔丘与古代典籍有何关系乎?曰:当与韩信、张良之“序次兵法,删取要用,定著三十五家”之事相仿。盖传写古籍嫌其繁多,故“述而不作”与“信而好古”《论语·述而》。并行不悖也。孔丘之好古,可于《论语》征之。一则曰:“殷因于夏礼,所损益,可知也。周因于殷礼,所损益,可知也。”《为政》。再则曰:“夏礼,吾能言之,杞不足征也。殷礼,吾能言之,宋不足征也。文献不足故也;足则吾能征之矣。”《八佾》。孔丘之前,已有羊舌肸、叔向。公孙侨子产能知“史莫之知”之事,故孔丘之“博学”并非空前。孔丘之前,已有“宋正考父校商之名颂十二篇于周大师,以《那》为首”。《国语》。故孔丘之“序书传”等事亦非初创。孔丘之前,已有申叔时主张教太子以《春秋》、《世》、《诗》、《礼》、《乐》、《令》、《语》、《故志》、《训典》。故孔丘之以典籍为教科书,早有先例。《左氏》、《国语》记时人对话,往往征引《诗》、《书》之语,则《诗》、《书》之为通行读物亦甚显然。《左氏》引《书》,多称“《周书》曰”、“《夏书》曰”,独于《夏训》、《康诰》、《太誓》、《伯禽》则称篇名,而《太誓》且系左氏本人所引。似《周书》、《夏书》之类,原为整部大书,虽用丝编,而篇目不显。《史记·孔子世家》所称“序书传……编次其事”,虽未必属实;然既用以教弟子,则其删取之篇,必显其篇目,故《左氏》得而称之耳。《史记》又称“古者《诗》三千余篇,及至孔子去其重……《关雎》之乱,以为《风》始,《鹿鸣》为《小雅》始,《文王》为《大雅》始,《清庙》为《颂》始,三百五篇,孔子皆弦歌之,以求其合《韶》、《武》、《雅》、《颂》之音。”观乎《论语》有“《诗》三百,一言以蔽之,曰:思无邪”。《为政》。“兴于《诗》,立于《礼》,成于《乐》”《泰伯》。等语,则孔丘删《诗》之说,谅近真实。惟《雅》、《颂》、《国风》之分,每首各有名目,春秋已然,《左氏》不混称为诗。孔丘或仅定其先后耳。今存《诗序》为后汉初卫宏所撰,见范晔《后汉书·儒林传》。决非孔丘之作,已属无疑。《书序》亦可作如是观,看《新学伪经考》。不可依《隋书·经籍志》之说,便据以谓《书序》、《诗序》为目录之祖也。至于《周易》,则向为卜筮之用,孔丘不过读之"韦编三绝"而已,纵使有所解释,《系辞》亦已明白标出"子曰",其《序卦》连续为文,乃经师说《易》之辞,亦非孔丘所作。《仪礼》则《周礼》之残本,惟《士丧礼》出于孔丘。"恤由之丧,哀公使孺悲之孔子学士丧礼,《士丧礼》于是乎书。"明见于《礼记·杂记下》。《礼记》为孔丘以后至汉代诸儒说《礼》之总集,混乱至不可厘别。《周礼》颇有适合事实者,当为汉人根据古籍,而发挥理想之政府组织法。《乐经》已亡,可不待论。所宜考者,惟《春秋》一书。自孟轲称"孔子惧,作《春秋》"后,后世皆信之不疑。《左氏》则称"《春秋》之称微而显,志而晦,婉而成章,尽而不污,惩恶而劝善,非圣人谁能修之?"成十四年。《公羊传》且举出"不修《春秋》曰:'雨星不及地尺而复。'君子修之曰:'星霣如雨。'"庄七。《史记》亦称孔丘"为《春秋》,笔则笔,削则削。子夏之徒,不能赞一辞"。卷四十七。似孔丘对于鲁之《春秋》确尝下一番选择、"笔则笔"。删削"削则削"。工夫。然《公羊传》及《左氏春秋》所记"书""不书"之理由,则未必全为孔丘之原意,或系经师故神其事以夸炫世俗耳。关于《五经》与孔丘之关系,著者尝于《古书真伪及其年代》中详辩之。兹不复赘。此书笔记梁任公先生讲辞而加以补充,因尝略参同学笔记,故由三人具名附刊于《饮冰室专集》最后一册。要之,孔丘之功,为用古代典籍以教弟子。其所用之教科书决不仅限于《六艺》,而《六艺》之书亦不仅限于今存残本。盖自经秦火后,真相已不能尽知；与其过而尊之，不如付之阙疑。吾人考查目录之渊源，固不能曲援孔丘为其祖先也。今所残留未问者：

（7）夏商亦有典籍与目录否乎？曰：有，有。《今文尚书·多士》称“惟殷先人，有册有典”。晋文公时约当公元前六三五年。阳人犹“有夏商之嗣典……樊仲之官守焉”。见《国语·晋语四》。《左氏》、《墨子》皆尝引《夏书》、《殷书》。或《商书》。《竹书纪年》记夏以来事。《吕氏春秋》述“夏太史令终古出其图法而泣之……乃出奔如商。……殷内史向挚见纣之愈乱迷惑也，于是载其图法，出亡之周”。《先识览》。据此推测，则夏商之有典籍，似无疑矣。若谓古书所载，不尽可信，则甲骨文亦有册字，作见《殷虚书契前编》卷四，页三十七。同上卷五，页十一。同上。同上卷七，页十二。同上，页三十九。钟鼎文亦有册字，作见《册册父乙觶》。见《庚丙册》。见《册卣》。见《颂鼎》。见《颂敦》。皆象以丝绳或皮革贯穿龟甲或简牍为一束之形，与现代插架之图书无异。典字，甲骨文作见《殷虚书契前编》卷四，页三十七。同上卷七，页六。则象以两手捧册之形，有典藏管理之义。册字后来通作策字。《礼记》所谓“文、武之政，布在方、策”。《中庸》。《仪礼》所谓“百名以上书于策，不及百名书于方”。《聘礼》。皆可见古代之方策、典册、典籍即后世所谓书籍也。自近代发现安阳小屯之殷墟甲骨文字后，益证殷代之典册已甚繁富。尤以最近中央研究院发掘之三十六坑，竟储有整齐之全年甲骨《卜辞》，毫无残缺，更足证明当时典藏已有法则矣。董作宾在新获《卜辞》中又发现其表面之一甲，尾尖有∧之文，稍上有孔，以为即“册六”二字，犹之卷六，其孔即所以贯韦编册者。又发现他甲尾尖有∧或∧之文，以为即“编六”二字，义与“册六”正同。著者囊见库方二氏甲骨文字，一七四二号下端有二字，下残缺，即定为丝字之阙文，丝三云者，即第三扎之谓也。今阅董君此说，先得我心。参以册典二字之义，则知殷代大卜之官用完卜辞后，必将龟甲编穿成册，每册六甲，按月日之先后，捧而典藏之。大卜如此，则大史所书之简牍亦必同样编次典藏，特以简牍成于竹木，朽腐极易，不似龟甲坚韧，历劫不磨，故吾人今日所能见者，仅有殷人之《卜辞》而无殷人之史书耳。考目录之渊源，至于斯而极矣。倘欲再有所发现乎？请待诸殷虚以前遗物之发现。此非不可能之事，惟在吾人努力发掘耳。

以上述《别录》、《七略》以前之典籍目录竟。下文将详究《录》、《略》之本身。

刘向等典校秘书之义例

自汉高帝、武帝时对藏书作二番之整理后，“百年之间，书积如丘山”。“外有太常、太史、博士之藏，内有延阁、广内、秘室之府”。《全汉文》卷四十一辑《七略》佚文。成帝河平三年《汉书》卷十。“以书颇散亡，使谒者陈农求遗书于天下。诏光禄大夫刘向校经传、诸子、诗赋，步兵校尉任宏校兵书，太史令尹咸校数术，侍医李柱国校方技。”《汉书》卷三十《艺文志》。兹从残存叙录钩出其校书之义例如下：

（1）广罗异本。《管子叙录》：“臣向言：所校雠中《管子书》三百八十九篇，大中大夫卜圭书二十七篇，臣富参书四十一篇，射声校尉立书十一篇，太史书九十六篇，凡中外书五百六十四篇，以校。”《晏子叙录》:“臣向言:所校中书《晏子》十一篇,臣向谨与长社尉臣参校雠,太史书五篇,臣向书一篇,参书十三篇,凡中外书三十篇,为八百三十八章。”《列子叙录》:“臣向言:所校中书《列子》五篇,臣向谨与长社尉臣参校雠,太常书三篇,太史书四篇,臣向书六篇,臣参书二篇,内外书凡二十篇,以校。”《邓析叙录》:“中《邓析书》四篇,臣叙书一篇,凡中外书五篇,以相校。”《申子叙录》:“今民间所有上下二篇,中书六篇,皆合。”读此,因知向等校书之先,广罗异本,以相校雠,不拘一家,择善而从。

(2)互相补充,除去复重:异本既备,篇章必有彼此复重,或此无彼有。况古书皆简书而丝编,丝断则简乱。故第二步之工作为整理错乱,除去复重,互相补充,定著篇章。例如《战国策叙录》:“臣向言:所校中《战国策书》,中书余卷错乱相糅莒。又有国别者八篇,少不足。臣向因国别者,略以时次之;分别不以序者,以相补;除复重,得三十三篇。”《管子叙录》:“凡中外书五百六十四篇,以校,除复重四百八十四篇,定著八十六篇。”《晏子叙录》:“凡中外书三十篇,为八百三十八章,除复重二十二篇,六百三十八章,定著八篇,二百一十五章。外书无有三十六章,中书无有七十一章,中外皆有,以相定。”《孙卿叙录》:“臣向言:所校雠中《孙卿书》,凡三百二十二篇,以相校,除复重二百九十篇,定著三十二篇,皆已定。”《列子叙录》:“内外书凡二十篇,以校,除复重十二篇,定著八篇。中书多,外书少,章乱布在诸篇中。”《邓析叙录》:“凡中外书五篇,以相校,除复重,为一篇,皆未定。”此外,如《易传·古五子》、《易传·淮南九师道训》,莫不除去复重。而《易经》则“臣向以中《古文易经》校《施》、《孟》、《梁丘经》,或脱去《无咎》、《悔亡》,唯《费氏经》与古文同。”此与《战国策书》之互相补充者无异,盖与除去重复同为一时并重之工作也。

(3)条别篇章，定著目次：古书每篇独立，不相联系，既或无篇目，亦无一定之次序。故第三步之工作为将不分类之零篇分类，各标以篇目，并编定其先后次序。例如《说苑叙录》："臣向言：所校中书《说苑·杂事》及臣向书，民间书，诬校雠，其事类众多，章句相溷，或上下谬乱，难分别次序。除去与《新序》复重者，其余浅薄不中义理，别集以为百家后，以类相从，一一条别篇目，更以造新事十万言，以上凡二十篇，七百八十四章，号曰《新苑》，皆可观。"《说苑》与《新序》、《列女传》皆经向改造，"一一条别篇目"，"以类相从"，犹可谓事所当然。然于其他各书，殆亦无不经过如此手续。例如《礼经》十七篇，定著《士冠礼第一》，至《少牢下篇第十七》。《礼记》二十三篇，定著《乐本第一》，至《窦公第二十三》。《晏子》八篇，定著《内篇·谏上第一》，至《外篇·不合经术者第八》。《孙卿》三十二篇，定著《劝学篇第一》，至《赋篇第三十二》。《列子》八卷，定著《天瑞第一》，至《说符第八》。其篇目次序，今犹可见。据此，并参《战国策叙录》推之，则凡古书有不分篇章，原无一定目次者，至向等始依类分篇，如标篇目，确定次序。又有原有篇章目次而不甚合理者，至向等始整理删定，使有伦理，而免凌乱，此种化零为整，分疆划域之工作，实使流动不居，增减不常之古书，凝固为一定之形态。

(4)雠校说文脱简，写定正本：《文选·魏都赋》注引《别录》："雠校，一人读书，校其上下，得缪误为校。一人持本，一人读书，《太平御览》引作读析。若怨家相对，故曰雠也。"上文已述《易经》"唯《费氏经》与《古文》书同"，"《施》、《孟》、《梁丘经》或脱去《无咎》、《悔亡》"。而《尚书》"臣向以中古文校欧阳、大、小夏侯三家经文，《酒诰》脱简一，《召诰》脱简二，率简二十五字者，脱亦二十五字；简二十二字者，脱亦二十二字。文字异者七百有余，脱字数十”。此脱简之由雠校发见，得以补足之例也。《尚书》“古文，或误以见为典，以陶为阴，如此类多”。《战国策》“本字多误脱为半字，以赵为肖，以齐为立，如此字者多”。《晏子》“中书以夭为芳，又为备，先为牛，章为长，如此类者多”。《列子》“或字误以尽为进，以贤为形，如此者众。及在新书，有栈校雠，从中书，已定，皆以杀青，可缮写”。此讹字之由雠校发见，得以改正之例也。讹脱既已订补，篇章目次又已编定，然后以“杀青，简书，可缮写”，以青丝或缥丝绳编之，而书本之形态成立矣。

（5）命定书名：中秘所藏策书，错乱相糅莒，有无书名者，有性质相同而名称杂出者，向等辄命以新书名。例如“中《战国策书》……本号或曰《国策》，或曰《国事》，或曰《短长》，或曰《事语》，或曰《长书》，或曰《修书》。臣向以为战国时游士辅所用之国，为之策谋，宜为《战国策》。”又如“刘向省《新语》而作《新序》”，《晋书·陆喜传》。向又改造“所校中书《说苑杂事》……号曰《新苑》”。《列女传》亦然。昔虽有简策，而无书名，至向等始定著而命以嘉号耳。

上列五项工作，虽略有先后，而皆为雠校纷乱之古书所应有之事；在搜罗遗书之后，编定目录之前，非经此项雠校工夫，则虽有书而不能取读，欲编目而无从着手。盖上古书籍，多以简策书写，简重丝细，日久易散；而各篇单行，分合自由，非若后世之紧结固定。当刘向等校书之时，对彼实数虽仅一万三千三百余篇而容量积如丘山之简策，实痛感整理编定之不易。故父子世业，专家分工，历二十余年，始克写定各书，编定目录。由是言之：此五项工作，虽纯属校雠学之范围，而实为目录学开天辟地时所不可少之过程，亦即目录学史所应大书特书者也。

刘向等写定叙录之义例

校雠工夫既毕，纷乱无序之简策始固定为有系统且有组织之书本，学者循序诵读，得以了解书本之内容，寻绎著者之思想，因而溯沿学术之源流，推求事实之得失，至是而书本之功用始克表现，而校书之劳力始不为枉费矣。然书本罗列，缤纷满目，选择既已绝难，寻取亦复不易。如是，则有书而无书之用，而目录学不可不亟亟讲求焉。故刘向等校书，“每一书已，向辄条其篇目，撮其指意，录而奏之”。《汉志》。其义例如下：

（1）著录书名与篇目：今存古籍，惟《荀子》即《孙卿》。目录尚保存刘向原编状态，卷末列全书篇目，篇目各有第一第二字样，然后接写“撮其指意”之文章。

（2）叙述雠校之原委：将版本之同异，篇数之多少，文字之讹谬，简策之脱略，书名之异称，举凡一切有关雠校之原委，与校书人之姓名及上书之年月，无不备著于录，使学者得悉一书写定之经过。

（3）介绍著者之生平与思想：例如《雅琴赵氏叙录》介绍著者云：“赵氏者，勃海人赵定也。宣帝时，元康、神爵间，丞相奏能鼓琴者，勃海赵定、梁国龙德，皆召入见温室，使鼓琴，待诏。定为人尚清静，少言语，善鼓琴，时闲燕为《散操》，多为之泣涕者。”有此一段，则学者知《雅琴赵氏》之著者为一鼓琴专家，其书当甚有价值，为治音乐者所宜参考也。又如《晏子叙录》介绍著者云:“晏子名婴,谥平仲,莱人。莱者,今东莱地也。晏子博闻强记,通于古今。事齐灵公、庄公、景公,以节俭力行,尽忠极谏,道齐国君得以行正,百姓得以附亲。不用则退耕于野,用则必不诎义,不可胁以邪。白刃虽交胸,终不受崔杼之劫。谏齐君,悬而至,顺而刻。及使诸侯,莫能诎其辞。其博通如此。盖次管仲,内能亲亲,外能厚贤。居相国之位,受万钟之禄,故亲戚待其禄而衣食五百余家,处士待而举火者亦甚众。晏子衣苴布之衣,麋鹿之裘,驾敝车疲马,尽以禄给亲戚朋友。齐人以此重之。”似此综述著者生平梗概,语简而意赅。著者精神既能活跃于纸上,学者于其所著之书自有不得不看之势。他如《孙卿叙录》、《管子叙录》之类,介绍著者,尤为详尽。馀书之叙录虽多亡佚,然辑其佚文犹多介绍著者之辞,殆于无书不述著者矣。至于不知著者为谁,则又有不知则阙疑之例,如于《内业》、《谰言》、《功议》、《儒家言》、《卫侯官》、《杂阴阳》、《燕十事》、《法家言》、《杂家言》,皆云:“不知作者。”于《宰氏》、《尹都尉》、《赵氏》、《王氏》,皆云:“不知何世。”亦不强不知以为知也。

(4)说明书名之含义、著书之原委及书之性质:例如《易传·古五子叙录》:“分六十四卦,著之日辰,自甲子至于壬子,凡五子,故号曰《五子》。”《易传·淮南道训叙录》:“淮南王聘善为《易》者九人,从之采获,故中书署曰:《淮南九师书》。”《神输叙录》:“神输者,王道失则灾害生,得则四海输之祥瑞。”《周书叙录》:“周时诰、誓,号令也。盖孔子所论百篇之馀也。”《世本叙录》:“古史官明于古事者之所记也。录黄帝已来诸侯及卿大夫系谥名号,凡十五篇,与《左氏》合也。”《战国策叙录》:“臣向以为战国时游士辅所用之国,为之策谋,宜为《战国策》。其事继春秋以后,迄楚汉之起,二百四十五年间之事，皆定。”似此将一书主旨，扼要表出，使学者一望而知其书之性质，从而判别应读与否，此项工作效率之伟大，实超过其他各项工作一倍。无其他各项工作，固不能使此事臻于完善；然使徒有其他各项而少此一着，是犹画龙而不点睛也。

(5)辨别书之真伪：古书失传，往往有伪本冒替；后人著作，有时亦依托古人。向等校书，竟已先见及此。如《神农叙录》“疑李悝及商君所说”，不信为上古神农之书。又如《黄帝泰素叙录》“或言韩诸公孙之所作也。言阴阳五行，以为黄帝之道也，故曰《泰素》”，不信为黄帝之书。《周训叙录》“人间小书，其言俗薄”，不信为周代之官书。又如《晏子叙录》：“其书六篇，皆忠谏其君，文章可观，义理可法，皆合《六经》之义。又有复重，文辞颇异。不敢遗失，复列以为一篇。又有颇不合经术，似非晏子言，疑后世辨士所为者，故亦不敢失，复以为一篇。凡八篇。”同在一书之中，一部分与其他大部分之意旨或文辞有异，尚且别为外篇，不与内篇相混，其慎审可谓极矣。乃至《汉书·艺文志》所载辨伪之注，于《封胡》、《风后》、《力牧》、《鬼容区》诸书，皆云：“黄帝臣，依托也。”于《伊尹说》，则云：“其语浅薄，似依托也。”于《鬻子说》则云：“后世所加。”于《师旷》则云：“见《春秋》，其言浅薄，本与此同，似因托也。”于《务成子》则云：“称尧问，非古语。”于《天乙》则云：“天乙谓汤，其言非殷时，皆依托也。”于《黄帝说》则云：“迂诞，依托。”于《大命》则云：“传言禹所作，其文似后世语。”于《黄帝君臣》则云：“起六国时，与老子相似也。”诸如此类，实皆向等校书叙录之辞，《汉志》从而节取之，使学者洞悉各书之真伪，不为伪书所欺。其功大矣。

(6)评论思想或史事之是非：向等校书，非特介绍著者之思想与书之内容而已，对于思想之价值或其书所载之史事，辄加以主观之批判。如《战国策叙录》，论“周室自文、武始兴，崇道德，隆礼义……卒致之刑错……至秦孝公捐礼让而贵战争，弃仁义而用诈谲……湣然道德绝矣。……是以苏秦、张仪、公孙衍、陈轸、代、厉之属，生从横短长之说，左右倾侧……[卒致]天下大溃，[皆]诈伪之弊也。……夫使天下有所耻，故化可致也。苟以诈伪偷活取容，自上为之，何以率下？秦之败也，不亦宜乎”？此评论史事之例也。如《孙卿叙录》谓：“唯孟轲、孙卿能尊仲尼……如人君能用孙卿，庶几于王。”《贾谊叙录》谓：“贾谊言三代与秦治乱之意，其论甚美，通达国体，虽古之伊、管，未能远过也。使时见用，功化必大。”此评论思想之例也。至如《列子叙录》分析各篇思想之异同而指出其矛盾，尤为书评最佳之模范。略云：“列子者，郑人也，与郑缪公同时，盖有道者也。其学本于黄帝、老子，号曰道家。道家者，秉要执本，清虚无为；及其治身接物，务崇不竞，合于《六经》。而《穆王》、《汤问》二篇，迂诞恢诡，非君子之言也。至于《力命篇》，一推分命；《扬子》之篇，唯贵放逸：二义乖背，不似一家之书。然各有所明，亦有可观者。”

（7）叙述学术源流：荀悦《汉纪》称“刘向典校经传，考异集同”。因述“《易》始自鲁商瞿、子木受于孔子”。以下云云，并与《汉书·儒林传》、《经典释文叙录》相同，而与刘向所奏各书叙录之文颇不相合。姚振宗断为《别录》中《辑略》之文。殊不知《别录》不必有《辑略》，而每书叙录中固有此种叙述学术之语句。试以《列子叙录》备述“其学本于黄帝、老子，号曰道家”之例推之，便知“《易》始自鲁商瞿、子木受于孔子”一段文字必系“《易·扬氏》二篇”之叙录无疑。盖欲论一家思想之是非，非推究其思想之渊源，比较其与各家思想之同异不可。举凡《汉纪》所引，姚振宗所认为

《别录》之《辑略》，例如“《尚书》本自济南伏生”，“《诗》始自鲁申公作《古训》”，“《礼》始于鲁高堂生传《士礼》十八篇”，皆各书叙录之原文也。

（8）判定书之价值：《战国策叙录》谓其书“皆高才秀士，度时君之所能行，出奇策异智，转危为安，运亡为存，亦可喜，皆可观。”《晏子叙录》谓“其［内篇］六篇可常置旁御观”。《孙卿叙录》谓“其书比于记传，可以为法”。《管子叙录》谓“凡《管子书》务富国安民，道约言要，可以晓合经义”。此皆为“录而奏之”之辞，旨在对皇帝贡献，故偏于政治。其结论虽未必全是，要之，此种判定一书价值之语，在叙录中要不可缺。如其或缺，则于学者择书殊少帮助也。

经此八项工作，合其所得为一篇文章，是名“叙录”，载在本书。书既有录，学者可一览而得其指归，然后因录以求书，因书而研究学术，无茫然不知所从之苦，无浪费精神之弊。而目录之学亦已由校雠之学蜕化而形成一部分矣。

《别录》与《七略》之体制不同

有校雠之功，然后一书之篇目定，形态成。有叙录之作，然后一书之内容明，价值显。此皆目录学之前事；然其对象仅为一书之本身而非群书之总体；其所定著者为每书之次序而不及群书之次序；其所研究者为著者思想之价值而不及学术源流之关系。且书籍既多，部别不分则寻求不易；学科既多，门类不明则研究为难。故汇集各书之叙录，依学术之歧异而分别部类，既可准其论次而安排书籍，以便寻检，又可综合研究而辨章学术，考求源流；此实为校雠完毕，各书叙录写定后之必然趋势。

然刘向校书之功，终身未毕；虽有分工合作之界域，而分类编目之书，殆未及为。梁阮孝绪《七录序》云："昔刘向校书，辄为一录，论其指归，辨其讹谬，随竟奏上，皆载在本书。时又别集众录，谓之《别录》；即今之《别录》是也。"所谓《别录》者，不过将各书之叙录另写一份，集为一书，谓之《别录》而已。其书今虽不传，然由《七录序》"别集众录"一语推之，《别录》必系各书叙录之总集。而姚振宗乃云刘向"典校既未及竣事，则《别录》亦无由成书。相传二十卷，殆子骏奏进《七略》之时勒成之。其曰'七略别录'者，谓《七略》之外，别有此一录也。"《七略别录佚文》。殊不知《七录序》已谓"时"又别集众录，显系刘向等写叙录于各本书时，同时又别写一份，集为一书，随时增益，即随时皆可谓为已经成书；非至刘歆奏进《七略》时，始于《七略》之外，别著此书也。观乎清代之辑校《四库全书》，虽告成于乾隆四十七年，而至五十七年犹未校订完毕。至于《总目提要》，则三十八年即已进呈，撰述者且蒙优异之赏，全部告成，亦先于全书一年。十个足月。参看《通纪篇》。而书成目成之后，校录之功，犹未停止。《四库全书》书上之提要有于乾隆五十一二年进呈者。则知《别录》之成书，不必待刘歆校毕之后。时人急于先睹为快，早已随时传录，流行于外矣。故《七录序》所谓"别集众录"者，乃指于"载在本书"之"录"外，"别"集合为一书；非谓于"《七略》之外，别有此一录"也。据此，则《别录》乃系各书叙录之"别"录，非《七略》之"别"录，可无疑矣。而《隋志》乃以"七略"二字加于"别录"之上，盖与称《太史公书》为《史记》，同属习俗流传之讹，不得据以为辩也。《礼记正义》、《仪礼疏》、《诗大雅疏》、《尚书疏》、《周礼疏》、《史记集解》、《史记索隐》、《两汉书注》，诸书并引“刘向《别录》”，绝不加“七略”于其上，足证吾说之不诬。

然则《七略》何以名略欤？斯可引古义以明之。《公羊传·隐公十年》：“‘六月壬戌，公败宋师于菅；辛未，取郜；辛巳，取防。’取邑不日；此何以日？一月而再取也。何言乎一月而再取？甚之也。内大恶讳；此其言甚之，何？《春秋》录内而略外：于外大恶书，小恶不书；于内大恶讳，小恶书。”《公羊传》之意，盖谓《春秋》记国内之事较详细而记国外之事则较简单也。《七略》较简，故名略；《别录》较详，故名录。先有《别录》而后有《七略》，《七略》乃摘取《别录》以为书，故《别录》详而《七略》略也。《隋志》著录《七略》仅七卷，《别录》则有二十卷之多，即其明证。

然则何以又谓《七略》为分类之书而《别录》则否欤？吾由《汉书》卷三十六所载刘歆“复领《五经》，卒父前业，乃集《六艺》群书，种别为《七略》”之“种别”二字而知之。盖所谓种别者，即依书之种类而分别之，明乎“时又别集众录，谓之《别录》”，并未分类，至《七略》始分类编目也。《七录序》载“会向亡，哀帝使歆嗣其前业，乃徙温室中书于天禄阁上。歆遂总括群篇，奏其《七略》”。《隋志》略同。温室之中书何以须徙于天禄阁上？盖温室为校雠之地，取便学者坐论，不便庋藏书籍。故校雠既毕，乃庋藏之于天禄阁也。书须插架，自不能杂乱无章，故稍依昔日向等分工合作之界域，再分为若干种即类，遂成《七略》，而准以为插架之次序。在未徙书天禄阁以前，纵使因校书人之分工而隐约分部，亦未编为固定之目录。故至刘歆然后“种别”为《七略》也。《汉志》载“歆于是总群书而奏其《七略》：故有《辑略》，有《六艺略》，有《诸子略》，有《诗赋略》，有《兵书略》，有《数术略》，有《方技略》”。而篇中所引，仅有六略而无《辑略》，故后人咸不知《辑略》之内容如何，而马国翰、姚振宗等辑古佚文，皆谓《别录》亦有《辑略》。著者既于上文略陈其谬矣。兹更从《七录序》所谓“其一篇即六篇之总最，故以《辑略》为名”一语推之，因知《辑略》即六略之总序及总目，并非分别叙述各科学术源流之文也。试取隋法经《众经目录》较之，书共七卷，前六卷为各书目录，第七卷独名《众经总录》，只有总序一篇说明撰录之缘起及分类之理由。序后则总录部类名称及各部类所收书籍之部数卷数，最后复有总合全录之部卷数。再取隋费长房之《开皇三宝录》观之，其第十五卷亦惟录上书表序及各种经录之总目。隋时《七略》未亡，法经、费长房之书必有所取法。揆以刘向校书叙录，每书必有篇目及叙录之例，则《七略》于六略分别著录各书目之外，亦必另有总目总序以总括六略，其体例盖与法经、费长房同，故彼等得取以为法也。《别录》既不分类，且非有组织之书，书名又无略字，更何从有《辑略》乎？故知《辑略》为《七略》所独有，而区区一卷，原为刘歆上书时之表序及六略之总目，故班固删入《汉书》，绝无转载之必要，因是而独失传也。

说者又谓《汉志》每类目录后之小序即《辑略》之原文，由班固拆散转录者，是亦不确之论也。试取梁僧祐《出三藏记集》或唐道宣《大唐内典录》与《汉志》参证，即知僧祐之例仿自《七略》，与《汉志》正出一系，《汉志》之小序实即《七略》原有之小序也。彼二书者，于每一类前，必有小序以说明此类之内容及此学之源流，然后列举各家书之目录。每列一家书目毕，必总计部卷之数，略述其人译经本事。《汉志》则先列书目，再计卷数，然后于小序中兼述此类内容，此学源流，及各家要旨而略批评之。其间差异不能以发。彼释氏者方援刘向校书已见佛经以自重，例如《法经总序》，其说实不可靠。

则《别录》与《七略》之为其所研习而模仿也,亦不足怪。《广弘明集》收及《七录》,可以为证。故著者以谓《汉志》之与《七略》中之后六略,只有简繁之别,并无体例之歧。证据虽颇薄弱,幸而尚无有力之反证,姑备此说,以俟匡正。

上述诸说如能成立,则《别录》、《七略》与《汉志》三者之关系可得而言:《别录》者,刘向等校书,“论其指归,辨其讹谬”之录,别集而成者也。《七略》者,刘歆取《别录》所载,“总括群篇”,“撮其指要”,“种别”而成者也。《汉志》者,班固取《七略》,“删其要”而成者也。班固对于《七略》,只下“删其要”之工夫,纵有差异,亦不过“出几家,入几家”而已,自注甚明,别无增改也。故由《汉志》可以想见《七略》之原状,由《战国策》、《孙卿书》等书之叙录可以想见《别录》之原状。明乎《汉志》之小序即《七略》之小序,《辑略》为《七略》所有而《别录》所无,则《录》、《略》之别灼灼然矣。

刘歆分类编目之义例

有此论定,然后可据《汉志》以测《七略》。《七略》分篇为七,当较一卷之《汉志》为详。所详何物?可据马、姚诸家所辑佚文知之。盖对于每一书皆有简略之说明,性质同于《别录》,惟较略耳。《汉志》既删为一篇,自不能保存其说明;故于毫无疑问,一般习知者,不复注释。仅于不甚著名之撰人、同名、特异,或依托之书,加以极简括之注,以免混淆。今请视《汉志》即《七略》之缩影,而推定刘歆等分类编目之义例如后:

(1)依学术之性质分类:先将书籍分为《六艺》、《诸子》、《诗赋》、《兵书》、《术数》、《方技》六略。即类。每大类复分为若干种。即小类。即所谓“剖析条流，各有其部”之工作也。其略种系统如下：

《六艺略》分《易》、《书》、《诗》、礼、乐、《春秋》、《论语》、《孝经》、小学九种。

《诸子略》分儒、道、阴阳、法、名、墨、纵横、杂、农、小说十种。

《诗赋略》分赋、屈原等。赋、陆贾等。赋、孙卿等。杂赋、歌诗五种。

《兵书略》分兵权谋、兵形势、兵阴阳、兵技巧四种。

《术数略》分天文、历数、五行、蓍龟、杂占、形法六种。

《方技略》分医经、经方、房中、神仙四种。

（2）同类之书约略依时代之先后为次：例如杂家，虽知“孔甲”、“盘盂”似非黄帝之史，亦必列于篇首。余皆以次顺列，最后始为汉代之书。然其例并不纯，例如道家中之郑长者，以六国时人而列于汉武帝时人之后。

（3）书少不能成一类者，附入性质相近之类：例如《春秋》家之后，附录《国语》二十一篇，《新国语》五十四篇，《世本》十五篇，《战国策》三十三篇，《奏事》二十篇，《楚汉春秋》九篇，《太史公》百三十篇，《冯商所续太史公》七篇，《太古以来年纪》二篇，《汉著记》百九十卷，《汉大年纪》五篇。此等史书未必概为《春秋》家学，亦非皆为编年体裁。盖以秦火之后，诸侯史记多扫地以尽，向、歆校书时，史书甚少；因其性质近似《春秋》，故附列入《春秋》家之后耳。

（4）学术性质相同者，再依思想之派别，或体裁之歧异分类：例如《赋》分三类，《屈原》等二十家为一类，《陆贾》等二十一家为一类，《孙卿》等二十五家又为一类，此必三家思想不同，或体裁有异，故分歧为三，以相同者为一类也。此外又有《杂赋》、《歌诗》二类，亦皆以体裁不同而分类耳。

（5）一书可入二类者，互见于二类：章学诚谓"《七略》于《兵书》权谋家有《伊尹》、《太公》、《管子》、《荀卿子》、《汉书》作《孙卿子》。《鹖冠子》、《苏子》、《蒯通》、《陆贾》、《淮南王》九家之书，而儒家复有《荀卿子》、《陆贾》二家之书，道家复有《伊尹》、《太公》、《管子》、《鹖冠子》四家之书，纵横家复有《苏子》、《蒯通》二家之书，杂家复有《淮南王》一家之书。《兵书》技巧家有《墨子》，而墨家复有《墨子》之书。惜此外之重复互见者，不尽见于著录，容有散逸失传之文。然即此十家之一书两载，则古人之申明流别，独重家学，而不避重复著明矣。"又谓："今观刘《略》重复之书仅止十家，皆出《兵书略》，他部绝无其例，是则互注之法，刘氏具未能深究，仅因任宏而稍存其意耳。"并见《校雠通义》。《七略》是否原有此例，尚为疑问。或因校雠者既非一人，无意中致有复见二类而不及删正，亦未可知。班固所以删去此十家，即因其重复。

（6）一书中有一篇可入他类者得裁篇别出：章学诚又谓"《管子》，道家之言也，刘歆裁其《弟子职》篇入《小学》。《七十子所记》百三十一篇，《礼经》所部也，刘歆裁其《三朝记》篇入《论语》。盖古人著书，有采取成说，袭用故事者，如《弟子职》必非管子自撰，《月令》必非吕不韦自撰，皆所谓采取成说也。其所采之书别有本旨，或历时已久，不知所出，又或所著之篇，于全书之内，自为一类者，并得裁其篇章，补苴部次，别出门类，以辨著述源流。至其全书篇次具存，无所更易，隶于本类，亦自两不相妨。盖权于宾主重轻之间知其无庸互见者，而始有裁篇别出之法耳。"《七略》是否原有此例，亦为疑问。或在当时，《弟子职》原不在《管子》之内，《三朝记》原不在《大戴礼》之内，后来始并为一书耳。

(7)摘录叙录之纲要：各书叙录备述一切，已见上节；《七略》以略为名，所以备览者循目求书，自不能如《别录》之总集众录。故各辑本所得及《汉志》所存，皆戋戋数语，不过注出作者之姓名、略历及书之内容梗概、著作年月而已。一望书名而知义者，则《汉志》并小注而无之。《七略》容或每书各有较详细之说明，不似《汉志》之尤为节略也。试举佚文为例。“冯商，阳陵人，治《易》，事五鹿充宗，后事刘向，能属文，后与孟柳俱待诏，颇序列传，未卒，会病死。”《汉志》注及《汉书·张汤传》注引。此对作者之说明也。“太公《金版玉匮》，虽近世之文，然多善者。”《文选·王文宪集序》注引。此对书之内容之说明也。“《甘泉赋》，永始三年，待诏臣雄上。”《文选·甘泉赋》注引。此对著作年月之说明也。“孝武皇帝末，有人得《泰誓》于壁中者，献之，与博士，使赞说之，因传以教。今《泰誓》是也。”《文选》刘子骏移书让太常博士注引。按《尚书正义》引作《别录》。此对于书之来历之说明也。虽不能知其全豹如何，但既较《别录》为略，而又有解题，则其解题必从《别录》摘取纲要，并非有意见之不同也。

(8)有书目而无篇目：《别录》详而《七略》略，除删节叙录外，殆又略去篇目，否则不能缩二十卷为七卷也。其书目当如《汉志》之式，首以书名为纲，随以篇数系之。然后注解题于后为目。详细篇目及详目叙录则诿诸《别录》与各书本身，《七略》不暇为尽载矣。

(9)每种书目之后有小序，每略有总序：《六艺略》诸种小序皆偏重叙述经师传授。例如《论语》各家书目之后，先总计“凡《论语》十二家，二百二十九篇”。次系小序云：“《论语》者，孔子应答弟子时人，及弟子相与言而接闻于夫子之语也。当时弟子各有所记，夫子既卒，门人相与辑而论纂，故谓之《论语》。汉兴，有齐、鲁之说。传齐《论》者，昌邑中尉王吉、少府宋畸、御史大夫贡禹、尚书令五鹿充宗、胶东庸生，唯王阳名家。传鲁《论》者，常山都尉龚奋、长信少府夏侯胜、丞相韦贤、鲁扶卿、前将军萧望之、安昌侯张禹，皆名家，张氏最后而行于世。"《汉志》。《诸子略》诸小序则偏重于其思想之优劣，例如"儒家者流，盖出于司徒之官，助人君，顺阴阳，明教化者也。游文于《六艺》之中，留意于仁义之际，祖述尧、舜，宪章文、武，宗师仲尼，以重其言。于道为最高。孔子曰：'如有所誉，其有所试。'唐、虞之隆，殷、周之盛，仲尼之业，已试之效者也。然惑者既失精微，而辟者又随时抑扬，违离道本，苟以哗众取宠。后进循之，是以《五经》乖析，儒学寖衰，此辟儒之患"。亦见《汉志》。《诗赋略》虽分五种，独无小序，仅有总序一篇。《兵书略》之小序最简，只说明类名之意义，例如"权谋者，以正守国，以奇用兵，先计而后战，兼形劳，包阴阳，用技巧者也"。《术数》、《方技》二略则近似《诸子略》，评骘是非而已，对于学术源流，学者传授，不复说明。六略小序之内容参差如是。至于总序，则每略皆有一篇，其前亦有该略书目总计，例如"凡方技三十六家，八百六十八卷"。"方技者，皆生生之具，王官之一守也。大古有岐伯、俞拊，中世有扁鹊、秦和，盖论病以及国，原诊以知政。汉兴有仓公，今其技术晻昧。故论其书以序方技为四种。"此篇最略，余六篇则多综述古学而总评之。

统察《七略》之体制，殆完全相当于后世之《四库全书简明目录》。其与《别录》相同处为皆有解题，异处为独有分类。分类之法，并不精密。《诸子略》以思想系统分，《六艺略》以古书对象分，《诗赋略》以体裁分，《兵书略》以作用分，《术数略》以职业分，

《方技略》则兼采体裁作用，其标准已绝对不一，未能采用纯粹之学术分类法。以致学术混沌不明，贻害千载。后世目录之分类，无论正统派或别派，无不深受《七略》之影响，百变不离其宗。此固政治力量束缚思想自由有以致然，而《七略》之始作俑亦不能无过也。

分类篇

分类之原理

西洋目录学家每谓分类为人类之本能；实则积得丰富之经验后，自然有鉴别之知识耳；谓为本能，则未必也。《荀子》推究“名”之起源，由于“辨同异”。所谓“同则同之，异则异之”，即分类之最大作用也。故《荀子·正名篇》所论，可借以述分类之由来。其言曰：“异形离心交喻；异物名实互纽。贵贱不明，同异不别。如是则志必有不喻之患，而事必有困废之祸。故知者为之分别，制名以指实，上以明贵贱，下以辨同异。贵贱明，同异别。如是，则志无不喻之患，事无困废之祸。此所为有名也。然则何缘而以同异？曰：缘天官。凡同类同情者，其天官之意物也同，故比方之，疑似而通，是所以共其约名以相期也。形、体、色、理，以目异；声音清浊，调竽奇声，以耳异；甘、苦、咸、淡、辛、酸、奇味，以口异；香、臭、芬、郁、腥、臊、洒酸、奇臭，以鼻异；疾、养、沧、热、滑、铍、轻、重，以形体异；说故喜、怒、哀、乐、爱、恶、欲，以心异。心有征知，征知则缘耳而知声可也，缘目而知形可也。然而征知必将待天官之当簿其类，然后可也。五官簿之而不知，心征之而无说，则人莫不然，谓之不知。此所缘而以同异也。然后随而命之：同则同之，异则异之。单足以喻则单,单不足以喻则兼,单与兼无所相避则共。虽共,不为害矣。知异实者之异名也,故使异实者莫不异名也,不可乱也。犹使同实者莫不同名也。故万物虽众,有时而欲遍举之,故谓之物。物也者,大共名也。推而共之,共则有共,至于无共然后止。有时而欲偏举之,故谓之鸟兽。鸟兽也者,大别名也。推而别之,别则有别,至于无别然后止。名无固宜,约之以命。约定俗成,谓之宜;异于约,则谓之不宜。名无固实,约之以命实;约定俗成,谓之实名。名有固善,径易而不拂,谓之善名。物有同状而异所者,有异状而同所者,可别也。状同而为异所者,虽可合,谓之二实。状变而实无别而为异者,谓之化。有化而无别,谓之一实。此事之所以稽实定数也。此制名之枢要也。后王之成名,不可不察也。"《荀子》此论,虽就命名而言,然分类之原理亦尽在其中矣。目录之两大要素,曰分类,曰编目。有书目而不分类,未得尽目录之用也。述《分类篇》:

类之字义

《尚书》有类字二。《舜典》"肆类于上帝",注:"类谓摄位事类。"《太甲》"予小子不明于德,自底不类",注:"类,善也。"《尔雅·释诂》同。似古类字犹无种类之义。然若舍旧注而径释为种类,亦未尝不可。《左传》"名有五:取于父为类";桓公六年。"非我族类,其心必异",成公四年。类始训种族。"史佚所谓'毋怙乱'者,谓是类也",宣公十二年。类始训区别。"非君也,不类",庄公八年。类始训近似。"喜怒以类者鲜,易者实多";宣公十七年。"歌诗必类,齐高厚之诗不类";襄公十六年。"事序不类";昭公七年。"声亦如味,一气,二体，三类……以相成也”，昭公二十年。则合乎义例者曰类，不合者谓之不类。要皆由种类一义引申，毫无违悖。

事物之分类

分类之应用，始于事物，中于学术，终于图书。尧之分命羲仲、羲叔、和仲、和叔“定四时成岁”，见《尚书·尧典》。依时分类之始也。舜之分命伯禹、弃、契、皋陶、垂、益、伯夷、夔、龙，各司庶绩，见《尚书·舜典》。依事分类之始也。《洪范》之分九畴：“初一曰五行，次二曰敬用五事，次三曰农用八政，次四曰协用五纪，次五曰建用皇极，次六曰乂用三德，次七曰明用稽疑，次八曰念用庶征，次九曰向用五福，威用六极。”则事物性情，莫不区分类别矣。《尚书》各篇之著作年代虽尚未能确定，然应用分类之法以辨别事物，则古已有之。《易象》称“君子以族类辨物”，《同人》。《系辞》称“方以类聚，物以群分，吉凶见矣”。“古者包牺氏之王天下也，仰则观象于天，俯则观法于地，观鸟兽之文与地之宜，近取诸身，远取诸物。于是始作八卦，以通神明之德，以类万物之情。”“其称名也小，其取类也大。”《易》之为术，纯乎依推类演绎之法以行之。盖古之哲人积累多数经验，区分事物，取其类似者比附之，如“水流湿，火就燥，云从龙，风从虎”，《乾文言》。从而为之说辞，以断其凶吉。观乎殷虚《卜辞》已知应用此术，则推类之始固不仅殷周为然矣。沿及战国时代，则论学者亦无不善用此种推类论理之术。如《孟子》：“夫谓非其有而取之者盗也，充类至义之尽也。”《万章下》。“故凡同类者，举相似也；何独于人而疑之？”《告子上》。“指不若人，则知恶之；心不若人，则不知恶:此之谓不知类也。”《告子上》。《礼记》:“万物之理,各以类相动也;是故君子反情以和其志,比类以成其行。”《乐记》、《荀子·乐论》。《荀子》尤善言类,且以类为人事最高之标准。“以类行杂,以一行万。”《王制》。其论理之最要方法也。“财非其类以养其类,夫是之谓天养。顺其类者谓之福,逆其类者谓之祸,夫是之谓天政。”《天论》。其论政之最大策略也。“辨异而不过,推类而不悖,听则合一,辨则尽故。”《大略》。其论人之最高圭臬也。又称“群而无分则争;救患除祸,则莫若明分使群矣。”《富国》。故其《王制》序官,分述大师、司空、治田、虞师、乡师、工师、伛巫、跛击。治市、司寇、冢宰、辟公、天王之职事,责任了然,各有分异。撰《周礼》者因之,详列天官冢宰、地官司徒、春官宗伯、夏官司马、秋官司寇、冬官司空之官属职责,纤悉周到,经纬秩然。自古分类序官,未有若斯严密者。其为政治学家之理想制度原属显然,不待分辨。然从分类学史论之,事物分类至《周礼》而叹观止矣!

学术之分类与思想之分类

学术之分类,盖始于孔丘。《论语》于君子小人之分,辨之最晰。《荀子·哀公篇》述孔子分人为五仪:庸人、士、君子、贤人、圣人。又云:“子以四教:文、行、忠、信。”《述而》。为学之法,则“志于道,据于德,依于仁,游于艺”。《述而》。思想之术,则“毋意,毋必,毋固,毋我”。《子罕》。其教育学与论理学条理之清晰,前所未见。而《论语》记者述其入室弟子,分为四科:“德行:颜渊、闵子骞、冉伯牛、仲弓。言语:宰我、子贡。政事:冉有、季路。文学:子游、子夏。”《先进》。使孔门原已分科也，则允为学术分类之祖矣。后此百家云兴，分类法遂应用及于思想方面。孟轲首称“逃墨必归于杨，逃杨必归于儒”。《孟子·尽心下》。《庄子·天下篇》更分“百家之学”为七派：(1)邹鲁之士，(2)墨翟、禽滑釐及相里勤、苦获己齿、邓陵子之属，(3)宋钘、尹文，(4)彭蒙、田骈、慎到，(5)关尹、老聃，(6)庄周，(7)惠施、桓团、公孙龙，并各述其要旨，评其得失。辨析微芒，最为精到。论断之公允，亦为后世论学者所取法，固不仅于分类学史占重要之地位而已。出乎其后者，若《荀子》之既分百家为(1)它嚣、魏牟，(2)陈仲、史鰌，(3)墨翟、宋钘，(4)慎到、田骈，(5)惠施、邓析，(6)子思、孟轲六派；《非十二子》。又分儒家为(1)子张氏，(2)子夏氏，(3)子游氏三支，《非十二子》。复或分(1)慎子，(2)老子，(3)墨子，(4)宋子，《天论》。或分(1)墨子，(2)宋子，(3)慎子，(4)申子，(5)惠子，(6)庄子。《解蔽》。互有异同，非出一手。而《韩非子》谓“世之显学：儒、墨也”。并述“儒分为八，墨离为三”，《显学》。则非特分别学派，更能条析支流，有近乎学术史之叙述矣。其他若《尸子》述墨子、孔子、皇子、田子、列子、料子之相非，《广泽篇》，汪继培辑本。《吕氏春秋》述老聃、孔子、墨翟、关尹子、列子、陈骈、阳生、孙膑、王廖、兒良之相非，《不二》。虽无意为思想家分类，亦足见当时百家之盛，分派之多。然皆以诸子姓名为标号，除儒家外，未有独起殊称者。及汉武帝建元、元封之间，乃有司马谈论六家之要旨，特命阴阳、儒、墨、名、法、道德之名。见《史记·自叙》、《汉书》卷六二。先师梁任公先生称之曰：“庄、荀以下论列诸子，皆对一人或其学风相同之二三人以立言。其檃括一时代学术之全部而综合分析之，用科学的分类法，厘为若干派，而比较评骘，自司马谈始也。分类本属至难之业，而学派之分类则难之又难。后起之学派对于其先焉者必有所受,而所受恒不限于一家。并时之学派,彼此交光互影,有其相异之部分,则亦必有其相同之部分。故欲严格的驭以论理,而簿其类使适当,为事殆不可能也。谈所分六家,虽不敢谓为绝对的正当;然以此檃括先秦思想界之流别,大概可以包摄,而各家相互间之界域,亦颇分明。……谈之提挈,洵能知类而举要矣。”见《饮冰室合集·文集》第十八册。后来刘歆撰《诸子略》,即以谈所论六家为主类而益以纵横等家。由此可见学术思想之分类对于图书之分类关系之密切矣。

图书分类之始

上古人事简单,书契繁难,故典册无多,分类之情形亦不能详。《史记》称:“孔子之时,周室微而礼乐废,诗书缺。追迹三代之礼序书传,上纪唐虞之际,下至秦缪,编次其事。故《书传》、《礼记》自孔氏。古者诗三千余篇,及至孔子去其重,取可施于礼义,上采契、后稷,中述殷、周之盛,至幽、厉之缺。始于衽席,故曰《关雎》之乱,以为《风》始。《鹿鸣》为《小雅》始,《文王》为《大雅》始,《清庙》为《颂》始。三百五篇,孔子皆弦歌之,以求合《韶》、《武》、《雅》、《颂》之音。礼乐自此可得而述,以备王道,成《六艺》。孔子晚而喜《易》,序《彖》、《系》、《象》、《说卦》、《文言》,读《易》韦编三绝。孔子以《诗》、《书》、《礼》、《乐》教,弟子盖三千焉。”“乃因史记作《春秋》,上至隐公下讫哀公十四年,十二公,据鲁,亲周,故殷运之三代,约其文辞而指博。”卷四十七。由此所言,则孔丘于古书中特采《六艺》以教弟子,于《六艺》之中,《诗》复分为《风》、《小雅》、《大雅》、《颂》,《易》则分为序《彖》、《系》、《象》、《说卦》、《文言》。彼其用意虽非为古书分类,古书亦非"六艺"所可概括;然孔门之教科书固俨然分为六门,谓为图书分类之始未始不可。特《诗》、《易》内容之分,早已习然;《书传》、《史记》之作,由来更久;凡此分类,皆未必为孔丘所发明,乃当日一般之习惯耳。其后,孟轲称"王者之迹熄而《诗》亡,《诗》亡然后《春秋》作。晋之《乘》,楚之《梼杌》,鲁之《春秋》,一也。"《离娄下》。合三种名义不同之书为一类,其作用乃与今日分类编目之方法无殊。乃知当日管理图书者之必自有其分类法也。及"秦拨去古文,焚灭诗书,故明堂石室,金匮玉版,图籍散乱。于是汉兴,萧何次律令,韩信申军法,张苍为章程,叔孙通定礼仪,则文学彬彬稍进,诗书往往间出矣"。据《史记》卷百三十,《汉书·高帝纪》则多"陆贾造新语"一项。由斯而言,则汉初已分图籍为律令、军法、章程、礼仪四类,皆政府所日用之书也。迨后藏书益多,乃有刘向典校中秘书之事。详见《溯源篇》。

《七略》之分类法

向等校书既毕,各有叙录。"(向子)歆遂总括群书,撮其旨要",《隋志》。"种别为《七略》"。据《汉书》卷三十六。后汉东观藏书,"并依《七略》而为书部",班固"又编之以为《汉书·艺文志》"。《隋志》。故其书虽失传,而其分类犹保存于《汉志》。名虽为七,实际仅分六部。《汉志》称其"有《辑略》,有《六艺略》,有《诸子略》,有《诗赋略》,有《兵书略》,有《术数略》,有《方技略》",虽列《辑略》于首,而原书则未必然也。颜师古注:"辑与集同,谓诸书之总要。”观乎后世仿《七略》而作之佛教目录，如法经《众经目录》七卷，前六卷为分类目录，最后一卷谓之《众经总录》；费长房《开皇三宝录》十五卷，前十四卷为帝年，代录，入藏目，最后一卷则仅列全书总目，上书表序及诸家目录之总目。以彼证此，则《辑略》之为《七略》总目也无疑。推其体制，殆即《汉志》全文，包括书目、篇卷数及每类小序。其首必有刘歆《上七略表》，而每书目下必无小注。说详《溯源篇》。故《七略》之分类表，可由《辑略》之后身《汉志》而推定其系统如下：

六艺略—五常之道
- 易—“文王重《易》六爻，作上下篇。孔氏为之《彖》、《象》、《系辞》、《文言》、《序卦》之属。”
- 书—“《书》之所起远矣，至孔子纂焉。上断于尧，下讫于秦，凡百篇。”
- 诗—“孔子纯取周诗，上采殷，下取鲁，凡三百五篇。”
- 礼—“自孔子时而不具。汉兴，鲁高堂生传《士礼》十七篇。”
- 乐—“周衰，乐尤微渺，以音律为节，又为《郑》、《卫》所乱。故无遗法。”
- 春秋—“右史记事，事为《春秋》。”仲尼与左丘明因鲁史记所纂。
- 论语—孔子应答弟子时人及弟子相与言而接闻于夫子之语也。
- 孝经—“孔子为曾子陈孝道也。”
- 小学—书契。

诸子略—各引一端崇其所善
- 儒—“助人君，顺阴阳，明教化者也。游文于六经之中，留意于仁义之际，祖述尧舜，宪章文武，宗师仲尼。”
- 道—“秉要执本，清虚以自守，卑弱以自持。欲绝去礼学，兼弃仁义。”
- 阴阳—“敬顺昊天，历象日月星辰，敬授民时。牵于禁忌，泥于小数，舍人事而任鬼神。”
- 法—“信赏必罚，以辅礼制。专任刑法。”
- 名—“正名。”

- 墨—“贵俭，兼爱，上贤，右鬼，非命，上同。”
- 纵横—“权事制宜。”
- 杂—“兼儒、墨，合名、法。”
- 农—“播百谷，劝耕桑，以足衣食。”
- 小说—“街谈巷语，道听涂说者之所造也。”

诗赋略
- 屈原等赋
- 陆贾等赋
- 孙卿等赋
- 杂赋
- 歌诗—“感于哀乐，缘事而发。”

兵书略—王官之武备
- 兵权谋—“以奇用兵，先计而后战，兼形势，包阴阳，用技巧者也。”
- 兵形势—“雷动风举，后发而先至，离合乡背，变化无常，以轻疾制敌者也。”
- 阴阳—“顺时而发，推刑德，随计击，因五胜，假鬼神而为助者也。”
- 兵技巧—“习手足，便器械，积机关，以立攻守之胜者也。”

数术略—明堂羲和史卜之职
- 天文—“序二十八宿，步五星日月，以纪吉凶之象。”
- 历谱—“序四时之位，正分至之节，会日月五星之辰，以考寒暑杀生之实。”
- 五行—“五常之刑气也。”
- 蓍龟—“圣人之所用也。”
- 杂占—“纪百事之象，候善恶之征。”
- 形法—“大举九州之势以立城郭室舍，形人及六畜骨法之度数，器物之形容，以求其声气贵贱吉凶。”

方技略—生生之具
- 医经—“原人血脉、经络、骨髓、阴阳、表里以起百病之本，死生之分，而用度箴石汤火所施，调百药齐和之所宜。”
- 经方—“本草石之寒温，量疾病之浅深，假药味之滋，因气感之宜，辨五苦六辛，致水火之齐，以通闭解结，反之于平。”
- 房中—“情性之极，至道之际。”
- 神仙—“所以保性命之真而游求于其外者也。”

“大凡书六略、三十八种。”其分类之标准不一:有聚传习一部古典之书为一类者,如《易》、《书》、《诗》、《礼》、《乐》、《春秋》、《论语》、《孝经》八种是也。有聚学派相同之书为一类者,如“儒”、“道”、“法”、“阴阳”、《诸子略》。“名”、“墨”、“纵横”、“农”八种是也。有聚研究一种专门学术之书为一类者,如“小学”、“兵权谋”、“兵形势”、“阴阳”、《兵书略》。“兵技巧”、“天文”、“历谱”、“五行”、“蓍龟”、“杂占”、“形法”、“医经”、“经方”、“房中”、“神仙”十五种是也。有聚文章体裁相同之书为一类者,如“杂”、“小说”、屈原等赋、陆贾等赋、孙卿等赋、“杂赋”、“歌诗”七种是也。其法草创,前无所承,原无深义。如《诸子略》既有“阴阳”,《兵书略》又有“阴阳”,种名重复,亦所不嫌。一也。“阴阳家者流”,既“盖出于羲和之官”,其“敬顺昊天历象日月星辰,敬授民时”,又与《术数略》之“天文”、“历谱”无异;而“牵于禁忌,泥于小数,舍人事而任鬼神”,亦与《术数略》之“五行”、“蓍龟”、“杂占”无异。然分列于《诸子略》,独不入《术数略》,虽曰虚理有殊于实艺,而强剖一家之学于绝远之域,终属不合分类之原则。二也。《诗赋略》分为五种,而前三种概以一“赋”字为标题,漫无区别。小序复称“大儒孙卿及楚臣屈原离谗忧国,皆作赋以风,咸有侧隐古诗之义”。则孙、屈二家,作风如一,何缘而判为二种。“其后宋玉、唐勒,汉兴枚乘、司马相如,下及扬子云,竞为侈丽闳衍之词,没其风谕之义。”既与屈原不同,何缘独置《扬雄赋》于《陆贾赋》之后而悉列其他数家于《屈原赋》一种中?除非不问作风之同异而惟体裁之同异是问,否则殊乖分类之义。三也。往往同一种中,又复杂附绝不同类之书,如附《国语》、《世本》、《战国策》、《楚汉春秋》、《太史公》、《汉大年纪》十二家之书于《春秋》,附《帝王诸侯世谱》、《古来帝王年谱》于《历谱》。若谓史书甚少,不必独立;则其他各种,每有六七家百余卷即成一种者;而谓以十二家五百余篇之史书反不能另立一种乎?若谓史书与《春秋》原为一家之学,不应另列;则《诗赋》又何以自异于《诗经》?其不合理四也。乃至如形法兼收地理、相人、相刀、相六畜之书为一种,其为乖谬,尤不待言。五也。其他如《管子》既列"道家",而其《弟子职》篇又入小学;《七十子所记》百三十一篇即《礼记》。既列《礼经》,而其《三朝记》又入《论语》;《伊尹》、《太公》、《管子》、《鹖冠子》重见于"兵权谋"及"道家",《苏子》、《蒯通》重见于"兵权谋"及"纵横家",《淮南王》重见于"兵权谋"及"杂家",《荀卿子》、《陆贾》重见于"兵权谋"及"儒家",《墨子》重见于"兵技巧"及"墨子";此皆一时疏忽,偶未检点。而后人必欲推尊其书,谓有别裁互见之例。章学诚。甚至有为《汉志》代撰条例者,孙德谦。多见其"托古改制"耳,岂《七略》之原质哉?窃谓《七略》之功远逊于《别录》,而其分类律例亦无足重轻。后人誉之过其实,毁之非其罪,纷纷者皆多事也。其稍可称者,惟视实用之《方技》、《术数》、《兵书》与空论之《六艺》、《诸子》、《诗赋》并重,略具公平之态度。然亦由于校书另有专官,非必刘歆有此公道耳。

类书与目录学

著者认类书为主题目录之扩大。盖分类之道,有时而穷。惟以事物为主题,汇列参考资料于各主题之下,使学者一目了然,尽获其所欲见之书。此其功用较分类目录为又进一步。倘删其繁文,仅存书目,即现代最进步之主题目录也。而我国先哲于一千七百余年前已创其例。《魏志》称魏文帝命王象、刘劭等集《五经》群书，以类相从，作《皇览》。注引《世语》称其书撰集数载始成，“合四十余部，部有数十篇，通合八百余万字”。是诚空前创作，极便来学。宜乎后世仿例踵成，屡见不鲜也。如唐太宗之辑《文思类要》，周则天帝之辑《三教珠英》，宋太宗之辑《太平御览》，明成祖之辑《永乐大典》，清圣祖之辑《古今图书集成》，量愈出而愈多，类愈分而愈精，乃至分部数百，编卷逾万。虽内容之精有逊于现代《大英百科全书》，然创意之早，收书之富，实足夸耀世界。即在目录学史上，苟能闯出逼仄之分类目录樊篱，而远瞩高瞻，则此种接近主题目录之类书，亟宜研究之，改良之，使与主题目录相应，与分类目录相助。则目录学之范围于以扩张，而其功用亦更加显著矣。重要类书之编纂，别见《通纪篇》，本篇不复述。

五分法之偶现与四分法之代兴

世之言目录者辄喜以四部与《七略》对言，非崇四而抑七，即夸七而贬四。岂知《七略》固无七类，仿《七略》之《七志》、《七录》、《七林》亦不拘泥于《七略》之部类？又岂知荀勖之四部不只四部；荀勖、李充之四部并无小类，不同于后世之四部；《隋志》之四部非荀、李之后裔，乃《七录》之嫡血乎？考四部之兴，世人仅知晋秘书监荀勖因魏秘书郎郑默《中经》，“更著《新簿》，分为四部，总括群书。”一曰《甲部》，纪“六艺”及“小学”等书。二曰《乙部》，有“古诸子家”、“近世子家”、“兵书”、“兵家”、“术数”。三曰《丙部》，有“史记”、“旧事”、“皇览簿”、“杂事”。四曰《丁部》，有“诗赋”、

“图赞”、“汲冢书”。《隋志》。而不知其更收有《佛经》也。《广弘明集》引《古今书最》载“《晋中经簿》四部书一千八百八十五部,二万九百三十五卷。其中十六卷《佛经书簿》少二卷,不详所载多少”。其第三句语意不明,似此簿共十六卷,《七录序》谓“《新簿》虽分为十有余卷,而总以四部别之。”缺少《佛经书簿》二卷,故不知《佛经》共若干部卷。然则《晋中经簿》于四部之外固另有《佛经》一部。若据费长房《开皇三宝录》较之,则后汉末年迄三国僧俗译经固有六百七十一部,九百一十卷之多,再加晋初十五年所译,必已逾千卷。其能占一部类于《中经簿》也固宜。则世之指荀勖为始创四部之祖者,其犹屈其拇指而妄谓手指有四乎!况勖与张华“依刘向《别录》,整理记籍”,明见《晋书》卷三十九。而后汉东观及仁寿阁“并依《七略》而为书部”。《隋志》。魏郑默所“始制”之《中经》,仅仅“考核旧文,删省浮秽”《晋书》卷四十四。而已。未必于《七略》之外,另创新分类也。勖虽“因默《中经》,更著《新簿》”,然亦不过因其所有之书,而未必因其分类之法。故有推草创四部之功于郑默者,亦未免失之好立异说也。荀勖之《中经簿》所异于《七略》者有四大特点:其一为并“兵书”、“术数”于“诸子”,其二为特设一部以藏史书及类书,其三即上述之另有“佛经书簿”,合四部而为五。此外尚有一怪事,前违《七略》而后异《隋志》者,曰四部之内,不更分类。《七录序》谓“荀勖因魏《中经》更著《新簿》,虽分为十有余卷,而总以四部别之。”推其语意,则每卷并无种类之名称,决然无疑矣。其有不可解者三:一、“兵书”与“兵家”何异?二、“皇览”何以与“史记”并列?三、“汲冢书”何以不入丙部而附于丁部?意者“汲冢书”出于编定目录之后,为插架方便计,故置于最后之空架耶?其余二者,则不宜意度。然从《隋志》之所述,则此簿于四部之下固犹有小类之分。及东晋著作郎李充以秘阁仅有书三千余卷,故“因荀勖旧簿四部之法,而换其乙丙之书;没略众篇之名,总以甲乙为次”。阮孝绪《七录序》。小类既除,四部悬立。盖荀勖之旧例也。而“五经为甲部,史记为乙部,诸子为丙部,诗赋为丁部”,见《文选·王文宪集序》注引臧荣绪《晋书》。隐然成为定例。“自时厥后,世相祖述。宋秘书监谢灵运、丞王俭、齐秘书丞王亮、监谢朏等,并有新进更撰目录。宋秘书殷淳撰《大四部目》”。《七录序》。惟《宋元嘉八年秘阁四部目录》,当即谢灵运所造者。另列《佛经》五十五帙,四百三十八卷。《古今书最》。犹存荀勖五分法之意。而《梁天监四年文德殿正御四部及术数书目录》,《古今书最》。其《四部目录》为学士刘孝标所撰,《隋志·簿录篇》。“其术数之书,更为一部,使奉朝请祖暅撰其名。故梁有《五部目录》”。《隋志序》。文德殿本独立于秘阁之外,故不循李充之制。同时秘阁之书,虽少于文德,《古今书最》。而秘书监任昉“躬加部集”,《隋志》。“手自雠校,由是篇目定焉”。《梁书》卷十四。秘书丞殷钧遂撰为《梁天监六年四部书目录》四卷。《隋志》。历陈及隋,秘阁皆沿四部之制。梁之东宫,陈之寿安殿、德教殿,隋之观文殿,亦准依焉。推厥渊源,乃不得不以最荒芜最疏略之荀勖、李充为大宗。江海导源于蹄涔,固亦不足引以为耻耳。

《七志》与《七录》

荀勖、李充之陋,并小类亦复没略。上述诸家,除殷淳《大目》多至四十卷,《宋书》卷四十九。应有更详细之小类外,殆莫能背其四分之法规。严格而论,真正之四分法,惟此两晋南朝秘阁目录允克当之。《隋志》以后,《四库》以前之号称四部者皆不应纳此范域。积弊相沿,显而易见。世有哲人,能不愤恨?起而革命者遂有三家,宋之王俭,梁之阮孝绪,隋之许善心,其魁首也。任昉称俭“采公曾荀勖之《中经》,刊宏度李充之四部,依刘歆《七略》,更撰《七志》”。《文选·王文宪集序》。阮孝绪称俭“依《别录》之体,撰为《七志》”,“改《六艺》为《经典》,次《诸子》,次《诗赋》为《文翰》,次《兵书》为《军书》,次《术数》为《阴阳》,次《方技》为《术艺》。以向、歆虽云《七略》,实有六条。故别立《图谱》一志,以全七限。其外又条《七略》及两汉《艺文志》、《中经簿》所阙之书,并方外之经,《佛经》、《道经》,各为一录。虽继《七志》之后,而不在其数”。《七录序》。《隋志》称“俭撰《七志》,一曰《经典志》,纪六艺、小学、史记、杂传。二曰《诸子志》,纪古今诸子。三曰《文翰志》,纪诗赋。四曰《军书志》,纪兵书。五曰《阴阳志》,纪阴阳图纬。六曰《术艺志》,纪方技。七曰《图谱志》,纪地域及图书。其《道》、《佛》附见,合九条。而又作九篇条例,编乎首卷之中”。其书成于宋后废帝元徽元年八月,《宋书》卷九。有三十卷同上。或四十卷《南齐书》卷二十三。之多。后经贺纵补注,增至七十卷。《唐志》。《隋志》则作为《今书七志》七十卷。篇帙之钜,既远倍《别录》,近比殷淳。部类之精,则能尽《七略》之所长,善补《七略》之所阙。其新增《图谱》一志,《道》、《佛》二录,允为独步古今,未见其偶。惟渗杂经史于一炉,不如《七录》之判别;而彼之散图归书,终不及此之重视图谱,有裨实用也。况有九篇条例,对于分类之理论,定有发挥,惜乎失传。虽《隋志》讥其“文义浅近,未为典则。”然指陈类例者固未有前乎王俭者也。所可惜者,“其中朝遗书,收集稍广;然所亡者,犹大半焉。”《七录序》。及梁武帝“普通中,有处士阮孝绪”,《隋志》。“颇好搜集。凡自宋齐以来,王公缙绅之馆,苟能蓄集坟籍,必思致其名簿。凡在所遇,若见若闻,校之官目,多所遗漏。遂总集众家,更为新录。其方内经史至于术技,合为五录,谓之内篇。方外佛道,各为一录,谓之外篇,凡为录有七,故名《七录》"。《原序》。收书多至六千二百八十八种,四万四千五百二十卷,可谓空前钜制矣。其分类系统尤极清明整齐之致。《广弘明集》《卷三》。保存其二篇。《七录》五十五部之分类表如下:

《经典录》内篇一
- 易部
- 尚书部
- 诗部
- 礼部
- 乐部
- 春秋部
- 论语部
- 孝经部
- 小学部

《纪传录》内篇二
- 国史部
- 注历部
- 旧事部
- 职官部
- 仪典部
- 法制部
- 伪史部
- 杂传部
- 鬼神部
- 土地部
- 谱状部
- 传录部

《子兵录》内篇三
- 儒部
- 道部
- 阴阳部
- 法部
- 名部
- 墨部
- 纵横部
- 杂部
- 农家部
- 小说部
- 兵家部

《文集录》内篇四
- 楚辞部
- 别集部
- 总集部
- 杂文部

《术技录》内篇五
- 天文部
- 谶纬部
- 历算部
- 五行部
- 卜筮部
- 杂占部
- 刑法部
- 医经部
- 经方部
- 杂艺部

《佛法录》外篇一
- 戒律部
- 禅定部
- 智慧部
- 疑似部
- 论记部

《仙道录》外篇二 { 经戒部 / 服饵部 / 房中部 / 符图部 }

孝绪自述其分类定名之旨曰："今所撰《七录》，斟酌王、刘。王以《六艺》之称，不足标榜经目，改为《经典》，今则从之。故序《经典录》为内篇第一。刘、王并以众史合于《春秋》，刘氏之世，史书甚寡，附见《春秋》，诚得其例。今众家纪传，倍于经典，犹从此志，实为繁芜。且《七略·诗赋》，不从《六艺》诗部，盖由其书既多，所以别为一略。今依拟斯例，分出众史。序《纪传录》为内篇第二。《诸子》之称，刘、王并同。又刘有《兵书略》，王以兵字浅薄，军言深广，故改兵为军。窃谓古有兵革、兵戎、治兵、用兵之言，斯则武事之总名也，所以还改军从兵。兵书既少，不足别录，今附于子末，总以《子兵》为称。故序《子兵录》为内篇第三。王以《诗赋》之名，不兼余制，故改为《文翰》。窃以顷世文词，总谓之集，变翰为集，于名尤显。故序《文集录》为内篇第四。王以《术数》之称，有繁杂之嫌，故改为《阴阳》；《方技》之言，事无典据，又改为《艺术》。窃以《阴阳》偏有所系，不如《术数》之该通；《术艺》则滥《六艺》与《术数》，不逮《方技》之要显；故还依刘氏，各守本名。但'房中'、'神仙'，既入'仙道'；'医经'、'经方'，不足别创。故合《术技》之称，以名一录，为内篇第五。王氏《图谱》一志，刘《略》所无；刘《术数》中虽有'历谱'，而与今谱有异。窃以图画之篇，宜从所图为部，故随其名题，各附本录；谱既注记之类，宜与史体相参，故载于《纪传》之末。自斯已上，皆内篇也。释氏之教，实被中土，讲说讽味，方轨孔籍。王氏虽载于篇，而不在《志》限，即理求事，未是所安。故序《佛法录》为外篇第一。仙道之书,由来尚矣。刘氏'神仙',陈于《方技》之末;王氏《道经》,书于《七志》之外。今合序《仙道录》为外篇第二。王则先《道》而后《佛》,今则先《佛》而后《道》;盖所宗有不同,亦由其教有浅深也。"《七录序》。《隋志》论"其分部题目,颇有次序;割析辞义,浅薄不经。"而其实则《隋志》部类几于全袭《七录》,且其注中称"梁有、今亡"者皆《七录》所有。试一推究,则知《隋志》之分类法实近承《七录》,远接《七略》。而《七录》在分类史中所占之地位实为一承先启后之关键。《经典录》之分九部与《六艺略》之分九种,《子兵录》之前十部与《诸子略》之分十种,标名序次,符合无殊,惟因兵书甚少,故合四种为一部,附于子末,与《七略》不同。《术技录》并"术数"、"方技"二略为一,其"天文"、"五行"、"杂占"、"刑法"四部仍依《术数略》之原名。"历谱"、"蓍龟"改为"历算"、"卜筮",新增"谶纬",固《七略》以后新兴之学也。惟将《方技略》之"房中"、"神仙"二种提入《仙道录》,仅存"医经"、"经方"二部,又特增"杂艺"一部耳。此皆《略》、《录》之大同小异处。其所以保留《术技》一录者,盖有祖暅之《术数书目录》为蓝本耳。至其迥异之点,一在改《诗赋略》为《文集录》,废"赋诗"之种名,创分"楚辞"、"别集"、"总集"、"杂文"四部。二在创立《纪传录》,蔚然扩为十二部,收书多至一千二十种,一万四千八百八十八卷。《古今书最》。三在特立《佛法》、《仙道》二录,收书多至二千八百三十五种,六千五百三十八卷。是诚《七略》所瞠乎其后,望尘莫及者。抑亦时代潮流使然,无所用其抑扬也。考荀勖已收《佛经》入《中经簿》,且提列"史记"、"旧事"为四部之一,王俭并收《道经》、《佛经》而不在《七志》之限。孝绪仿意重编,既特录《纪传》,又骈列《仙》、《佛》,挹荀、王之长,补《七略》之短,又复细分部类,铨配适当，故能广罗万书，垂范百世。《隋志》仰承成例，稍加删并，竟为后世四部目录不祧之祖。较其异同：仅移“纬谶”入《经部》，改《纪传录》为《史部》，删“鬼神”而增“杂史”，析“注历”为“古史”、“起居注”，并《子兵》、《术技》二录为《子部》，删“杂艺”，并“卜筮”、“杂占”、“刑法”入“五行”，合“医经”、“经方”为“医方”，屏《道经》、《佛经》目录于《志》外，仅录其大纲。其所谓四部者，原为空洞之外壳。试揭其内幕，则《隋志》之四十种原无以大异于《七录》四十六部。《佛》、《道》九部除外。然较之荀勖、李充之仅以甲乙丙丁为部次，不复再分种类者，则其详略精粗既已迥殊，名义宗旨亦复不同。故著者以为自荀勖经李充至梁、陈之四部目录，仅为以甲乙丙丁部次书名之分类法，确可谓之单纯四分法，但荀勖、谢灵运、文德殿则应称“五分法”，殷淳则不详。最多仅可认为四部目录之第一时期。与后世《隋志》以下迄《四库全书总目》之四部绝对不同。《隋志》之四部，貌似荀、李而质实刘、阮，远承《七略》之三十八种，近继《七录》之四十六部。嫡脉相传，间世一现。治目录学者绝不可谬认《七略》、《七录》之学已失传而妄谓《隋志》为荀、李四部之血嗣也。《七录》、《隋志》之间，尚有隋秘书丞许善心于开皇十七年“仿《七录》更制《七林》，各为总叙，冠于篇首，又于部录之下，明作者之意，区分类例焉”。《隋书》卷五十八。《隋志》各部小序殆即摘录善心《七林》之原文而成。然《隋志·簿录篇》竟不著录其书。时代近接，应未遗佚。其犹《汉志》之不录《别录》与《七略》欤！

《五代史志》之《经籍志》

自荀勖以来，四部仅有甲乙丙丁之号，并无经史子集之名，吾友毛春翔君谓甲乙丙丁犹之 ABCD，一二三四，乃分类之号码，非分类之标题。其说实发古人所未发，殆合实情。著者则谓直至隋代，秘阁及内殿藏书，仍依甲乙部次，未用经史类名。观乎隋炀帝命将“秘阁之书，限写五十副本。于东都观文殿东西厢，构屋以贮之，东屋藏甲乙，西屋藏丙丁”。《隋志序》。即可证吾说之不谬矣。及唐初秘书监魏徵、虞世南、颜师古等先后抄校四部书，《旧唐书》卷百九十上。“数年之间，秘府灿然毕备”。《唐会要》卷三十五。太宗贞观十五年，乃诏于志宁、李淳风、韦安仁、李延寿同修《五代史志》，至高宗显庆元年始成。合记梁、陈、北齐、周、隋之事，别自单行。其后始并入《隋书》，故通称《隋志》。本书所称《隋志》仅指《五代史志》之《经籍志》。其《经籍志》考见存之书，分为四部四十种，“远览马《史》、班《书》，近观王、阮《志》、《录》，挹其风流体制，削其浮杂鄙俚，离其疏远，合其近密，约文绪义，凡五十五篇，按实际仅有四十篇，不知何故。各列本条之下”。《原序》。其各篇小序，摘录于次：

易：“《归藏》汉初已亡，案《晋中经》有之，唯载卜筮，不似圣人之旨。以本卦尚存，故取贯于《周易》之首，以备《殷易》之缺。”按《归藏》是伪书。

书：“又有《尚书》逸篇出于齐、梁之间，考其篇目，似孔壁中书之残缺者，故附《尚书》之末。”按《逸书》是伪书。

诗：不录。

礼:不录。

乐:“魏晋以后,虽加损益,去正转远,事在《声乐志》。今录其见书,以补乐章之阙。”按此篇之书既非上古所传,便不应入经部。

春秋:不录。

孝经:不录。

论语:“《论语》者,孔子弟子所录。……其《孔丛》、《家语》,并孔氏所传仲尼之旨。《尔雅》诸书,解古今之意。并五经总义,附于此篇。”

纬谶:“然其文辞浅俗,颠倒舛谬,不类圣人之旨。相传疑世人造为之后,或者又加点窜,非其实录。……今录其见存,列于‘六经’之下,以备异说。”按既非圣人之书,何以混列一部?

小学:“自后汉佛法行于中国,又得西域胡书,能以十四字贯一切音,文省而义广,谓之婆罗门书,与八体六文之义殊别。今取以附体势之下。又后魏初定中原,军容号令,皆以夷语。后染华俗,多不能通,故录其本言,相传教习,谓之国语。今取以附音韵之末。又后汉镌刻‘七经’,著于石碑,皆蔡邕所书。魏正始中,又立《一字石经》,相承以为‘七经’正字。……其相承传拓之本,犹在秘府,并秦帝刻石,附于此篇,以备小学。”

以上为《经部》:“班固列‘六艺’为九种,或以纬书解经合为十种。”

正史:“世有著述,皆拟班马,以为正史,作者尤广。一代之史,至数十家。唯《史记》、《汉书》师法相传,并有解释。……今依其世代,聚而编之,以备正史。”

古史:“《纪年》……盖魏国之史记也,其著书皆编年相次,文意大似《春秋》经,诸所记事,多与《春秋》、《左氏》扶同。学者因之,以为《春秋》则古史记之正法，有所著述，多依《春秋》之体。今依其世代，编而叙之，以见作者之别，谓之古史。"

杂史："《战国策》……《楚汉春秋》……《越绝》……《吴越春秋》，其属辞比事，皆不与《春秋》、《史记》、《汉书》相似，盖率尔而作，非史策之正也。灵、献之世，天下大乱，史官失其常守。博达之士，愍其废绝，各记闻见，以备遗亡。是后群才景慕，作者甚众。又自后汉已来，学者多钞撮旧史，自为一书，或起自人皇，或断之近代，亦各其志，而体制不经。又有委巷之说，迂怪妄诞，真虚莫测。然其大抵皆帝王之事，通人君子，必博采广览，以酌其要，故备而存之，谓之杂史。"按此篇最杂，几不成类。

霸史："自晋永嘉之乱，皇纲失驭，九州君长据有中原者甚众，……而当时臣子亦各记录。后魏克平诸国，据有嵩华，始命司徒崔浩博采旧闻，缀述国史，诸国记注，尽集秘阁。尒朱之乱，并皆散亡。今举其见在，谓之霸史。"

起居注："起居注者，录纪人君言行动止之事。……今之存者，有汉献帝及晋代以来起居注，皆近侍之臣所录。晋时又得汲冢书，有《穆天子传》，体制与今起居正同。……今依其先后，编而入之。其伪国起居，唯南燕一卷，不可别出，附之于此。"

旧事："古者朝廷之政，发号施令，百司奉之，藏于官府，各修其职，守而弗忘。……缙绅之士，撰而录之，遂成篇卷，然亦随代遗失。今据其见存，谓之'旧事篇'。"

职官："汉末，王隆、应劭等以百官表不具，乃作《汉官解诂》、《汉官仪》等书，是后相因，正史表志，无复百僚在官之名矣。缙绅之徒，或取官曹名品之书，撰而录之，别行于世。宋、齐已后，其书益繁，而篇卷零叠，易为亡散。又多琐细，不足可纪，故删。其见存可观者,编为‘职官篇’。”

仪注:“汉兴,叔孙通定朝仪,武帝时始祀汾阴后土,成帝时初定南北之郊,节文渐具。后汉又使曹褒定《汉仪》。是后相承,世有制作。然犹以旧章残缺,各遵所见,彼此纷争,盈篇满牍。而后世多故,事在通变,或一时之制,非长久之道。载笔之士,删其大纲,编于史志。而或伤于浅近,或失于未达,不能尽其旨要。遗文余事,亦多散亡。今聚其见存,以为‘仪注篇’。”

刑法:“刑法者,先王所以惩罪恶、齐不轨者也。……《汉律》久亡,故事驳议又多零失。今录其见存可观者,编为‘刑法篇’。”

杂传:“操行高洁,不涉于世者,《史记》独传夷、齐,《汉书》但述杨王孙之俦,其余皆略而不记。又汉时阮仓作《列仙图》,刘向典校经籍,始作《列仙》、《列士》、《列女》之传,皆因其志尚,率尔而作,不在正史。后汉光武始诏南阳撰作《风俗》,故沛、三辅有《耆旧》、《节士》之序,鲁、庐江有《名德》、《先贤》之赞。郡国之书,由是而作。魏文帝又作《列异》,以序鬼物奇怪之事。嵇康作《高士传》,以叙圣贤之风。因其事类,相继而作者甚众,名目转广,而又杂以虚诞怪妄之说。推其本源,盖亦史官之末事也。载笔之士,删采其要焉。鲁、沛、三辅序赞并亡,后之作者亦多零失。今取其见存,部而类之,谓之杂传。”按此篇实并括《七录·纪传录》之鬼神部。

地理:“刘向略言地域,丞相张禹使属朱贡条记风俗,班固因之作《地理志》。其州国郡县,山川夷险,时俗之异,经星之分,风气所生,区域之广,户口之数,各有攸叙,与古《禹贡·周官》所记相埒。是后……记注甚众,今……录……以备地理之记焉。”

谱系:“氏姓之书,其所由来远矣。……今录其见存者,以为‘谱系篇’。”

簿录："古者史官既司典籍，盖有目录以为纲纪，体制堙灭，不可复知。孔子删书，别为之序，各陈作者所由。韩、毛二《诗》，亦皆相类。汉时刘向《别录》，刘歆《七略》，剖析条流，各有其部。推寻事迹，疑则古之制也。自是之后，不能辨其流别，但记书名而已。博览之士，疾其浑漫，故王俭作《七志》，阮孝绪作《七录》，并皆别行。大体虽准向歆，而远不逮矣。其先代目录，亦多散亡。今总其见存，编为'簿录篇'。"

以上为《史部》："夫史官者，必求博闻强识，疏通知远之士，使居其位。百官众职，咸所贰焉。是故前言往行，无不识也。天文地理，无不察也。人事之纪，无不达也。内掌八柄，以诏王治。外执六典，以逆官政。书美以彰善，纪恶以垂戒。范围神化，昭明令德。穷圣人之至赜，详一代之亹亹。……班固以《史记》附《春秋》，今开其事类，凡三十名达按，三十当为十三之误。种，别为《史部》。"

儒："儒者，所以助人君明教化者也。"

道："道者，盖为万物之奥，圣人之至赜也。"

法："法者，人君所以禁淫慝，齐不轨而辅于治者也。"

名："名者，所以正百物，叙尊卑，列贵贱，各控名而责实，无相僭滥者也。"

墨："墨者，强本节用之术也。"

纵横："纵横者，所以明辩说，善辞令，以通上下之志者也。"

杂："杂者，兼儒墨之道，通众家之意，以见王者之化，无所不冠者也。"

农："农者，所以播五谷，艺桑麻，以供衣食者也。"

小说："小说者，街说巷语之说也。"

兵："兵者，所以禁暴静乱者也。"

天文:“天文者,所以察星辰之变而参于政者也。”

历数:“历数者,所以揆天道,察昏明,以定时日,以处百事,以辨三统,以知阨会吉隆终始,穷理尽性而至于命者也。”

五行:“五行者,金、木、水、火、土,五常之形气者也。”

医方:“医方者,所以除疾疢,保性命之术者也。”

以上为《子部》:“……《汉书》有《诸子》,《兵书》,《术数》,《方技》之略,今合而叙之,为十四种,谓之《子部》。”

楚辞:“楚辞者,屈原之所作也。”

别集:“别集之名,盖汉东京之所创也。自灵均已降,属文之士众矣,然其志尚不同,风流殊别。后之君子欲观其体势而见其心灵,故别聚焉,名之为集。辞人景慕,并自记载,以成书部。年代迁徙,亦颇遗散。其高唱绝俗者,略皆具存。今依其先后,次之于此。”

总集:“总集者,以建安之后,辞赋转繁,众家之集,日以滋广。晋代挚虞苦览者之劳倦,于是采擿孔翠,芟剪繁芜,自诗赋下,各为条贯,合而编之,谓为流别。是后又集总钞,作者继轨。属辞之士,以为覃奥而取则焉。今次其前后,并解释评论,总于此篇。”

以上为《集部》:“文者所以明言也。……世有浇淳,时移治乱,方体迁变,邪正或殊。……古者陈《诗》观风,斯亦所以关乎盛衰者也。班固有《诗赋略》,凡五种,今引而伸之,合为三种,谓之《集部》。”

上为《隋志》小序。自来一般目录学家,对于《隋志》莫不推尊称赞,认为媲美《汉志》,垂裕《四库》。故不惮烦而录其要点于此。其分部为四,自不免受有荀勖、李充之暗示。然彼则但标甲、乙、丙、丁,此则明称经、史、子、集。经名仿自《七志》,子名由于《七略》,集则《七录》创称,史部则缘《七录》之《纪传录》而简括改易之耳。其先后次第,则李充定之,阮孝绪因之,《隋志》顺受其成,了不足异。所可异者,则荀勖、李充而后,有部无种,“没略众篇之名,但以甲乙为次”。至《隋志》乃厘为四十种,依准《七录》而整齐之。其种名之同异分合已见上文,足征其亲属关系,无庸赘辞。今所当论次者,则《隋志》之分部分种是否合理是也。古今议者纷纭,文繁意杂,不复征述。但抒鄙见,以醒眉目。

一曰《经》、《史》、《子》、《集》四部之界画并不谨严也:《汉志·六艺略》于“六艺”之外,兼收《论语》、《孝经》与《小学》。《论语》、《孝经》,孔门所述,无妨附属。《小学》则人人习用之文字,有何关系,而亦同略?《隋志·经部》沿袭其谬,且更益与“六艺”背驰之伪书——《纬谶》。“夫经籍也者,机神之妙旨,圣哲之能事,所以经天地,纬阴阳,正纪纲,弘道德,显仁足以利物,藏用足以独善。”《隋志》既已自言之矣。彼《纬谶》者,既“文辞浅俗,颠倒舛谬,不类圣人之旨。相传疑世人造为之后,或者又加点窜,非其实录”。亦《隋志》原文。何为亦尊之而厕于《经部》乎?若谓《经部》专收上古之书,则《纬谶》既“起王莽好符命,光武以图谶兴”,《乐经》“及秦而顿灭”,乃录魏晋已后之书以补其阙。是又自违其例也。《史部》之义,引见上文,大抵皆政治史与“传记”、“地理”、“簿录”之属。而“总集篇”中,复有历朝诏集,岂帝王之诏制尚不足以备史料乎?“簿录”既以司于史官而入《史部》,则“天文”、“历数”、“五行”“亦太史之职”,何为而又别置《子部》?若谓“天文”等科为专门,则“地理”亦专门之学也。若谓《史部》专记人事,“天文”等科乃属技术,则《杂传》篇中多鬼怪神仙之记,并非人事。若谓鬼神传记亦有时间性,则“职官”“仪注”、“刑法”之书皆系个别独立于空间，并无系统之叙述。若谓《职官》等书皆政治产物，则《经部》之“礼”、“乐”岂非政治产物乎？无论用何标准以绳之，《史部》之范围皆未能确定也。至于《子部》，则空谈理论之诸子，自“儒”至“杂”。记载实用之技艺，自“兵”至“历数”及“医方”。充满迷信之术数，“五行”。摭拾异闻之“小说”，混同一部，真所谓薰莸同器，不伦不类矣。若谓《子部》皆专门之学，则《乐章》岂非专门之学？何为独入《经部》乎？此由一方欲拘守李充之四部，一方又须遵照《七略》、《七录》之小类，略之种，录之部。故削足以就履，并“方技”、“术数”、“兵书”于《诸子》，致成此四不像耳。《集部》专载诗赋文辞，宜稍整齐；然既杂收诏集，又复外置小说及鬼神之记。未见其为纯属文学也。他如《经部》之“诗”与《集部》之“楚辞”及“诗集”何殊？《经部》之“尚书”、“春秋”与《史部》之“正史”、“古史”何殊？《经部》之“礼”与《史部》之“仪注”何殊？《经部》之“易”与《子部》之“五行”何殊？此皆浅学所能识，而古目录学家乃不之悟，耻矣！

二曰各篇小类之内容并不单纯也：所贵乎部类者，以其大可包小也。四部之无一定界画，犹可诿为范围太大，包摄非易。至于小类，则宜尽其所有，不遗亲属于外，亦不杂仇敌于内，庶几合理。若《隋志》之小类，则诚莫明其妙也。《经部》各类比较单纯，可无苛究。然杂经解于《论语》，亦复不伦。至如《史部》之“杂史”，则笔记体、纪传体、编年体、实录体、纪事本末体，乃至传记、琐记及史抄咸备，庞杂之弊，可谓极矣。“杂传”则妄并《七录》之《鬼神部》于一篇，以致虚实杂揉，人鬼莫辨。通《史部》而合论之，则其分类之标准，多至三种。“正史”为纪传表志混合体，“古史”为编年体，“起居注”为日记体，“旧事”为记事体，“杂传”为列传体，“谱系”为谱牒体，此皆以体裁为分类标准者也。“霸史”则以所述之对象为偏霸之国，各种体裁均备。“职官”、“仪注”、“刑法”、“地理”、“簿录”，则以所述之对象为专门之事物，故从其性质而分类，亦不问其体裁也。夫惟以体裁为标准，则人、鬼、神、仙可以同列“杂传”，姓氏、钱、竹可以同列“谱系”，事之荒谬，有过于此者乎？既以体裁为标准矣，又复有所谓“杂史”、“霸史”；致记事体之《战国策》可以不列“旧事”，王劭之《隋书》可以不列“正史”，编年体之《梁皇帝实录》及《十六国春秋》可以不列“古史”。执一则不通，兼两则自紊其例。至于《子部》，则“诸子”以宗旨分，而猥以杂家为龙蛇之菹，乃至“佛家”之目录、传记，及杂书、类书皆入其中，妙不可言。技术诸篇，宜以对象性质而分类；然“历数”则兼历法、数学，“五行”则兼卜筮、杂占、相面、相马、相地、游戏，“医方”则兼生理、医、药、房中术。其不单纯，一望可知。《集部》则《楚辞》以一书而独成一类，若《书》、《诗》然，殆以有后人音疏之故。否则同时同一作风之荀况、宋玉二集何以又入“别集”类？而所谓“别集”者，凡一人所作之诗赋文辞，以集名者咸入焉。合若干之作为一集者，则入总集类。严格论之，每一作家之诗文，既无一定之体裁，又无一定之对象，其文集既尽收其所作，则内容泛及一切学术与一切事物。其不能成为纯文学也必矣。然则所谓集者即现代所谓总类也。既不能豆剖瓜分，则随人结集亦宜。若夫“总集”则不然：有选集各家之诗者，有选集各家之某种文辞者，有专集乐府歌辞者，有专集连珠碑文者，甚至有单篇之赋焉，有专门之作焉，如《文心雕龙》。有漠不相关之《女诫》焉，有绝非文学之诏集焉，有表奏，有露布，复有启事，《隋志》所载，五花八门，极凌乱滲杂之致。此岂“总集”？乃杂书耳。其实只须稍一分析，则文学史学，各有攸归。而撰《隋志》者惮爬梳之烦苦，蹈《七录》之覆辙，又复并“杂文”于“总集”，乖分类之义远矣。

以上所论，虽指《隋志》以立言，实则上箴《七略》、《七录》，下讥《崇文总目》、《四库总目》。凡古人之失，后人不敢纠正，仅仅稍事增并而已。泥古不化，固我国学术之通弊，目录学何能独免？抑著者敢正告晚近自矜之目录学家曰：君倘以《七略》为“主质”，四部为“主体”乎？倘以《七略》与四部互竞，四部兴而《七略》没乎？抑知《隋志》之四部非复李充之四部，《隋志》之四十种即由《七略》之三十八种，《七录》之四十六部而来否？故明显言之：李充之四部，单纯之四分法也。《隋志》之四部，只可谓之四十分法。《隋志》者，固《七录》之子，《七志》之孙，而《七略》之曾孙也。请用算术演式表示《七略》、《七录》及《隋志》之分类关系如下：

∵《七略》:《七录》=（六艺略 + 诸子略 + 诗赋略 + 兵书略 + 术数略 + 方技略）:（经典录 + 纪传录 + 子兵录[诸子 + 兵书] + 文集录 + 术技录[术数 + 方技] + 佛法录 + 仙道录）-（纪传录 + 佛法录 + 仙道录）

∵《七录》:《隋志》=（经典录 + 纪传录 + 子兵录 + 文集录 + 术技录 + 佛法录 + 仙道录）:（经部 + 史部 + 子部[子兵 + 技术] + 集部 + 道经 + 佛经）

∴《七略》=《七录》　　《七录》=《隋志》

∴《七略》=《隋志》

正统派四部分类法之源流

自《隋志》采用《七录》之分类法，删并为四部四十种后，一千二三百年来,官簿私录,十九沿袭,视为天经地义,未敢推翻另创。故此项第二时期之四部分类法,非第一时期之李充单纯四部分类法。实为中国目录学史之主要潮流,亦即分类史之正统派。试取历代正史艺文志观之,未有不用其法者。私家著录,现存最古之晁公武《郡斋读书志》、简称晁《志》。尤袤《遂初堂书目》、简称尤《目》,见《说郛》。陈振孙《直斋书录解题》、简称陈《录》。马端临《文献通考·经籍志》简称马《志》。四家及为《明志》蓝本之黄虞稷《千顷堂书目》,亦莫不遵其矩范。明清以后,著录益繁,较其部类,极少改革。偶有二三贤哲颇能闯出藩篱,自创新法,事具别章,兹不先述。谨将《正统派四部分类表》胪列于后,勘比异同,一目可尽。溯其渊源,始于《七略》,穷其宗裔,蔚为《四库全书总目》。摄述变化,可得而言:四部之称,创自《隋志》,一成不变,无待烦辞。考其由来,则以《经典》称录,由于《七录》,更沿其源,实发于《七略》之《六艺略》。《纪传》脱离《经典》而独立,亦为《七录》创格;而以史记、旧事合类书、杂事为《丙部》,则荀勖《晋中经簿》已首创其例矣。《七略》受秦烧诸侯史记之影响,独乏史书,未能成略,固不足责。《子部》最杂,几经并合而成,实为《七略》中《诸子》、《兵书》、《术数》、《方技》之复合体。一经《七录》之复合为《子兵》、《技术》,再变即成《隋志》之《子部》矣。"文集"之名,亦始见于《七录》,推其宗祖,实即《七略》之《诗赋略》,不过加入散文耳。至于种类之分合,亦极微少。《经部》诸类,自"易"、"书"、"诗"、"礼"、"乐"、"春秋"、"论语"、"孝经",至"小学",凡九种,由《七略》确定后,绝未有能变革者。《隋志》所异,仅移《七录·技术录》中之"谶纬"入《经部》,并附《尔雅》及"五经总义"于《论语》之后而已。《谶纬》入录,后世惟《古今书录》、即《旧唐书·经籍志》所本。《新唐书·艺文志》、简称《新唐志》。

陈《录》、马《志》四家，余悉屏除。“小学”则《古今书录》析为“诂训”、“小学”，尤《目》析为“文字”、“音韵”，《四库全书总目》简称《四库》。析为“训诂”、“字书”、“韵书”。《论语》则尤《目》附入《孝经》、《孟子》于其后，陈《录》遂合称“论孟”，《明史·艺文志》简称《明志》。更创为“四书”之称。“经解”成类，创于《古今书录》，《明志》改称“诸经”，《四库》定为“五经总义”。自余“六艺”，惟《四库》析“礼”为“周礼”、“仪礼”、“礼记”、“三礼通义”、“通礼”、“杂礼书”，陈《录》独缺“乐”，尤《目》独聚合刻“九经”及善本各经为《经总类》，此外则绝无歧异。《经部》之可言者尽于此矣。《史部》诸类则自《七录》确定而后，变化亦鲜。《隋志》改《七录》之“国史”为“正史”，诸志谨遵，无或违异，“编年”则首由《新唐志》创称，其先则称“注历”或“古史”，而《明志》独附之于《正史》之后。“故事”亦由《新唐志》，其先但称“旧事”，而陈《录》之“典故”不得与焉。“职官”独无异名，惟《四库》析之为“官制”、“官箴”耳。“仪注”则《七录》名“仪典”，陈《录》名“礼注”。“刑法”则《七录》名“法制”，陈《录》名“法令”。余志无异称，而《四库》独并二类为“政书”一类，复析为“通制”、“典礼”、“邦计”、“军政”、“法令”、“考工”六属。《七录》之“伪史”，《隋志》改为“霸史”，《四库》改为“载记”，余录各有依违。“传记”则由《新唐志》以上皆称“杂传”，自《隋志》并入《七录》之“鬼神”后，或依或违，各从其意，惟《四库》独析为“圣贤”、“名人”、“总录”、“杂录”、“别录”五属。“地理”始于《隋志》，《七录》则名“土地”，《四库》析至九属之多。其目为“总志”、“都会郡县”、“河渠”、“边防”、“山川”、“古迹”、“杂记”、“游记”、“外记”，详悉极矣。他如“谱状”、“谱系”、“谱牒”、“氏族”、“姓氏”之异称，“簿录”、“略录”、“目录”之歧名，《四库》更分

"经籍"、"金石"二属。原无深意，惟《明志》独缺"目录"，《四库》独缺"谱牒"，为足怪耳。以上所述《史部》诸类，莫非《七录》首创。至于《七录》所无，后来渐增者，仅下文数类耳。"章奏"创于尤《目》，陈《录》改为"奏议"，原隶于《集部》，《四库》始合为一类，改入《史部》。"岁时"始于《崇文总目》，简称《崇文》。陈《录》改为"时令"。"杂史"始于《隋志》，惟《宋志》独无。"别史"创于陈《录》，惟《宋志》、《四库》继述。"诏令"亦创于陈《录》，后录莫不仿之。乃至《隋志》、《古今书录》、《新唐志》、陈《录》及马《志》之"起居注"有似《崇文总目》、晁《志》及尤《目》之"实录"；晁《志》之"史评"，尤《目》之"史学"，有似马《志》之"史评史钞"合一类。及《宋志》、《明志》之"史钞"，而《四库》始析为"史评"、"史钞"二类；而尤《目》独多"国史"、"本朝杂史"、"本朝故事"、"本朝杂传"四类，特别注重近代史书，在诸志中为特异。此皆后录之轶出《七录》规范者也。《子部》则自《七略》分类以后，大体而论，反似有减无增。如《诸子略》之"阴阳家"，自《隋志》以下不复入录，"法"、"名"、"墨"、"纵横"四家，《明志》概并入"杂家"，《四库》则留"法家"，而并其余三家。《兵书略》之"权谋"、"形势"、"阴阳"、"技巧"，自经《七录》并为"兵家"后，不复分析。但或名"兵法"、"兵书"耳。《术数略》之"天文"、"历谱"二种，有并为一类者，《崇文》，晁《志》，陈《录》，《四库》。有并入他类者。尤《目》。"五行"、"蓍龟"、"杂占"、"形法"四种，有并为"五行"一类者，自《隋志》至《新唐志》及《明志》。有并为二三类者。自《崇文》至《宋志》，惟《四库》独分析为七属。《方技略》之"医经"、"医方"二种，则自《隋志》以下，多并为"医方"一类，或名"医家"、"医书"，惟《新唐志》分二类。"房中"则惟《七录》独有。"神仙"则惟晁、陈、马三家有之。《七录》另有《仙道录》。除此之外，如"儒"、"道"、"杂"、"农"、

“小说”，则诸录皆谨守不改。惟《四库》分“杂家”为“杂学”、“杂考”、“杂说”、“杂品”、“杂纂”、“杂编”之属，“小说”为“杂事”、“异闻”、“琐语”三属。其为后录所新增者，仅“杂艺”，《崇文》改为“艺术”，陈《录》改为“杂艺术”，《四库》分为“书画”、“琴谱”、“篆刻”、“杂技”四属。创于《七录》，“类书”创于《新唐志》，“音乐”创于陈《录》，仿自郑氏《乐书》。“谱录”创于尤《目》，《四库》独分为“器用”、“食谱”、“草木”、“鸟兽虫鱼”四属。是寥寥者，仅三类耳。《集部》诸类自《七录》确定“楚辞”、“别集”、“总集”、“杂文”四部，《隋志》删去“杂文”以后，仅《崇文总目》增“文史”，《四库》改为“诗文评”。陈《录》增“诗集”、“诏令”，尤《目》增“章奏”、《四库》改入《史部》。“乐曲”陈《录》改为“歌词”，《四库》改为“词曲”，又分为“词集”、“歌选”、“词话”、“词谱”、“词韵”、“南北曲”之属。而已。“楚辞”以一书而成类，有似“六艺”，本不合理，故《崇文》、尤《目》、《明志》皆删并之。揆以诗词文赋皆以单篇结集之例，则“诏令”、“奏议”之入《集部》也亦宜。虽然，谈《四部》之义者，固不必过分深求也。

四部分类源流一览表（见插页） 插页之表上下左右，各有关系：循左而右，则部类始末，此废彼兴，莫不明悉。自上至下，则某录分类若干，总为几部，分合删并，触目会心。读是表者，当可了然于《隋志》、《四库》为《七略》、《七录》之后裔，非复其仇敌矣。

《隋志》以前之专科目录

正统派四部分类法之主流既如上述，遍求古录，能轶出其牢笼，别创新意者，为书极少。前乎《隋志》者，舍“术数”、“文”、

"史"、"书"、"画"、"佛"、"道"无闻焉。"术数"有祖暅撰录，已见上文。自三国时，已有朱士行撰《汉录》，详名不知。为佛经有录之始。晋宋以降，作者数十家，及隋、唐而蔚为二三十卷之钜帙，骎骎有与"四部"目录抗衡之势。迄今数隋唐以前之古录，除《汉志》与《隋志》幸附《汉书》、《隋书》而偶存之外，悉属佛经目录，可谓盛矣。本书以是特辟《宗教目录篇》以详述《佛录》之伟迹，而《道录》亦附著焉。道经有专目，殆始于刘宋陆修静之《灵宝经目》及同时之《上清原统经目》。故王俭《七志》、阮孝绪《七录》皆特为佛经、道经辟一录焉。《隋志》始拒道、佛经目于"四部"之外，而犹录其分类大纲，且叙其史迹于小序中。《开元录》遂绝对不收佛道之书。而另有毋煚撰《开元内外经录》，与其《古今书录》并行。《崇文总目》以下，有兼收道书、释书于《子部》者，《崇文》。有兼收神仙、释氏于《子部》者，晁《志》、陈《录》、马《志》。有独收释氏而混道教即所谓"神仙"。于"道家"者，尤《目》、《明志》、《四库》。有更并释氏、神仙于"道家"者。《宋志》。然皆偶尔摭拾少数经传，聊备一格，未能尽举《大藏》、《道藏》之所有。至如《隋志·杂家》竟有佛教类书《华林遍略》、佛教目录《历代三宝记》、佛教传记《释氏谱》、《高僧传》之属，其为荒谬，不究可知。姑叙彼二教经录与正统派四部目录之分合于此，以见正统派以外固尚有若干主流云尔。至于"书画"目录，则《隋志》以前，亦早已独立于"四部"之外。考其渊源，起自刘宋。东晋王羲之、献之父子号称书圣，墨宝流传，片楮千金。宋人虞龢首撰《二王镇书定目》各六卷，又撰《羊欣书目》一卷，《钟张等书目》一卷，见虞龢《论书表》。《法书目录》六卷。见旧、新《唐志》。同时有王愔撰《文字志》，上卷叙古书三十六种，见张彦远《法书要录》及新、旧《唐志》。想亦同一体裁。此"书法"目录之始也。宋末，王俭《七志》

首辟《图谱志》，“纪地域及图书”，内容不详；然古所谓图书实即图画，“图画”之独成一类，得占目录之一角，自此始矣。晋末，“桓玄性贪，好奇，天下法书名画必使归己。及玄篡逆，晋府真迹，玄尽得之”。据张彦远《历代名画记》。玄败，刘裕先使臧喜入宫，载焉。王俭之所录，殆即据宋宫所有也。“南齐高帝又科其尤精者，录古来名笔，不以远近为次，但以优劣为差。自陆探微至范惟质四十二人，为四十二等，二十七帙，三百四十八卷。听政之余，旦夕披玩。”见何法盛《中兴书辑本》。而郭若虚《图画见闻志》谓南齐高帝撰有《名画集》，此集殆即图画最初之目录欤？梁武帝时，秘书丞殷钧“又受诏料检西省法书古迹，别为品目”。见《梁书》卷二十七。《贞观公私画史》所谓《太清目》，殆即是也。同时傅昭撰《书法目录》，见窦臮《述书赋》注。陈秘阁亦有《图书法书目录》一卷。《隋志》。隋大业初，于东都观文殿东西厢构屋分藏正御四部书，“又聚魏已来古迹名画，于殿后起二台，东曰妙楷台，藏古迹，西曰宝台，藏古画”。《隋志序》。其《法书目录》多至六卷，较诸《正御书目录》仅少三卷，并见《隋志·簿录篇》。又“杂家”有《宝台四法藏目录》一百卷，亦“大业中撰”，不知内容为大藏抑古画。“书画”目录之足与“四部”目录分庭抗礼，于斯见之矣。隋人姚最撰《法书录》，见窦臮《述书赋》注。唐人朱景玄撰《书品目录》，见《百川书志》。窦蒙撰《齐梁画目录》。见马《志》。以上各录并已失传。传世最古者，书目以褚遂良《右军书目》，画目以裴孝源《贞观公私画史》史一作录。为最，并撰于贞观十三年前后，距今一千三百年矣。至于文史目录，则新、旧《唐志》载有杨松珍《史目》三卷，挚虞《文章志》四卷，宋明帝《晋江左文章志》二卷，沈约《宋世文章志》二卷，傅亮《续文章志》二卷，殆皆别录文史书目或篇目之作，为“四部”目录所不能范围者。又北魏秘书丞卢昶撰有《甲乙新录》，见《魏书》卷八十四。北齐秘书监尉瑾校书亦仅限于五经诸史,见《北齐书》卷四十五。岂魏、齐藏书不收子集,故目录所载只有经史欤?姑附其事于此。唐、宋以来,专录渐兴;爰及近代,益多巨著。别见《专科目录篇》,此不先述。

《隋志》以后闯出"四部"牢笼之十几种分类法

自《隋志》规定四部四十种之分类法后,乾封、开元、天宝、贞元、开成,秘府几经校理,其所著录,殆无不一准《隋志》。参看《通纪篇》。唐代私家,惟开元、天宝间,韦述藏书至二万卷,兼有"古今朝臣图,历代知名人画,魏晋已来草隶真迹数百卷;古碑、古器、药方、格式、钱谱、玺谱之类,当代名公尺题,无不毕备"。见《旧唐书》卷一百二。收藏既不限于书籍,而广及于书、画、金石等类,其必有特殊目录,而非"四部"所能牢笼,殆可想见。此外不乏藏家,间有目录,而久已失传,莫测真相。以管窥天,固不妨径谓有唐一代除佛、道另有专录外,完全为"四部"之世界,别无例外也。直至宋仁宗皇祐元年,吾人始知河南李淑撰有《邯郸书目》十卷,又号《图书十志》,见陈《录》。经、史、子、集四部分类至五十七,见晁《录》。其不恪遵《隋志》可知。"其外又有《艺术志》、《道书志》、《书志》、《画志》,通为八目。"晁《录》。则于四分之外,又创八分法。惜其类目失传,否则以李淑之渊博高明,当可大有裨于分类学也。宋敏求之《书目》惜亦失传。北宋之末,有董逌撰《广川藏书志》,"及于诸子而止"。《直斋书录解题》尝仿其例,以时日、禄命、遁甲为"阴阳家类",足见其分类法亦有不同于"四部"目录者。南宋初年,莆田郑樵撰《通志》,

其《艺文略》尽列《古今目录》所收之书于一篇，分为十二类，一百五十五小类，小类之下，更分二百八十四目，纤悉极矣！其《经类》虽全依《隋志》，而抽出《礼》、《乐》及《小学》各为一类，《史类》略同，《诸子》提出《天文》、《五行》、《艺术》、《医方》及《类书》独立，《文类》即《集部》之别名。对于各书个别之铨配，错误虽多，而对于四部四十类成法，彻底破坏；对于小类节目之分析，不惮苛细：其胆量之巨，识见之宏，实旷古一人。列其分类表于后：

- 《通志·艺文略》
  - 《经类》第一
    - 易—分古易，石经，章句，传，注，集注，义疏，论说，类例，谱，考正，数，图，音，谶纬，拟易，十六目。
    - 书—分古文经，石经，章句，传，注，集注，义疏，问难，义训，小学，逸篇，图，音，续书，谶纬，逸书，十六目。
    - 诗—分石经，故训，传，注，义疏，问辨，统说，谱，名物，图，音，纬学，十二目。
    - 春秋—分经，五家传注，三传义疏，传论，序，条例，图，文辞，地理，世谱，卦繇，音，谶纬十三目。
    - 春秋外传国语—分注解，章句，非驳，音，四目。
    - 孝经—分古文，注解，义疏，音，广义，谶纬，六目。
    - 论语—分古论语，正经，注解，章句，义疏，论难，辨正，名氏，音释，谶纬，续语，十一目。
    - 尔雅—分注解，图，义，音，广雅，杂尔雅，释言，释名，方言，九目。
    - 经解—分经解，谥法，二目。
  - 《礼类》第二
    - 周官—分传注，义疏，论难，义类，音，图，六目。
    - 仪礼—分石经，注，疏，音，四目。
    - 丧服—分传注，集注，义疏，记要，问难，仪注，谱，图，五服图仪，九目。
    - 礼记—分大戴，小戴，义疏，书钞，评论，名数，音义，中庸，谶纬，九目。
    - 月令—分古月令，续月令，时令，岁时，四目。
    - 会礼—分论钞，问难，三礼，礼图，四目。

仪注—分礼义，吉礼，宾礼，军礼，嘉礼，封禅，汾阴，诸祀仪注，陵庙制，家礼祭仪，东宫仪注，后仪，王国州县仪注，会朝仪，耕籍仪，车服，书仪，国玺，十八目。

《乐类》第三—分乐书，歌辞，题解，曲簿，声调，钟磬，管弦，舞，鼓吹，琴，谶纬，十一小类。

《小学类》第四—分小学，文字，音韵，音释，古文，法书，蕃书，神书，八小类。

《史类》第五
- 正史—分史记，汉，后汉，三国，晋，宋，齐，梁，陈，后魏，北齐，后周，隋，唐，通史，十五目。
- 编年—分古史，两汉，魏，吴，晋，宋，齐，梁，陈，后魏，北齐，隋，唐，五代，运历，纪录，十六目。
- 霸史
- 杂史—分古杂史，两汉，魏，晋，南北朝，隋，唐，五代，宋朝，九目。
- 起居注—分起居注，实录，会要，三目。
- 故事
- 职官
- 刑法—分律，令，格，式，敕，总类，古制，专条，贡举，断狱，法守，十一目。
- 传记—分耆旧，高隐，孝友，忠烈，名士，交游，列传，家传，列女，科第，名号，冥异，祥异，十三目。
- 地里—分地里，都城，宫苑，郡邑，图经，方物，川渎，名山洞府，塔寺，朝聘，行役，蛮夷，十二目。
- 谱系—分帝系，皇族，总谱，韵谱，郡谱，家谱，六目。
- 食货—分货宝，器用，豢养，种艺，茶，酒，六目。
- 目录—分总目，家藏总目，文章目，经史目，四目。

《诸子类》第六
- 儒术
- 道家—分老子，庄子，诸子，阴符经，黄庭经，参同契，目录，传，记，论书，经，科仪，符箓，吐纳，胎息，内视，道引，辟谷，内丹，外丹，金石药，服饵，房中，修养，二十四目。

释家—分传记，塔寺，论议，诠述，章钞，仪律，目录，音义，颂赞，语录，十目。
法家
名家
墨家
纵横家
杂家
农家
小说
兵家—分兵书，军律，营阵，兵阴阳，边策，五目。

《天文类》第七
天文—分天象，天文总占，竺国天文，五星占，杂星占，日月占，风云气候占，宝气，八目。
历数—分正历，历术，七曜历，杂星历，刻漏，五目。
算术—分算术，竺国算法，二目。

《五行类》第八—分易占，轨革，筮占，龟卜，射覆，占梦，杂占，风角，鸟情，逆刺，遯甲，太一，九宫，六壬，式经，阴阳，元辰，三命，行年，相法，相笏，相印，相字，堪舆，易图，婚嫁，产乳，登坛，宅经，葬书，三十小类。

《艺术类》第九—分射，骑，画录，画图，投壶，弈棋，博塞，象经，樗蒲，弹棋，打马，双陆，打球，彩选，叶子格，杂戏格，十六类。

《医方类》第十—分脉经，明堂，针灸，本草，本草音，本草图，本草用药，采药，炮炙，方书，单方，胡方，寒食散，病源，五藏，伤寒，脚气，岭南方，杂病，疮肿，眼药，口齿，妇人，小儿，食经，香薰，粉泽，二十七小类。

《类书类》第十一

《文类》第十二
楚辞，别集（再分时代），总集，诗总集，赋，赞颂，箴铭，碑碣，制诰，表章，启事，四六，军书，案判，刀笔，俳谐，奏议，论，策，书，文史，诗评，二十二小类。

不特此也，郑樵《通志》又特撰《校雠略》，披陈其对求书、校书、分类、编目之意见。其《编次必谨类例论》尤多古人未发之议。古来素少关于分类之讨论，故其言有足观者焉。

曰：

学之不专者，为书之不明也。书之不明者，为类例之不分也。有专门之书，则有专门之学。有专门之学，则有世守之能。人守其学，学守其书，书守其类，人有存没而学不息，世有变故而书不亡。以今之书，校古之书，百无一存，其故何哉？士卒之亡者，由部伍之法不明也；书籍之亡者，由类例之法不分也。类例分则百家九流，各有条理，虽亡而不能亡也。巫医之学，亦经存没而学不息；释老之书，亦经变故而书常存。观汉之《易》书甚多，今不传，惟卜筮之易传；法家之书亦多，今不传，惟释老之书传。彼异端之学，能全其书者，专之谓矣。

十二野者，所以分天之纲，即十二野不可以明天。九州者，所以分地之纪，即九州不可以明地。《七略》者，所以分书之次，即《七略》不可以明书。欲明天者在于明推步，欲明地者在于明远迩，欲明书者在于明类例。噫！类例不明，图书失纪，有自来矣。臣于是总古今有无之书，为之区别，凡十二类：《经类》第一，《礼类》第二，《乐类》第三，《小学类》第四，《史类》第五，《诸子类》第六，《星数类》第七，但《艺文略》作《天文类》。《五行类》第八，《艺术类》第九，《医方类》第十，《类书类》第十一，《文类》第十二。总十二类，百家，四百二十二种，朱紫分矣。散四百二十二种书，可以穷百家之学；敛百家之学，可以明十二类之所归。

“易”本一类也，以数不可合于图，图不可合于音，谶纬不可合于传注，故分为十六种。“诗”本一类也，以图不可合于音，音不可合于谱，名物不可合于诂训，故分为十二种，《礼》虽一类而有七种，以“仪礼”杂于“周官”，可乎？“春秋”虽一类而有五家，以崔、赵杂于公、穀，可乎？《乐》虽主于音声，而歌曲与管弦异事，《小学》虽主于文字，而字书与韵书背驰，“编年”一家而有先后，《文集》一家而有合杂，日月星辰岂可与风云气候同为《天文》之学？三命、元辰岂可与九宫、太一同为《五行》之书？以此观之，《七略》所分，自为苟简；《四库》所部，无乃荒唐？

类书犹持军也，若有条理，虽多而治；若无条理，虽寡而纷。类例不患其多也，患处多之无术耳。

今所纪者，欲以纪百代之有无。然汉、晋之书，最为希阔，故稍略。隋唐之书，于今为近，故差详。《崇文》、《四库》及民间之藏，乃近代之书，所当一一载也。

类例既分，学术自明。以其先后本末具在，观图谱者可以知图谱之所始，观名数者可以知名数之相承。谶纬之学，盛于东都；音韵之书，传于江左；传注起于汉魏；义疏成于隋唐。睹其书，可以知其学之源流或旧；无其书而有其学者是为新出之学，非古道也。

《校雠略》中又有《见名不见书论》，指斥诸录分类之误。谓“编书之家，多是苟且：有见名不见书者，有看前不看后者。《尉缭子》，兵书也，班固以为《诸子类》，置于杂家，此之谓见名不见书。隋唐因之，至《崇文目》，始入《兵书类》。颜师古作《刊谬正俗》，乃杂记经史，惟第一编说《论语》，而《崇文目》以为《论语类》，此之谓看前不看后。应知《崇文》所释，不看全书，多只看帙前数行，率意以释之耳。按《刊谬正俗》当入《经解类》。”此外，尚有《编次之讹论》，指摘《隋志》、《唐志》、《崇文总目》、《四库书目》分类之误。并谓“一类之书当集在一处，不可有所间也。”“古今编书，所不能分者五：一曰‘传记’，二曰‘杂家’，三曰‘小说’，四曰‘杂史’，五曰‘故事’。凡此五类之书，足相紊乱。又如《文史》与《诗话》亦能相滥。”更有《编书不明分类论》、《编次不明论》，攻击刘向、班固，“胸中元无伦类”，“初无独断之学”。语多武断，不堪尽录。其所长者非群书之部次，乃分类之理论耳。而明人焦竑、清人章学诚顾断断辨其部次铨配之得失，顽固之徒死守《七略》“四部”之古垒者又从而攻之，多见其胡闹也。

《通志》之关涉目录学，《校雠》、《艺文》二略而外，尚有《图谱》一略，首抒图谱必需有目录之原理，继乃备列古今图谱之名称，分为《记有》、《记无》二大类，《记无》类又分“地理”、“会要”、“纪运”、“百官”、“易”、“诗”、“礼”、“乐”、“春秋”、“孝经”、“论语”、“经学”、“小学”、“刑法”、“天文”、“时令”、“算数”、“阴阳”、“道家”、“释氏”、“符瑞”、“兵家”、“艺术”、“食货”、“医药”、“世系”二十六目。门类不齐，未为典则。其可贵者，亦在议论。自古提倡图画表谱，意识最清，出力最大，固未有逾于郑樵者也。其言曰：

> 河出《图》，天地有自然之象。洛出《书》，天地有自然之理。天地出此二物，以示圣人，使百代宪章必本于此，而不可偏废者也。图，经也。书，纬也。一经一纬，相错而成文。图，植物也。书，动物也。一动一植，相须而成变化。见书不见图，闻其声不见其形。见图不见书，见其人不闻其语。图，至约也。书，至博也。即图而求易，即书而求难。古之学者，为

学有要:置图于左,置书于右,索象于图,索理于书。故人亦易为学,学亦易为功。举而措之,如执左契。后之学者,离图即书,尚辞务说,故人亦难为学,学亦难为功。虽平日胸中有千章万卷,及置之行事之间,则茫茫然不知所向。秦人虽弃儒学,亦未尝弃图书,诚以为国之具不可一日无也。萧何知取天下易,守天下难,当众人争取之时,何则入咸阳,先取秦图书,以为守计。一旦干戈既定,文物悉张,故萧何定律令而刑罚清,韩信申军法而号令明,张苍定章程而典故有伦,叔孙通制礼仪而名分有别。且高祖以马上得之,一时间武夫役徒,知诗书为何物?而此数公,又非老师宿儒,博通古今者。若非图书有在,指掌可明见,则一代之典,未易举也。然是时挟书之律未除,屋壁之藏不启,所谓书者有几?无非按图之效也。后世书籍既多,儒生接武。及乎议一典礼,有如聚讼,玩岁愒日,纷纷纭纭,纵有所获,披一斛而得一粒,所得不偿劳矣!何物其然哉?歆、向之罪,上通于天!汉初,典籍无纪。刘氏创意,总括群书,分为《七略》,只收书,不收图。《艺文》之目,递相因习,故天禄、兰台、三馆、四库,内外之藏,但闻有书而已。萧何之图,自此委地。后之人将慕刘、班之不暇,故图消而书日盛。惟任宏校“兵书”一类,分为四种,有书五十三家,有图四十三卷,载在《七略》,独异于他。宋齐之间,群书失次。王俭于是作《七志》,以为之纪。六志收书,一志专收图谱,谓之《图谱志》。不意末学而有此作也。且有专门之书,则有专门之学,有专门之学,则其学必传,而书不失。任宏之略,刘歆不能广之。王俭之志,阮孝绪不能续之。孝绪作《七录》,散图而归部录,杂谱而归记注。盖积书犹调兵也,聚则易固,散则易亡。

积书犹赋粟也，聚则易羸，散则易乏。按任宏之图，与书几相等。王俭之《志》，自当七之一。孝绪之《录》，虽不专收，犹有总记。内篇有图七百七十卷，外篇有图百卷，未知谱之如何耳。隋家藏书，富于古今，然图谱无所系。自此以来，荡然无纪。至今虞、夏、商、周、秦、汉，上代之书俱在，而图无传焉。图既无传，书复日多，兹学者之难成也！天下之事，不务行而务说，不用图谱可也。若欲成天下之事业，未有无图谱而可行于世者。作《图谱略》。右《索象》。

又曰：

何为三代之前，学术如彼？三代之后，学术如此？汉微有遗风，魏晋以降，日以陵夷。非后人之用心不及前人之用心，实后人之学术不及前人之学术也。后入学术难及，大概有二：一者义理之学，二者辞章之学。义理之学尚攻击，辞章之学务雕搜。耽义理者则以辞章之士为不达渊源，玩辞章者则以义理之士为无文彩。要之，辞章虽富，如朝霞晚照，徒焜耀人耳目。义理虽深，如空谷寻声，靡所底止。二者殊途而同归，是皆从事于语言之末，而非为实学也。所以学术不及三代，又不及汉者，抑有由也。以图谱之学不传，则实学尽化为虚文矣。其间有屹然特立，风雨不移者，一代得一二人，实一代典章文物、法度纪纲之盟主也。然物希则价难平，人希则人罕识。世无图谱，人亦不识图谱之学。张华，晋人也。汉之宫室，千门万户，其应如响，时人服其博物。张华固博物矣；此非博物之效也，见《汉宫室图》焉。武平一，唐人也。问以鲁三桓、郑七穆、春秋族系，无有遗者，时人服其明《春秋》。平一固熟于《春秋》矣；此非明《春秋》之效也，见《春秋世族谱》焉。使华不见图，虽读尽汉人之书，亦莫知前代宫室之出处；使平一不见谱，虽诵《春秋》如建瓴水，亦莫知古人氏族之始终。当时作者，后世史臣，皆不知其学之所自，况他人乎？臣旧亦不之知。及见杨佺期《洛京图》，方省张华之由；见杜预《公子谱》，方觉平一之故，由是益知图谱之学，学术之大者。且萧何，刀笔吏也，知炎汉一代宪章之所自。歆、向，大儒也，父子纷争于言句之末，以计较毫厘得失，而失其学术之大体。何秦人之典，萧何能收于草昧之初；萧何之典，歆、向不能纪于承平之后？是所见有异也。逐鹿之人，意在于鹿，而不知有山。求鱼之人，意在于鱼，而不知有水。刘氏之学，意在章句，故知有书而不知有图。呜呼！图谱之学绝纽，是谁之过与？右《原学》。

又曰：

善为学者，如持军治狱。若无部伍之法，何以得书之纪？若无核实之法，何以得书之情？今总天下之书，古今之学术，而条其所以为图谱之用者，十有六：一曰天文，二曰地理，三曰宫室，四曰器用，五曰车旂，六曰衣裳，七曰坛兆，八曰都邑，九曰城筑，十曰田里，十一曰会计，十二曰法制，十三曰班爵，十四曰古今，十五曰名物，十六曰书。凡此十六类，有书无图，不可用也。人生覆载之间，而不知天文地理，此学者之大患也。在天成象，在地成形。星辰之次舍，日月之往来，非图无以见天之象。山川之纪，夷夏之分，非图无以见地之形。天官有书,书不可以仰观。地理有志,志不可以俯察。故曰:天文地理,无图有书,不可用也。稽人之事,有宫室之制,有宗庙之制,有明堂辟廱之制,有居庐垩室之制,有台省府寺之制,有庭溜户牖之制。凡宫室之属,非图无以作室。有尊彝爵斝之制,有簠簋俎豆之制,有弓矢鈇钺之制,有圭璋璧琮之制,有玺节之制,有金鼓之制,有棺椁之制,有重主之制,有明器祭器之制,有钩盾之制。凡器用之属,非图无以制器。为车旂者,则有车舆之制,有骖服之制,有旃旐之制,有仪卫卤簿之制,非图何以明章程?为衣服者,则有弁冕之制,有衣裳之制,有履舄之制,有笄总之制,有襚含之制,有杖绖之制,非图何以明制度?为坛域者,则有坛墠之制,有丘泽之制,有社稷之制,有兆域之制,大小高深之形,非图不能辨。为都邑者,则有京辅之制,有郡国之制,有闾井之制,有市朝之制,有蕃服之制,内外重轻之势,非图不能纪。为城筑者,则有郛郭之制,有苑囿之制,有台门魏阙之制,有营垒斥候之制,非图无以明关要。为田里者,则有夫家之制,有沟洫之制,有原隰之制,非图无以别经界。为会计者,则有货泉之制,有贡赋之制,有户口之制,非图无以知本末。法有制,非图无以定其制。爵有班,非图无以正其班。有五刑,有五服,五刑之属有适轻适重,五服之别有大宗小宗。权量所以同四海,规矩所以正百工。五声、八音、十二律,有节。三歌、六舞,有序。昭夏、肆夏、宫陈、轩陈,皆法制之目也,非图不能举。内而公卿,而大夫,外而州牧侯伯,贵而妃嫔,贱而妾媵,官有品,命有数,禄秩有多寡,考课有殿最,缫籍有数,玉帛有等,上下异仪,尊卑异事,皆班爵之序也,非图不能举要。通古今者不可以不识三统五运,而三统之数,五运之纪，非图无以通要。别名物者不可以不识虫鱼草木，而鱼虫之形，草木之状，非图无以别要。明书者不可以不识文字音韵，而音韵之清浊，文字之子母，非图无以明凡。此十六种，可以类举。为学者而不知此，则章句无所用。为治者而不知此，则纪纲文物无所施。右《明用》。

右皆郑樵议论，深切著明，得未曾有。时至今日，治图书馆之学者，犹多重书而轻图，有愧于樵远矣。樵又撰有《群书会记》三十六卷，盖即《艺文略》之单行本。其后，端平中，樵之族孙郑寅“以所藏书为七录，曰《经》、曰《史》、曰《子》、曰《艺》、曰《方技》、曰《文》、曰《类》”。亦见《直斋书录解题》。盖亦祖述樵例，而又加变通，并《礼》、《乐》、《小学》入《经录》，并《天文》、《医方》入《方技录》，《天文》是否改入《方技》尚未可定。故合十二类为七类耳。此在分类学中，颇近合理。盖空谈之《诸子》万不可与消遣之《艺术》、实用之《方技》合部，《类书》包含一切，更不宜屈居《子》末。今郑寅能拔《艺》、《技》、《类》与四部抗颜行，真可谓目光如炬矣。自是以后，作者无闻。惟《辍耕录》称庄肃“书目以甲乙分十门”，“经、史、子、集、山经、地志，医、卜、方技，稗官小说，靡所不具”。究竟十门为何，尚弗之晓。

爰及明英宗正统六年，始有杨士奇、马愉、曹鼐等奏上《文渊阁书目》。其分类法虽陋，然能不守四部之成规，实开有明一代之风气。首曰“国朝”，特录明帝御制、敕撰、政书、实录等项。此例一开，陆深、沈节甫、叶盛、焦竑、孙能传皆仿行勿违，几成明代众录之共同特色。次曰“易”、“书”、“诗”、“春秋”、“周礼”、“仪礼”、“礼记”、“礼书”、“乐书”、“诸经总类”、“四书”、“性理”、“经济”。并无经部总名,其善一。“礼书”、“乐书”皆后世之作,不杂入“礼经”,不冒充“乐经”,其善二。特辟“性理”、“经济”二类,其善三。惟“诸经总类”实兼收无类可归之经书,义兼总杂,失之浑沌。次曰“史”、“史附”、“史杂”,漫无界限。次曰“子书”、“子杂”、“杂附”,弊与史同。次曰“文集”、“诗词”,划出散文,与韵文对立,可称特识,较之众录但分总集、别集者精善多矣。次则“类书”不附于“子”,“韵书”不附于“经”,“姓氏”、“法帖”、“画谱”、“诸谱”附。“政书”、“刑书”、“兵法”、“算法”、“阴阳”、“医书”、“农圃”、“道书”、“佛书”,各各独立,不相比附,亦颇合理。尤以政、刑分门,谱、帖异类,为他录所不及。又因地方志特多,故特分为“古今志”、“杂志”附。“旧志”、“新志”三类。综其全目,本无深意。较之四部旧法,固如上述,偶有所长,而劣点更多,不足相掩。然有明一代,除高儒、朱睦㮮、胡应麟、焦竑、徐𤊹、祁承㸁六家仍沿四部之称而大增其类目外,私家藏书,多援《文渊目》为护符,任意新创部类,不复恪守四部成规。此在分类史中实为一大解放,而摧锋陷阵之功要不能不归《文渊目》也。成化二十二年钱溥私撰《秘阁书目》,所据亦系正统五年文渊阁之藏书,分类亦多相同。浙江图书馆有钞本。例如宪宗成化间叶盛之《菉竹堂书目》,即全仿其分类名次,惟改称“国朝”为“圣制”耳。其后武宗正德三年间,陆深撰《江东藏书目》,遂更创十四分之例。其言曰:“夫书莫尚于经;经,圣人之书也;后有作焉,凡切于经,咸得附矣,故录‘经第一’。理性之书,倡于宋而盛之,然经之流亚也,故录‘理性第二’。语曰:‘经载道,史载事’,故录‘史第三’。书作于经史间,而非经史可附者,概曰古书,故录‘古书第四’。圣辙既逝,诸子竞驰,故录‘诸子第五’。质渐趋华而文集兴焉,故录‘文集第六’。四诗既删,体裁益衍;案厥世代,考高下焉,故录‘诗集第七’。山包海汇，各适厥用，然妍媸错焉，类书之谓也，故录‘类书第八’。纪见闻，次时事，而掌不在官，通谓之史可也，故录‘杂史第九’。山经、地志，具险易，叙贡赋，寓王政矣，故录‘诸志第十’。声音之道，与天地通，而礼乐所由出也，故录‘韵书第十一’。不幼教者不懋成，不早医者不速起，其道一也，故录‘小学、医药第十二’。方艺伎术，故有成书者，孔子曰：‘虽小道，必有可观者焉’，故录‘杂流第十三’。圣作物睹，一代彰矣，宣圣从周，遵一统故也，特为一录，以次宸章令甲，示不敢渎云，目曰‘制书’。”见《经籍会通》及《式古堂书画考》。其特立“制书”、“理性”、“诗集”、“类书”、“诸志”、“杂史”为一部，实仿《文渊阁书目》；惟合并“小学”、“医药”，失之不伦；别“古书”于经、史、子之外，亦属多事，较其大体，则视《文渊》略为整洁。继而起者，嘉靖中有晁瑮、孙楼二家，嘉、隆间有沈节甫一家，万历中有孙能传、陈第两家，崇祯中有茅元仪一家，皆自出心裁，唾弃四部。晁瑮，嘉靖进士，撰有《宝文堂书目》三卷，“以‘御制’为首。上卷分‘诸经总录’、‘五经’、‘四书’、‘性理’、‘史’、‘子’、‘文集’、‘诗词’等十二目。五经分五目。中卷分‘类书’、‘子杂’、‘乐府’、‘四六’、‘经济’、‘举业’等六目。下卷分‘韵书’、‘政书’、‘兵书’、‘刑书’、‘阴阳’、‘医书’、‘农谱’、‘艺圃’、‘算法’、‘图志’、‘年谱’、‘姓氏’、‘佛藏’、‘道藏’、‘法帖’等十五目”。见《北平图书馆月刊》第三卷第一号至第六号。其作风又别成一格：标“四六”、“举业”、“年谱”之目，分“乐府”于“诗词”之外，并古录所未曾及者。孙楼以嘉靖三十年撰《博雅堂藏书目录》，“其分类：一经，二史，三诸子，四文集，五诗集，六类书，七理学书，八国朝杂记，九小说家，十志书，十一字学书，十二医书，十三刑家，十四兵家，十五方技，十六禅学，而道书附焉，十七词林书，又特录制书类，而附以试录、墨卷”。《自序》，见《百川集》。故实有十八类，颇觉秩然。而祁承㸁称沈节甫《玩易楼藏书目录》亦首重王言，故一曰制，二曰谟，三曰经，四曰史，五曰子，六曰集，七曰别，“别”者道其所道，非圣人之所谓道也。八曰志，九曰类，十曰韵字，十一曰医，十二曰杂。见澹生堂书《庚申整书略例》引。较前数家，特为简略。及万历三十三年，内阁敕房办事孙能传、张萱、秦焜等撰《内阁书目》，即文渊阁之书。亦仿陆、孙、沈三家之例，废除小类，一律称部。以官书而从私家体裁，在往古实所未闻。其部名为(1)圣制、(2)典制、(3)经、(4)史、(5)子、(6)集、(7)总集、(8)类书、(9)金石、(10)图经、(11)乐律、(12)字学、(13)理学、(14)奏疏、(15)传记、(16)技艺、(17)志乘、(18)杂部。观其别《志乘》于《图经》，析《传记》于《史部》，剖《总集》于《集部》，特立《金石》、《乐律》二部，似有进于前人，然细按各部内书目，则铨配失当，触目皆是，苟简极矣。后十二年，有陈第撰《世善堂藏书目录》，先分《经》、《四书》、《子》、《史》、《集》、《各家》六部，再分小类。《经部》有“周易”、“尚书”、“毛诗”、“春秋”、“礼记”、“二戴”、“周礼”、“仪礼”、“礼乐各著”、“孝经”、“诸经总解”、“尔雅”十二类。《四书部》有“大学”、“中庸”、“论语”、“孟子”、“四书总论”五类。《子部》有“诸子”、“辅道诸儒书”、“各家传世名书”三类。《史部》有“正史”、“编年”、“学堂鉴选”、“明朝纪载”、“稗史野史杂记”、“语怪各书”、“实录”、“偏据伪史”、“史论”、“训诫书”、“四译载记”、“方州各志”、“历代典制”、“律例”、“诏令”、“奏议”、“谱系”、“类编”十八类。《集部》有“帝王文集”、“历代大臣将相文集”、“两汉晋魏六朝诸贤集”、“唐诸名贤集”、南唐附。“宋元诸名贤集”、“明诸名贤集”、“缁流集”、“闺阁集”、“词曲”、“诸家诗文名选”、“金石法帖”、“字学”十二类。《各家部》有

“农圃”、“天文”、“时令”、“历家”、“五行”、“卜筮”、“堪舆”、“形相风鉴”、“兵家书”、“医家”、“神仙道家”、“释典”、“杂艺”十三类。详其类名，较以前各家特为详悉。立类标准亦与众不同，颇具创造之精神。如分置释经之“尔雅”与通俗之“字学”于异部，特立《四书部》以与《经部》对立，《集部》之分类兼用时代、人物、体裁三个标准，《史部》新设“学堂鉴选”、“明朝纪载”、“训诫书”、“四译载纪”、“类编”等类，皆其特优之点。惟合“道”、“释”与“术”、“艺”为《各家部》，殊觉不伦。揣其用意，盖谓是皆异端小道，不堪与《经》、《史》、《子》、《集》及《四书》同部，故屏之于另一部耳。除此之外，尚有所谓九学十部之《白华楼书目》，显标学字，一扫杂称，于诸家中独为明洁，有似乎现代之十分法焉。但非十进。茅坤，嘉靖戊戌进士，藏书甲海内。崇祯中，其孙元仪编为九学十部目，自述云：“九学者，一曰经学，二曰史学，三曰文学，四曰说学，五曰小学，六曰兵学，七曰类学，八曰数学，九曰外学。十部者，即九学之部，而加以‘世学’。‘世学’不可以示来世，然时王之制，吾先人以兹名于世，吾敢忽诸？”盖指制艺墨卷。见《湖录》及《吴兴藏书录》。向来目录之弊，惟知类书，不知类学。类之有无，一依书之多少而定。司马谈分思想为六家之旨，后世徒存其遗蜕于《子部》，而不能充之于各部。乃至以不成学术之名称，猥为部类之标题，自《七略》、《七录》已不能无其弊，《隋志》以下抑又甚焉。今茅元仪独能以学术为分类之标准，且划一其名称，整齐其部次，贤于往哲多矣。综观上述文渊、菉竹、江东、宝文、博雅、玩易、内阁、世善、白华九家目录，皆能废弃“四部”旧法，或约其类目，或增其部名，骎骎有夺《隋志》宝座之势。流风所及，虽固守“四部”残垒者，亦不复能丝毫不增减其类目焉。详见下章。爰及清代，此风不泯。顺治中，钱曾《读书敏求记》即以“经”、“礼乐”、“字学”、“韵书”、“书”、“数书”、“小学”为一卷,“史”、“时令”、“器用”、“食经”、“种艺”、“豢养”、“传记”、“谱牒”、“科第”、“地理舆图”、“别志”为一卷,“子”、“杂家”、“农家”、“兵家”、“天文”、“五行”、“六壬”、“奇门”、“历法”、“卜筮”、“星命”、“相法”、“宅经”、“葬书”、“医家”、“针灸”、“本草方书”、“伤寒”、“摄生”、“艺术”、“类家”为一卷,“集”、“诗集”、“总集”、“诗文评”、“词”为一卷。每卷之首,虽有“经”、“史”、“子”、“集”之目,然仅为小类,非属总部。合计四十四类,与《隋志》略等,而精确过之。且“经”、“史”、“子”、“集”既不复统摄他类,则无扞格之虞。钱曾又撰有《述古堂藏书目录》,分类尤为纤细。卷一有“经”、“易”、“书”、“诗”、“春秋”、“礼”、“礼乐”、“易数”、“儒”、“小学”、“六书”、“金石”、“韵学”、“史”、“杂史”、“传记”、“编年”、“年谱”、“杂编”、“姓氏”、“谱牒”、“政刑”、“文献”、“女史”、“较书”,卷二为“子”、“子杂”、“文集”、“诗集”、“词”、“诗文评”、“四六”、“诗话”、“类书”,卷三为“小说家”、“仪注”、“职官”、“科第”、“兵家”、“疏谏”、“天文”、“占验”、“六壬”、“太乙”、“奇门”、“历法”、“军占”、“地理总志”、“舆图”、“名胜”、“山志”、“游览”、“别志”、“人物志”、“外夷”,卷四为“释部”、“神仙”、“医书”、“卜筮”、“星命”、“相法”、“形家”、“农家”、“营造”、“文房”、“器玩”、“岁时”、“博古”、“清赏”、“服食”、“书画”、“花木”、“鸟兽”、“数术”、“艺术”、“书目”、“国朝”、“掌故”,合计七十八部,据《粤雅堂丛书》本。较《读书敏求记》为尤详,而对于“四部”之彻底破坏也尤力。诋之者固可以有似类书讥之;然欲部次群书臻于妥善,则非类目繁多不为功。古录之不能尽其责任,正坐类目太少耳。《述古堂书目》有一别本,名《也是园书目》,凡十二卷,分“经”、“史”、

“子”、“集”、“三藏”、“道藏”、“古今杂剧”七部。据《郑堂读书记》卷三十二。余未之见，不复推论。然列杂剧为一大部者，固以钱曾为最早也。康熙间有王闻远撰《孝慈堂书目》，亦有钱曾之风。其类名如下：“经总”、“易经”、“尚书”、“诗经”、“春秋”、“三礼”、“乐”、“论语”、“续语”、“尔雅”、“孝经”、“孟子”、“四书”、“字书”、“韵书”、“碑刻”、“书”、“小学”、“正史”、“通史”、“编年”、“杂史”、“史学”、“史传记”、“政事职官”、“谥法”、“国玺篆刻”、“家礼”、“职掌”、“律令”、“时令”、“宝货器用”、“酒茗食品”、“树艺豢养”、“遗逸”、“仙佛”、“校书”、“方舆郡邑”、“役行”、“属夷”、“川渎”、“名山”、“陵寝”、“名胜”、“人物”、“文献”、“谱牒”、“姓氏”、“年谱”、“书目”、“子总”、“儒家”、“道学”、“道家”、“墨家”、“法家”、“名家”、“纵横家”、“兵家”、“农家”、“杂家”、“小说”、“天文”、“宅葬”、“阴阳”、“历家”、“数学”、“卜筮”、“星命”、“相法”、“医书”、“艺术家”、“画录”、“类书”、“诏诰”、“表奏”、“骚赋”、“诗文集”、“总诗文集”、“诗馀”、“诗文评”、“词馀”、“释经”、“释氏著述”、“道经”。凡八十五目，较《述古堂书目》更为繁多。而钜细不齐，广窄同观，或异学而同类，或学同而类分，其得失亦与钱曾比焉。及乾隆中，朝廷盛开四库全书馆，采用《隋志》四部分类法为准则。《四库全书总目》既成，“四部”遂有一统分类界之绝对优势。然当书馆初开，《总目》未成之际，犹有周厚堉、章学诚二家反对“四部”之法。书成以后，更有孙星衍撰《孙氏祠堂书目》，公然另创新法而不依《四库总目》，亦可见“四部”并非“古今不易之法”矣。厚堉撰《来雨楼书目》二卷，“上卷为‘经’、‘史’、‘子’、‘集’四类，下卷为‘总选’、‘类纂’二类。‘类纂’又分理学、经济、博雅、技术、闲丛五子目”。周中孚谓其“所分门目，大都乱杂无章。”并见《郑堂读书记》卷三十二。然其所添类目皆昔人所未称，亦一奇也。学诚撰《和州志》，其《艺文书序例》谓"《七略》能以部次治书籍，而'四部'不能不以书籍乱部次"。以"《仪注》不入《礼经》，《职官》不通《六典》，《谟诰》离绝《尚书》，《史评》分途《诸子》"为非。主张将"文集""掇其大旨，略其枝叶"，"论次其源流所自，附其同于"儒、墨、名、法之某一家中。看《章氏遗书》刘承幹刻本。推其极旨，盖欲废"四部"而返《七略》，去《史》、《集》而存《经》、《子》，以达到其所梦想之"官守其书，师传其学，弟子习其业"之目的。谓非如此，则不能成就专门之学也。然不久即因四库馆开，清帝谓"从来《四库》书目以经、史、子、集为纲领，裒辑分储，实为古今不易之法"。见《四库总目》卷首。学诚胆为之怯，不敢坚持其说，故于《校雠通义》中又谓："《七略》之流而为'四部'，势之所不容已者也。凡一切古无今有，古有今无之书，其势判如霄壤，又安得执《七略》之成法，以部次近日之文章乎？"见同上。较其矛盾，不及孙星衍之有胆有识远矣。星衍撰《孙氏祠堂书目序》，时为嘉庆五年，学诚犹未殁，《四库》成书未久，正《总目》风行草偃之际也。而星衍之分部乃非四而为十二。"曰经学第一。汉魏人说经，出于七十子，谓之师传，亦曰家法。六朝唐人疏义，守之不失。以及近代，仿王氏应麟辑录古注，皆遗经佚说之仅存者。学有渊源，可资诵法。至宋明近代说经之书，各参臆见，词有枝叶，不合训诂。或有疑经、非议周汉先儒，疑误后学，宜别存之，以供取舍。曰小学第二。先以字书，次及声韵。六义不明，则说经不能通贯，或且望文生义。文字之变，隶楷递改，滋生日多。既集汉、魏字书，亦及后世，以尽其变。声言反切，虽起六朝，或推本读若旧音而作，且引古字书，足资校证，亦宜兼列。曰诸子第三。九流区分，互有改易。班《书》、《隋志》，部分最当，依此为类,庶非臆见。《六韬》旧入于'儒',《管子》还列于'道'。周、秦述作之才,几于圣哲,或多古韵古字。伪书后出,判然可知。唐宋依托前人,号为子书,文多肤浅,入录甚少。曰天文第四。黄帝、巫咸、甘石之学,是有五官分野,按五行以占吉凶,出于保章左史,其书最古,谓之'天部'。九章五曹之书,惟知转算,不必长于观象,谓之算法。遁甲六壬,其术亦古,不可中废。合以命书、算法,谓之阴阳。三者俱属天文,各有专门。后世或不能辨,仅传算学。曰地理第五。先以统志,次以分志,或总记区宇,或各志封域。《禹贡》古文说及周地图之言,存于列代地志及《水经注》、《括地志》诸书。宋元方志多引古说证经注史,得所依据,宜存旧说。地名更易,今古殊目,兼载今志,以资博考。曰医律第六。先以'医学',次以'律学'。'医'、'律'二学,代有传书,并设博士。生人杀人,所关甚重。经称'十全为上','医不三世,不服其药'。史称郭镇、陈宠世传法律。此学古书,未火于秦,历代流传,尤不可绝。医则祛其后出偏见者;律则今代损益尽善,欲悉源流,兼载古时令甲云。曰史学第七。先以正史,次以杂史,次以政书。古今成败得失,一张一弛,施之于政,厥有典则,存乎正史。史臣为国曲讳;或有抵牾,尤赖杂史,以广异闻。朝章国典,著作渊薮,举而措之,若指诸掌,则政书尤要云。曰金石第八。金石之学,始自宋代,其书日增,遂成一家之学。钟鼎碑刻,近代出土弥多,足考山川,有裨史事。古今兼列,无所删除。曰类书第九。先以'事类',次以'姓类',次以'书目'。古书亡佚,独赖唐、宋人采录,存其十五,非独獭祭词章,实亦羽仪经史,谓之'事类'。谱学之传,自东晋板荡,南宋播迁,周秦世系,不可复寻,或多伪托。唐、宋学有专家,传书幸在,故为'姓类'。流传书籍,自有渊源,证以各家著录,伪书缺帙,不能妄托,宜存其目。曰词赋第十。先以'总集',次以'别集'。汉、魏、六朝、唐人之文,足资考古,多有旧章,美恶兼存,自宋以下,人自为集;取其优者,入于'书目',馀则略之。曰书画第十一。先以'总谱',次之'分谱'。六朝以来,以行楷争奇,存乎绢素;或摹绘山川故事,以传往迹。书画小技,不绝于今,宜考其真赝。鉴赏之学,游艺及之,所谓贤于博弈。曰小说第十二。稗官野史,其传有自。宋以前所载,皆有出典,或寓难言之隐。今则矫诬鬼神,凭虚臆造,并失《虞初》志怪之意。择而取之,馀同自郐焉。"此序成后十年,始刊其书目,部类分并,有异于序者。列而存之,以见《四库总目》之外,尚有不守规矩之目录焉:"经学第一:(1)《易》、(2)《书》、(3)《诗》、(4)《礼》、(5)《乐》、(6)《春秋》、(7)《孝经》、(8)《论语》、(9)《尔雅》、(10)《孟子》、(11)经义。小学第二:(1)字书、(2)音学。诸子第三:(1)儒家、(2)道家、(3)法家、(4)名家、(5)墨家、(6)纵横家、(7)杂家、(8)农家、(9)兵家。天文第四:(1)天部、(2)算法、(3)五行术数。地理第五:(1)总编、(2)分编。医律第六:(1)医学、(2)律学。史学第七:(1)正史、(2)编年、(3)纪事、(4)杂史、(5)传记、(6)故事、(7)史论、(8)史钞。金石第八。类书第九:(1)事类、(2)姓类、(3)书目。词赋第十:(1)总集、(2)别集、(3)词、(4)诗文评。书画第十一。说部第十二。"此目配隶失当之处甚多,详见陶濬宣所作之跋。较其类目,亦不如《四库》之详。然其划《小学》于《经学》之外,出《天文》于《诸子》之中,析《地理》与《史学》为二,不强戴"四部"于各类之上,而新设数类以容性质独立之书,此皆有得于明人诸录之遗意。虽误合医、律为一,大失专门别类之理;而不慑于《四库总目》之权威,胆敢立异,勇壮可嘉,不愧为别派之后劲矣。溯自北宋李淑另创八分法以来,迄于孙星衍之十二分法，七百六十年间，西一〇四九年至一八一〇年。作者十数人，背“四部”而骋驰，独适意而草创。其间不乏良法美意，足资启发；所惜诸家著录，聊备检寻，原无深入研究之志，随意分合，未必一一合乎分类之原理。此种不专精、不彻底之学风，百科皆然，非可独责目录学家。一方则文化之惰性深入人心，惮于革命而安于守成者比比皆是。“四部”之类目比较繁多，系统比较分明；故自《七录》创格，《隋志》采用以后，除明朝官录独加屏弃外，唐、宋及清秘阁藏书莫不资为部次架列之准绳，惟恐稍有违背；私家目录，靡然从风，其声势之浩大，远过于本章所述之“别派”；彼其所以成为正统派者，固有由矣。

对于《隋志》部类之修正与补充

《隋志》四部四十类之纲目确定，蔚为正统派之圭臬以后，如上一章所述，已有对之不满，起而另创分类法者，然蚊撼泰山，终未能淘汰《隋志》，代之而兴。则补偏救弊，随宜修正之功，亦不可少。故自《开元群书四部录》以下，直至《四库全书总目》，皆不能不有所增删改易焉。如上文《正统派四部分类之源流》一章及《四部分类源流一览表》所显，正统派各录，对于《隋志》之类目已微有更动矣。然其差异极少，所以列之为正统派。此派之外，尚有仅守“四部”之大纲而大改其类目者，其风亦始于明代。盖杨士奇等之《文渊阁书目》既已废弃“四部”法，而其新法又不足为永制，故除叶盛之《菉竹堂书目》以外，未有谨遵之者。纵使不用“四部”法，亦皆起意另创。纷纷近十家，或简而不能并包万有，或繁而不能复见重出。故私家藏书别有一派,仍用"四部"而增减其类目焉。所可知者,有高儒、朱睦㮮、胡应麟、焦竑、徐𤊹、祁承㸁六家。

高儒以嘉靖十九年撰《百川书志》,首增类目至九十三门。《经志》于习见之十二类外,增"经总"于"孝经"之后,"仪注"于"小学"之前,"道学"、"蒙求"分立于"乐"之先后,皆有别于所谓"正经"。《史志》于习见之十四类外,增"御记"于"故事"之后,"姓谱"于"目录"之后,新创"史咏"、"文史"、"野史"、"外史"、"小史"等类。《子志》于《七略》之十家外,增"德行"、"崇正"、"政教"、"隐"、"格物"、"翰墨"六家于其后;复于"医家"后,加"卫生术"、"房中术";于"卜筮"、"历数"、"五行"、"阴阳"各家后,加"占梦术"、"刑法家";于"神仙家"、"佛家"后加"杂艺术"、"子钞"、"类书"。《集志》之类目尤为详悉:既分诗文时代为"秦汉六朝文"、"唐文"、"宋文"、"元文"、"圣朝御制文"、"睿制文"、"名臣文"、"汉魏六朝诗"、"唐诗"、"宋诗"、"元诗"、"圣朝御制诗集"、"睿制诗集"、"名臣诗集";又分文体为"诏制"、"奏议"、"启札"、"对偶"、"歌词"、"词曲"、"文史";最后复有"总集"、"别集"、"唱和"、"纪迹"、"杂集"等类。自来依"四部"分类者,未有若斯之详明者也。然"以'道学'编入'经志',以'传奇'为'外史','琐语'为'小史',俱编入《史志》,可乎?'儒家'外,别分'德行'、'崇正'二家,亦太丛杂不伦矣。"见《郑堂读书记》。《史志》既有"文史",《集志》复有"文史",异实同名,亦无可自解。后来诸家,所以不复依循也。及隆庆四年,朱睦㮮撰《万卷堂书目》,《经类》凡十一,《史类》凡十二,《子类》凡十,《集类》凡三,《观古堂书目》丛刻本。出入于正统派各家之间,了不足异,惟《史类》多一"制书"耳。万历中,胡应麟《二酉藏书山房书目》始分《子类》为二十二,《集类》为十四,或有得于《百川书志》,不同于他录;而《经类》十三,《史类》十,想亦无大异点。书既不传,惟见述于《经籍会通》。不能悬断。徐𤊹《红雨楼书目》,史、子、集三部变动极大,惟《经部》于“六艺”、“论”、“孝”之外,仅增“学庸”、“孟子”、“尔雅”、“经总”,略存旧态。《史部》则分“正史”、“旁史”、“本朝世史汇”、“人物传”、再分“圣贤”、“历代”、“各省”、“名贤”四目。“姓氏”、“族谱”、“年谱”、“科目”、“家训”、“方舆”再分“总目”、“分省”、“外夷”、“各省杂志”、“各省题咏”五目。十类。《子部》分“诸子”、“子”、“小说”、“兵”、“卜筮”、“地理”、即“堪舆”。“医”、“农圃”、“器用”、“艺术”、“韵”、“字”、“书”、书法。“画”、“汇书”、“传奇”、“道”、“释”十八类。《集部》分“集”、再分唐、宋、明三目。“总集”、“总诗”、“词调”、“诗话”、“启札”、“四六”、“连珠”、“家集”九类。巨细不伦,殆不足观。见《北平图书馆月刊》三卷六号至四卷四号。

稍可观者,惟焦竑《国史经籍志》。其书有特色三:(一)于四类之前,首列《制书类》,内分“御制”、“中宫御制”、“敕修”、“记注时政”四项,似有异于《隋志》而近于《文渊目》。(二)然仍以经、史、子、集四类冠罩各项之上,各项名称亦十九与《隋志》同;自序甚明。(三)各项之下,再分子目,却又用《通志·艺文略》之例。所收书名,不问其存佚与否,亦仿郑樵之意。子目过多,时与《艺文略》相出入,无甚关系,不复比述。其《经类》分项十一,亦无异于正统派,所独异者,惟列“算法”于“小学”耳。《史类》分项十五,较《隋志》则多“时令”、“食货”二项,较《艺文略》则多“时令”、“仪注”二项,则参合众录而记之也。《子类》分项十六,亦包括“道”、“释”二家在内。《集类》分项六,于“别集”、“总集”、“诗文评”之外,更有“制诏”、“表奏”、“赋颂”,亦从正统派之尤、陈诸家折衷而得之耳。

其书本在国史馆所作，而滥收前代，断限不明，见讥后世。书末附录《纠缪》一卷，对《汉志》、《隋志》、《唐志》、《唐四库书目》、《宋志》、《崇文总目》、《艺文略》、晁《志》、马《志》，一一擿其分类之非，编目之误。而其书本身却又不能无过，致劳后人再纠其缪。看章学诚《校雠通义》。此固规模太大之工作所不可免者。然而其在分类史上，所贡献者，则亦仅矣。

统观有明一代中，对于《隋志》之修正，分类之研究，比较肯用心思，有所发明者，允推祁承㸁为冠军。其所撰《澹生堂藏书目录》，既增减类名，复详分细目。名词之确当，大胜于上文诸录。而其《庚申整书略例》，推究分类之方法有四：

> 一曰因。因者，因"四部"之定例也。部有类，类有目，若丝之引绪，若网之就纲，井然有条，杂而不紊。故前此而刘中垒之《七略》、王仲宝之《七志》、阮孝绪之《七录》，其义例不无取裁；而要以类聚得体，多寡适均，惟荀氏之'四部'称焉。两汉而下，志艺文者，无不守为功令矣。若嘉隆以来，陆文裕公之藏书，分十三则，一录经，次录性理，又次录史，录古书，录诸子，录文集，录诗，录类书，录杂史，录志，录韵书，录小学、医药、杂流，而以宸章令甲别为制书，示不敢渎也。沈少司空稍为部署，而首重王言，故一曰制，二曰漢，三曰经，四曰史，五曰子，六曰集，七曰别——别者道其所道，非圣人之所谓道也，八曰志，九曰类，十曰韵字，十一曰医，十二曰杂。虽各出新裁，别立义例。然而"王制"之书不能当"史"之一，"史"之书不能当"集"之三。多者则丛聚而易淆，寡者又寂寥而易失。总不如经、史、子、集之分，简而尽，约而且详，循序仿目，简阅收藏，

莫此为善。而间有未备，如释氏家，郑渔仲之所收，皆东土之著述，而西土重译单译者，俱无闻焉。则《释藏》总目条分甚析，经有大、小乘之分，乘有重译、单译之辨，为律，为论，为疏注，为诠述，皆一一可考。总之，不嫌袭故。

一曰益。益者，非益'四部'之所本无也；而似经似子之间，亦史亦玄之语，类无可入，则不得不设一目以汇收；而书有独裁，又不可不列一端以备考。故洪荒邈矣，而《竹书纪年》之后有《荒史》，有《邃古记》，有《考信》等编；世代繁矣，而《皇极经世》之后，有《稽古录》，有《大事记》，有《世略治统》等书，此数十种者，皆于十许卷之中，约千万之事，既非正史之叙述，亦非稗史之琐言，盖于记传之外，自为一体者也。故益以"约史"者一。"性理"一书，奉钦纂于文皇，虽近录宋儒之诠述，然而言乎天地之间则备矣。他如《伊洛渊源》、《近思录》及真文忠公之《读书记》，黄东发之《日钞》与湛文简公之《格物通》，王文成公之《则言》、《传习录》及前后诸儒论学之语，或援经释传，或据古证今。此皆六经之注脚，理学之白眉，岂可与诸子并论哉？故于"经解"之后，益以"理学"者二。"代制"出于王言，非臣子所敢自擅；"经筵"辟乎主德，非讲义之可例观。然而两者皆无专刻，惟各取本集之所载，而特附其名目于"诏制"、"经解"之内。故益"代言"、"经筵"者三。"丛书"之目，不见于古；而冗编之著，叠出于今。既非旁搜博采，以成一家之言；复非别类分门，以为考览之助。合经史而兼有之，采古今而并集焉。如后世所刻《百川学海》、《汉魏丛书》、《古今逸史》、《百名家书》、《稗海》、《秘笈》之类，断非"类家"所可并收。故益以"丛书"者四。文有滑稽，诗多艳语。搜耳目未经见之文，既称逸品；品摘古今所共赏之句，独夸粹裘。非可言集，而要亦集之馀也。益“馀集”者五。其他各目所增，固难概数。虽似别蜂房之户，而实非为蛇足之添。如有请益，以俟再举。

一曰通。通者，流通于“四部”之内也，事有繁于古而简于今，书有备于前而略于后。故一《史记》也，在太史公之撰著，与裴骃之《注》，司马贞之《索隐》，张守节之《正义》，皆各为一书者也。今正史则兼收之，是一书而得四书之实矣。一《文选》也，昭明之《选》，与五臣之《注》，李善之《补》；皆自为一集。今行世者，则并刻之，是一书而得三书之用矣。所谓以今之简，可以通古之繁者，此也。至于前代制度，特悉且详，故典故、起居注及仪注之类，不下数百部；而今且寥寥也，则视古为略矣。故附“记注”于“小史”，附“仪注”于“国礼”，附“食货”于“政实”，附“历法”于“天文”，此皆因繁以摄简者也。古人解经，存者十一。如欧阳公之《易童子问》、王荆公之《卦名解》、曾南丰之《洪范传》，皆有别本，而今仅见于文集之中。惟各摘其目，列之本类，使穷经者知所考求，此皆因少以会多者也。又如《靖康传信录》、《建炎时政记》，此“杂史”也，而载于李忠定之《奏议》；《宋朝祖宗事实》及《法制人物》，此“记传”也，而收于朱晦翁之《语录》。如罗延平之集，而《尊尧录》则史矣；张子韶之集，而《传心录》则子矣。他如“琐记”、“稗史”、“小说”、“诗话”之类，各自成卷，不行别刻，而附见于本集之中者，不可枚举。即如《弇州集》之《艺苑卮言》、《宛委馀编》，又如《冯元敏集》之《艺海洞酌》、《经史稗谭》，皆按籍可见，人所知也。而元美之《名卿迹记》、元敏之《宝善编》，即其集中之小传者。是两书久已不行,苟非为之标识其目,则二书竟无从考矣。凡若此类,今皆悉为分载。特明注原在某集之内,以便简阅,是亦收藏家一捷法也。

一曰互。互者,互见于“四部”之中也。作者既非一途,立言亦多旁及。有以一时之著述,而倏尔谈经,倏而论政;有以一人之成书,而或以摭古,或以征今,将安所取衷乎?故同一书也,而于此则为本类,于彼亦为应收;同一类也,收其半于前,有不得不归其半于后。如“皇明诏制”,制书也,“国史”之中固不可遗,而“诏制”之中亦所应入。如《五伦全书》,敕纂也,既不敢不尊王而入“制书”,亦不可不从类而入“纂训”。又如《焦氏易林》、《周易占林》,皆“五行家”也,而《易》书占筮之内亦不可遗。又如王伯厚之《玉海》则《玉海》耳,郑康成之《易》、《诗》地理之考,《六经天文》,《小学绀珠》,此于《玉海》何涉?而后人以便于考览,总列一书之中,又安得不各标其目,毋使溷淆者乎?其他如《水东日记》、《双槐岁钞》、陆文裕公之《别集》、于文定公之《笔麈》,虽国朝之载笔居其强半,而事理之诠论亦略相当,皆不可不各存其目,以备考镜。至若《木钟台集》、《闲云馆别编》、《归云别集》、《外集》、范守己之《御龙子集》,如此之类,一部之中,名籍不可胜数;又安得概以集收,溷无统类?故往往有一书而彼此互见者,同集而名类各分者,正为此也。余所诠次,大略尽是。聊引其端,庶几所称详而核,杂而不厌者乎!《绍兴先正遗书》本。

承㸁此论,实有古人未发者两端。其所谓通,即后来章学诚所谓别裁;其所谓互,即学诚所谓互著:欲使分类恰当,非善用此两法

不可。此古人所不识，石破天惊，允推承爍为分类学之一大发明家。其所标分类表，子目略仿郑樵、焦竑，类目则仍以“四部”为依归。但不标经、史、子、集部名，一若各类独立也者。（1）《易类》分“古易”、“章句”、“注传”、“疏义”、“集解”、“详说”、“拈解”、“考正”、“图说”、“卜筮”、“易纬”、“拟易”十二目。（2）《书类》分“章句注疏”、“传说”、“图谱”、“考订”、“外传”五目。（3）《诗类》分“章句注疏”、“传解”、“考正图说”、“音义注释”、“外传”五目。（4）《春秋类》分“经传总”、“左传”、“公羊”、“穀梁”、“通解”、“考证”、“图谱”、“外传”八目。（5）《礼类》分“周礼”、“仪礼”、“二戴礼”、“通解”、“图考”、“礼纬”、“中庸”、“大学”八目。（6）《孝经类》分“注疏”、“丛书”、“书”或为“说”之讹。“外传”三目。（7）《论语类》分“章句注疏”、“解说”、“别编”、“图志”、“外传”五目。（8）《孟子类》分“章句注疏”、“杂解”、“外传”三目。（9）《经总解类》分“传说”、“考定”、“音释”、“经筵”四目。（10）《理学类》分“性理”、“诠集”、“遗书”、“语录”、“论著”、“图说”六目。（11）《小学类》分“尔雅”、“蒙书”、“家训”、“纂训”、“韵学”、“字学”六目。（12）《国朝史类》分“御制”、“敕纂”、“汇录”、“编述”、“分纪”、“武功”、“人物”、“典故”、“时务”、“杂记”、“行役”、“风土”十二目。（13）《正史类》不分目。（14）《编年史类》分“通鉴”、“纲目”、“纪”、“记事”四目。（15）《通史类》分“会编”、“纂略”二目。（16）《约史类》不分目。（17）《史钞类》分“节详”、“摘略”二目。（18）《史评类》分“考正”、“论断”、“读史”三目。（19）《霸史类》分“列国”、“偏霸”二目。（20）《杂史类》分“野史”、“稗史”、“杂录”三目。（21）《记传类》分“别录”、“垂范”、“高贤”、“汇传”、“别传”、“忠义”、“事迹”、“行役”、“风土”九目。（22）《典故类》

分“故实”、“职掌”二目。(23)《礼乐类》分“国礼”、“家礼”、“乐律”、“祀典”四目。(24)《政实类》分“时令”、“食货”、“刑法”、“官守”、“事宜”五目。(25)《图志类》分“统志”、“通志”、“郡志”、“州志”、“邑志”、“关镇”、“山川”、“揽胜”、“园林”、“祠宇”、“梵院”十一目。(26)《谱录类》分“统谱”、“族谱”、“年谱”、“世家”、“试录”、“姓名”、“书目”七目。(27)《儒家类》不分目。(28)《诸子类》分“墨家”、“法家”、“名家”、“纵横家”、“杂家”五目。(29)《小说家类》分“说汇”、“说丛”、“佳话”、“杂笔”、“闲适”、“清玩”、“记异”、“戏剧”八目。(30)《农家类》分“民务”、“时序”、“杂事”、“树艺”、“牧养”五目。(31)《道家类》分“老子”、“庄子”、“诸子”、“诸经”、“金丹”、“汇书”、“诠述”、“修摄”、“养生”、“记传”、“余集”十一目。(32)《释家类》分“大乘经”、“小乘经”、“宋元续入经”、“东土著述”、“律仪”、“经典疏注”、“大小乘论”、“宗旨”、“语录”、“止观”、“警策”、“诠述”、“提唱”、“净土”、“因果”、“记传”、“禅余”、“文集”十八目。(33)《兵家类》分“将略”、“兵政”二目。(34)《天文家类》分“占候”、“历法”二目。(35)《五行家类》分“占卜”、“阴阳”、“星命”、“堪舆”四目。(36)《医家类》分“经论”、“脉法”、“治法”、“方书”、“本草”、“伤寒”、“妇人”、“小儿”、“外科”九目。(37)《艺术家类》分“书”、“画”、“琴”、“棋”、“数”、“射”(附“投壶”)、“杂伎”七目。(38)《类家类》分“会辑”、“纂略”、“丛笔”三目。(39)《丛书类》分“国朝史”、“经史子杂”、“子汇”、“说汇”、“杂集”、“汇集”六目。(40)《诏制类》分“王言”、“代言”二目。(41)《章疏类》分“奏议”、“书牍”、“启笺”、“四六”四目。(42)《辞赋类》分“骚”、“赋”二目。(43)《总集类》分“诗文总集”、“文编”、“诗编”、“郡邑文献”、“家乘文献”、“遗文考识”、“制科艺”七目。(44)《余集类》分“逸文”(附摘录)、“艳诗”(附词、曲)、“逸诗”(附集句、摘句)三目。(45)《别集类》分“帝王集”、“汉魏六朝诗文集”、“唐诗文集”、“宋诗文集”、“元诗文集”、“国朝御制集”、“国朝阁臣集”、“国朝分省诸公诗文集”八目。(46)《诗文评类》分“文式”、“文评”、“诗式”、“诗评”、“诗话”五目。此种四十六分法,承爜虽自承为“因‘四部’之定例”,而实际兼具反“四部”之精神。其所增添“约史”、“理学”、“诏制”、“丛书”、“余集”五类,除“理学”仿自《文渊》、《江东》之“理性”,“诏制”仿自陈《录》之“诏令”,余悉新创。尤以“丛书”之独立,于分类学之功勋最钜。俗儒乃谓至张之洞《书目答问》始创“丛部”,或又谓姚际恒《好古堂书目》之“经、史、子、集、总”为“近世别立‘丛书’部类之滥觞”,《柳跋》。陋矣。子目之分配,亦较郑、焦二家为审慎,盖由确有其书,故无滥入之弊。例如《史评类》能分辨考据,评论及研究史法之别;别立《礼乐》一类,不混杂于《礼类》之中,合著录专门之书如“族谱”、“年谱”、“试录”、“书目”等项为《谱录类》,从体裁言,不为错误。不以杂家为无类可归者之渊薮,此皆向来诸录所未能办到者。历观古今“四部”目录,未有能超录此《澹生堂书目》者也。其惟一缺憾为未有《应用技术》一类,此则儒者藏书向轻实艺,不足责矣。

自尔以往,崇祯中惟槜李姚氏《赖古堂书目》于“四部”之前添一《制部》,犹依焦竑之例。见《郑堂读书记》。赵琦美《脉望馆书目》涵芬楼秘笈本。则于《经部》之首添“经书总类”,《子部》之首亦添“总子”,《史部》多“圣制”、“经济”、“吏部”、“户部”、“礼部”、“兵部”、“刑部”、“工部”,《子部》有“字学”、“书画”、“书目”、“乐书”、“杂书”、“谱牒”、“大西人术”。即西洋人译书。其书本未定之备检帐册,取便藏置,故多异类同厨,不堪深究。惟“经总”、“总子”之立,清初钱谦益、姚际恒犹沿其例。际恒亦好添子目,其书亦未定之本。《经》、《子》二部之末皆有“汇集”一类,《史部》有所谓“集古”、“时政”、“食货”、“器用”、“虫鱼”、“方物”、“名胜”、“川渎”。《集部》则合“表奏”、“策论”为一类,合“骚赋”、“四六”、“尺牍”为一类。要之,皆一时备用之作,原无意于问世也。谦益《绛云楼书目》亦非极盛时完备之录,其分类,亦无“四部”之名。除一般习见者外,新增类名为“道学”、“壬遁”、“天主教”、“伪书”等类,惟既有“道家”,复有“道藏”、“道书”,既有“类家”,复有“类书”,层见叠出,不知何意。集则分别诗、文,断截时代,皆明代旧习。其外更有“骚赋”、“金石”、“论策”、“奏议”、“文说”、“诗话”,以“金石文字”夹于“诗”、“文”中间,较古录之漫入《目录类》者犹为得之。史则有“本朝制书实录”、“本朝实录”、“本朝国纪”、“传记”、“典故”、“杂记”等类,皆属明人撰著,盖为私修《明史》所备,并非收藏史书之全豹也。与谦益同时者有黄虞稷《千顷堂书目》。其《经部》分类十一,《史部》分类十八,《子部》分类十二,并无特异,惟《史部》冠以“国史”耳。《集部》则分“别集”、“制诰”、“表奏”、“骚赋”、“词曲”、“制举”、“总集”、“文史”八类,纯然一明录典型也。与际恒约略同时者,有金檀《文瑞楼书目》,其《史部》多“运历”、“宗藩”、“谥法”、“外夷”、“制诏”、“职掌”、“科甲”、“山陵”、“行役”等类,“地志”、“史传”各有子目。《子部》则分“子书”、“儒家”、“道学”、“家训”、“规劝”、“类书”、“时令”、“农家”、“种艺”、“货宝”、“食货”、“小学家”、分四子目。“释家”、“仙家”、“小说家”,再分代分朝。中复杂有“古文”、“骚赋”、“四六”、“尺牍”等类,盖误订也。《集部》诗文概分代分朝,所收之集最多,是其特长。又有

"诗话"、"乐府"、"词"、"总集"等类。统观其书,漫无典则;惟"小说"及"诗文集"分别朝代,最便循读;然亦明人早创之例也。往后,乾隆三十九年之《浙江采集遗书总录》遂循其法,"别集"全以时代为目,"总集"则一以时代为次,一以地为次。以地为次,祁承㸁早已创行。《子部》特立"丛书类",亦承㸁之遗法。惟"说家类"再分总类、文格、诗话、金石书画、小说四目,一反昔人旧例。《史部》亦有特例数端:新立"掌故类",分设总类、职官、食货、伪制、兵刑、河渠、水利、营造八目,"传记类"既有"总类",复以时代为次,以地为次。"地理类"分目亦详。《经部》则惟分"尔雅"、"小学"与"六书"为三,是其特点。

往后不久,即为《四库全书总目》统一整个目录学界之时代,除上章所述之孙星衍外,未有敢违背其成法者。直至百年之后,始有张之洞撰《书目答问》,实际系缪荃荪代笔。始于"四部"之外,别增《丛书》、《别录》两目,以收容"古今人著合刻丛书"、"国朝一人著述合刻丛书"、"群书读本"、"考订初学各书"、"词章初学各书"、"童蒙初学各书"。《集部》四分,散"词曲"于总、别集。"总集"分文选、文、诗、词,"别集"分时代,而于清人复分理学家、考订家、古文家、骈体文家、诗家、词家六目,略具专家分门之意。《子部》大半同于《四库》,惟增"周秦诸子",移"谱录"入《史部》,并"释"、"道"为一,"儒家"分议论经济、理学、考订三目,"天文算法"分中法、西法、兼用中西法三目耳。《史部》大体亦同,惟增"古史",而去"史钞"、"职官",散"目录"为谱录、金石,此其特异。"史评"分论史法、论史事二目,盖得自祁承㸁。"金石"专录金石目录、金石图象、金石文字、金石义例,盖得自孙能传、孙星衍。"谱录"兼收书目、姓名、年谱、名物,亦承㸁旧例也。其余则"正史"、"编年"、"杂史"、

"地理"、"政书"各有子目，较《四库》为略，不足述。惟《经部》独大异于《四库》，只分"正经正注"、"列朝经注经说经本考证"、"小学"三类，划正文与后儒之专著为二，斯为特异，古人所不及为。要之，《书目答问》在分类史上之地位，不在创造，而在对《四库总目》加以他人所不敢为之修正。以张之洞之权威，《答问》之流行，适值东、西洋译书日多，"四部"分类法正苦不能容纳之时，纂新书目录者遂得借口另起炉灶，不复依傍《四库总目》。张氏虽绝对无意于打倒《四库》，而《四库》之败坏自此始萌其朕兆也。

自光绪之年，《答问》刊行以后，六十余年来，旧派目录家感于《四库总目》之类目缺乏，多有起而补充者。所谓头痛医头，脚痛医脚，未有其能起死回生也。稍可述者，惟近年南京国学图书馆之《总目》。简称《国学目》。《国学目》对于《四库目》之部类，有增补而无改减。于四部之外，新加《志》、《图》、《丛》三部。《丛部》分"类刻"、再分经、史、子、集、志五项，每项又分目。"汇编"、"郡邑"、分杂编、诗文二项。"氏族"、同上。"独撰"分时代。五类。《图部》专收地图，自"全国"、"省"、"县"、"城市"、"水道"、"交通"、"历史"、"交界"、"军用"、"经济"、"天象"、"地质"、"杂图"以至"世界"、"东西洋历史"、"日本"，凡十六类。《志部》专收地方志，分"省"、"府州厅县乡镇"、再分省。"志丛"三类。此其用意惟在取便庋藏，以方志太多，地图异样，故特设大部以储之耳。若从学术分类之理论言之，则以一地理学而兼占两大部，复在《史部》中占一"地理类"，在书库中既分居数处，不便参考，在目录中，又层见叠出，甚乖专科分类之义，甚不可也。丛书之独立，从古录言之，原较附居于类书者为进步；然至现代则学术以专科而益精，已有散归各类之必要；而一般目录所以仍旧保存此类者，特偷懒畏烦耳。是则以《丛部》与"四部”抗衡，非特《书目答问》不得专美于前，即《国学目》亦无须夸口于后也。《国学目》之特点，在散新书以归旧类；其无类可归者，则立新类以纳之。以其藏书特多，则小类子目亦最多而备。最显异者尤为《子部》，新增“工家”、“商业”、“交通”、“释教”、“神道”、“耶教”、“回教”、“东方各教”、“哲学”、“自然科学”、“社会科学”十一类之多，几于平分原有各类之天下矣。“四部”复各有“丛类”，经史则名“总类”。与“丛部类”、“刻类”互见。其尤奇者，于“杂家类”特增“杂志”之属，下分二十子目，凡现代各种定期刊物概以入焉。揆以该目“特多”“异样”之图书应另设部之义，则“杂志”之宜特设一部而不应屈居一类中之一项也，必矣。其他各类之中，分项别目，最详最备，不能尽述。要之，《国学图书馆总目》在目录学分类表中，不失为正统派“四部”分类法之最后残垒（纵使其为七部而非四部），然而其不能传世而行远也，则大势所趋，无可奈何者矣。——凡此所述，对正统派而言，可称修正派，盖异乎正统派之固守不变，亦不似别派之相背而驰也。

新分类法创造之尝试

“四部”分类法之不合时代也，不仅现代为然。自道光、咸丰允许西人入国通商传教以来，继以派生留学外国，于是东、西洋译籍逐年增多。学术翻新，迥出旧学之外。目录学界之思想自不免为之震动。故五六十年前，已有江人度上书张之洞论之曰：“第思目录之学最难配隶适当。《四库提要》所列门目，与昔之目录家颇有出入。中堂《书目答问》，与《四库》复有异同。移甲就乙，改彼隶此,要亦难为定论也。章实斋致慨于'四部'不能复《七略》,由史籍不可附《春秋》,文集未便入'诸子'。然处今之世,书契益繁,异学日起,匪特《七略》不能复,即'四部'亦不能赅,窃有疑而愿献也。《艺文》一志,列于《汉书》,后世遂以目录归《史部》。不知班氏断代为书,秦火以后,所存篇籍,自宜统加收纂,以纪一代之宏规。而目录家岂可援以为例?盖目录者,合经、史、子、集而并录。如刘向之《辑略》。安得专归《史部》乎?史氏可以编《艺文》,而目录不得登乙馆。此配隶未当者一也。《隋志》以'类书'入《子部》,考诸子之学,'儒'、'墨'未碍于并立,'名'、'法'亦有所取材,宗旨各殊,不嫌偏宕,畦径独辟,别具精深,所谓自成一家言也。'类书'者,肴馔《经》、《史》,渔猎《子》、《集》,联百衲以为衣,供獭祭于枵腹,岂可杂厕丙籍,混迹子家?中堂原注亦有"类书实非子"之语。此配隶未当者二也。从书杂纂同。'金石'之学,《隋志》列《经》,《宋志》属《史》,已觉歧异。且昔之考核者少,尚可附丽;今之研究者多,岂容牵合?六义附庸,蔚为大国,夹漈《通志》所以别为一略也。盖其中有证经者,有资史者。居之甲部,既病其偏枯;置之乙帙,亦嫌其泛滥。此配隶未当者三也。《四库》以"金石"入《史部》"目录类"之子目,尤非。他若'谱录'、'图画'诸书,精心殚虑,各有专长。《经》、《史》非其族者,《子》、《集》亦非其伦,横牵强附,究多未安。且东西洋诸学子所著,愈出愈新,莫可究诘,尤非'四部'所能范围,恐《四库》之藩篱终将冲决也。盖《七略》不能括,故以'四部'为宗;今则'四部'不能包,不知以何为当?如彼方枘试圆凿,每虞其扞格;譬之算术得大数,而尚有畸零。夙怀此疑,敢以贡之左右。"见《书目答问笺补》卷首。张之洞对此怀疑有何解决之方案,不得而知;然以其平昔"中学为体,西学为用"之态度卜之,殆亦未能进一步而废弃"四部”也。对于中外新旧之学术综合条理而分为若干科目者，据吾所知，以袁昶为最先。同文馆、制造局之类，时代虽较早，而偏重西方格致语文之学。昶以光绪二十年主讲中江书院，略仿当时“四明之辨志文会、沪上之求志书院、鄂渚之两湖书院，分科设目”，计十有五。“每目之中，再分子目。曰《经学》，‘小学’、‘韵学’附焉。曰《通礼学》，‘乐律’附焉。曰《理学》。曰《九流学》。曰《通鉴三通政典之学》，历代正史，则系传分代，史志分门，部居散隶，以便检阅善败起讫与夫因革损益之迹焉。曰《舆地学》。宜详于图表。曰《掌故学》，宜详于国朝，以为根柢，渐推上溯，以至于近代。曰《词章学》，‘金石碑版’附焉。曰《兵家学》，宜有图。仍略仿班《志》‘形势’、‘技巧’、‘权谋’、‘阴阳’四目，宜添‘制造’一门。曰《测算学》。曰《边务学》。曰《律令学》，吏治书分类附焉。曰《医方学》。曰《考工学》。曰《农家学》。此十五目皆有益国故政要，民生日用。”见《经籍纂要》中江书院本。规模之阔大，实一扫往古专治制艺帖括之积弊，而畅开新目录学之机运。盖当日袁昶所讲授之学，实际仍不离书本，故其所分之学科，实际亦即书目之分类也。次年，康有为撰《日本书目志》，遂首创新分类法，分（1）生理、（2）理学、（3）宗教、（4）图史、（5）政治、（6）法律、（7）农业、（8）工业、（9）商业、（10）教育、（11）文学、（12）文学语言、（13）美术、（14）小说、（15）兵书，凡十五门。每门各分子目，自数项至数十项不等。特其用意在使中国人知日本有此种要籍而译读之，故吾人不能以分类之当否律之。如小说不附于文学，交通附属于商业，社会、经济、家政等学附属于政治，皆不甚妥恰。尤以并物理、理化、天文、历、气象、地质、矿山、地震、博物、生物、人类、动物、植物、哲、论理、心理、伦理等学，合称理学，漫无自然、社会之分，最为乖戾。虽然，揭日本新学之全貌，使国人爽然自失者,固莫之或先也。又明年,梁启超撰《西学书目表》,"将译出各书,都为三类,一曰学,二曰政,三曰教"。除宗教一类之书不录外,"自馀各书分为三卷。上卷为《西学诸书》,其目曰算学,曰重学,曰电学,曰化学,曰声学,曰光学,曰汽学,曰天学,曰地学,曰全体学,曰动植物学,曰医学,曰图学。中卷为《西政诸书》,其目曰史志,曰官制,曰学制,曰法律,曰农政,曰矿政,曰工政,曰商政,曰兵政,曰船政。下卷为《杂类》之书,其目曰游记,曰报章,曰格致,总曰《西人议论之书》,曰无可归类之书"。见《饮冰室合集·文集》第一册。梁先生明知"凡一切政皆出于学,则政与学不能分",而又"强为区别"。乃至并"农"、"矿"、"工"、"商"等实业亦视为"政"之一项,未免作茧自缚。自此例一开,颇有仿行之者。例如《古越藏书楼书目》亦成"学"、"政"二部。然此表重西学而轻东学,其弊正与《日本书目志》之有东籍而无西籍相同。故徐维则又撰《东西学书录》,顾燮光补充之,于光绪二十五年、二十八年一再刊行,分类凡三十八。及三十年,燮光复续一编,近年始刊为《译书经眼录》。其目为"史志"、"法政"、"学校"、"交涉"、"兵制"、"农政"、"矿务"、"工艺"、"商务"、"船政"、"理化"、"象数"、"地学"、"全体学"、"博物学"、"卫生学"、"测绘"、"哲理"、"宗教"、"体操"、"游记"、"报章"、"议论"、"杂著"、"小说"。此外复有沈兆祎《新学书目提要》,分"法制"、"历史"、"舆地"、"文学"、"西学"、"西艺"、"杂录"、"小说"八类,其"法制类"刊于光绪二十九年。皆梁先生专录译书一派之继起者也。译书既多,国人自著者亦随之日众。其始各录皆附系于译书目后。后来附庸蔚为大国,倍蓰于译书。各种学术既与旧学不同,遂非旧有之"四部"所能安插,故当时新兴之图书馆颇有收新书目录于旧书目录之后,自成一部者。发其意者,殆为黄庆澄之《普通学书目录》。其书卷一所列为“中学入门书”、“经学”、“子学”、“史学”、“文学”、“中学丛刻书”。试取以与《书目答问》比较,即知其由《答问》脱胎而来。卷二列“西学入门书”、“算学”、“重学”、“电学”、“化学”、“声光学”、“汽机学”、“动植学”、“矿学”、“制造学”、“图绘学”、“航海学”、“工程学”、“理财学”、“兵学”、“史学”、“公法学”、“律例学”、“外交学”、“言语学”、“教门学”、“寓言学”、“西学丛刻书”。其分类较《西学书目表》略多而名称不妥。卷三为“天学”、“地学”、“人学”。“人学”即“医学”。书撰于光绪二十四年,原为指授初学,融贯中西而设。虽非藏书目录,且浅之无甚精义。然混合新旧之目录于一编者,固未之或先也。是后遂有以新书为《时务部》,列于四部之后者。流风所扇,入民国后犹有若干公立图书馆习用此种新旧分列之办法。如江苏省立第二图书馆之旧书亦分五部,新书则分“文学”、“政事”、“实业”三类,每类各分子目。合名《新部》;广西图书馆之《新书部》分为“教育”、“政法”、“军学”、“实业”、“哲学”、“医学”、“修身”、“经学”、“国文”、“外国文”、“历史”、“地理”、“算学”、“理科”、“体操”、“图画”、“乐歌”、“杂志”、“小说”十九部,每部或分若干类,或不分类。云南图书馆之《科学部》分“法政”、“财政”、“军事”、“警察”、“教育”、“伦理”、“文学”、“历史”、“地理”、“博物”、“理化”、“算学”、“乐歌”、“体操”、“图画”、“手工”、“农业”、“工艺”、“商业”、“杂著”二十类,皆其显者也。新书日多,一部不足以容纳,则有提出新书,独立于旧书之外,各编目录者。例如光绪三十三年之《浙江藏书楼书目》,编者杨复、胡焕既以《甲编》依《书目答问》之法,“为国粹之保存”,复“循附录外编之例”,“将新书编为《乙编》”,“各行其是,两不相师”。计分十六类:(1)法律、“章程”附。(2)政治、(3)宗教、

(4)教育、(5)图史、(6)文学、(7)文字、(8)理学、(9)算学、(10)美术、(11)杂志、(12)工业、(13)商业、(14)兵书、(15)生理、(16)农业。然各类之下,并无子目,藏书不多,未为定例。至宣统三年之《涵芬楼新书分类目录》,旧书亦兼用《答问》及《四库》法。始有最完密之类目。分部十四:(1)哲学、(2)教育、(3)文学、(4)历史地理、(5)政法、(6)理科、(7)数学、(8)实业、(9)医学、(10)兵事、(11)美术、(12)家政、(13)丛书、(14)杂书。每部几皆有"总记"及"杂类"。《哲学部》兼含"伦理"、"论理"、"心理"、"哲学",《教育部》兼含"法令制度"、"教育学"、"教育史"、"教授法"、"管理法"、"学校卫生"、"体操"及"游戏"、"特殊教育"、"幼稚园及家庭教育"、"社会教育"。《文学部》兼含"文典及修词学"、"读本"、"尺牍"、"诗歌"、"戏曲"、"外国语"、"字帖"、"小说"。《史地部》兼含"本国史"、"东洋史"、"西洋史"、"传记"、"史论"、"本国地理"、"外国地理"、"游记"。《政法部》兼含"政治"、"法制"、"本国法制"、"经济"、"社会"。《理科部》兼含"博物学"、"理化学"、"天文"、"地文"。《数学部》兼含"算术"、"代数"、"几何"、"三角"、"高等数学"。《实业部》兼含"农业"、"工业"、"商业"。《医学部》兼含"卫生"、"医学"、"药物学"。《兵事部》兼含"陆军"、"海军"、"兵器"。《美术部》兼含"音乐"、"绘画"、"游艺"、"写真"。《家政部》兼含"簿记"、"裁缝"。每一类中,各有子目。在十进法未输入我国以前,此《涵芬楼新目》实为新书分类之最精最详者。然新书目录与旧书目录分为二册,则同类之书,散见各处,集中研究,势不可能,对于学术之进步,妨碍殊大。故混合新旧,统一部类,使同一学科之书,不问新旧,庋藏一处,以便于检寻研究,实为至紧要之事功。追溯近代,首先混合庋藏,统一分类者实为光绪二十八年由邵寅署名之《杭州藏书楼书目》。编者何人？未及考出。计其数目：(1)《经学》，"小学"附，(2)《史学》，"掌故"、"舆地"附，(3)《性理》，"哲学"、"家言"附，(4)《辞章》，(5)《时务》，(6)《格致》，"医学"附，(7)《通学》，即"丛书"。(8)《报章》，(9)《图表》。虽书少目略，要亦自辟门户，不蹈昔人徯径者。然其规模完备，分类确当，不若《古越藏书楼书目》。此目先分《学》、《政》二部，《学部》再分"易学"、"书学"、"诗学"、"礼学"、"春秋学"、"四书学"、"孝经学"、"尔雅学"、"群经总义学"、"性理学"、"生理学"、"物理学"、"天文算学"、"黄老哲学"、"释迦哲学"、"墨翟哲学"、"中外各派哲学"、"名学"、"法学"、"纵横学"、"考证学"、"小学"、"文学"上下。二十三类。《政部》再分"正史兼补表补志考证"、"编年史"、"纪事本末"、"古史"、"别史"、"杂史"、"载记"、"传纪"、"诏令奏议"、"谱录"、"金石"、"掌故典礼"、"乐律"、"舆地"、"外史"、"外交"、"教育"、"军政"、"法律"、"农业"、"工业"、"美术"、"稗史"二十四类*。每类之下，各分若干子目。系统分明，在此派中可谓登峰造极者。惜《学》、《政》二部不足以包摄各类耳。入民国以后，各地图书馆纷纷设立，或强新书入旧类，或别置新书而另创部类，或以新书立科学部，与四部并列，或混合新旧书而仿杜威"十进法"，罕见专为旧书另创新分类表者。惟陈乃乾《南洋中学藏书目》独分为(1)周秦汉古籍、(2)历史、(3)政典、(4)地方志乘、(5)小学、(6)金石书画书目、(7)记述、(8)天文算法、(9)医药术数、(10)佛学、(11)类书、(12)诗文、(13)词曲小说、(14)汇刻，十四部，标准不一，次序无理。每部所分之类，亦不足述。此在新分类

---

* 或为二十三类，疑误。——编者注

法之尝试,殆为最失败者。总之,本章所述,实“四部”初衰,“十进法”未兴之际,幼稚者群对于新分类法之开始研究。当时能读西文书者既少,研究图书馆学及目录学者尤绝未见。故“十进法”兴起之后,此项不新不旧之过渡法遂归淘汰。居今日而参观各地图书之林,除少数私家藏书楼仍沿用《四库总目》或《书目答问》之旧法外,其采用此项过渡法者殆已绝迹矣。惟苏州某图书馆仍旧分列新旧,旧书用洪有丰法,新书用杜定友法,不能统一,甚可笑。

西洋近代分类法之进步

图书之插架,其法有二。一曰固定排列法:或标部类名称于厨架,俾与目录适合,如东观藏书“并依《七略》而为书部”是也。或标字号于厨架,而注其字号于目录,如《开元释教录略出》、《道藏目录》及《文渊阁书目》之以《千字文》编号是也。无论依照部类或字号以排列图书,图书之位置皆已固定,不能任意移动。插架之先,必预算某类有书若干,占架几具,然后按次列书。此在饱和自满,不复增益之旧式藏书楼,固无不可。若在日进月益之图书馆,当某一类新购之书增至该架不能容纳时,即不得不侵占附近稍空之地位;设使附近亦已饱和,势必远觅空架,任意暂置。《脉望馆书目》及《文瑞楼书目》之所以凌乱无序,殆即此因。欲除其患,惟有以数目字之号码代表部类之名称,标记于图书之上,按次排列,不必限定某类书永列某架,如此则目录既可免登记架号之烦,而新书复无无架可插之患,此之谓活动排列法。然必有赖于分类之用号码始得如意。向来我国目录学家从未注意及此,故部类之增减虽层出不穷，而求其最便于庋藏检寻者，迄未之见也。直至近十余年，始有西洋分类法之输入，然后靡然从风，率相采用焉。西法之中，尤以美国人杜威（Melvil Dewey）之“十进法”为最流行。故述现代中国之分类法，不可不略知西洋近代分类法之大致情形。

西洋古代之分类法亦不知以号码代部类，其弊正与我国目录相同。直至十九世纪，因受工业革命之影响，新书出版之速度日增，旧法之类目不能收容，近代化之图书馆到处兴起，新目录学之研究渐精。为适应活动排列法而创制之“编号分类法”，始见于一八七〇年美国人哈利斯（WiLliam T. Harris）之路易斯（Louis Public）《中学图书馆》。哈氏分图书为一百类，每类各代以号码，自一号 Science 至一〇〇号 Periodical，类号比次，各有一定。同类中如再分类，则加 a b c 等字母以别之。此种方法，发表未久，即为各地图书馆所采用。次年，又有美国人雪华尔兹（Tacob Schwartz）另发表一种“助记忆分类法”。先分学术为二十三大类，各代以 A 至 W 之字母，然后各附以号码。其代替大类之字母，除 Language 之代符为 K，不合原字外，余皆适与各类原字之第一字母相同，例如以 A 代 Arts，以 B 代 Biography，以 H 代 History，颇便记忆检索。每大类中，又分为九中类，各冠以 1 至 9 之数字。每中类中又可再分小类，各冠以一字母。以上两法流行不久，即为杜威之新法所代替。杜威以一八七六年，取两法之精神，参以己意，制为完全使用号码，适合活动排列之《十进分类表》（原名 Decimal Classification and Relative Index）。先将一切图书分为十部：（1）总部（General Works），（2）哲学（Philosophy），（3）宗教（Religion），（4）社会科学（Social Sciences），（5）言语学（Philology），（6）自然科学（Natural Science），（7）应用技术（Useful Arts），（8）美术（Fine Arts），（9）文学（Literature),(10)历史(History)。每部各分十类,每类各分十目,每目仍可再各十分,直可分至无穷。以0代"总部",以1代"哲学",顺推至以9代"历史"。无论其为单位,十位,百位,各号码所代表之意义均有一定。以百位代部,十位代类,单位代目,单位以下,隔以小数点,尽可增加号码以代表各项小科目。如用二位小数,即有包含十万科目。以之应付日出翻新之科学,略无拥挤慌乱之苦。将分类号码登记于书皮,依其算学顺序,排列厨架。苟能熟知某号即某类某目,检之即得。如中间某类新增之书太多,即可将以下各类之书往后推移,架上既无须号码,可免改易之烦。目录中及书皮上之号码既非随时变动之书架号码而为永久固定之分类号码,则一成不变,亦无时时涂写之劳。且号码次序,略有连带关系。如500为"自然科学",510为"数学",511为"算术",512为"代数",513为"几何",大部既可包含小类,小类之毗连亦有密切之学术关系。非但便于记忆,便于寻找,即在学术研究时亦可收触类旁通之效。在过去各种分类法中,实以此法最具灵活性,故能流行一时,对于目录学界发生相当影响。虽然,各种学术之领域,或宽或窄,极非一致,杜威纯用十进之例,瓜分每种学术为十类,俨若学术皆循算学之级数而进展者,其不合理可知。且"社会科学"与"历史"关系甚深,"言语学"与"文学"尤相表里;而杜威竟分隔于悬远之地,不使相邻,无怪传入我国之后,起而变更其部次者多过于恪守不动者也。杜威之分类号码,于一八九五年,得布鲁塞尔国际目录学会之公认与修正,且由该会于一九〇五年发表补助符号五种:以00表示著者之观察点。以2至9表示地理之区别,如42为英国。以" "表示时代之划分,如"18"为十八世纪。以0表示形式之特异。以=2至=9表示语言之歧离。此外又以:表示一书中二种题材之互相关系,以——表示题材之性质。概加于分类号码之后,统名之曰“布鲁塞尔扩大十进法”(Brussels' Expanded Decimal)。杜威之法,因是而益广被采用。然传至我国以后,性质略变,此种补助符号亦甚少使用者。杜威以外,现代西洋派别流行,足相抗衡之分类法,尚有三大派,在我国几无人仿用。其一为美国人卡特(Charles A. Cutter)之“展开分类法”,其书名为 Expansive Classification,第一表发表于一八九一年,卡特逐渐制造第二、三表,至第七表即病卒,后来犹有专家继述其志,陆续编纂出版。其法为由简而详,第一表仅分八部,第二表将每部各分若干类,第三表将每类再各分若干项,第四表又将每项各分若干目,继续分剖,直至无可再分。用其法者可以任意伸缩,书少则可用第一表,再多则可用第二表,更多则可用第三表,图书逐渐增多,分类亦可逐渐加详,无更张涂改之纷烦,而有日新月异之便利。故名曰“展开式”。其第一表以 A 代“总部”(General Works),以 B 代“哲学”与“宗教”(Philosophy and Religion),以 E 代“历史”(History),以 H 代“社会科学”(Social Sciences),以 L 代“科学”与“艺术”(Science and Arts),以 X 代“语言学”(Language),以 Y 代“文学”(Literature),以 YF 代“小说”(Fiction)。自第二表以下,亦各用字母代替。无论何部何类何目皆再分二十六项,充其量可分至一万七千五百七十六项。任何方法,皆无此法之详尽。所可惜者,字母代替学科,漫无意义,不似雪华尔兹之以学科之首一字母代表该学科,故记忆极不易。且字母既非我国所习用,自不如数字号码之通行易记耳。其二为美国国会图书馆之分类法,发表于一八九七年,略仿卡特之“展开式”,而只用两个字母代表部与类,每类再分目,则用数字而不用字母,数字用至第四位即止。此外尚有许多符号,以分细目。其排列之次序,纯依ABC之顺序,无学理之关系。分类表洋洋巨册,亦非旦夕所可理解。兹仅录其二十部名于下:(1)A"总部"(General Works,Polygraphy),(2)B"哲学宗教"(Philosophy,Religion),(3)C"历史"——"补助科学"(History-Auxiliary),(4)D"历史"与"地志"——美国除外(History and Topography[Except America]),(5)EF"美国"(America),(6)G"地理学"、"人类学"(Geography,Anthropology),(7)H"社会科学"(Social Sciences),(8)J"政治科学"(Political Science),(9)K"法律"(Law),(10)L"教育"(Education),(11)M"音乐"(Music),(12)N"美术"("建筑学","绘画术")(Fine Arts[Architecture,Graphic Arts])(13)P"语言学"("语言"与"文学")(Philology[Language and Literature]),(14)Q"科学"(Science),(15)R"医学"(Medicine),(16)S"农业","植物与动物之实业"(Agriculture,Plant and Animal Industry),(17)T* "工艺学"(Technology),(18)U"军事学"(Military Science),(19)V"海军学"(Naval Science),(20)Z"目录与图书馆学"(Bibliography and Library Science)。除上述二派外,尚有英国人布朗(J. D. Brown)于一九〇六年发表之"主题分类法"一般原译"标题",鄙意窃谓不如译为"主题"。(Subject Classification),与美国式之三种完全不同。其要点为悉聚研究或记载同一目的物之图书于一处。例如以脑为主题,则凡研究脑之生理,脑之病理,脑病之治法,各项有关于脑之图书,皆应集中于此主题之下,若引得(Index)然,初不问其为解剖学、生理学,抑或病理学、医学也。若依普通分类法,则凡属某科学之书,必列入某科学之类目。如是,则研究一物之书,势必分散数处,不能集

* "T"原版缺,据"美国国会图书馆分类法"补。——编者注

中。惟改用主题分类法,则可免此弊。故布朗之法,确有特长。我国之类书,西洋之百科全书,以及中外通行之辞书,即活用此项原理以成功者。所可惜者,主题之确定,极觉困难。欲将宇宙间万物万事各赋以一定之主题,实属不易。且每一书之所言者,决不限于某一主题,其兼包并论,界限模糊;必使系属于某一主题,尤难得当。势必于最小不能再分之基本主题之上,递层加以能包括性质相近之较大之主题,层积既多,又有混沌不明之弊,正与普通分类法之科学部名相同。如不递层包摄,则又嫌过于繁杂。故布朗之分类表亦未见悉合论理也。布朗将人类知识大别为(1)物质与力量(Matter and Force),(2)生命(Life),(3)思想(Mind),(4)记录(Record)四部。以(1)为宇宙之原动力,(2)即由(1)而生,而(2)复生(3),(3)复生(4)。再将各部加以论理学之分析,而冠以总类,共为十一类,如下表:

A	"总类"(Generalia)	物质与力量
B—D	"物理学"(Physical Science)	物质与力量
E—F	"生物学"(Biological Science)	生命
G—H	"人种学与医学"(Ethnology and Medicine)	生命
I	"实用生物学"(Economic Biology)	生命
J—K	"哲学与宗教"(Philosophy and Religion)	思想
L	"社会与政治科学"(Social and Political Science)	思想
M	"语言学与文学"(Language and Literature)	思想
N	"文学之形式"(Literary Forms)	记录
O—W	"历史","地理"(History,Geography)	记录
X	"传记"(Biography)	记录

最奇者,其总部中,除以AO代普通书(Generalia)外,竟包含A1"教

育”（Education），A3“论理学”（Logic），A4“数学”（Mathematics），A6“绘画与雕刻”（Graphic and Plastic Arts），A9“普通科学”（General Science）。布朗以为此数者皆超越一切科学之学术也，其荒谬抑甚可笑。所用字母只限一个，后附数字只限三位，故每部皆可分为一千类。较卡特、美国会图书馆皆较简单。分类虽稍广漠，然其采用主题之原则，则甚便利于专门学者。故我国近日亦有仿其意而编专科参考目录者焉。特全仿其部类号码以编藏书目录者，则尚未发见耳。

杜威“十进法”之接受与修正

上文已述现代西洋各种分类法之四大派别，因卡特与美国会图书馆皆兼用字母与数字，且其系统比较不如杜威之分明，布朗之法在实施上又有困难，故杜威之“十进法”，独能流行，我国接受其法而加以修正者，依发表之先后而列举之如次：

（1）沈祖荣，胡庆生：《仿杜威书目十类法》本章简称沈法。一九一八年一月文华公书林初版，一九二三年改订版。

（2）杜定友：《图书分类法》初称《世界图书分类法》，后去“世界”二字，最后又加“杜氏”二字。一九二五年上海图书馆协会初版，一九三五年中国图书馆服务社增订版。

（3）洪有丰：一九二六年八月，商务印书馆《图书馆组织与管理》之第十二章。

（4）陈天鸿：《中外一贯图书分类法》一九二六年八月上海民立中学图书馆印本。

（5）查修：《清华学校图书馆中文书籍目录》一九二七年该图书馆印本。查修又有《杜威书目十类法补编》，见《清华学报》二卷一期。

（6）陈子彝：《图书分类法》一九二八年，中央大学区立苏州图书馆印本。

（7）《中外图书统一分类法》一九二八年十二月，商务印书馆本。

（8）刘国钧：《中国图书分类法》一九二九年一月，金陵大学图书馆初版，一九三六年三月增订版。

（9）王文山：《南开大学中文书籍目录分类法》一九二六年四月该图书馆中西合编本。

（10）施廷镛：《国立清华大学图书馆中文书目》一九三一年十月该图书馆本。

（11）何日章，袁涌进：《中国图书十进分类法》一九三四年五月，北平师范大学图书馆本。

（12）皮高品：《中国图书十进分类法》一九三四年文华图书馆学校印本。

（13）陈东原：《安徽省立图书馆图书分类法》一九三五年一月该图书馆本。

（14）桂质柏：《国立中央大学图书馆分类大全》一九三五年一月该图书馆印本。桂质柏前此尚有《杜威书目十类法》，齐鲁大学图书馆印本。

（15）金天游：《浙江省立图书馆图书分类表》一九三六年该图书馆《图书之分类》之第三章。

此十五家虽皆受杜威之影响，而宗旨各殊，类目迥异，撷其特色，可分为五派。第一派为仿杜威十分十进之意而变更部类之名称次序者，如沈祖荣、杜定友、洪有丰、陈天鸿、陈子彝、陈东原、桂质柏等皆是也。第二派为保存杜威之十部及大多数类目而增加及变动许多类目者，如王文山、何日章、皮高品、金天游等皆是也。第三派为仿杜威用三位数字作分类号码之意而另创部类不用十分法者,如施廷镛、刘国钧等是也。第四派为遵守杜威成法而稍微增改一二子目者,如查修是也。第五派为不改动杜威成法而增加几种符号及号码以容纳中国之书者,即《中外图书统一分类法》。第一派诸家鉴于杜威之过重宗教、语言,且赋予中国书之号码过少且过小,故只用其十进之意而完全不守其部类名次。沈祖荣与胡庆生之法成于一九一七年十月,次年一月出版,可谓仿杜之最早者。其分类表规定0为“经部”及“类书”,1为“哲学”,2为“宗教”,3为“社会学”,4为“政治”,5为“科学”,6为“医学”,7为“美术”,8为“文学”,9为“历史”。析“社会科学”为“社会”与“政治”,并“语言”于“文学”,易“技术”为“医学”,是其不同于杜威处。然一九二三年版又并“哲学”与“宗教”为1,“科学”与“医学”之先后对调,加“工艺”为6。杜定友仿其意,亦并“宗教”于“哲学”,扩“教育学”为2,抑“方言学”为7,而将“自然科学”、“应用科学”、“美术”递移向前一位。后来屡经增订,至一九三五年之“杜氏图书分类法”,又将“艺术”提前为4,而抑二种科学随于其后。陈天鸿则只增“教育”于2,而不更其他部次。至于小类子目,则三家无一保留杜威原来名次者。然对于大部名称次第犹十九保留也。至洪有丰则并名称次第亦尽改旧观矣。其法以0为“丛”,1为“经”,2为“史地”,3为“哲学”与“宗教”,4为“文学”,5为“社会科学”,6为“自然科学”,7为“应用科学”,8为“艺术”。又无900,故实际仅有九类,距杜威十分十进之义远矣。故严格论之,有丰亦应归入第三派也。桂质柏之《中央大学图书馆分类大全》因之,加“革命文库”为900,凑成十部。质柏在齐鲁大学图书馆时原有严守杜法之意,后因职业关系,故改从有丰之法耳。在此派中,改动大部最少者为陈东原。其法仅移“文学”于“语言”之地位，而新设“地理部”于“文学”原位，余悉不动。然于部以下之类目，则亦以意自造。总之，此派虽为仿杜，实只仿其意，则并不守其例。其中以杜定友之细目最完备，仿用者亦最多。自余诸家，惟划疆自守而已。第二派比较前派稳健，大体不甚变动，而仅增改若干类目之名义及次第。其增改最少而细目最详，可备一般图书馆员参考者，允推皮高品之《中国图书十进分类法及索引》。此派之趋势最值得注意，盖其用意只在补偏救弊，而不欲另起炉灶也。第三派则与之绝对相反。如刘国钧即不用十分法者。彼虽用三位数字而非完全十进。盖鉴于学术之以大包小，并无一定，每学十分，尤属呆板。杜威之法，强类目以就数字，实有不合论理之处。故虽沿杜威大部之名义，而变动其次第，合“语”、“文”为一部，扩“史地”部占二部之号码。其顺序如下，0 为“总部”，1 为“哲学”，2 为“宗教”，3 为“自然科学”，4 为“应用科学”，5 为“社会科学”，6、7 为“史地”，8 为“语文”，9 为“美术”。其设立类目也，每视中国书之有无多寡而定，故于中国书之庋藏颇有较便于他法者。仿而用之，亦数数见。施廷镛之法，则又与刘国钧不同，乃有得于布朗兼用字母数字之意。先分八类，以甲、乙、丙、丁、戊、己、庚、辛代表“总类”、“哲学宗教”、“自然科学”、“应用科学”、“社会科学”、“史地”、“语文”、“艺术”。每类各分十目，共用 100 至 999 九百号。虽每类中亦用十进十分之法，而实际已有千位，大类且属八分，较之杜威，大不相同。有与此派完全相反者，可举查修为例。彼除加“经书”于 000 至 009 外，绝对遵守杜威原来之名次。仅有一二无关重要之改动。然杜威固轻视中国书者也，故以中国四部之一之“文集”仅得占一分位 895.1 焉；“史部”之位数略大，亦仅得 951。图籍较少之学，杜威原用十位者，亦只得依之。故“音乐”之书，屈指可尽，反可列入 780 矣。或则削足以适履，或则小人穿大衣，大小不伦，其见讥于世也宜矣。《中外图书统一分类法》图矫其弊，故改用 + ± ⧺等符号以安排中国书，使中外可以并列，而大小不致倒置。对于杜威原定名次号码绝对不动，而惟加符号于号码之前以代表中国。凡有 + 之号码必排列于无 + 而绝对相同者之前。有⧺之号码必排列于无⧺而十位相同者之前。有 ± 之号码纵有小数亦必排列于无 ± 而整数相同者之前。

体质篇

目录之体质

目录之内容，以其记载之对象不同而有藏书目录与非藏书目录之异。非藏书目录之体质，本书将撰《史志》、《宗教目录》、《专科目录》、《特种目录》等篇以述之。藏书目录实为目录学之主流，其名目至为繁赜，向为学者所注重，且有为之列表汇集者。著者以为遍举之则不能尽，择举之则有所遗，且其对象不变而分类及体质则时时有进步，故本书只撷取其分类及体质之不同，分撰二篇，系统叙述，不复备称其名目撰人焉。夫所谓体质者，构成目录之质料，构成目录之体式，皆是也。通俗言之，则为编目。然现代所谓编目，含义略狭，未能广包。故改用"体质"以统摄编目、解题、引得、小序、总序等等构成目录之质料，与活页、辞典、类书、年表、散文等等目录构成之体式。语意所及，却又并不限于藏书目录。盖藏与非藏之分，古代相距甚近，原不必强加隔离。且非藏书目录之分类与体质，亦同样有提出合述之必要也。或曰：藏书目录既为目录学之主流，何以独不自成一篇？曰：顷已言之矣，对象不变，则其内容大多从同，只须撷取有异者叙述于《分类篇》与《体质篇》足矣！何必备列其名数哉？

编目法之演进

现代最古目录为《汉书·艺文志》，其前身即《七略》。今观其编目法，首为总序，叙汉室藏书校书之源流。次列书目、撰人、篇数，其例有四：有先著书名而后系撰人、此撰人通指注者编者。篇数者，如"《易经》十二篇，施、孟、梁丘三家"是也。有先著撰人而后系书名、篇数者，如"刘向《五行传记》十一卷"是也。有仅著书名、篇数而不录撰人者，或因未详何人，或因多人累积。如"《周书》七十一篇"是也。有即以撰人为书名，径系篇数者，如"《太史公》百三十篇"是也。有加文体于撰人后，即以为书名而系以篇数者，如"《屈原赋》二十五篇"是也。再次则有小注，其内容有七类：一、如"名何，字叔元，菑川人"，系介绍撰人。二、如"自甲子至壬子，说《易》阴阳"，系解释书之内容。三、如"出孔子壁中"，系说明书之来历。四、如"多《问王》、《知道》"，系记载篇目之多寡。五、如"有录无书"，系断定书之存佚。六、如"陆贾所记"，系补注书之撰人。七、如"六国时所作，托之力牧。力牧，黄帝相"，系判定书之时代及真伪。此皆自《七略》摘要而来，原皆叙录之一二语也。并列同种之书，暗中仿佛仍有子目，同属一子目者，则以时代为次。一种之后，必计其总数，如"凡《易》十三家，二百九十四篇"是也。然后有一段小序，其例文已引见于《溯源篇》，大体叙述此种学术之源流，并论定其是非得失，或说明自成一类之理由。合若干种为一略，必有一段稍长之序，统论此略学术之大势，批评之意多而叙述之语少。最后则有一行"大凡书六略，三十八种，五百九十六家，万三千二百六十九卷"，以总括大数。《汉志》之体质若是，后世之史志遂以为宗。其不同之处，惟《隋书·经籍志》始一律首列书名及卷数为纲，改以撰人为注。对于撰人不复详介，而只叙其时代官衔。书之内容真伪，亦仿《汉志》之例，间或注明。但特创分别存亡残缺之注，一以《七录》为准，如“梁有江淹《齐史》十三卷，亡”。虽附注于沈约《齐纪》之下，其实无关。此一例也。又如“《后汉记》六十五卷”，注云：“本一百卷，梁有，今残缺。”此二例也。当时现存者则不备注存字。后世《经义考》之创立存、佚、阙，未见四柱，即有得于《隋志》之遗意。然一般藏书目录与史志皆未用此例，而独对于首列书名之例则守之最严，成为习用之定法矣。每类小序及每部总序，《隋志》本《汉志》之旧而接述后事。下至《开元群书四录》、《古今书录》犹有此风。自《旧唐书》以下始加翦除，除明焦竑《国史经籍志》、近人黄逢元《补晋书艺文志》尝恢复小序外，其他各家无论是否藏书目录，皆不复注意及此。汉隋之间，则惟《七志》、《七录》、《七林》有之，其他亦不甚可考。此在体质史中，实为有小序之一派，其旨在叙述学术源流，章学诚所最恭维者也。三“七”之外，两晋、南北朝之秘阁目录，自荀勖“但录题及言，盛以缥囊，书用缃素；至于作者之意，无所论辩”后，介绍撰人，解释内容，批评得失之叙录，遂被屏弃不用。试观《隋志》所载王俭《宋元徽元年四部书目录》，殷钧《梁天监六年四部书目录》，《陈天嘉六年寿安殿四部书目录》，《陈德教殿四部目录》，《开皇四年四部目录》，《开皇八年四部目录》，《香厨四部目录》，皆只四卷，便知其正合开元七年令丽正殿写书应于四库各为目录之诏，盖原来皆在书库中备检寻之用，故各成一卷，合之四库，适为四卷也。此种四卷之四部目录，《隋志》讥其“不能辨其流别，但记书名而已”。晋、隋之间，目录学最为衰敝，正坐“但记书名”！唐初始稍稍革新，而明代又蹈覆辙。如《文渊阁书目》仅有书名册数，并撰人亦不能尽列。此在目录之体质史中，实为仅有书名之一派，简陋之藏书楼目录每每如此，其旨只在备寻书之用，原非著作也。介乎上述二者之间，无前者之小序而详于后者之但记书名者，则为一般藏书目录，溯其原始，或汉代私藏之家业已有之。史籍所载，则以梁人任昭为最早。但其体质如何，究不可知，今存之书以南宋尤袤之《遂初堂书目》为最古，但又出于任意删削古书之《说郛》中，故是否原来之真相，亦不可知。姑据以考察，则书名之外，更系卷数及撰人，如有数种版本，则兼载之。此例一开，遂成后世最习用之体质，现存明清二代之藏书目录，十分之八皆此类也。论此道最精者，为清孙从添之《藏书纪要》。其第六则编目有云：“大凡收藏家编书目有四，则不致错混颠倒遗漏草率。检阅清楚，门类分晰，有条有理，乃为善于编目者。一编大总目录，分经、史、子、集，照古今收藏家书目行款，或照《经籍考》、《连江陈氏书目》，俱为最好，可谓条分缕晰精严者矣。前后用序跋。每一种书分一类，写某书若干卷，某朝人作。该写著者、编者、述者、撰者、录者、注者、解者、集者、纂者，各各写清，不可混书。依宋板、元板、明板、时刻、宋元钞、旧钞、明人钞本、新钞本，一一记清。校过者，写某人校本，下写几本或几册，有套无套。一种门类写完后，有存白页以备增写新得之书，编成一部。末后记书若干部，共若干册总数于后，以便查阅有无，将来即为流传之本。其分年代，不能全定，因得书先后不一，就其现在而录之，可也。释道二氏之经典语录，附于后。写清装成，藏于家。二编宋元刻本、钞本目录，亦照前行款式写，但要写明北宋、南宋，宋印、元印、明印本，收藏跋记，图章姓名，有缺无缺，校与未校。元板亦然。另贮一柜，照式行款写之。

柜用封锁,不许擅开。精钞,旧钞,宋元人钞本,秘本书目,亦照前行款式写,但要写明何人钞本,记跋图章姓名,有缺无缺,不借本,印宋钞本,有板无板。校过者,书某人校本或底本、临本。录成一册,虽目录亦不可轻放,恐人借观遗失。非常行书籍,皆罕有之至宝,收藏者慎之宝之。三编分类书柜目录一部,以便检查而易取阅。先将书柜分编字号,柜内分三隔,柜门背左实贴书单三张,分上中下,各照柜隔写书目本数于上,以便查取。右门背贴书数目,亦分三张,上下中另写一长条于傍,记书总数目。而所编之书目,照柜字号亦分写上中下三隔,先写经部某字号。柜内上隔某一部若干卷,某人作,某板,共几册,上隔共书若干部,共若干本。二三隔照写。一柜则结总数,都写完则写大总结数于末行后页。如有人取阅借钞,即填明书目上,某年某月某日某人借或取阅。一月一查,取讨原书,即入原柜,销去前注。借者更要留心,若一月不还,当使催归原柜,不致遗失。此本书目,最为要紧,须托诚实君子经管,庶可无弊。四编书房架上书籍目录,及未订之书,在外装订之书,钞补批阅之书,各另立一目。候有可入收藏者,即归入柜,增上前行各款书目内可也。写书根,用长方桌一只,坐身处桌面中挖一块,板中空五本书厚缝一条,挟书于中,扎紧书与桌平,照书名行款卷数,要简而明,细楷书写之,用墨笔书,匀细清朗,乃为第一。……书上挂签,用矾纸或细绢,折一寸阔,照书长短夹签于首册内,挂下一二寸,依书厚薄为之,上写书卷名数,角用小图章。已上书目如此编写,可以无遗而有条目矣。”向来藏书目录,其精详者,大体均准孙氏此例,但普通只有第一种大总目录刊行于世,藏善本者则有第二种善本目录行世,至于第三种书柜目录,架上目录,仅专为庋藏检寻之用,未有宣传于外者也。洎乎西洋图书馆之编目法传入我国，各图书馆始有仿而行之者。介绍其法者似以顾实之《图书馆学通论》为最早，一九一八年。旋即有杜定友之《图书目录学》、洪有丰之《图书馆之管理与组织》。然皆略谈编目，兼及其他。拙著《目录学》亦然。晚近始有专门研究编目法者，如金敏甫之《现代图书馆编目法》，裘开明之《中国图书编目法》，何多源之《图书编目法》，黄星辉之《普通图书编目法》等书问世。一般所讨论之目录，皆指活页卡片式而言，以便检寻。每一活页，对于撰人、书名、版本、出版处、稽核事项、丛书名称、目次、分类号码、撰人号码、收入登记号码，皆一一记录。其不同于旧有帐簿式者，有三：(一)形式之异，改书本为活页。(二)体例之异，有索书号码而无解题叙录。(三)编次之异，不复仅依分类而序列，有混合撰人、书名，依检字法编为辞典式者，有创用事物主题为纲而分类序列者，有并分类目录亦用辞典式者。且丛书汇刊有分析目录，两类皆近者、一人二名者、著译同书者，皆有互见目录，日报杂志另列者有独立目录。较之古代目录，条目较多，检查益便。凡能利用图书馆者类能道之，无庸一一详述矣。

解题之有无及其派别

自刘向校书，“每一书已，辄撮其指意，录而奏之”，对于撰人之履历、思想，书之内容、得失，校书之曲折，皆覼缕述之。见《溯源篇》。遂开后世解题一派。然目录未必皆有解题，解题亦未必皆同体例。刘向《别录》所开之风气，后世有完全接受者，有撮取精华者，有偏举局部者。如其子刘歆之《七略》，唐毋煚之《古今书录》，清之《四库全书简明目录》，即撮取精华，各方面皆已论到，而又不如《别录》之详尽者也。如刘宋殷淳之《四部序录》，唐元行冲之《群书四录》，北宋之《崇文总目》，南宋之《中兴馆阁书目》，清之《四库全书总目提要》，即完全接受《别录》之体例，对于一切皆一一详论者也。如刘宋王俭之《七志》，“但于书名之下，每立一传；至于作者之意，无所论辩”。南宋晁公武之《郡斋读书志》，陈振孙之《直斋书录解题》，明高儒之《百川书志》，则精神时有所偏，不能每书皆逐一研究其各方面，体例不能纯洁，此又一派也。自清初钱曾撰《读书敏求记》，特别注重版本方面，后来自黄丕烈之《百宋一廛书录》至缪荃荪之《艺风藏书记》，皆向此途发展，此又一派也。看《特种目录篇》。自朱彝尊撰《经义考》，仿元马端临《文献通考·经籍考》备录成说以备考证之例，撰“史籍考”者数家，“小学考”、“许学考”之类，层出不穷。藏书家如陆心源《皕宋楼藏书志》亦用其例，此又一派也。又有专述书之内容以便读者之取材者，周中孚之《郑堂读书记》已启斯意，近人之解题尤多精到之论，如先师梁任公先生之《要籍解题及其读法》，即其最显者。看《特种目录篇》。

检字引得之进步

古人检字之法，极难考知。中世始有依韵目检字者，有依《千字文》检字者。明清之间，部首之法，始克通行。《康熙字典》其最著者。依“江山千古”“丶丨丿一”之次序，则早行于官署档案之间，莫悉其所由来。至于以笔画之少多为先后，则始于三十年来之字典。晚近乃有百余种检字法发生，厘其种类，除部首法、笔数法外，可分为三:(一)笔顺法,即根据“江山千古”而改善者,有《五笔检字法》,《汉字母笔排列法》,《七种笔顺序法》。(二)字形法,将字形之异分类而订定其顺序,最著者为杜定友之《汉字形位排检法》,吾友张凤君之《体点线面检字法》,但皆不同。(三)号码法,则以《四角号码检字法》为最易学易检,且较通行。而洪业之《中国字庋撷法》,亦用号码为次。此外诸法,无庸细述。至其与目录之关系,则因其可为编制引得(Index)之用。此理古人已有之者,如章学诚即谓“校雠之先,宜尽取四库之藏,中外之籍,择其中之人名、地号、官阶、书目,凡一切有名可治,有数可稽者,略仿《佩文韵府》之例,悉编为韵。仍于本韵之下,注明原书出处,及先后篇第。自一见再见,以至数千百,皆详注之。藏之馆中,以为群书之总类。至校书之时,遇有疑似之处,即名而求其编韵,因韵而检其本书,参互错综,即可得其至是。此则渊博之儒穷毕生年力而不可究殚者,今即中才校勘,可坐收于几席之间。非校雠之良法欤?”见《校雠通义》。今日各图书馆辞典式之活页目录即应用检字法而成。书本目录亦有不分类而用检字法制成引得者,如洪业之《二十种艺文志综合引得》,其巨著也。即使依然分类,亦多附录引得以便检寻,此例甚多,不待遍举矣。

目录体式之变态

古代目录多属类书式,分类列目,备记书名、卷数、撰人,或略叙内容,如《汉志》。或兼列版本。如《遂初堂书目》。近二十年始有活页式,即卡片。其内容略同古录,此目录之通常体式也。活页依检字法编为引得，或更汇刊为书本，则成辞典式。又有依购收时间之先后，时经书纬，列为年表式者。又有考一人一学派一时代之著作，亦用年表式者。其兼有解题之目录，则有附类书式而存在者，亦有如散文之杂入文集或独立成书者。广义而论，文集中之序跋及书评，皆解题目录之变态也，不可以其名目不备，体式不伦而轻弃之。

校雠篇

校雠与目录

校雠之义，近乎整理，非只校勘字句。著者已于《叙论篇》言之矣。校雠在目录之先，目录为校雠之果。古之书籍，未经校雠，难于著录，故两事相因，不易分辨。中世以藏书为炫耀，秘府往往钞写旧书为一律之体式，故校勘整理俱所不免，写定之后，亦有目录。近世私家善读书者，则广勘众本，考定异同，择善而从，蔚成专科之学。藏者不必能校，校者不必自藏，目录学之与校雠学（校勘），遂截然两途矣。本书对于纯粹之校勘学未便过于牵涉；仅能取历史上几番大规模之校雠（整理）工作与目录学有重大而密切之关系者，略述为《校雠篇》。而私家藏书校雠（校勘）最精者亦稍稍附及焉。

汉代校书七次

向、歆《录》、《略》，学者共晓。班固典校东观，《隋志》所载。除此之外，尚有五焉。汉初丁秦火之后，丞相、御史、博士所藏图籍犹多，但已散乱，故高帝令“萧何次律令，韩信申军法，张苍为章程，叔孙通定礼仪”。据《史记·自序》、《汉书·高帝纪》。此为第一次之大整理。武帝以“书缺简脱”，“于是建藏书之策，置写书之官”。此为第二次之大整理，其结果为“下及诸子传说，皆充秘府”。据《汉志》。杨仆且“纪奏《兵录》”。“汉成帝时，以书颇散亡”，诏刘向、任宏、尹咸、李柱国等校经传、诸子、诗赋、兵书、术数、方技，“哀帝复使向子歆卒父业”。《汉志》。此为第三次之大整理，《别录》与《七略》由是出焉。《溯源篇》已将此三事详加考索，无庸再述。后汉“光武迁还洛阳，其经牒秘书，载之二千馀两。自此以后，参倍于前”。据《后汉书·儒林传》。“石室兰台，弥以充积。又于东观及仁寿阁集新书。校书郎班固、傅毅等典掌焉，并依《七略》而为书部。”据《隋志》。但有误。考班固以明帝永平五年“被召，诣校书郎”，后除兰台令史，再迁为郎，始“典校秘书”。非初任校书郎即已典校秘书也。傅毅则以章帝建初六年，“为兰台令史，拜郎中，与班固、贾逵共典校书”。其职亦非校书郎。又《隋志》此文之后，有“固又编之以为《艺文志》”。意若《汉书·艺文志》乃根据东观及仁寿阁之新书编成也者。殊不知《汉志》乃全抄《七略》也。故《隋志》之“之”字应视为《七略》之代名词。非指东观及仁寿阁之新书也。此第四次之大整理也。安帝永初四年，“邓太后诏谒者仆射刘珍与校书刘騊駼、马融及五经博士校定东观五经诸子传记百家艺术，整齐脱误，是正文字”。据《后汉书》卷百十及卷五。并令长乐太仆蔡伦“监典其事”。同上卷百八。此第五次之大整理也。顺帝永和元年，诏侍中屯骑校尉伏无忌“与议郎黄景校定中书五经诸子百家艺术”。据《后汉书》卷五十六。此第六次之大整理也。灵帝熹平初，蔡邕“拜郎中，校书东观”，熹平四年，与堂谿典、杨赐、马日磾、张驯、韩说、单飏等奏求正定“六经”文字，遂立《石经》于太学门外。据《后汉书》卷九十。此第七次之大整理也。除第三次外，其目录并不传于后。《录》《略》传至唐末乃亡。后汉四次，史籍且未载其有目录。然治史者固不可因史籍不言而遽断其必无。姑认为皆仿第三次之成规，《隋志》所谓并依《七略》而为书部。亦未始不可耳。

魏吴两晋校书六次

“魏氏代汉，采掇遗亡，藏在秘书中外三阁，魏秘书郎郑默始制《中经》”。《隋志》。“考核旧文，删省浮秽。中书令虞松谓曰：‘而今而后，朱紫别矣。’”据《晋书》卷四十四。此曹魏之校书也。“孙休践祚”，韦昭“为中书郎、博士祭酒”。休“命昭原避晋讳改作曜。依刘向故事，校定众书”。《三国志·吴志》卷二十。此孙吴之校书也。晋武帝泰始十年，参看拙著《中国目录学年表》。荀勖“领秘书监，与中书令张华，依刘向《别录》，整理记籍”。《晋书》卷三十九。《北堂书钞》卷一百〇一引荀勖《让乐事表》有“臣掌著作，又知秘书，今覆校错误。十万余卷”等语，则其校书规模甚大，与向《录》同。因魏《中经》，“更著《新簿》，分为四部，总括群书”。参看《分类篇》。“大凡四部，合二万九千九百四十五卷，但录题及言，盛以缥囊，书用缃素。至于作者之意，无所论辨。”见《隋志》。此西晋第一次之校书也，始正名为“整理”，较之校雠，明确多矣。历时颇久，故后数年发现之汲冢竹书亦已编入簿中。汲冢之发掘，年代不明。《晋书·卷三。武帝纪》：“咸宁五年冬十月，汲郡人不准掘魏襄王冢，得竹简小篆古书十余万言，藏于秘府。”《荀勖传》：卷三十九。“及得汲郡冢中古文竹书，诏勖撰次之，以为中经，列在秘书。”事在“咸宁初”之后，“太康中”之前。《束皙传》：卷五十一。“初，太康二年，汲郡人不准盗发魏襄王墓，或言安釐王冢，得竹书数十车。”有“《纪年》十三篇，《易经》二篇，《易繇阴阳卦》二篇，《卦下易经》一篇，《公孙段》二篇，《国语》三篇，《名》三篇，《师春》一篇，《琐语》十一篇，《梁丘藏》一篇，《缴书》二篇，《生封》一篇，《帝王所封大历》二篇，《穆天子传》五篇。《图诗》一篇，又杂书十九篇，大凡七十五篇，七篇简书折坏，不识名题。初发冢者，烧策照取宝物。及官收之，多烬简断札，文既残缺，不复铨次。武帝以其书付秘书校缀次第，寻考指归，而以今文写之。晳在著作，得观竹书，随疑分释，皆有义证。”据此所载，则发现汲冢竹书之事却在太康二年，后于《武帝纪》所载凡二年。而今存荀勖《上穆天子传序》亦称系太康二年，不知《武帝纪》何所据而提早二年也？杜预《左传集解序》又作太康元年。汲冢书既“列在秘书”，编于《晋中经簿》丁部诗赋图赞之后。《七录序》又称其簿“虽分为十有余卷，而总以四部别之”。著者以是断其不分类别，仅仅约略有四部之异置。参看《分类篇》。又《隋志》称其“但录题及言，至于作者之意，无所论辩”，而《上穆天子传序》却有简单之解题，据此推之，则所谓“录题及言”者，著录书名及略作解题也。所谓“于作者之意，无所论辩”者，不似《别录》之能批评得失，判别是非也。其书当与后来之王俭《七志》同一体制，有解题而极略，论其渊源，乃自《七略》，但其有部无类则又似《别录》。至于魏吴校书是否一准刘向之例，尚未考知。若后汉则既“并依《七略》而为书部”，则或亦依《别录》而有详细之叙录，与向、歆殆同一系。自荀勖“但录题及言”后，此制泯灭，直三百五十年，至唐贞观初始由魏徵恢复旧观。中间南北各代，分类则悉沿四部，编目则删除叙录。其能稍作解题，虽有逊于刘向之详而不似李充之陋者，惟刘宋殷淳、王俭二家耳。参看次章。东晋一代，则有李充、徐广二次校书。《隋志》：“东晋之初，著作郎李充以勖旧簿校之，其见存者，但有三千一十四卷，充遂总没众篇之名，但以甲乙为次。”《晋书》卷九十二。《李充传》：“征北将军褚裒又引为参军，充以家贫，苦求外出，乃除剡县令，遭母忧，服阕，为大著作郎。于时典籍混乱，充删除烦重，以类相从，分作四部，甚有条贯，秘阁以为永制。”《古今书最》《广弘明集》卷三引。有《晋元帝书目》，卷数适与李充所校相同，而说者乃谓充之编目在元帝时也！岂知褚裒于成帝咸和二年始为参军，穆帝永和五年始为征北大将军，则李充之入著作乃在永和五年后若干年。其书所以名《晋元帝书目》者，徒以据元帝所遗留之书而编目耳。收书既少，非但不分小类，所谓“但以甲乙为次”。且亦略无解题，所谓“没略众篇之名”。较之荀勖，又逊一筹，在目录学史中，又为一大变化，衰弊极矣！徐广之事，则为一般所不注意。《玉海》卷五十二。引《续晋阳秋》：“宁康十六年，诏著作郎徐广校秘阁四部见书，凡三万六千卷。”《晋书》卷八十二。《徐广传》：“孝武世，除秘书郎，典校秘书省。增置省职，转员外散骑侍郎，仍领校书。”“义熙初”，始“领著作”。考孝武帝宁康仅有三年，《玉海》所引“十六”当为“元”字形似之讹，广“领著作”在安帝义熙初，则职衔亦略有误，当以《晋书》为准也。《古今书最》有《晋义熙四年秘阁四部目录》，或即据徐广所校而编成者。

南北朝校书十余次

南朝承东晋之旧，第一次之大整理，不为一般所习知。《宋书》卷五十九。《殷淳传》：“少帝景平初，为秘书郎，衡阳王文学，秘书丞，中书黄门侍郎。……在秘书阁，撰《四部书目》，（《南史》卷二十五。作《四部书大目》)凡四十卷，行于世。元嘉十一年卒。"《古今书最》、《隋志》、《唐志》并不载此目。惟《新唐志》有"殷淳《四部书目序录》三十九卷"，即其书也。夫既称为"大目"或"序录"，又多至四十卷，则其必有异于普通无叙录之书目矣。王俭《七志》亦有四十卷，其体制必略同。淳于少帝时即入秘书，然少帝在位仅有一年，次年即为文帝元嘉元年，则淳第二次入秘书为丞时已在元嘉之初。《宋书》卷六十七。《谢灵运传》："征为秘书监，使整理秘阁书，补足阙文。"事在诛徐羡之之后，考卷五。《文帝纪》，诛徐在元嘉三年，则灵运为监，淳为丞，时代近接。灵运素惮公事，且"寻迁侍中"，于元嘉五年托疾东归，遂不复入建业。而《隋志序》乃载"宋元嘉八年秘书监谢灵运造《四部目录》，大凡六万四千五百八十二卷"，名数殆皆有误。《古今书最》载《宋元嘉八年秘阁四部目录》，有书一万四千五百八十卷，可知《隋志》之"六"字实为"一"字之误。而"谢灵运或亦为殷淳之误也。"灵运官职较高于淳，古书往往但著长官之名而没小官之功。故殷、谢之业，或为同功，实南朝校书撰录之第一次。第二次则在后废帝元徽元年。先是，秘书郎太子舍人王俭"超迁秘书丞，上表求校坟籍，依《七略》，撰《七志》四十卷"。《南齐书》卷二十三。"元徽元年八月辛亥"，《宋书》卷五。"上表献之"。《南齐书》。但《宋书》作三十卷。分为七类，见《分类篇》。"其遭、佛附见"，见《宗教目录篇》。"合九条"。《隋志》称其"亦不述作者之意。但于书名之下，每立一传。而又作九篇条例，编乎首卷之中。文义浅近，未为典则。"夫既"不述作者之意"，则似无叙录；然又"于书名之下，每立一传"，所谓传者，非专指作者之传记，乃称书名之解题也。其体制当与《郡斋读书志》及《直斋书录解题》略似，重在说明书之内容而不述作者之思想，故其文字当稍简耳。著者陋见，认定自荀勖、殷淳，经过王俭、毋煚，下逮《郡斋》、《直斋》二录，皆属同一系统，介乎有叙录之《别录》与无叙录之《晋中经簿》两者之间。在编目解题方面实衍《七略》之绪也。王俭同年“又撰定《元徽四部书目》”，《南齐书》卷二十三。“大凡一万五千七百四卷”，《隋志》。而其目仅四卷，当《七志》十分之一，盖有目而无解题，故渺小若是耳。梁初任昉、殷钧之业，即继承此项《秘阁四部书目录》《古今书最》正名如是。而作，故昉虽“躬加部集”，《隋志》。“手自雠校”，《梁书》卷十四。其结果亦不过“篇目定焉”。同上。殷钧所撰《梁天监六年四部书目录》四卷，《隋志》。即与昉同功之果也。是时当梁武帝极盛右文之际，秘阁四部之外，又于“文德殿内列藏众书，华林园中总集释典”，《隋志》。“令刘孝标撰《文德殿四部目录》”，同上。僧绍、宝唱先后撰《众经目录》。见《宗教目录篇》。“其术数之书，更为一部，使奉朝请祖暅撰其名。”《隋志》。而书画亦有目录，看《专科目录篇》。此外非目录学之业，如任昉编《地记》，见《隋志》。其先有齐人陆澄编《地理书》。吴均撰《通史》，见《梁书》卷四十九。何思澄等撰《华林遍略》，同上。大半皆由梁武帝发纵指挥，对于古代文化作一番大规模之整理，其业甚盛。然多因而不创，故其成绩未能卓绝，目录方面亦无以超轶前代焉。同时虽有阮孝绪撰《七录》，广罗当代官私目录为一编，在《分类篇》中颇有地位，然非确有其书，未经校雠，故无叙录，书名虽似《七略》、《七志》，而实质迥殊，数量亦仅仅十二卷，诚未堪比拟耳。分类则同一系统，且为《七林》、《隋志》之祖，请看《分类篇》。自此以后，梁元帝虽藏书十四万卷，而未闻有校雠著录之事。陈代则宣帝太建中尝钞写古籍，而其规模则远逊宋、梁矣。至于北朝，则魏、齐、周、隋皆尝校书。魏孝文帝永明末，卢昶“转秘书丞”，《魏书》卷四十七。宣武帝世宗“即位之后”，孙惠蔚“自冗从仆射迁秘书丞，既入东观，见典籍未周，乃上疏曰：‘观阁旧典，先无定目，新故杂糅，首尾不全，有者累帙数十，无者旷年不写，或篇第褫落，始末沦残，或文坏字误，谬烂相属，篇目虽多，全定者少。此种现象，刘向校书时当亦如此。臣请依前丞臣卢昶所撰《甲乙新录》，欲裨残补阙，损并有无，校练句读，以为定本，次第均写，永为常式。其省先无本者，广加推寻，搜求令足。然经记浩博，诸子纷纶，部帙既多，章篇纰缪，当非一二校书，岁月可了。今求令四门博士及在京儒生四十人在秘书省专精校考，参定字义。诏许之。”《魏书》卷八十四。此次规模不小，惠蔚后又“迁秘书监，仍知史事”，同上。似其功可成，当有目录，而史不之载。迨北齐“迁邺，颇更鸠聚，迄于天统、武平，校写不辍”。《隋志》。文宣帝天保七年，“诏令校定群书，供皇太子”。樊逊与高乾和“等十一人同被尚书召共刊定。时秘府书籍纰缪者多”，乃借书于邢子才、魏收等之家，“凡所得别本三千余卷，五经诸史，殆无遗阙”。《北齐书》卷四十五，《北史》卷八十三。魏齐二度，皆仅校经、史而不及子、集。北周则明帝即位后，尝“集公卿已下有文学者八十余人于麟趾殿刊校经史”，《周书》卷四。与其事者为元伟、萧㧑、韦孝宽、萧大圜、宗懔、王褒、姚最、明克让等。似亦仅有经、史而无子、集，但未可定。其故皆莫之知。其目录亦不见于史。隋代则文帝“开皇三年，秘书监牛弘表请分道使人搜访异本，每书一卷，赏绢一匹，校写既定，本即归主。于是民间异书，往往间出。”《隋志》。《开皇四年四部目录》当即是时所作也。“及平陈以后，经籍渐备，检其所得，多太建时书，纸墨不精，书亦拙恶。于是总集编次，存为古本。召天下工书之士，京兆韦霈、南阳杜頵等，于秘书内补续残缺，为正副二本，藏于宫中，其余以实秘书内外之阁，凡三万余卷。”《隋志》。《开皇九年四部目录》当即是时所作也。及十七年，“许善心除秘书丞。时秘藏图籍尚多淆乱,善心仿阮孝绪《七录》,更制《七林》,各总叙冠于篇首,又于部录之下,明作者之意,区分类例焉。又奏追李文博陆从典等学者十许人正定经史错谬”。《隋书》卷五十八,《北史》卷八十三。此则注重分类而无叙录者也。“炀帝即位,秘阁之书,限写五十副本,分为三品,上品红琉璃轴,中品绀琉璃轴,下品漆轴,于东都观文殿东西厢构屋以藏之。东屋藏甲、乙,西屋藏丙、丁。(有《大业正御书目录》九卷)又聚魏已来古迹名画,于殿后起二台,东曰妙楷台,藏古迹,西曰宝台,藏古画。又于内道场集《道佛经》,别撰目录。”《隋志》。参看《宗教目录篇》及《专科目录篇》。此种横亘于四部书画、佛道之大规模整理,实为梁武帝以后范围最大之一次,前此惟汉成帝时可比,后此惟唐玄宗、宋仁宗、清高宗时可比。其余皆不堪相拟焉。据上所述,则南朝之宋有二度,殷淳、王俭。梁有数处,秘阁、文德殿、华林园。(此外各代编目甚多,非大规模之整理,故不录。)北朝则魏、齐、周各有一度,史惟载其一录。隋独有四度。其同一现象,在分类方面为多用李充“四部”而无小类,除《七志》、《七录》、《七林》外。在编目方面为删除叙录而存书目,殷淳《大目》及《七志》除外。在目录学史中,实上接两晋而为最衰弱之一期焉。《七录》分类之特色应除外。

唐代校书四次

唐初有一大事,为一般所不注意者,则魏徵尝撰叙录是也。《唐会要》:卷三十五。“武德五年,秘书监令狐德棻奏请购募遗书,重加钱帛,增置楷书,专令缮写。”“至贞观二年,秘书监魏徵以丧乱之后,典章纷杂,奏引学者校定四部书。”《唐书》卷七十一同。《唐书》:

卷一百九十上。“太宗命秘书监魏徵写四部群书，将进内贮库，别置雠校二十人，书手一百人，徵改职之后，令虞世南、颜师古等续其事。至高宗初，其功未毕。显庆中，罢雠校及御书手，令工书人缮写，计直酬佣，择散官随番雠校。”《唐会要》：“乾封元年十月十四日，上以四部群书传写讹谬，并亦缺少，乃诏东台侍郎赵仁本、兼兰台侍郎李怀俨、兼东台舍人张文瓘等，集儒学之士，刊正然后缮写。”《唐书》卷一百九十上。《崔行功传》：与李怀俨“等相次充使检校，又置详正学士以校理之。行功仍专知御集。迁兰台侍郎。咸亨中，官名复旧，改为秘书少监。上元元年卒。”据上所引，则唐太宗、高宗二朝，自魏徵至崔行功，校书不绝，前后亘连，至少四十七年。上元以后或停顿。可谓久矣。旧、新《唐志》并未载徵等之目录。然毋煚《古今书录序》《旧唐志序》引。攻击《群书四录》之五大罪状，其一宗为“所用书序，咸取魏文贞；所分书类，皆据《隋经籍志》”。考文贞为魏徵之谥，则魏徵校书，撰有序录，确然无疑。世南、师古以下，踵其前规，想亦就其所校写本各撰序录。故开元时撰《群书四录》，“四万卷目，二千部书名目，首尾三年，便令终竟”，亦《古今书录序》语。良由成例具在，钞撮非难，故其所成之书多至二百卷，实为数十年来先哲渐积之功，非仅赖开元时代二十数人之力耳。开元校书撰录之业，原由褚无量、马怀素分职进行，只因马、褚先后病卒，故由元行冲总代其职。旧、新《唐书》、《唐会要》及《玉海》记载此事，各有差误，且甚混乱，读者惑之。谨钩稽考订述之于次：“开元三年十月甲寅，以光禄卿马怀素、左散骑常侍褚无量并充侍读。”此一事也，见于《旧唐书》卷八《玄宗本纪》，《新唐书》不载。而于“左”字上衍一“为”字，文遂不通。考《褚无量传》：《旧唐书》卷百二。“召拜左散骑常侍，复为侍读”，而知左散骑常侍非怀素而是无量也。《唐会要》

卷三十五乃误左为右。《旧唐书·卷四十六。经籍志》:"开元三年,左散骑常侍褚无量、马怀素侍宴,言及经籍,《唐会要》作"言及内库及秘书坟籍"。玄宗曰:'内库皆是太宗、高宗先代旧书,常令宫人主掌,所有残缺,未遑补缉,篇卷错乱,难于检阅,卿试为朕整比之。'"《唐会要》略同。此又一事也。考《玄宗本纪》,三年尚在京师,长安。未幸东都,洛阳。则其所言,当指京师内库及秘书监之藏书,与后二年在东都乾元殿之写书或为二事;如系一事,则"三"字当为"五"字之误。而《旧唐书》及《唐会要》乃与七年借书之诏及百官入乾元殿观书二事相属为文,殊不知观书乃在东都,借书之诏乃在马、褚死后,绝无关系也。《玉海》卷五十二。引《集贤注记》:"五年于东京乾元殿写四部书,无量充使检校。"此又一事也。而《新唐书》卷五十七。《艺文志》乃误记:"玄宗命左散骑常侍昭文馆学士马怀素为修图书使,与右散骑常侍崇文馆学士褚无量整比,会幸东都,乃就乾元殿东序检校。"不知检校乾元殿书乃无量专任之业,与怀素并无关系也。兹先述无量之事:《新唐书》卷二百。《褚无量传》所载最详:"初内府旧书,自高宗时藏宫中,甲乙丛倒,无量建请缮录补第,以广秘籍。天子诏于东都乾元殿东厢部汇整比,无量为之使。因表闻喜尉卢馔、《唐会要》馔作撰。江夏尉陆去泰、《唐会要》去作元。左监门率府胄参军王择从、武陟尉徐楚璧分部雠定。《唐会要》作分库检校。卫尉设次,光禄给食。又诏秘书省、司经局、昭文、崇文二馆更相检雠,采天下遗书,以益阙文。"《旧唐书》卷百二。《褚无量传》则载:"无量以内库旧书,自高宗代,即藏宫中,渐致遗逸,奏请缮写刊校,以弘经籍之道。玄宗令于东都乾元殿前施架排次,大加搜写,广采天下异本。"《通鉴》:"五年十二月诏访逸书,于乾元殿编校。"《玉海》引《集贤注记》:"六年三月五日,学士以下始入乾元院。"又云:"六年八月十四日，整比四部书成，令百官入乾元殿东廊观书，无不叹骇。”据此，则无量担任整比内库之书，并访求遗逸，补写入藏，其助手为卢馔等。其时为六年，其地为乾元殿，昭昭甚明。而《旧唐志》及《唐会要》乃系百官观书之事于七年之后，《会要》且误百官为百姓官人。《旧唐书·褚无量传》则又误记：“数年间，四部充备，仍引公卿已下入殿前纵观焉。”《新唐传》之误同。考《玄宗本纪》“六年十月丙申，车驾还京师”，七年并未东幸，则知整比完成，百官入观，确为六年八月之事矣。《旧唐书·褚无量传》：“开元六年，驾还，又敕无量于丽正殿以续前功。”《新唐书·褚无量传》：“帝西还，徙书丽正殿，更以修书学士为丽正殿学士，比京官，预朝会。复诏无量就丽正纂续前功。”《唐会要》卷六十四：“六年，乾元院更号丽正修书院，以秘书监马怀素、右散骑常侍褚无量充使。”此条有二误。一、乾元在东都，丽正在京师，乃迁移，非更号。二、徙书丽正已在十月之后，而怀素已死于七月矣。此在京师之另一工作也。盖于整比东都旧书之后，复有校写新书之事。故《新唐传》又载：“无量又言：‘贞观御书皆宰相署尾；臣位卑不足以辱，请与宰相联名跋尾。’不从。”倘使不写新书，何必跋尾？然《新唐传》记此事于四库完治之后，徙书丽正殿之前，殊失伦次。且其《艺文志》复述“无量建议：御书以宰相宋璟、苏颋同署，如贞观故事”，竟无“不从”字样，尤乖真相。《唐会要》：卷六十四。“六年已后，秘书丞殷承业、右赞善大夫魏哲、通事舍人陆元悌、右率府兵曹参军刘怀信、胡履虚、恭陵令陆绍伯、扶风县丞马利贞，并别敕入院。”又：卷三十五。“七年九月敕：‘比来书籍缺亡及多错乱，良由簿历不明，纲维失错，或须披阅，难可校寻。令丽正殿写四库书，各于本库每部为目录。据此一语，便知晋唐间之四部目录乃是每库藏一部之书，即每部自为目录，以备入室取书之用。不必合订一卷也。其有与四库书名目不类者，依刘歆《七略》，排为《七志》。此语则当指马怀素之业。其经、史、子、集及人文集，以时代为先后，以品秩为次第。其《三教珠英》，既有缺落，宜依旧目，随文修补。'"《旧唐传》："明年八年无量病卒，年七十五，临终遗言，以丽正写书未毕为恨。"《旧唐纪》："八年正月壬申，右散骑常侍舒国公褚无量卒。"《通鉴》作正月丙辰。据此联想，则无量写书于丽正殿，始自六年，至七年而始为《四库目录》，八年而无量卒。其业未毕，容于后文续述之。兹插述马怀素之事：《新唐书·卷百九十九。马怀素传》："玄宗诏与褚无量同为侍读，更日番入。……有诏句校秘书，是时文籍盈漫，皆炱朽蟫断，签縢纷舛。怀素建白：'愿下紫微黄门，召宿学巨儒就校谬阙。'又言：'自齐以前旧籍，王俭《七志》已详。请采近书篇目及前志遗者，续俭《志》以藏秘府。'诏可。即拜怀素秘书监。乃诏国子博士尹知章、四门助教王直、直国子监赵玄默、陆浑丞吴绰、桑泉尉韦述、扶风丞马利徵、湖州司功参军刘彦直、临汝丞宋辞玉、恭陵丞陆绍伯、新郑尉李子钊、杭州参军殷践猷、梓潼尉解崇质、四门直讲余钦、进士王惬、刘仲丘、右威卫参军侯行果、邢州司户参军袁晖、海州录事参军晁良、右率府胄曹参军毋煚、荥阳主簿王湾、太常寺太祝郑良金等，分别撰次。践猷从弟秘书丞承业、武陟尉徐楚璧是正文字。怀素奏秘书少监卢俌、崔沔为修图书副使，秘书郎田可封、康子元为判官。"《旧唐书·卷百一。马怀素传》："是时秘书省典籍散落，条疏无叙。怀素上疏曰：'南齐已前坟籍，旧编王俭《七志》。已后著述，其数盈多；《隋志》所书，亦未详悉。或古书近出，前志阙而未编。或近人相传，浮词鄙而犹记。若无编录，难辩淄渑。望检括近书篇目，并前志所遗者，续王俭《七志》，藏之秘府。'上于是召学涉之士，国子博士尹知章等，分部撰录，并刊正经史。"《韦述传》："开元五年为栎阳尉，秘书监马怀素受诏编入图书，乃奏用左散骑常侍元行冲、左庶子齐澣、秘书少监王珣、卫尉少卿吴兢，并述等二十六人，同于秘阁详录四部书。”但元行冲似于怀素死后始任此职，《韦述传》必有误。由此所载，则怀素在秘书省续《七志》，与无量之在乾元殿整比旧书，完全异趋。所同者惟皆是开元五年开始耳。不知《新唐志》何以又牵涉二事为一也？《资治通鉴》亦误记二事为一。“然怀素不善著述，未能有所绪别。”《新唐传》。“六年秋七月己未”，病卒。《旧唐书》卷八。“怀素卒后，诏秘书官并号修书学士，草定四部。人人意自出，无所统一，逾年不成。有司疲于供拟。太仆卿王毛仲奏罢内料。又诏右常侍褚无量、大理卿元行冲考绌不应选者。无量等奏修撰有条，宜得大儒综治。诏委行冲。”《新唐书·马怀素传》。“于是行冲表请通撰古今书目，名为《群书四录》。”《旧唐书·元行冲传》。“乃令煚、述、钦总缉部分，践猷、愜治经，述、钦治史，煚、彦直治子，湾、仲丘治集。”《新唐书·马怀素传》。接事之始，当在七年。据《马传》之“逾年不成”，《古今书录序》之“首尾三年”。“至九年冬十一月丙辰，左散骑常侍元行冲上《群书目录》二百卷，藏之内府”。据《旧唐书》卷八。但《新唐书·马怀素传》误作八年。（新、旧《唐志》俱作《群书四录》，但《旧唐志序》衍一部字。）此录“所用书序或取魏文贞，所分书类皆据《隋经籍志》”。“有书二千六百五十五部，四万八千一百六十九卷”。《玉海》卷五十二引《会要》。在过去一切目录中，庞大无比。即在后世，亦惟《四库全书总目提要》差堪比拟。然此则专录存书，彼则兼收存目。部卷之数，此虽仅及彼之半，而叙录之详，彼实有逊于此。其劣点在材料方面则为“秘书省经书实多亡阙；诸司坟籍，不暇讨论”。“新集记贞观之前，永徽已来不取；近书采长安之上，神龙已来未录”。在体例方面则为“或不详名氏，或未知部伍”。“书多阙目，空张第数”。此毋煚《古今书录序》所指摘者也。自马怀素建议续《七志》,至元行冲变计改撰《群书四录》,前后凡五年。故《韦述传》云:“五年而成其总目二百卷。”此事虽尝经褚无量考核一次,然前由怀素创办,后有行冲主持,实际与无量无关。只因无量病卒后数日,玄宗即“命右散骑常侍元行冲整比群书”。《通鉴》。故《旧唐书·卷百二。元行冲传》:“秘书监马怀素集学者续王俭今书《七志》,左散骑常侍褚无量于丽正殿写四部书,事未就而怀素、无量卒,诏行冲总代其职。”虽时次不明,固显然有分别也。行冲既“知丽正院,又奏绍伯、利徵、彦直、践猷、行果、子钊、直、煚、述、湾、玄默、钦、良金与朝邑丞冯朝隐、冠氏尉权寅献、秘书省校书郎孟晓、扬州兵曹参军韩覃、王嗣琳、福昌令张悱、进士崔藏之,入校丽正书。由是秘书省罢撰辑,而学士皆在丽正矣”。《新唐书·马怀素传》。后来行冲“以老罢丽正校书事”,《新唐书.元行冲传》。而十三年夏四月丁巳改丽正殿书院为集贤殿书院,《旧唐书》卷八。以中书令张说充学士,知院事,《唐会要》卷六十四。代行冲。《旧唐书·百官志》注。至“十九年冬,车驾发京时,集贤院四库书总八万九千卷”。虽“其中杂有梁、陈、齐、周、隋代古书,贞观、永徽、乾封、总章、咸亨旧本”。《玉海》引《会要》。虽多复本,亦可谓富矣。然毋煚以《群书四录》“知有未惬,追怨良深”,“其后周览人间,颇睹阙文”。“乃与类同契,积思潜心,审正旧疑,详开新制。永徽新集,神龙近书,则释而附也。未详名氏,不知部伍,则论而补也。空张之目,则检获便增。未允之序,则详宜别作。纰缪咸正,混杂必刊。改旧传之失者三百余条,加新书之目者六千余卷。”《旧唐志》引《古今书录序》。将《群书四录》“略为四十卷,名为《古今书录》”。《旧唐志》。其分量为五与一之比。异点为何,极堪考索。除正误,补阙,拾遗,改作书序,增加书类,已经煚序明言外。《旧唐志》又言:"煚等四部目及释道目并有小序及注撰人姓氏。"煚序又言对于释道之书"亦具翻译名氏,序述指归。又勒成目录十卷,名曰《开元内外经录》"。则煚录并未删除"序述指归"之书序,与《群书四录》实同一体制,何以又仅有其五分之一乎?由《旧唐志》之"略"而联想及《七略》之略,《七略》与《别录》至煚时犹存,《七略》亦有序述。指归之叙录,不过较《别录》为略耳。然则《古今书录》之所异于《群书四录》者,殆亦仅在叙录较略之一点耳。盖《四录》出于众修,或全抄各书序跋及篇目,颇似后来之《经义考》,但《经义考》不列篇目,而《四录》或不引他书考证语。及前此之《别录》;但《别录》或无各类小序。而《书录》则加以剪裁修正,节略繁杂之各书序跋为"小序"耳。《旧唐志》所谓"小序"殆非各类说明分类理由及叙述学术源流之小序,如《汉志》例。而指各书条目后之简略序录也。总之,《四录》之成,"学士无赏擢者"。《玉海》卷五十二。而《书录》"奏上,赐银绢二百",同上引《唐会要》。则毋煚所撰犹之王俭《七志》,虽出私人之手,亦食秘府校雠之果矣。自此以后,德宗贞元二年七月,秘书监刘太真请择儒者详校《九经》于秘书省,从之。三年八月又请添写史书,从之。《唐会要》卷六十五。秘书少监陈京"凡四命为集贤学士,在集贤奏秘书官六员隶殿内,而刊校益理,求遗书,凡增缮者,乃作《艺文新志》,名曰《贞元御府群书新录》"。见《柳柳州集·陈京行状》。"文宗时,郑覃侍讲禁中,以经籍道丧,屡以为言。诏令秘阁搜访遗文,日令添写。开成初,四部书至五万六千四百七十六卷。"见《旧唐志》。"于是四库之书复全,分藏于十二库。"《新唐志》。总上所述,则李唐一代,四度校书。第一期自太宗贞观初至高宗永元元年。第二期自玄宗开元五年至天宝十四载。《玉海》引《唐会要》。第三期为德宗贞元年代。第四期为文宗开成年代。

宋代校书五次

北宋馆阁藏书，最多复本。五代原有所谓三馆，宋太宗太平兴国二年始于乾元殿东改建，三年二月赐名崇文院。院之东庑为昭文书库，南庑为集贤书库，西庑有四库，分四部，为史馆书库。凡六库，书籍正副本八万卷。九年搜访阙书。端拱元年又建秘阁于崇文院中堂，分内库书籍四万卷藏之。真宗咸平元年十一月，以三馆秘阁书籍岁久不治，诏朱昂、杜镐与刘承珪整比，著为目录。二年闰三月，诏三馆写四部书来上，当置禁中太清楼及龙图阁。三年，咸平馆阁书目告成。五年，以龙图阁及太清楼藏书尚有舛误，而未雠对者犹二万卷，于是令刘均、聂震等七人就崇文院校勘。次年，真宗谓龙图阁书屡经校雠，最为精详，分为经典、史传、子书、文集、天文、图画六阁。大中祥符三年，又命王钦若选官详校《道藏经》。九年奏上。八年，崇文院火，太宗、真宗二代藏书大半煨烬矣。乃命王钦若提点写校馆阁书籍，陈彭年副之，借太清楼本补写。仁宗天圣九年，新作崇文院，增募书吏，专事补辑。景祐元年闰六月，以三馆秘阁所藏有缪滥不全之书，命翰林学士张观、知制诰李淑、宋祁，将馆阁正副本书看详，定其存废，讹谬重复，并从删去，内有差漏者，令补写校对。仿《开元四部录》，约《国史艺文志》，著为目录，仍令翰林学士盛度等看详。三年，补写四部书告成。宝历元年，翰林学士王尧臣等上新修《崇文总目》六十卷，分十九部，有书三万六十九卷。同功撰集者为聂冠卿、郭稹、吕公绰、王洙、欧阳修、张观、宋庠等。嘉祐四年，秘阁校理吴及以"近年用内臣监馆图书库，久不更,借出书籍,亡失已多。又简编脱落,书史补写不精。请选馆职三两人,分馆阁吏人编写书籍”。二月丁酉,遂置馆阁编定书籍官。以秘阁校理蔡抗、陈襄,集贤校理苏颂,馆阁校勘陈绎,分史馆、昭文馆、集贤院、秘阁而编定之。不兼他局,二年一代。用黄纸写印正本,以防蠹败。又广开献书之路。七年三月,又诏参知政事欧阳修提举三馆秘阁写校书籍。先是,修请降旧本补写,尝诏龙图、天章、宝文阁、太清楼管掌内臣检所缺书录上,于门下省誊写。至是年六月丁亥,秘阁上补写御览书籍。于《崇文总目》之外,定著一千四百七十四部,八千四百九十四卷。以校勘功毕,明年遂罢局。此北宋第二次之大整理也。徽宗崇宁初,秘阁补写黄本。政和七年,校书郎孙觌及著作郎倪涛、校书汪藻、刘彦适撰次《秘书总目》,较《崇文总目》多数百家,几万余卷。宣和四年,建补缉校正文籍所。馆阁之储,为部六千七百有五,为卷七万三千八百七十有七。此北宋第三次之大整理也。南宋则有二次:高宗绍兴十四年五月,秘书省复置补写所,又迭次求书州郡。至孝宗淳熙五年,秘书少监陈骙上《中兴馆阁书目》七十卷,为一大结束。凡五十二门,计见在书四万四千四百八十六卷,较《崇文总目》所收多一万三千八百十七卷。宁宗嘉定十三年,秘书丞张攀续之,又得书一万四千九百四十三卷。本章所述,多据《玉海》,《宋会要稿》,及《宋志》。详明出处见拙著《中国目录学年表》。以上所述,皆馆阁对于一切书籍之整理。此外,北宋自太宗至仁宗校刊十七史及医书,则纯属于校勘学之大工作也。

元明二代不校书

元代虽有秘书监及翰林国史院，又有所谓经籍所、编修所、兴文署，而皆不校书。明代则只于翰林国史院后去国史二字。设典籍二人后去一人。以掌经籍。秘书监尝设而即罢。成祖迁都北京，藏书于文渊阁，亦尝求遗书。英宗正统六年，大学士杨士奇尝令人编成《文渊阁书目》十四卷。据《千顷堂书目》。凡四万三千二百余册，而皇史宬所藏之《永乐大典》及列朝宝训实录二三万卷尚不与焉。神宗万历三十三年，内阁敕房办事孙能传、张萱等又撰为《内阁书目》四卷。较之正统时，十仅存二三。此二次皆未有校雠之事，其书亦由征集而来，未经缮写。至于成祖之命解缙等撰《永乐大典》，只是类抄古书，虽尝经校雠，而拆散原书，依韵分部，故与目录学虽有关系而非嫡系，不必详述。

清代校写《四库全书》

清高宗之命文臣纂集《四库全书》也，其原料来路有二：一为令各省访求遗书，一为派官采辑《永乐大典》中之古籍，恢复其原状。其目的有二：一为博好古右文之美名，二为绝反清复明之根株。其办法为(1)中选之书，照钞为一律格式，名曰《四库全书》。(2)内有近似反清之语，任意删改。(3)不中选之书，存其目录，不钞入全书。(4)反清最烈之书，一律焚毁查禁。(5)从全书中另选一部分要籍，名曰《四库全书荟要》，但各书皆仍保存原文。（6）《四库全书》重钞复本七份，分藏七处，半供公开阅览之用。除钞成一律格式及重钞复本二例为汉、隋、唐、宋四代之成规外，其余各点皆为前代所无。向来校书，皆无总括之名，惟《四库全书》独另起称号。盖有丛书之实而仿类书之名也。其事始于乾隆三十八年，建议者为安徽学政朱筠。《荟要》成于四十四年，《全书》成于四十七年。然补钞重校，又十年而未辍。七阁藏书，亦互有出入。每书首页皆有提要，然又与刊版单行之《四库全书总目提要》互有详略。提要之撰，经过几番之周折。乾隆三十八年，朱筠奏请每书必校其得失，撮举大旨，叙于本书卷首。清帝犹不赞成，谓"若欲悉仿刘向校书序录成规，未免过于繁冗。但向阅内府所贮康熙年间旧藏书籍，多有摘叙简明略节，附夹本书之内者，于检查洵为有益。应俟移取各省购书全到时，即令承办各员将书中要旨檃括，总叙厓略，粘开卷副页右方"。然三十九年七月二十五日，四库全书处进呈《总目》，于经史子集内分晰应刻应钞及应存书目三项，各条下俱经撰有提要，将一书原委，撮举大凡，并详著书人世次爵里，可以一览了然。较之《崇文总目》，搜罗既广，体例加详。清帝以为"自应如此办理"。又谓"现办《四库全书总目提要》多至万余种，卷帙甚繁，将来钞刻成书，翻阅已颇为不易，自应于《提要》之外，另刊《简明书目》一编，只载某书若干卷，注某朝某人撰，则篇目不繁而检查较易，俾学者由《书目》而寻《提要》，由《提要》而得《全书》"。四十一年九月，又令将诸书校订之语另为编次，刊为《四库全书考证》一书。《全书》及《提要》于四十六七年先后告成。《提要》多至二百卷，事实上较刘向《别录》增大至十倍，出乎清帝初意之外。各书《提要》全仿《别录》之例，其优点为能考出撰人之生平，著书之大旨,劣点则为好作苛论,未能持平。近人论之者甚多,惟任松如讦之最力,其言曰:“吾国王者专断,以乾隆为极致。其于《四库书》,直以天禄石渠为腹诽偶语者之死所。不仅欲以天子黜陟生杀之权,行仲尼褒贬笔削之事已也。删改之横,制作之滥,挑剔之刻,播弄之毒,诱惑之巧,搜索之严,焚毁之繁多,诛戮之惨酷,铲毁凿仆之殆遍,摧残文献,皆振古所绝无。虽其工程之大,著录之富,足与长城运河方驾,迄不能偿其罪也”。《四库全书答问序》。而杨家骆撰《四库大辞典》,以撰人、书名为条目,节《提要》之略以为解题,且述其编校之经过,甚便参考,亦目录学之似因实创之作也。

私家校雠

以上所述皆为秘阁藏书之校雠,仅择其最显著者略事提挈,至于详情,著者别有《目录学年表》以记之。私家校雠则有异于秘阁,其功不在于整理而在于搜罗与比勘,搜罗之富,比勘之精亦有远胜于秘阁之敷衍了事者。汉儒注经,颇重校雠。而“郑玄括囊大典,网罗众家,删繁裁芜,刊改漏失,自是学者略知所归”。《后汉书》本传。校雠之脱离目录而别成为注解学,自此始也。《梁书》卷十四。称“任昉坟籍无所不见,家虽贫,聚书至万余卷,率多异本。昉卒,高祖使学士贺纵共沈约勘其《书目》,官所无者,就昉家取之”。私家藏书之多于秘阁且有目录,自此始也。《唐书》卷百一。称韦述“聚书二万卷,皆自校定铅椠,虽御府不逮也”。校雠之道,固有待于专家,非可漫责之于文吏耳。北宋初,宋绶“藏书过秘府,章献明肃太后称制,未有故实,于其家讨论,尽得之”。此事见于《孙公谈圃》。

绶"常谓校书如扫尘，一面扫，一面生，故有一书每三四校，犹脱缪"。此语见于《梦溪笔谈》。绶子敏求"藏书皆校三五遍，世之蓄书，以宋为善本"。此事见于《曲洧旧闻》。故《叶氏过庭录》、陆游《跋京本家语》咸推宋氏书"校雠精审胜诸家"。同时有王洙及其子钦臣藏书，尤富且精。《宋史》称钦臣"手自雠正，世称善本"。徐度《却扫编》称："予所见藏书之富，莫如南都王仲至即钦臣。侍郎家，其目至四万三千卷，而类书之卷帙浩博如《太平广记》之类皆不在其间。闻之其子彦朝云：'先人每得一书，必以废纸草传之，又求别本参校，至无差误，乃缮写之。必以鄂州蒲圻县纸为册，以其紧慢厚薄得中也。每册不过三四十叶，恐其厚而易坏也。此本传以借人及子弟观之。又别写一本，尤精好，以绢素背之，号"镇库书"，非己不得见也。''镇库书'不能尽有，才五千余卷。盖尝与宋次道即敏求。相约传书，互置目录一本，遇所阙即写寄，故能致多如此。"古今藏校之精，莫过钦臣此法矣。虽汉刘向之"以杀青简书"，北宋馆阁之黄本，清文渊阁之《四库全书》，其精美亦不能超越钦臣之书也。北宋之末，则赵明诚、李清照夫妇"每获一书，即同共校勘，整集签题"。《金石录后序》。贺铸"手自校雠，无一字脱误"。叶梦得《建康集》。南宋初，则晁公武"躬以朱黄雠校舛误"。《郡斋读书志序》。岳珂"刊九经三传，以家塾所藏诸刻，并兴国于氏，建安余仁仲本，凡二十本，又以越中旧本注疏，建本有音释注疏，蜀注疏，合二十三本，专属本经名士反复参订，始命良工入梓。其所撰《相台书塾刊正九经三传沿革例》，于书本字画注文音释句读脱简考异，皆罗列条目，详审精确"。见陈鳣《曝书杂记》。校勘学、狭义校雠学。版本学、刊刻学之确立，自兹始也。其后贾似道刊《九经》，亦以数十种版本比校，雇百余人任校正之事。然独删落注疏，不及岳珂远矣。元明校书之风稍衰，然精者亦颇不少。清代诸儒最重考据，对于古书字句之校勘，几成为每一学者必备之常识，必做之工作。其尤精者，为乾隆时代之卢文弨，及王念孙引之父子。清末则有俞樾。严元照《书卢抱经先生札记后》。称文弨“喜校书，自经传子史，下逮说部诗文集，凡经披览，无不丹黄，即无别本可勘同异，必为之厘正字画，然后快。嗜之至老愈笃，自笑如猩猩之见酒也”。钱大昕《卢氏群书拾补序》。称其“精研经训，自通籍以至归田，铅椠未尝一日去手。家藏图籍数万卷，手自校勘，精审无误。自宋次道、敏求。刘原父敞。诸公皆莫能及也”。文弨撰《群书拾补》，念孙撰《读书杂志》，引之撰《经义述闻》，俞樾撰《古书疑义举例》，皆对于古书字句之脱误疑难，校雠极精，为考证学奠定极坚固之基础。自是以来，真正之校雠（校勘）学遂成为有方法有理论之科学，非复目录学或考证学之枝节矣。晚近一般图书馆之藏书，以形式固定，无整理之必要。而字句之脱误，在读者自雠之，图书馆员亦不复引为己任。校雠之与目录，遂如湘灕之分流，差之毫厘而失之千里矣。今人胡朴安及其侄道静撰《校雠学》，蒋元卿撰《校雠学史》，述此学之源流，并牵涉目录学，不能细为厘别。而刘咸炘撰《校雠述林》、《续校雠通义》，则上承宋郑樵《校雠略》、清章学诚《校雠通义》之绪，而衍陈目录分类之理论，非复狭义之校雠（校勘）学所能范围焉。

史志篇

史志之价值

向来撰目录者多据其所典藏之书而从事焉，或官府世守，或私家新收，于以登记名目，取便稽寻，其在当时此地之功效甚大。然时移世易，彼琅環插架之书既多毁灭，轴签编目之录亦鲜留传。后人欲考镜古代学术源流，书籍存佚，舍史籍中之艺文、经籍志，殆莫由焉。盖藏书目录，孤本单行，传抄者稀，偶遭焚弃，便易佚亡。故开天辟地之《别录》与《七略》，虽为后世所珍重，而终于不传。多至二百卷之《群书四录》，刊版行世之《崇文总目》，吾人亦无从窥见全豹者，实由于枯燥无味之账册不为学子所诵习耳。幸而历代史籍颇有采取书目入志者，以其内容繁富，可备为政为学之参考，故得留传千古。史志之所以见重于世，即斯之由也。而唐人刘知幾独力诋艺文志为无用，谓“前志已录而后志仍书，篇目如旧，频烦亘出，何异以水济水，谁能饮之乎?”此因知幾生当开元盛世，藏书充足，古录具存。故谓“四部、《七录》、《中经》、秘阁之辈，莫不各逾三箧，自成一家。史臣所书、宜其辄简”。因而攻击“著《隋书》者……广包众作……百倍前修，并唯循覆车而重轨，亦复加阔眉以半额”也。彼意以为“艺文一体，古今是同；详求厥义，未见其可；愚谓凡撰志者,宜除此篇;必不能去,当变其体;……唯取当时撰者……庶免讥嫌”。见《史通·书志篇》。其宗旨在节省史籍之篇幅,删芟非要之繁文。吾人只须一翻《旧唐志目录篇》,自汉迄隋之古录大半尚存,即知知幾之论非无理由,自可不必反驳。然而人事难测,知幾身后不久即遭天宝之乱,古录之因是失传者不知其数,再经唐末广明之乱,更扫地无余。试考宋时《崇文总目》所载目录,则唐初以前之书,竟不得一种焉。宋后学者欲知古书之名目,乃不得不求之于《汉志》、《隋志》。知幾所嫌其繁富者,后人转恨其简略矣。由是而知史志之功效,固有超乎藏书目录者。

史志之源流

截时代而记书目,初不问其存佚,惟著重在叙述学术源流者,其例创于东汉初年班固之《汉书·艺文志》,而晋末袁山松之《后汉书·艺文志》继之。唐初李延寿等撰《五代史志》,始改《艺文志》名《经籍志》,即刘知幾所攻击之《隋志》是也。五代、北宋,先后撰《唐书》,并沿其例。删去小序,又开后志之风。南宋初,郑樵撰《通志》,更恢其范围,为《艺文》、《图谱》二略,复有《校雠略》以述其理论。元初马端临之《文献通考》亦有《经籍考》,而包罗稍窄,元末修《宋史》,又稍稍宏之,以为《艺文志》。明代则有焦竑师郑樵之意,欲尽列古书于其《国史经籍志》。清初黄虞稷、倪灿二家略变其例,黄则记其所藏,倪则不记存亡,而皆欲尽述明人所撰,上补辽、金、宋、元诸史之阙。其后王鸿绪重修《明史》,始遵知幾“唯取当时撰者”之说,只录明人撰述,不及古籍。三通馆所修《续通志》、《续通考》、《清通志》、《清通考》之类，则仅移录《四库全书总目》，不能广罗万有，有愧于前哲多矣。晚近始有刘锦藻《续清文献通考》，颇能收及《四库》以后，虽不能备录清人撰述，亦可谓史志之殿军。凡上所述，多附丽于史籍以行，盖所谓史志也。史志出于修史者所为，而修史者未必皆撰艺文志，即修之亦未必皆能完备。自倪灿首倡补修辽、金、元史志之说，继起者数家。近数十年，其风转炽。后汉、三国而下，无代不有人为之补志者。《汉志》、《隋志》以时代特古，自宋末即有王应麟撰《汉志考证》，近代仿其例而考证拾补者亦不乏人。在目录学史中乃蔚为补志考志一派。故合述其事，为《史志篇》。

《汉书·艺文志》及后人之研究

班固删《七略》而为《艺文志》，已见本书《溯源篇》。据著者考证所得，其体例盖与《七略》无殊。即后人所最推尊之小序，有考镜学术源流之作用者，亦为《七略》之原文。故此处所宜论者，非《汉志》之内容，而为《汉志》所记之书是否即当时东观所藏，抑为全抄《七略》，并无其书欤？《汉志序》称“今删其要，以备篇籍”，颜师古注曰：“删去浮冗，取其指要也。”玩删字之义，则对于《七略》之原文仅加以删节而未尝更易紊乱，故偶有出入，必用自注以明之。如《书》“入刘向《稽疑》一篇”，师古注曰：“此凡言入者，谓《七略》之外，班氏新入之也。其云出者与此同。”所入之书仅刘向、扬雄二家之作，为向、歆校书所未收者。所出诸家，则原文重复，故省之也。如《乐》“出淮南，刘向等《琴颂》七篇”，《春秋》“省《太史公》四篇”,故《六艺》总计“出重十篇”。玩此“重”字,便知所以省出之因矣。又如《兵书略》“省十家,二百七十一篇”,则以儒家已有《孙卿子》、《陆贾》,道家已有《伊尹》、《太公》、《管子》、《鹖冠子》,纵横家已有《苏子》、《蒯通》,杂家已有《淮南》,墨家已有《墨子》,故以为不宜重出耳。非但有所增减必加注明而已,即移动一书入他类,亦已注明。《兵书略》之“出《司马法》百五十五篇入《礼》”,实为《汉志》对《七略》部类之唯一变动,此外则未尝稍有紊乱焉。由此推论,则《汉志》所载,除新加向、雄二家,删省重出之书十余种外,全部皆《七略》之旧目,殆无疑矣。再循此出发,则吾人须问:《七略》所录之书,班固时是否全部保存于东观?《七略》成书之后,有撰述者是否限于刘向、扬雄二家?自《七略》告成,迄王莽亡国,尚有三十年之久,无论王莽好文,多所制作,即刘歆、龚胜之徒,亦未必无所撰述。他如图谶繁兴,纬候竞出,新书之入于中秘,出乎《七略》之外者,定然不可胜纪。故王莽中叶,扬雄犹校书天禄阁。见《汉书》卷八十七。据是言之,则援《汉书》绝笔莽亡之例,最后三十年之作者决不仅有向、雄二家。班固所以只增二家者,盖举其所知,偶然附入耳。再由此推论,则《汉志》所录,并非存书可知。盖中秘所藏倘尚存在,则班固典校之余,所加于《七略》者,决不止二家也。由其无他增补,便觉《隋志》所载“王莽之乱,又被焚烧”之说,似属可信。盖天禄阁固在未央宫中,兵火容可波及耳。然秘书若已被焚,《汉志》及《王莽传》何以不言?《后汉书·儒林传》何以又谓“光武迁还洛阳,其经牒秘书,载之二千余两?”是二千余两者,既明为秘书,且班固典掌时,“并依《七略》而为书部”。亦见《隋志》。而《汉志》录书,独不依当时秘书之目而反墨守《七略》之旧,倘非惮烦,即为浅识。郑樵詈之虽非其道,而班固之过固不容代掩也。自班固创此不问存亡但问时代之例以后，历代史志并根据前代秘书目录，随意转誊，既非尽收古来一切书目，又非当代确实保藏之物，而惟虚应故事，漫充篇幅而已。至如《旧唐志》但录开元盛时，遗弃后百余年之撰述，推其恶例，何尝非《汉志》所已开启？故论史志之利弊，不可徒因《汉志》幸保古书名数而遽推尊之也。惟其因《汉志》之有不明不备，故后世颇有为之考证注解者。吾人所知，首为宋末元初之王应麟。应麟以颜师古注《汉志》“仅略疏姓名、时代，所考证者，如《汉书著记》即《起居注》，《家语》非今《家语》，邓析非子产所杀，庄悤奇严助之驳文，逢门即逢蒙之类，不过三五条而止”。故撰《汉书艺文志考证》，“捃摭旧文，各为补注，不载《汉志》全文，惟以有所辨论者，摘录为纲，略如《经典释文叙录》之例。其传记有此书名而《汉志》不载者，亦以类附入，凡二十六部，各疏其所注于下，而以‘不著录’字别之”。《四库提要》语。清人王鸣盛评其于“本源之地，未曾究通，不得要领”。姚振宗则谓“然使后人寻流溯源，引申触类，未有不以其书为先声之导”。故特援其例而恢之，撰《汉书艺文志拾补》以收集遗漏，得书竟达三百一十七部。撰《汉书艺文志条理》以图恢复原状，并详加注释。凡上古载籍之名目，后人研究之意见，广搜条录，殆已无遗。有此两书，而后古书显，《汉志》明，诚目录学之绝作也。近年之为此学者，如刘光贲有《注》，姚明煇有《注解》，顾实有《讲疏》，李笠有《汇注笺释》，李赓芸有《考误》，较之振宗，皆不能稍胜。而孙德谦更有《举例》，强作绳墨，尤不足观。

《后汉艺文志》之补撰

后汉一代,当古籍固定之后,有《别录》为读者之指导,故其学术水平线较前汉为高,著述数量亦较前汉为富。所惜一经董卓迁都之纷扰,大半湮灭,故晋、宋史家述《后汉书》者多不著《艺文志》焉。惟阮孝绪《七录序》载:“其后有著述者,袁山松亦录在其书。”其《古今书最》亦载有袁山松《后汉艺文志》,惜有阙文,未知其所收之书共有几何。然山松以晋末隆安五年战殁,上距汉末已百八十二年,中更董卓及五胡之乱,秘阁藏书才万余卷,则其著录之不能完备,可想而知。故宋末王俭既集今书为《七志》,“又条《七略》及两汉《艺文志》、《中经簿》所阙之书,并方外之经、佛经、道经,各为一录”亦见《七录序》。也。俭《志》既能补前志之阙,则其通记古今,兼列存佚,虽属单行,亦史志之流亚也。然袁、王之作,并已失传,后人欲识后汉书目,舍《隋志》莫由焉。而《隋志》不能无遗,故近世多补撰《后汉书·艺文志》者。自乾隆初年,已有厉鹗创其业,二百年来,继起者先后有钱大昭、洪饴孙、劳颖、侯康、顾怀三、姚振宗、曾朴等,共计八家。厉、洪、劳之书,今并未见。钱《志》仅著书目撰人,最为疏略。侯《志》较详,而非完璧。无集部。顾《志》多引关系文字,虽详而收书并非最多。惟有《经学师承》一篇,列述经师传记,隐显并备,虽乖录例,亦考镜后汉学术史者所不可少之篇也。所可惜者,“引书篇名,或注或否,或详或略,甚至互讹”。蒋国榜跋。盖亦未定之本,故不能如姚《志》之精详。曾《志》虽于诸志为最后出,而未见顾、姚之书,其体例有意仿古《七录》,谨饬有法,而博搜精考,亦不及姚《志》。姚《志》所收,多逾千种,倍于《汉志》。后汉著述,有可考者,殆无复遗漏。非独为《隋志》所不及详,且亦远非范晔《后汉书》所能包。欲考究后汉遗书者,其道固有由矣。钱《志》有《积学斋》、《广雅》、《昭代》,侯《志》有《广雅》、《岭南》,顾《志》有《金陵》、《广雅》、《小方壶斋》,姚《志》有《适园》、《师石山房》等丛书本。又《二十五史补编》兼收此五志。

三国、晋、南北朝艺文志之补撰

补志之在近代,相习成风,故后汉之外,治《三国志》者有二家,治《晋志》者有五家,治《南北朝志》者有三家,皆所以补《隋志》之阙遗者也。侯康之《补三国艺文志》仅成子部小说家以前,农家之后有录无书,集部则未见只字,盖与其《后汉志》同为未成或残余之书也。有《广雅》、《岭南》、《二十五史补编》三本。姚振宗之《三国艺文志》,例质亦一准其《后汉志》,著录之书至千一百二十二部,亦与《后汉志》相埒。然三国历年仅及后汉三分之一,而书数不相上下,固由裴松之《三国志注》保存史料较多,亦可见振宗搜辑之勤矣。补《晋志》者五家,时代相距不远,异方并起,互有详略异同。吴士鉴之作,独名《经籍志》,又撰有《晋书斠注》,故其文简书多,有近史裁。丁国钧则以创立黜伪、存疑二类,秦荣光则以辑录典籍掌故源流,黄逢元则以各类皆撰小序,文廷式则以考证最精最详,各有所长,互不相掩。著录之书,文《志》有二千二百九十六部,黄《志》有一千二百八十八部,秦《志》有一千七百四十七部,丁《志》有一千七百五十四部,尚有疑伪及补遗共二百一十九部。吴《志》则有二千一百二十六家，部数在此数之上。诸家一致之例，为注明出处，分类纲目亦皆依照《隋志》或《四库》。试一一比勘其内容条目，则此无彼有，此详彼略，殊难取其一而遽舍其余也。南北朝之补志，则又不然。元人蔡珪、清人汪士铎，尝撰补《南北史志》，并已遗佚。今人所撰，稍近草率。如徐崇之《补南北史艺文志》，仅取材于南、北《史》纪传，非是则不录，故如《隋志·簿录篇》所载陈代目录数种及其他目录多种，皆不见于《补志》，直所谓目察秋毫而不睹舆薪，其所遗漏者多矣。至如不知王俭《七志》之七十卷为梁人贺纵补注之本，而妄谓为三卷与四十卷之合本，其幼稚亦可怜也。又将书名之不见南、北《史》纪传而见于同时八书者，复别为《载记》一篇，亦殊无谓。故其书仅可视为《南史》、《北史》纪传所述书目汇录，吾人如欲尽知南北朝一切撰述，则尚须另下一番工夫耳。虽然，较诸《隋志》则又丰富多矣。此外有聂崇岐《补宋书艺文志》，惟据隋唐诸录而不求之于宋、齐各书，复无考证。甚至如王俭《七志》及《元徽元年秘阁四部目录》亦不见焉。若谓王俭没于齐代，则此二书固宋时所撰，且为考宋代学术所不可不知之书，岂可少哉？陈述《补南齐书艺文志》，则颇仿王应麟《汉志考证》之例，与向来诸家补志者同一体裁，稍胜。又有李正奋撰补《后魏书艺文志》，余未之见。北平图书馆有钞本。

《隋书·经籍志》

今存古录，除《汉志》外，厥推《隋志》。亦惟此二志皆有小序，自后诸志则不复继述，故并见尊于世。其自序云"今考见存，分为四部”，一若所录之书皆见存者。然各条自注，每云“梁有某书若干卷，今亡”，或“今残缺”，每类通计，亦必于存书总数之外，另注存亡合计之总数。则其实乃通记存亡而非专录见存者。其序又称：“远览马《史》、班《书》，近观王、阮《志》、《录》，挹其风流体制，削其浮杂鄙俚，离其疏远，合其近密，约文绪义，凡五十五篇，实只四十篇。各列本条之下，以备《经籍志》。”此盖指学术源流及目录分类而言，非谓所收书目远及马、班也。其书原名《五代史志》，限于梁、陈、齐、周、隋五代，故凡此五代之官私目录皆在其包罗之中。且有藏书以备考核，故能分别存亡，且又以意去取耳。其去取之例，自谓“其旧录所取，文义浅俗，无益教理者，并删去之。其旧录所遗，辞义可采，有所弘益者，咸附入之”。凭主观为鉴别，有异于班固之全抄《七略》，实启后世任意废书之恶习。又妄删佛经、道经之书目而仅录其部名卷数，变荀、李之甲、乙、丙、丁为经、史、子、集，使后世墨守四部之分类而不复能变通，详《分类篇》。则其弊也。唯一之优点为各类之小序，稍采《汉志》，接其后事，叙述各类学术之由来，颇具学术史性质。然其所增者殆根据王俭《七志》、阮孝绪《七录》而为之也。至其书目，则多未备，开元初马怀素已昌言之，而从事补缉。另详下章。清乾、嘉间章宗源，光绪中姚振宗，各撰《考证》，广征古籍，以补其阙遗，且详载各书之原委，学者便焉。宗源所辑，仅存史部。振宗实仿其成规，而备引古史及异说，最为渊博。在姚氏诸志中，尤为最精不朽之作。有《师石山房丛书》本，《二十五史补编》本。前文所述补后汉至南北朝史志，亦有可与《隋志》互相考证者。此外又有张鹏一撰《隋书经籍志补》，杨守敬撰《隋书经籍志补证》，李正奋撰《隋代艺文志》。北平图书馆有钞本。试参合研究之，则先唐古籍可无遗蕴矣。

《群书四部录》、《古今书录》及《唐书·经籍志》之关系

唐玄宗尝命褚无量校书,马怀素撰录,皆未成而卒,元行冲总代其职,始成其功。旧、新《唐书》及《唐会要》所载,极其浑沌,一若同时、同地、同事、同功也者。著者尽三日夜之力,始得分析清楚,考定源委,记之于《校雠篇》。盖无量校写书籍原在东都乾元殿,后徙于丽正殿,虽"各于本库每部别为目录",《唐会要》卷三十五。而非怀素、行冲所撰之《群书四部录》。怀素之功,乃以秘书省典籍为根据,"括检近书篇目,并前志所遗者,续王俭《七志》"。《唐书》卷一百二。虽与无量校书同为开元五年之事,而地点不同,目的不同。后因"怀素不善著述","逾年不成","有司疲于供拟",乃诏行冲综治其事。《新唐书》卷百九十九。"于是行冲请通撰古今书目,名为《群书四部录》",《唐书》卷一百二。委毋煚、音贯憬。韦述等分治四部。《新唐书》卷百九十九。后因无量病卒,"丽正写书未毕",《唐书》卷一百二。又命"行冲整比存书",《通鉴》。故秘书省诸学士皆入居丽正,《新唐书》卷百九十九。于开元九年撰成《群书四部录》二百卷。《唐志序》。自古目录未有巨于此书者,后世亦惟《四库全书总目提要》堪与比拟,余皆不及焉。篇幅既巨,必有提要。其书若存,实考古治学者之最大恩物。不幸成书非久既遭天宝之乱,唐代后期又未纂类书,故其佚文无从纂辑。惟据毋煚《古今书录序》,则对于"曩之所修……追怨良深"。盖以"于时秘书省经书,实多亡阙;诸司坟籍,不暇讨论:此则事有未周,一也。其后周览人间,颇睹阙文。新集记贞观之前,永徽已来不取;近书采长安之上,神龙已来未录:此则

理有未弘，二也。书阅不遍，事复未周，或不详名氏，或未知部伍：此则体有未通，三也。书多阙目，空张第数，既无篇题，实乖标榜：此则例有所亏，四也。所用书序，或取魏文贞徵；所分书类，皆据《隋经籍志》；理有未允，体有不通：此则事实未安，五也”。故毋煚“常有遗恨，窃思追雪，乃与类同契，积思潜心，审正旧疑，详开新制。永徽新集，神龙旧书，则释而附也。未详名氏，不知部伍，则论而补也。空张之目，则检获便增。未允之序，则详宜别作。纰缪咸正，混杂必刊。改旧传之失者，三百余条。加新书之目者，六千余卷。……凡四部之录，四十五家，都管三千六十部，五万一千八百五十二卷”，见《唐志序》。成《古今书录》四十卷。毋煚此书较之旧录分量，仅为五分之一，而其序未说明所删略者为何。据《唐志序》称“煚等《四部目》及《释道目》并有小序，及注撰人姓氏”，则煚《录》之不同于旧录者，盖删去过于繁芜之各书序跋，而撷其要旨，撰为简明之解题耳。《唐志》尚嫌其“卷轴繁多”，又“并略之，但纪篇部”。则更删去小序及小注。故又略四十卷为一卷。此即《别录》一变而为《七略》，再变而为《汉志》之另一比照也。毋煚别有《开元内外经录》十卷，“亦具翻译名氏，序述指归”。二录幸未遭天宝、广明之兵燹，至后唐犹存，故史臣犹得据之以为《唐书·经籍志》。《唐志序》又称：“其《释道目》附本书，今亦不取。据《开元经篇》为之志。天宝以后，名公各著文篇，儒者多有撰述，或记礼法之沿革，或裁国史之繁略，皆张部类，其徒实繁。臣以后出之书，在《开元四部》之外，不欲杂其本部。今据所闻，附撰人等传。其诸公文集，亦见本传，此并不录。”故《唐志》实为《古今书录》之节本，既非通撰古今，亦未备录唐代。盖《古今书录》虽以古今为名，而实据当时秘书省及诸司所藏之书而记其目，皆确有其书，并非尽录古书，虚存其目也。史志之任务,或专记一代著述,或通录一代典藏,或尽收前代书目,三者必有其一。惟《唐志》不然,严格论之,殆非史志之体。故宋祁撰《新唐艺文志》,加录唐代学者自为之书,多至二万八千四百六十九卷。而后唐人所著与唐代官府所藏,约略俱备焉。然唐末广明之乱,秘籍业已荡然,则《新唐志》所新收者,必非尽为宋室所藏。岂贞元、开成续添之书目至宋初犹存欤?若然,则何以又不见于其目录类也?

宋《国史艺文志》及《宋史·艺文志》

宋制,国史皆有艺文志,且每类皆有小序,每书皆有解题,迥异于历代史志,盖根据当时馆阁书目以为之也。《宋史艺文志序》称:"始太祖、太宗、真宗三朝,三千三百二十七部,三万九千一百四十二卷。次仁、英两朝,一千四百七十二部,八千四百四十六卷。次神、哲、徽、钦四朝,一千九百六部,二万六千二百八十九卷。《三朝》所录,则《两朝》不复登载,而录其所未有者。《四朝》于《两朝》亦然。最其当时之目,为部六千七百有五,为卷七万三千八百七十有七焉。"考《三朝国史》为吕夷简等所上,其《艺文志》所据当为咸平三年朱昂、杜镐、刘承珪等所撰之《馆阁书目》。《两朝国史》为王珪等所上,其《艺文志》所据当为庆历元年王尧臣、欧阳修等所撰之《崇文总目》。《四朝国史》为李焘等所撰,其《艺文志》所据当为政和七年孙觌、倪涛等所撰之《秘书总目》。国史志既已除去重复,故《宋志》于北宋以前之书尚少舛复。惟于南宋之书,则并非依据国史,而直接取材于淳熙五年陈骙等之《中兴馆阁书目》,及嘉定十三年张攀等之《中兴馆阁续书目》。而北宋诸目与《中兴》之目，“前后部帙，有无增损，互有异同”。《宋志》“合为一志”，虽云已“删其重复”，而重复颠倒，不可枚数。咸淳以后新出之书，又未及收录。故《四库提要》讥为诸史志中之最丛脞者。清初黄虞稷《千顷堂书目》即有意拾其遗书。康熙中，倪灿修《明史·艺文志》，亦特补苴《宋志》之阙，乾隆中，卢文弨又为之校正。见《金陵》、《广雅》、《八史经籍志》、《二十五史补编》。此外尚有朱文藻、书目见《清吟阁书目》。王荣兰书目见光绪《湖南通志》卷二五。亦尝从事。吾友刘纪泽君则撰有《宋志匡谬》。赵士炜更欲全部董理之，故辑有《宋国史艺文志》。其分化《宋志》而专攻其一部分者，则有顾怀三撰《补五代史艺文志》，王仁俊撰《西夏艺文志》，及次章所述补辽、金史志诸家，皆专录一代撰述，其性质与《宋志》之专录馆阁藏书者有殊。柯维骐《宋史新编》之《艺文志》全抄《宋史》，反有遗漏。故不录。

《通志》与《文献通考》

南宋初年，有郑樵撰《通志》，通纪百代之有无为《艺文略》、《图谱略》、《金石略》，又撰《校雠略》以说明分类编目之意见，主张编次必记亡书。《艺文略》原为单行之书，名曰《群书会记》。见《校雠略·编次必记亡书论》。其所根据之书目为《汉志》、《隋志》、《唐志》、《新唐志》、《崇文总目》、《四库书目》、北宋馆阁之目。《道藏目录》及当时民间所藏如《荆州田氏目录》、《漳州吴氏书目》之类。而《大藏目录》则似未及收，故释类之书，仅有三百三十四部。其意则欲包括古今，备录无遗，在一切目录中，实为野心最大，范围最广者。《通志》原为通史，故《艺文略》亦史志之流。虽于书名或误或漏或重复，然此种通史艺文志之作要不可少，迄今日犹有重新汇编之必要也。后百余年，马端临于宋末元初撰《文献通考》，中有《经籍考》七十六卷。大体虽据晁公武、陈振孙二家之书，而宋世馆阁之书亦备，除尽录二家解题外，兼引《汉》、《隋》、《新唐》三志及宋《三朝》、《两朝》、《四朝》、《中兴》各国史艺文志，《崇文总目》，《通志・艺文略》，各史列传，各书序跋及文集，语录之有关系文字，每书皆有解题，每类各述小序。凡各种学术之渊源，各书内容之梗概，览此一篇而各说俱备。虽多引成文，无甚新解；然征文考献者，利莫大焉。较诸郑樵之仅列书目者，有用多矣。后世朱彝尊撰《经义考》，章学诚撰《史籍考》，谢启昆撰《小学考》，即仿其例，在目录学中别成一派，对于古籍之研究，贡献最巨。

辽、金、元三史艺文志之补撰

清倪灿撰《明史・艺文志》，以"《元史》既无《艺文》，《宋志》咸淳以后多缺"，故"并取二季，以补其后；而附以辽金之仅存者，萃为一编，列之四部"。原序。虽"诸书既非官所簿录，多采之私家，故卷帙或有不详"，然补志之风，实自此始也。乾隆中，卢文弨提出补志部分，分为《宋史艺文志补》，《补辽金元史艺文志》，而加以补订。见《广雅丛书》、《二十五史补编》。金门诏似未见其书，故又"取三史所载，并旁搜采，合为一志"。见《昭代》、《广雅》、《八史经籍志》、《二十五史补编》。倪、卢之作，收书至一千七百十家，一万二千二百二十卷，较门诏为详。其后钱大昕撰《元史・艺文志》，亦附见辽金之书，搜检所得，又较倪、卢为富。除蒙古文部分遗漏必多外，汉文之书，殆已差备矣。魏源撰《元史新编》，其《艺文志》即抄钱《志》而稍补充之。别有专补一代史志者，《辽史》则有厉鹗之《辽史拾遗》，缪荃荪之《辽文存》，王仁俊之《辽史艺文志补证》，黄任恒之《补辽史艺文志》，前者有单行本，后三者见《二十五史补编》。以最后一种比较精详。《金史》则有杭世骏、郑文焯二家，《元史》则有张景筠一家，余并未见，不复具论。又吴骞有《四朝经籍志补》二册，北平图书馆有钞本。

明《国史经籍志》、《千顷堂书目》及《明史·艺文志》之演变

《明史·艺文志》之撰集，凡经五变。焦竑创始于前，不分存佚，通记古今。黄虞稷搜藏于后，兼补前朝，殆尽目睹。清人修史，傅维鳞但取殿阁所藏，不限朝代。倪灿、尤侗专收明人撰述，附拾前志所遗。王鸿绪抹去前代，重分类例，遂成张廷玉进呈之本。考明神宗万历十七年，焦竑进士及第。见《明诗综·小传》。大学士陈于陛议修国史，引竑专领其事，仅成《经籍志》五卷。“丛钞旧目，无所考核。”《四库》。且“延阁、广内之藏，竑亦无从遍览。”《明志》。故《四库提要》谓“古来目录，惟是书最不足凭。世以竑负博物之名，莫之敢诘，往往贻误后生”。卷八十七。然其每类皆有小序，分部虽准四部，而小类多依《通志·艺文略》，且仿《文渊阁书目》之意，增《制书》一部。复有《附录》一卷，专纠《汉志》至《文献通考》分类之误。此其精神注重之点惟在分类，故于名数多所忽略耳。在目录学史中，惟竑能继郑樵之志，包举千古，而力不足胜其任，故为《四库》所讥也。有《粤雅堂丛书》本。清顺治五年，傅维鳞分纂《明史》，私撰《明

书》，遂成《经籍志》三卷，其志序述明代敕撰书籍之事甚详，录殿、阁、皇史宬内通籍库藏书四千六百七十部，释道书不具载，原无卷数，故仍因之。分类亦依文渊阁之旧。考其书名，多宋元旧本。至于明人新作，寥寥无几。名虽《明志》，实不相关。有《畿辅丛书》本。及黄虞稷撰《千顷堂书目》三十二卷，始有意于搜集一代艺文，故凡《宋志》以前所录之古籍，悉屏不收。但为弥补《宋志》之遗漏，且因辽、金、元三史无艺文志，故于每类明书之后，附录宋末及三代书目。明代撰述，则据所见所藏而备列之，最为征实。其分类亦多创例，如削去"乐经"，立"食货"、"刑政"二类于《史部》，并"名"、"墨"、"法"、"纵横"诸家于"杂家"，"别集"以朝代科分为先后，又特收制举之书，皆其不苟同处。参看《分类篇》。书目卷数之外，更注撰人略历，较其他各志，特为详明。后来王鸿绪、张廷玉所修《明志》皆以此书为根据，足证其赅赡矣。康熙十八年，倪灿、尤侗等奉敕分修《明史》，合撰《艺文志》。《四库提要》载有侗《志》五卷，称其分"易"、"书"、"诗"、"礼"、"乐"、"春秋"、"孝经"、"诸经"、"四书"、"小学"、"正史"、"稗史"、"传记"、"典故"、"地理"、"谱系"、"儒家"、"道家"、"释家"、"农家"、"法家"、"兵家"、"小说"、"五行"、"艺术"、"奏议"、"诗文"、"选纂"二十八类，有书七千一百四十一部。又称其"所摭拾既多挂漏，又往往不载卷数及撰人姓名。其例惟载有明一代著作"，而又往往兼收宋元之作及明刊古籍。因此讦"此志又出《宋志》之下"。殊不知侗《志》即灿《志》。灿有《明志序》明言"今文渊之书，既不可凭，且其书仅及元季，三百年作者缺焉。此亦未足称纪载也。故特更其例，去前代之陈编，纪一朝之著述。《元史》既无艺文，《宋志》咸淳以后多缺。今并取二季，以补其后，而附以辽、金之仅存者，萃为一编。……诸书既非官所簿录，多采之私家，故卷帙或有不详”。见《雁园集》。灿、侗同时修史，灿《序》与侗《志》例合，故知所撰实无二致。《四库提要》所致疑者，灿《序》解答甚明，特《提要》之撰者未及考耳。试取侗《志》与今《明志》较，则侗《志》多过《明志》，《明志》仅有四千六百三十三部。而《提要》乃诬为挂漏，殊属不公。《明志》今本实系康熙末年王鸿绪总裁之本。万斯同以布衣参史局。王《序》称：“明季秘书已亡，则前代陈编，无凭记载。第就二百七十年各家著述，足成一志。爰取士大夫家藏目录，稍为厘次。凡卷数莫考，疑信未定者，宁阙而不详云。”见《明史稿》。今本为乾隆初年张廷玉等所进，惟改动志序数语，至于书目部卷数，则绝对相同。然试与黄虞稷《千顷堂书目》相较，则部数卷数减少极多。一一比勘，则其所删削者多为原无卷数者。鸿绪等不能详征博考，乃猥以“宁阙而不详”一语，轻轻抹杀数百千部之书目。而世人亦不加细察，乃侈称《明史》优于前史！此梁任公先生过推万斯同之过，著者不能为之曲讳。实则《明史》之多误，不限此志，即卷一《太祖纪》亦有舛误数十处。著者断言，试取数百种现存明人传记及数千种明人撰述一一考之，则可以补《明志》之阙目，增至一倍。世之考史者重远而忽近，不知近代史之荒芜，尤大有待于吾人之开垦也。吾友谢国桢君有《晚明史籍考》，详赡可补《明志》之阙，别见《专科目录篇》。

《四库全书总目提要》及三《通考》、二《通志》、《清史稿》

《四库提要》之作，已详纪其事于《校雠篇》，论其例于“分类”及“编目解题”篇矣。其书虽为庋藏之目，而附录存目各书之提要，则亦有近于史志焉。况同时所修《续文献通考》、《皇朝文献通考》、《续通志》、《皇朝通志》，几于完全抄撮《提要》，所不同者，惟沿袭马、郑之例，《通考》则稍取清初少数学者论考古籍之语，《通志》则惟录书目而删去提要。其分类亦依违于马、郑、《四库》之间，不值一顾。《续》、《清》之别，一则继马、郑而迄明末，一则只记乾隆以前之清人撰述耳。道光中，有黄本骥者，钞撮《四库总目》之清人书目，嫁名曰《皇朝经籍志》，了无增补，深可嗤鄙。其能补《四库》之未备者，嘉庆中有阮元之《四库未收书提要》，光绪间有郑文焯之《国朝著述未刊书目》、朱记荣之《国朝未刻遗书志略》，民国初年有刘锦藻之《续皇朝文献通考》。然皆取舍任情，不能完备。及赵尔巽等撰《清史稿》，其《艺文志》虽曾经缪荃荪之手，亦非精详之作。如西洋教士之译籍，满、蒙、藏、回等之文籍，以及新出之新书、杂志、小说，皆未及收录；已录各书，亦有错误重复者。倘以《四库提要》撰者苛刻之眼光论之，则"此又出《宋志》、《明志》之下"矣。

四种集刊

百年前已有日本人合刊《汉志》、《隋志》、《唐志》、《新唐志》、《宋志》、《明志》及倪灿之宋、辽、金、元志补，金门诏之《三史艺文志补》，钱大昕之《元史艺文志补》为一书，名曰《八史经籍志》。后来传入我国，即有国人翻印，学者便之。近年书报合作社印《历代艺文志》，只有正史六志，惟加入《元史新编》一志而已。大光书局接出续集，则取《三文献通考》及《三通志》之《经籍考》充之。杨家骆辑《历代经籍志》，其下册亦仅录六志及文廷式《补晋志》，及倪、金、钱三《志》,而删去考据之语。上册为《历代经籍总目》,则以书名及著者为纲,依四角号码检字法编为辞典式之目录。以上三种皆非史志之全相。惟开明书店所刊吾友王钟麒君所辑之《二十五史补编》,收录诸家补志最多,且悉保原状,不为删易,专家用之,多称满意。然格于补志之名义,故如事实上确为史志而名义则否之,《千顷堂书目》不入于编,而近人未熟之作反而滥收不少,识者病焉。

宗教目录篇

宗教目录之分道扬镳

自汉武帝“罢黜百家，表章六经”，见《汉书·武帝纪》。“设科射策，劝以利禄”，见《汉书·儒林传》。儒术遂成一尊之学。前此并肩之诸子百家，后来崛起之佛道诸教，咸莫能与之京。虽向、歆《录》、《略》不废数术、方技，晋宋四部目录初亦兼收佛经，《七志》、《七录》且特为佛经、道经新增二录。而后来帐籍终于分道扬镳，不相为谋。正统派之目录学家既自局于四部之范围，坚拒异端，高自标置。而佛道之徒亦别立门目，不复寄人篱下，抄集结藏，著录成目，其造诣转有胜于正统派者。特以其书深隐丛林，故不甚为流俗所重。晚近先师梁任公先生始论《佛家经录在中国目录学之位置》，称：“其所用方法有优胜于普通目录之书者数事：一曰历史观念甚发达：凡一书之传译渊源、译人小传、译时、译地，靡不详叙。二曰辨别真伪极严：凡可疑之书，皆详审考证，别存其目。三曰比较甚审：凡一书而同时或先后异译者，辄详为序列，勘其异同得失。在一丛书中抽译一二种，或在一书中抽译一二篇而别题书名者，皆一一求其出处，分别注明，使学者毋惑。四曰搜采遗逸甚勤：虽已佚之书，亦必存其目，以俟采访，令学者得按照某时代之录而知其书佚于何时。五曰分类极复杂而周备：或以著译时代分；或以书之性质分。性质之中，或以书之函义内容分，如既分经律论，又分大小乘；或以书之形式分，如一译多译，一卷多卷等。同一录中，各种分类并用；一书而依其类别之不同，交错互见，动至十数，予学者以种种检查之便。吾侪试一读僧祐、法经、费长房、道宣诸作，不能不叹刘《略》、班《志》、荀《簿》、阮《录》之太简单，太朴素，且痛惜于后此踵作者之无进步也。郑渔仲、章实斋治校雠之学，精思独辟，恨其于佛录未一涉览焉；否则其所发扐必更有进，可断言也。”见《图书馆学季刊》创刊号，《饮冰室合集专集》第十五册。自尔以还，恍如敦煌经洞之发露，殷虚卜辞之出土焉，目录学宫黑暗之一角，重幕骤揭而大放光明。

天主教与基督教之目录

佛录而外，《道藏》目录亦自有源流统系，为普通目录所不及详者。独回教经典弥寡，余尚未见其目录。天主教则输入虽较晚，而明清之间已有韩霖、张赓撰《道学家传》，于各教士传后列举其所著译之书名，附刊于《圣教信证》之后，赵魏《竹崦庵书目》载有韩霖《西士书目》，殆即其单行本也。而瞿颖山《清吟阁书目》又有《耶稣会士著述目》，则未必同为一书。清末王韬重刊此传，改名《泰西著述考》。其实则仅录明末清初西洋来华教士之著述耳。晚近吾师陈援庵先生纂有《明末清初教士译著现存目录》，油印未刊。浙人方豪纂有《天主教文献年表》，稿本未刊。皆专治初期天主教目录学之作品。教会书局目录，则以上海土山湾慈母堂印书馆及北平西什库天主堂遣使会印书馆所出为最多。前者分类二十六,后者分类二十三。其并收今古,兼录中西,俾天主教徒关于中华之著述无有遗漏,余尚未见,是有待于将来。至于基督教则输入虽较天主教为尤迟,而汇刊译著目录则早已从事。一八六七年已有 Rev. Alexander Wylie 创辑《中华基督教文字索引》(*A Classified Index to the Chinese Literature of the Protestant Christian Churches in China*)。其后,一九〇七年有季理斐续编,一九一八年有雷振华续编,一九三三年有李培廷续编。虽取便购求,兼利推销。而凡中华基督教各教会、书局、学校所出版之书籍,概依杜威(Dewey)分类法汇录一编,中文西文,概无遗漏,较之天主教似觉略胜一筹矣。然其在宗教目录学之地位,比诸佛教乃不可以道里计。故本篇所述,侧重佛教目录,而道教目录次之。

佛教目录之全貌

佛教起于天竺。汉"哀帝元寿元年已有博士弟子秦景宪从大月支王使依存口受浮屠经"。见裴松之《三国志注》引鱼豢《魏略·西戎传》。而"中土闻之,未之信了"。见《魏书·释老志》。后汉楚王刘英"为浮屠斋戒祭祀",于明帝永平八年"奉送缣帛以赎愆罪",诏令:"还赎以助伊蒲塞、桑门之盛馔"。见《后汉书》卷七十二。则祀佛斋僧,后汉初年固已有之矣。然汉法"唯听西域人得立寺都邑以奉其神;其汉人皆不得出家"。据慧皎《高僧传》(下文简称皎《传》)卷十及《晋书》卷九十五《佛图澄传》引石赵中书著作郎王度奏。故"章和以降,经出盖阙。良由梵文虽至,缘运或殊,有译乃传,无译乃隐"。见僧祐《出三藏记集》(下文简称祐《录》）卷二。“迩及桓灵，经来稍广。安清朔佛之俦，支谶严调之属，飞译转梵，万里一契，离文合义，炳焕相接矣”。见祐《录》卷二，参看卷十三。厥后，“丹阳人笮融在徐州广陵间大起浮屠寺”，见《后汉书》卷一百三《陶谦传》。颍川人朱士行“出家以后”，“以魏甘露五年”“西行求经”。见祐《录》卷十三。汉法既弛，佛教遂盛。而晋武帝时，燉煌人竺法护“随师至西域，及归，译经凡一百四十九部”。“经法所以广流中华者，护之力也”。同上。故道安有云：“佛之延及此土，当汉之末世，晋之盛德也。”同上卷五。译经既多，爰有目录。其始创者，殆即安清。而朱士行、竺法护之撰录，则明见于后世众经之称述。荀勖之《晋中经簿》首收佛经，据《广弘明集》卷三引《古今书最》。足见佛经之在晋初，不特已有目录，抑且深入秘阁矣。东晋中叶，支敏度撰《经论都录》、《经论别录》于前，释道安撰《综理众经目录》于后，佛录之基础始得成立。宋元嘉八年《秘阁目录》遂收佛经四百三十八卷，而王俭《七志》且特辟《佛经录》，并为书名立传。同时有释王宗（？）者撰《众经别录》，分教义为大、小乘，判文裁为经、论、律、数，更提出阙本、疑经，各自独立。体例之精，非特凿空，抑且垂后。谓佛录至斯，乃得成学，亦无不可。而齐、梁间，释僧祐撰《出三藏记集》，踵安《录》而增序、传、记三体。宝唱继之，分类更细。阮孝绪又摄众录为《佛法录》，包罗弥广。其在北朝，则魏末有李廓，齐初有法上，收录虽少，部勒反精。隋代踵承，法经遂确定四十二分之法，其整洁为众录冠。费长房扩其境界，并祐《录》、阮《录》、经《录》之长于一身。唐道宣因之，撰《大唐内典录》，勒定十录，囊括古今，遂集斯学之大成。延及智昇，其《开元释教录》，名数之富，规律之精，前无古人，后无来者。百世盛崇，准为圭臬。后此有作，仅得其偏。佛录至此，叹观止矣。同时毋煚撰《开元内外经录》，序述指归，上承王阮，下启慈云惟白王古一派。爰及北宋，三家竞起，各撰解题，盖吸收之后，正从事于消化矣。清初智旭撰《阅藏知津》，亦同此意。

中国历代佛教目录所知表

录名	卷数	存佚	性质	本篇简称	撰人	撰成年代	公历	门类	收书部数	收书卷数	出处
汉录	1	佚	专录汉代诸家译经		朱士行	魏高贵乡公甘露五年以前					费《录》、宣《录》
众经目	1	佚	专录自译经论		竺法护	西晋惠帝末	305以前				费《录》、宣《录》
众经录目	1	佚	通录古今		聂道真	西晋怀帝永嘉中	307—312				费《录》、宣《录》
古录	1	佚	通录古今			两晋之间？					祐《录》、费《录》、《法华传记》
经论都录	1	佚	通录古今	度录	支敏度	东晋成帝时？	326—342				费《录》、宣《录》
经论别录	1	佚	同上，始分类		支敏度	东晋成帝时？	326—342				费《录》、宣《录》
旧录		佚	通录古今			东晋成帝后，萧齐以前					祐《录》、费《录》

续表

录名	卷数	存佚	性质	本篇简称	撰人	撰成年代	公历	门类	收书部数	收书卷数	出处
别录		佚	同上，分类			东晋成帝后，萧齐以前					祐《录》、宣《录》
二赵经录	1	佚	通录，伪托			宋初					费《录》、宣《录》
综理众经目录	1	佚	通录，分类	安录	释道安	东晋孝武帝宁康二年	374				祐《录》、费《录》、宣《录》
庐山录	1	佚	专录庐山译经？		释慧远？	东晋孝武帝太元中？					费《录》
二秦众经录目	1	佚	专录秦凉译经		释僧睿	晋安帝义熙间					费《录》、宣《录》
汉录	1	佚	专录汉代译经		竺道祖	晋恭帝元熙元年？					费《录》
魏世经录目	1	佚	专录魏代译经		释道流竺道祖	同上					费《录》、宣《录》
吴世经录目	1	佚	专录吴代诗经		同上	同上					费《录》、宣《录》
晋世杂录	1	佚	专录晋代译经		同上	同上					费《录》、宣《录》
河西经录目一名凉录	1	佚	专录河西译经		同上	同上					费《录》、宣《录》

续表

录名	卷数	存佚	性质	本篇简称	撰人	撰成年代	公历	门类	收书部数	收书卷数	出处
佛经录		佚	总目录之一部分	七志	王俭	宋后废帝元徽元年	473				《隋书·经籍志·七录序》
众经都录	8	佚	通录古今	都录		齐初					费《录》、宣《录》
众经别录	2	佚	通录，分类	别录		齐初		10	1089	2593	祐《录》、费《录》、宣《录》
众经目录	2	佚	通录，分类	宗录	释王宗	南齐武帝时					祐《录》、费《录》、宣《录》
宋齐录	1	佚	专录晋末宋齐译经		释道慧	南齐时	479—501				费《录》、宣《录》
释弘充录	1	佚	专录藏经		释弘充	南齐时	479—501				费《录》、宣《录》、《皎传》
定林寺藏经录		佚	专录藏经		刘勰	南齐时	479—501				《梁书》卷五十
始兴录一名南录		佚	通录古今？			南齐时？					费《录》、宣《录》
出三藏记集	7	存	通录古今经论	祐录	释僧祐	梁武帝天监四年至十四年间		12	2162	4328	费《录》、宣《录》
华林佛殿众经目录	4	佚	专录藏经		释僧绍	梁武帝天监十四年	515				费《录》、宣《录》

续表

录名	卷数	存佚	性质	本篇简称	撰人	撰成年代	公历	门类	收书部数	收书卷数	出处
梁代众经目录	4	佚	专录藏经	唱录	释宝唱	梁武帝天监十七年		20	1433	3741	宣《录》
释正度录		佚	通录古今		释正度	梁武帝时？					费《录》、宣《录》
佛法录	3	佚	通录古今		阮孝绪	梁武帝普通四年以后	523 |	5	2410	5400	《广弘明集》
真谛录		佚	专灵自译经论		释真谛	陈宣帝太建元年					经《录》
王车骑录		佚			王？	南朝？					费《录》
岑号录		佚									费《录》
一乘寺藏众经目录		佚	专录藏经								费《录》
南来新录		佚				南朝？					费《录》
东录											费《录》
译众经论目录		佚	专录译经	支录	菩提流支	北魏永平二年至天平二年					费《录》、宣《录》
魏世众经录目		佚	专录藏经	廓录	李廓	北魏孝静帝天平年		10	427	5023	宣《录》
释道凭录		佚	或录藏经？		释道凭	北齐时	550 | 577				费《录》、宣《录》

续表

录名	卷数	存佚	性质	本篇简称	撰人	撰成年代	公历	门类	收书部数	收书卷数	出处
齐世众经目录		佚	专录藏经	上录	释法上	北齐后主武平中	570—575	8	787	2334	宣《录》
大隋众经录目	7	存	通录古今	经录	释法经	隋文帝开皇十四年	594	9门42类	2257	5310	宣《录》、《大藏》
开皇三宝录一名历代三宝记	15	存	通录古今	费录	费长房	隋文帝开皇十七年	597	2268	6417		宣《录》
隋仁寿年内典录	5	存	专录藏经	琮录	释彦琮	隋文帝仁寿二年	602		2109	5058	宣《录》、《大藏》
译经录		佚	或录藏经？		释灵裕	隋炀帝大业元年以前	581—617				费《录》、宣《录》
林邑所得昆仑书诸经目录		佚	专录昆仑经		释彦琮	隋炀帝大业二年	606				《续高僧传》
众经目录		佚			释智果	隋炀帝大业年					《隋志》
唐众经目录	5	佚		琬录	释玄琬	唐太宗贞观九年					宣《传》、宣《录》
大唐京师西明寺所写正翻经律论乘传等		佚			释道宣	唐高宗显庆三年	658		799	3361	宣《录》

续表

录名	卷数	存佚	性质	本篇简称	撰人	撰成年代	公历	门类	收书部数	收书卷数	出处
大唐内典录	10	存		宣录	释道宣	唐高宗麟德元年	664	10	2487	8476	《大藏》
大唐东京大敬爱寺一切经论目	5	存		泰录	释静泰	唐高宗麟德二年			2219	6994	《大藏》
古今译经图记	4	存		迈记	释靖迈	唐高宗时	650—683		1620	5552	《大藏》
大周刊定众经目录	15	存		佺录	释明佺	周则天帝天册万岁元年	695		3616	8641	《大藏》
大周刊定伪经目录	1	存		佺伪录	释明佺	同上	695		228	419	《大藏》
续大唐内典录	1	佚		昇续录	释智昇	唐玄宗开元十八年	730				《大藏》本非真
续古今译经图记	1	存		昇记	释智昇	同上	730			645	《大藏》
大唐开元释教录	20	存		昇录	释智昇	唐玄宗开元十八年	730	31	2278	7046	《大藏》
开元释教录略出	4	存		昇录	释智昇	同上	730		1076	5047	《大藏》
大唐贞元续开元释教录	3	存		照续录	释圆照	唐德宗贞元十年	794				《大藏》

续表

录名	卷数	存佚	性质	本篇简称	撰人	撰成年代	公历	门类	收书部数	收书卷数	出处
贞元新定释教目录	30	存		照新录	释圆照	唐德宗贞元十五年	794		1213	5390	《大藏》
内典目录	12	佚			王彦威	唐文宗开成中					《通志》
续贞元释教录	1	存			释恒安	南唐中主保大三年	946		137	343	《大藏》
蜀州刻藏经目录		佚			张从信	宋太祖开宝四年至太宗太平兴国八年	971 ｜ 983			5048	《佛祖统纪》
大中祥符法宝录	21	佚			赵安仁 杨亿	宋真宗大中祥符四年后	1011？		201	384	同上
教藏随函目录					释慈云	宋仁宗天圣二年					同上
天圣释教录	2	佚			释惟净	宋仁宗天圣五年	1027			6191	《佛祖统纪》
景祐法宝录		佚			吕夷简 宋绶	宋仁宗景祐三年	1036		19	161	庆《录》、《一览佛祖统记》
契丹刻藏目录		佚			释觉苑	辽道宗清宁六年前后	1060？			6000？	《续藏经》卷首
新编诸宗教藏总录	3	存			释义天	高丽宣宗八年	1091				《昭和法宝》

续表

录名	卷数	存佚	性质	本篇简称	撰人	撰成年代	公历	门类	收书部数	收书卷数	出处
大藏经纲目指要录	8	存		白录	释惟白	宋徽宗崇宁四年	1105		1049		《昭和法宝》
大藏圣教法宝标目	8	存		古目	王古	宋徽宗时			1440	5586	同上
弘法入藏录		佚				元世祖至元二十二年			20	115	庆《录》
至元法宝勘同总录	10	存		庆录	释庆吉祥	元世祖至元二十四年	1287		1400	5586	《昭和法宝》
大明释教汇门标目	4	存			释寂晓	明时					《阅藏知津》
大明释教汇目义门一名法藏司南	41	存			同上	同上					同上
阅藏知津	48	存		旭录	释智旭	清世祖顺治十一年	1654				原书
如来大藏经总目录一名番藏目录	1	存				清圣祖康熙二十二年	1683	18	978	1022	《续藏经》卷首
满洲刻藏目录	1	存				清高宗乾隆五十七年	1792				同上

此表所存，详于远而略于近。宋后刻藏，书目出入，卷数多寡，时有异同，不复备列。盖以其于目录学无甚影响故耳。

佛录之始创者

佛教目录之兴，盖伴译经以俱来。观乎后竺法护、释真谛之译经有录，则始创佛录者，其安清、支谦之伦乎？安清，相传为安息王太子，“以汉桓帝之初，始到中夏。”“至止未久，即通习华语。于是宣译众经，改胡为汉。”“其先后所出经，凡四十五部。”见祐《录》卷十三。其后，支谦译经于吴，“首尾三十余载”，出经三十六部。而据费《录》“检众录能述”所得，则谓清、谦所出有一百七十六部及一百二十九部之多。信如其说，则目录之需要极矣。即曰费《录》可疑；四十五与三十六之数亦非寡少，其必有一纸帐单以为备查之用，实系事势所趋，不得不然者；而此帐单纵极简陋，亦目录之雏型也。特以“仅列经名”，宣《录》。羌无义例，“岁久录亡”，祐《录》。故未为诸录盛称耳。惟智昇《开元释教录》卷十八于《魔化比丘经》注云：“支谦录内有此经名，恐伪窃真名，且两存其目。”

三部伪录

前于安清、支谦之佛录有三，皆后世伪造，或误认近著为古书。其一曰《古录》。费《录》云：“似是秦时释利防等所赍来经目录。”夫秦时佛法尚未流入中国，僧徒姓释始于苻秦之道安；王子年《拾遗记》本非信史，虽有室利防赍经入秦之说，讵足信乎？况费《录》于严佛调《古维摩诘经》、支谦《八吉祥经》、法护《普曜经》皆注云："见《古录》。"是数人者，皆生于汉末晋初；然则乌得又认《古录》为秦书乎？《法华传记》卷一《支派别行第四》。亦云："又有《萨量分陀利经》一卷……《古录》注：'法护译。'"祐《录》"新集安公失译经录"、"续撰失译杂经录"皆有引《古录》语。费《录》又于道龚《悲华经》注云："见《古录》，似是先译，龚更删改。"祐《录》则于《悲华经》下注云："《别录》或云：'龚上出。'"龚，晋安帝时人。因知撰《古录》者，最早不能出于法护以前，最迟不能更在道安或道龚之后。要之，必为晋人而非秦人。其书非古，更古者尚有朱士行、竺法护、聂道真之作。徒以失其撰人，故号为古耳。若遽依费《录》认为秦书，则不伪而伪矣。

其二曰《旧录》。费《录》云："似前汉刘向搜集藏书所见经录。"宣《录》云："似是前汉刘向校书天阁，往往多见佛经，斯即往古藏经，谓孔壁所藏，或秦政焚书人中所藏者。"此其荒谬，尤罕比伦。夫《列仙传》决非刘向所撰，且其记事全属于虚；据以为说，谁能置信？故《魏书·释老志》云："汉采遗籍，复若丘山。司马迁区别异同，有阴阳、儒、墨、名、法、道德六家之义。刘歆著《七略》，班固志《艺文》，释氏之学，所未曾纪。"夫汉时"天下遗文古事，靡不毕集太史公"；《史记自序》。向、歆《录》、《略》，虽房中术之秽，亦所不遗；岂有高明如佛经而反屏去不道乎？况《旧录》之称，原出祐《录》。祐《录》之"新集经论录"依照年代先后著记，自《四十二章经》至《譬喻经》，皆常引《旧录》所称之异名。较其同异，《旧录》每较安《录》为长。例如《七法经》，《旧录》云："阿毗昙七法行经。"此因安《录》"太简，注目经名，撮题两字"；祐《录》。《旧录》之不蹈袭安《录》，观此可知。迹其时代，《譬喻经》系晋成帝时，沙门康法邃所撰；而祐《录》于简文帝以后所出诸经不复引征《旧录》之说。由此推论，则《旧录》之成，盖在成帝至废帝之间也。当公元三四一至三七〇之间。与支敏度《经论都录》约略同时。或即一书，亦未可知。费《录》所引，则又更后。于晋孝武帝世竺昙无兰、释慧简译经皆引《旧录》，最迟者，竟及萧齐释道备之《九伤经》。祐《录》卷九《菩萨善戒菩萨地持二经记》，亦引《旧录》，云"是宋文帝世三藏法师求那跋摩，于京师译出"。此等疑其并为后人续加，非出一手。凡古书皆有后人续加之迹，如《史记》有褚少孙、冯商增补之语是也。则又似与祐《录》并世而稍早也。无论如何，其决非汉书则无可疑。而宣《录》乃沿费《录》之误而更甚其辞，是亦迷古之弊耳。至于经《录》、琮《录》、泰《录》、宣《录》所引"旧录"，有指祐《录》而言者，非悉谓晋人之《旧录》。

其三曰《汉时佛经目录》。费《录》云："似是伽叶摩腾创译《四十二章经》，因即撰录。"别本又云："似是前汉刘向集书所见者。"见大正新修本《大藏经·史传部》一二七页。其书除费《录》及全抄费《录》之宣《录》外，未有称述其只字者；其为费《录》妄言，固无待言。后说之谬，前已略陈。至于前说，亦非事实。祐《录》于《四十二章经》注云："安法师所撰录阙此经。"夫以"内外群书，略皆遍睹"《皎传》。之道安而不录此最古且最要之经典，则此经之伪，更何可掩？况《旧录》已云："本是外国经抄，元出大部，撮要引俗，似此《孝经》一十八章。"是已明知仅为俗本，非属原经。倘此经不伪，则何以"章和以降"，八十年间，又"经出盖阙"乎？即曰确有此经，而区区一卷，何须目录？故此录之必伪且必无，较之《古》、《旧》二录之不伪而伪者，又非其比矣。摩腾译经说之伪，可参看《饮冰室专集》第十五册《汉明求经说辩伪》。

第一部总录

《古》、《旧》二录既为晋人所撰，安清、支谦又未有言其撰录者，则第一部总录，殆为魏僧朱士行之《汉录》矣。书名原必更详。士行"出家以后，便以大法为己任。常谓入道资慧，故专务经典"，祐《录》卷十三。祐《录》虽未引其《汉录》，而费《录》备载之。考其所录，则汉末支娄伽谶、安世高、即安清。竺佛朔、支曜、康巨、严佛调诸家译经具在。又载有伽叶摩腾之《四十二章》，竺法兰之《十地断结经》。真伪杂列，颇乏识断。详记译人及其译地、译年月日，是其首创之例。士行既以魏高贵乡公甘露五年西行求经，且所录不出汉代，则其书必成于尚未西行而"专务经典"之时。在一切佛录中实为最古者矣。或亦疑其为后人伪造；费《录》于《益意经》，既云晋"孝武帝世，沙门康道和太元末译"，又云："朱士行《汉录》云二卷，不显译人。"似亦有可疑者。然道和所译系"第二出"，"合三卷"，费《录》亦已言之，显非一本，固无庸疑也。

竺法护与聂道真

继朱士行而作者有竺法护。法护游历西域诸国，遍学其语言文字，"遂大赍胡本，还归中夏……终身译写，劳不告倦。宣隆佛化，二十余年。晋怀帝永嘉初卒"。祐《录》卷十三，参《晋书》卷三。祐《录》于《新集续撰失译杂经录》二引"安法师所载竺法护《经目》"，此二书皆法护所出。可知道安犹及见法护所撰《众经目录》。费《录》、宣《录》遂并载之。“护于晋世出经最多”，而慧皎《高僧传》唯云：“护出一百六十五部”，祐《录》止录一百五十四部，费《录》则罗列至二百十部之多。似仅录其本人出经，已足成一目录矣。故宣《录》云：护“翻经极广，因出其录。”然诸录援引既寡，真相难明。倘未并录他书，祐《录》、《大集虚空藏无尽意三经》记引“护公录复出无尽意经”，此经亦护所出，不足为兼录他书之证。则护《录》实译经专录之最早出现者也。时有清信士聂承远及其子道真“执笔助翻”。“及护没后，真遂自译”。“亦出一录”。费《录》。亦曰《众经录目》，其所录者，有汉末之支娄伽谶，并世之竺叔兰，且尽列法护译经。较之护《录》，似有兼录、专录之分，此二者，皆西晋仅有之作，其体例略同《汉录》；而上文所谓《古录》，反在其稍后。

支敏度之《经论都录》及《别录》

费《录》卷八有“《经论都录》一卷”，云：晋“成帝世，豫章山沙门支敏度，总校群经，合古今目录，撰此《都录》”，卷十五又载“《支敏度录》一卷，又《都录》一卷”。宣《录》则谓敏度于“《经论都录》一卷”之外，“又撰《别录》一卷”。祐《录》则载有《合维摩诘经》、《合首楞严经》二书，云：“晋惠帝时，沙门支敏度所集。”据此，则敏度为惠帝至成帝时人。费《录》常引《支敏度录》，所载支娄伽谶、安世高、法护、支法度等译经，及《放光般若经》，皆出敏度以前。惟卷九引《支敏度都录》载有晋孝武帝世圣坚所译《僮迦叶解难经》，似敏度享寿极高。假定于惠帝末年合定二经时年二十，迄孝武帝初亦已九十岁矣。虽非不可能，然二十著书，九十撰录，终有可疑也。若认为成帝以前之人，则此录之成，早于安《录》三十余年，实为东晋第一部总录。至其书既以经论标名，复分《都》、《别》二录，则或已分别经论为二类，于《别录》中，亦甚属可能。且祐《录》迭引《旧录》、《别录》，而未言敏度有录；费《录》所引度《录》，间有同于祐《录》所引之《旧录》者：岂后人续补度《录》，直至宋、齐，久而没其姓名，致简称《旧录》、《别录》欤？参看上文论《旧录》，下文论《众经都录》。

《二赵经录》

费《录》有《赵录》，云："似是赵时，未见经，致疑姓氏。"宣《录》亦有《二赵经录》，云："似是二石赵时。诸录遥注，未知姓氏。"考佛图澄甚为石勒、石虎所尊信，然未尝译经。费《录》卷十。载《空净三昧经》等四部，谓"宋世，不显年，未详何帝译。群录直注云：'沙门释勇公出'，见《始兴》及《赵录》"。卷十一于《灯三昧经注》略同。又卷九。载晋孝武世，圣坚译经，云："一经见《赵录》。""未知前后赵。"又卷七。载晋末释法勇出一经，释嵩公出三经，亦云"见《赵录》"。考后赵亡于东晋穆帝永和七年，下距宋初已七十余年。因知《赵录》所载不但非赵人译经，且非赵人所作。视为伪书，固无不可。若其非伪也，殆有赵某撰录，而后世误为赵代所出欤？

奠定基础之道安《综理众经目录》

以上诸家，真相莫明。故祐《录》谓："自汉暨晋，经来稍多。而传经之人，名字弗记；后人追寻，莫测年代。"实则失译固多，明悉人代者亦不少。宣《录》谓："自前诸录，但列经名。品位大小，区别人代，盖无所记。"其实诸录对于译人、译时、译地，亦已详记。迨东晋中叶，释道安"乃总集名目，表其时人；铨品新旧，定其制作"。宣《录》。撰为《综理众经目录》。至孝武帝宁康二年始写定于襄阳。见祐《录》"新集安公注经录"。祐《录》谓："爰自安公，始述名录。铨品译才，标列岁月。妙典可征，实赖斯人。"卷二。其书虽亦失传，大体尚保存于祐《录》，据以推测，犹可仿佛。道安，常山扶柳人，少时师事佛图澄于邺，避乱南下，"斋讲不倦，多所博涉"，靡不通究。后为苻坚所得，最被敬信。劝坚远召鸠摩罗什于龟兹，间接助成译经之大业。制定僧尼轨范，以释为氏，垂为永式。散遣高徒，布教四方，以建元二十一年卒于长安。见祐《录》卷十五。其人在佛教史自有其卓绝不朽之地位，毋庸详叙。所宜论者，为其经录。

安《录》区区一卷，其注意点惟在"铨品译才，标列岁月"。祐《录》卷二。例如祐《录》卷十三。载"又有《阿阇世王宝积》等十部经，以岁久无录，安公校练古今，精寻文体，云：'似支谶所出。凡此诸经，皆得本旨，了不加饰，可谓善宣法要，弘道之士也。'"此即所谓"铨品译才"也。皎《传》卷一。载："案释道安《经录》云：'安世高以汉桓帝建和二年至灵帝建宁中，二十余年，译出三十余部经。'"祐《录》于《五盖疑结失行经》目下注云："安公云：'不似护公出。

记云:永宁二年四月十二日出。'"此即所谓"标列岁月"也。其录自"安高以下,至法立以上,凡十七家",并依年代先后,逐家汇列。以经名为目,下注其异名及译出岁月。一家经目列毕,则另写一段于后,略述译人姓氏,译经始末,译笔优劣。后来祐《录》名之曰《本录》。"自《道地要语》迄《四姓长者》,合九十有二经,标为古异。""或无别名题,取经语以为目;或撮略四铨,摘一事而立卷。""编之于末。"祐《录》卷三。自《修行本》起,讫于《和达》,凡一百有三十四经,莫详其人。祐《录》名之曰《失译经录》。又有《关中》、《凉土》"二录,并阙译名"。又"摘出伪经二十六部",别为一录。此外更将自注众经及杂志目录,亦"附之于末"。祐《录》卷五。全录"注目经名,撮题两字。且不列卷数,行间相接。后人传写,名部混糅。且朱点为标,朱灭则乱。循空追求,困于难了"。后由僧祐"悉更删整,标定卷部"。祐《录》卷三。乃成下列之形式:

经论录或称《本录》。第一

古异经录第二原在后,祐始提前。

失译经录第三

凉土失译经录第四

关中失译经录第五

疑经录第六

注经及杂志录第七

"其体裁足称者盖数端:一曰纯以年代为次,令读者得知斯学发展之迹及诸家派别。二曰失译者别自为篇。三曰摘译者别自为篇,皆以书之性质为分别,使眉目犁然。四曰严真伪之辨,精神最为忠实。五曰注解之书别自为部,不与本经混,主从分明。凡此诸义,皋牢后此经录,殆莫之能易。"梁启超《佛家经录在中国目录学之位置》。

除第一点为佛录惯例外，余皆安所发明也。故道宣嘉之曰："众经有据，自此而明；在后群录，资而增广。"宣《录》卷十。安诚无愧为佛录开山之祖矣。

僧睿之《二秦众经录目》

继道安而作者，有僧睿。僧睿，魏郡长乐人。皎《传》卷六。道安弟子。宣《录》卷十。与鸠摩罗什同在姚秦，"什所翻经，睿并参正"。什叹嘉之。见皎《传》卷六，参看卷二，及祐《录》卷二，卷十四。弘始末年，撰有《二秦众经录目》一卷，见费《录》卷八，宣《录》卷十。盖补道安之不及，专录二秦译经名目者也。费《录》间引其文，因知苻秦之竺佛念、昙摩蜱、僧伽提婆，姚秦之鸠摩罗什、弗若多罗、卑摩罗义、拂驮耶舍诸家译经皆在录中。最晚者有弘始十五年、当晋安帝义熙九年。玄始七年当义熙十四年。所译，且有姚秦亡后北凉僧昙摩谶之书。故虽以《二秦》为名，而实兼及北凉。凡道安未收，秦凉新译之经，殆已尽收于此录矣。费《录》于支谦之《微密持经》亦引此录，殆偶证异名，非关著录。故谓为安《录》之续编，亦无不可也。

南北朝佛录概观

及南北分立之世，译经日多，藏经日富，撰为目录者接踵而出。竺道祖首创断代之例，王俭首收佛书入总志，无名氏之《众经别录》首为学理及体裁之分类，释僧祐之《出三藏记集》首作小传及书序为目录之附录。而集经结藏亦始于僧祐，刘勰之于定林寺，僧绍宝唱之于华林殿，一再撰目，遂成世业。北朝则有李廓之《魏录》，法上之《齐录》，并号精当。而专录译经者，则有萧齐之释道慧，陈之释真谛，元魏之菩提流支等。其他不甚知名者尚有多种。以数量论，可称最为发达。以实质论，则佛教目录学至此时期始得成立，其重要实不减于隋唐诸录也。

道祖之《众经录》

晋太元初，道安陷秦，其弟子慧远南入庐山，创东林寺，率众讲学。"初，经流江左，多有未备。远乃命弟子法净等远寻众经，逾越沙雪，旷岁方还，皆获胡本，得以传译。所以禅法经戒，皆出庐山，几且百卷。葱外妙典，关中胜说，所以来集兹土者，皆远之力也。"祐《录》卷十五。费《录》载有《庐山录》一卷，殆即庐山译经之目录欤。而远之弟子释道流创撰《众经录》四部，一曰《魏世经录目》，二曰《吴世经录目》，三曰《晋世杂录》，四曰《河西经录目》，未就而病卒。同学竺道祖因而成之，大行于世。见费《录》卷八及宣《录》卷十。观费《录》所引，则断代为录，各自为书，道祖所作，实为始祖。盖士行《汉录》，敏度《都录》，道安《综录》，固已按代录人，而区区一卷，自可不再分篇。《法护录》、《二秦录》之属，只录一时所译，决不可谓为断代之录也。道祖之作，则非仅如宣《录》所载，分为四卷，各命一名而已；此外尚有所谓《汉录》者，偶见于费《录》，卷二引"竺道祖《汉录》云：'兴平元年康孟详于洛阳译《四谛经》一卷，与世高出者小异。'"而世迄未之知。此五录者，固各自单行，故费《录》述引，各有称号，并无总名。其所谓魏乃并指曹魏及元魏,《河西录》又名《凉录》,《晋世杂录》则并包二秦及刘宋译经。所收之书,有迟至刘宋孝武帝孝建二年始出者。故知道祖此录之出,已为刘宋末年矣。然祖实卒于晋恭帝元熙元年,皎《传》卷六。则宋世诸经乃后人续入之也。

王俭之《佛经录》

道祖之后,有收佛经入总目录中者,为宋秘书丞王俭。俭依《别录》之体,撰《七志》。又条佛经为一录,“虽继七志之后,而不在其数”。见《七录序》。《七志》之例,虽“亦不述作者之意,但于书名之下,每立一传,而又作九篇条例,编乎首卷之中”。见《隋志》。则《佛经录》所收各书,亦必各有一传。首卷之条例或有对于分类或分家之说明。且《七志》多至四十卷。见《南齐书》本传。若谓其《佛经录》独不分类提要,与其他七志有殊,亦不近情。惜乎书已不传,未可任意推测耳。仅就其收佛经入总录及每书立传之两例论之,俭之创见,已可嘉矣。

萧齐三录

费《录》载有释王宗之《众经目录》,释道慧之《宋齐录》,及《释弘充录》。皆出南齐时。祐《录》于《佛从兜率降中阴经》下注云:“齐武帝时,比丘释王宗所撰。”费《录》于竺法护、朱士行及晋孝武世之法坚,宋武帝世之法勇,宋文帝世之觉铠,所译各经下,并引王宗《录》,可见其书亦系通录古今者。费《录》又谓宗"又撰大小乘目录"二卷,云"见《三藏记》",但祐《录》今本未见此语。则佛录之判别大乘小乘者,殆以王宗为最先也。《宋齐录》则专录晋末及宋齐二代之译经目录,与宗《录》之性质迥异。核其所收,如晋安帝世之祇多蜜、佛驮耶舍,宋文帝世之释智猛、释昙觉、释智严、释宝云、僧伽跋摩、求那跋陀罗、昙摩密多、畺良耶舍,宋明帝世之吉迦夜,宋废帝世之毗尼师佛陀什,宋孝武帝世之沮渠京声,齐武帝世之僧伽跋陀罗、达摩摩提,皆一时译经之大师。虽已溢出宋齐之限,而晋安帝实为东晋最后一朝,其后之恭帝,践祚仅年余。紧接宋初,原非悬隔。道慧此录殆继《旧录》而作,犹僧睿之续安《录》,故专以近代译经为著录之对象也。至于《释弘充录》,则仅一见于费《录》,未知其性质若何。据皎《传》八卷。所载:"释弘充,凉州人,大明末,过江,初止多宝寺。明帝践祚,起湘宫寺,请充为纲领,于是移居焉。以齐永明中卒。"其所撰目录,或系专记湘宫寺所藏,亦未可知。

空前精善之《众经别录》

费《录》载有《众经别录》,注云:"未详作者,似宋时述。"又详记其类名部数及卷数如下:

大乘经录第一	总三百七十部	七百七十九卷
三乘通教录第二	五十一部	九十七卷
三乘中大乘录第三	一十七部	三十八卷
小乘经录第四	四百三十六部	六百六十一卷
篇目阙本录第五		

大小乘不判录第六	一百七十四部	一百八十四卷
疑经录第七	一十七部	二十卷
律录第八	一十二部	一百九十五卷
数录第九	六部	一百二十一卷
论录第十	六部	一百五十二卷

都两卷十篇，一千八十九部，二千五百九十六卷。此书至唐初尚存，故祐《录》、费《录》、宣《录》皆备引其说。例如祐《录》于《伅真陀罗经》下注云："《旧录》云：《屯真陀罗王经》，《别录》所载，安《录》无，今阙。"于《光明三昧经》下注云："出《别录》，安《录》无。"费《录》更多注"见《别录》，安《录》无"者，足见《别录》并不以安《录》为蓝本，且较安《录》为尤详。而此《别录》盖即《众经别录》也。又费《录》于《弥勒菩萨本愿待时成佛经》下注云："已上三十二经，并见《别录》，云什重译。"于聂道真所译诸经后述云："此并见《别录》所载。"于法炬所译诸经后述云："既见《旧》、《别》诸录，依聚继之。"于宋文帝世求那跋陀罗译经下注云："已上不注诸录者，并见《别录》。"可见《别录》于同类之书，亦汇聚一人所译于一处。综其所收，上自汉末安世高，下至萧齐之释道备。历代诸经，无不摄入。由此足知其为通录古今之书矣。由此又知非即支敏度之《众经别录》，而或为其续录。而费《录》卷五《魏吴世录》序云："且《旧录》虽注蜀《普曜首楞严》等经，而复阙于译人年世，设欲纪述，罔知所依，推入失翻，故无《别录》。"据此推论，则《旧录》与《别录》同出一人。费《录》卷十五有《众经都录》八卷，注云："似是总合诸家，未详作者。"此录据余考证，似即上文所谓《旧录》。较其时代，略与《别录》同时。盖费《录》引《旧录》、《别录》，并止于萧齐之释道备，其后各家，不复引述。而诸录绝未有引《众经都录》一语者，《旧

录》既非"似前汉刘向搜集藏书所见经录",前文已考。祐《录》又只引《旧录》而未言有《众经都录》。则谓《旧录》似即《都录》,实无不可。良以此两录至隋初皆已失传,费《录》未见原书,仅能由他录所载转引;故卷十五又谬以《旧录》为汉书,而未知其即《众经都录》耳。揣其体例,则一依时代为次,谓之《都录》;一依大小乘律论等体裁而分,则谓之《别录》。其"失翻"者,不复"纪述","故无《别录》",因知《都录》当有"纪述",当较《别录》为详。故费《录》载《都录》八卷,《别录》则只二卷也。两录于萧齐众经,吾人仅知其录有道备一家,则其著作时代必在齐初,与上述之释王宗同时。虽不敢径谓两录即为王宗所撰,然从"又撰大小乘目录"一语及《别录》、宗《录》之卷数并为两卷推之,则其或然性乃甚强。虽曰题名各别;然提出此项问题,亦不为无益耳。盖王俭《七志》已亡,既未知其《佛经录》已分类与否,王宗《经录》之内容,吾人更无所知,则对于此创造最优良之分类法之《众经别录》作者,吾人竭精殚思以求得其姓名亦非过分。其书既从教义上分大乘、小乘、不判乘;又从体质上分存、疑、阙;佛经之外,又首创律、论、数三类。其分类法之原则盖有教义、体质、文裁三项,俾经、律、数、论,各有定居,真、伪、完、阙,不从含混。而专习一乘者,自可即类求书;初学佛经者,不为疑伪所误。其类例之善,实为空前所未有。非独为道安僧祐所不及,即后来隋唐诸录亦无不仰为圭臬,亦步亦趋,不敢稍失规矩也。

关于《别录》及其有关之《旧录》,试作一关系系统图如下:

(《旧录》= 支敏度《经论都录》)+ 释道慧《宋齐录》= 无名氏《众经都录》

(《别录》= 支敏度《经论别录》)+ ? = 无名氏《众经别录》= 释王宗《众经目录》

现存最古之《出三藏记集》

遥续安《录》，近接《别录》，囊括一切经录而集其大成者，为释僧祐之《出三藏记集》。皎《传》载：祐，建康人，入定林寺，“初受业于沙门法颖。颖既一时名匠，为律学所宗。祐乃竭思钻求，遂大精律部。齐竟陵文宣王每请讲律，听众常七八百人。永明中，敕人吴试简五众，并宣讲《十诵》，更申受戒之法。凡获信施，悉以治定林建初及修缮诸寺，并建无遮大集，舍身齐等，及造立经藏，搜校卷轴。使夫寺庙开广，法言无坠，咸其力也”。梁初，武帝“深相礼遇，凡僧事硕疑，皆敕就审决。年衰脚疾，敕听乘舆入内殿，为六宫受戒。凡白黑门徒一万一千余人。以天监十七年五月二十六日，卒于建初寺，春秋七十有四”。“初，祐集经藏既成，使人抄撰要事，为《三藏记》、《法苑记》、《世界记》、《释伽谱》及《弘明集》等，皆行于世。”并录皎《传》卷十一原文。据此所述，则僧祐在齐梁之间，地位甚高，门徒甚众，故能集合众力，“造立经藏，搜校卷轴”，撰著诸书。佛经之有藏，实自祐始。佛录之得留传至今，亦以祐《录》为最古。

祐之撰经录也，实以“经出西域，运流东方，提挈万里，翻传胡汉，国音各殊，故文有同异，前后重来，故题有新旧。而后之学者，鲜克研核，遂乃书写继踵，而不知经出之岁，诵说比肩，而莫测传法之人，授受之道，原作授之受道，今据宣《录》校改。亦已阙矣。夫一时圣集，犹五事证经，况千载交译，宁可昧其人世哉？昔安法师以鸿才渊鉴，爰撰经录，订正闻见，炳然区分。自兹以来，妙典间出。皆是大乘宝海,时竞讲习。而年代人名,莫有铨贯。岁月逾迈,本源将没,复生疑惑,奚所取明?祐……于是牵课羸志,沿波讨源,缀其所闻,名曰《出三藏记集》”。读此自序,则祐之所志,在续安《录》,其余诸子,等于自郐无讥矣。然祐又自言“祐总集众经,遍阅群录”,则其所见众录,为数甚多,决不限于安《录》及《古》、《旧》诸录也。

《梁书》卷五十。载:“刘勰字彦和,早孤,笃志好学,家贫不婚娶,依沙门僧祐,与之居处,积十数年,遂博通经论,因区别部类,录而序之。今定林寺经藏,勰所定也。天监初,起家奉朝请。”由此可知僧祐经藏早成于齐世,编定其目录者乃勰也。又可知祐《录》所根据者,必定林寺《经藏目录》也。今读祐《录》,觉其笔调情致宛似《文心雕龙》。勰既依祐为生,且已为祐寺编目,则祐《录》殆亦由刘勰执笔欤?祐弟子慧皎作《高僧传》,载祐卒后,“弟子正度立碑颂德,东莞刘勰制文”。费《录》有“《释正度录》一卷”,或为拾补祐《录》之遗。费《录》于晋恭帝元熙元年竺法力,宣《录》于晋初竺法护,并引《正度录》。正度慧皎及宝唱之俦,谅亦尝助勰、祐撰录也。至于祐《录》成书之年,费《录》称为“齐建武年”,此盖草创之时耳。祐所新撰《贤愚经记》记有天监四年之事,亦已收入祐《录》,因知其书必成于此年以后,天监十四年以前。或目录部分于建武中先成,记传部分至天监中犹陆续加入。如此巨著,必非短期所能竣事也。

祐《录》内容共分四体。自序云:“一撰缘记,二铨名录,三总经序,四述列传。缘记撰则原始之本克昭,名录铨则年代之目不坠,经序总则胜集之时足征,列传述则伊人之风可见。”此外尚有杂录一体,实亦书序之类,非有歧异。全书最主要之部分,自为目录之“录”,录凡十二,其名次如下:

新集撰出经论录第一

新集条解异出经录第二费《录》转载有误。

新集表序四部律录第三《大藏》本移在续撰失译录之前，以下次第并依费《录》所载。

新集安公古异经录第四

新集安公失译经录第五

新集安公凉土异经录第六

新集安公关中异经录第七

新集续撰失译杂经录第八

新集抄经录第九

新集安公疑经录第十

新集疑经伪撰杂录第十一祐《录》原脱“伪撰杂”三字。

新集安公注经及杂经志录第十二此题依祐《录》。

第一部分实摄入安《录》原文，“接为新录。兼广访别目，括正异同，追讨支举，以备录体。发源有汉，迄于大梁，运历六代，岁渐五百，梵文证经四百有十九部，华戎传译八十有五人，鱼贯名第，略为备矣。或同是一经而先后异出，新旧舛驳，卷数参差，皆别立章条，使无疑乱。即第二部分。至于律藏初启，则详书本源”。为新集律分五部记录，新集律分为十八部记录。《大藏》本因“文烦不复备写”。“审核人代，列于上录，若经存译亡，则编于下卷。”即第八部分。

第二部分所谓“异出经者，谓胡本同而汉文异也。……《泥洹楞严》，重出至七。《般若》之经，别本乃八。傍及众典，往往如兹。”祐“并条目列入，以表同异。其异出杂经失译名者，皆附失源之部。”

第四部分亦安《录》原文。“古异经者，盖先出之遗文也。……虽经文散逸，多有阙亡；观其存篇，古今可辩。”故道安别为一录，祐亦仍之。

“安《录》失译人者及《关》、《凉》二录，祐总而次列入失源之部。”安《录》“太简”，“且众录杂经，苞集逸异，名多复重，失相散紊”。祐“悉更删整，标定卷部”。即第五至第七部分是也。

第八部分小序云：“祐总集众经，遍阅群录，新撰失译，犹多卷部。声实纷糅，尤难铨品。或一本数名，或一名数本。或妄加游字，以辞繁致殊。或撮半立题，以文省成异。至于书误益惑，乱甚棼丝。故知必也正名，于斯为急矣。是以雠校历年，因而后定。其二卷以上，凡二十六部，虽阙译人，悉是全典。其一卷以还，五百余部，率抄众经，全典盖寡。观其所抄，多出《四鋡》、《六度》、《道地大集》、《出曜》、《贤愚》及《譬喻生经》。并割品截偈，撮略取义，强制名号，仍成卷轴。至有题目浅拙，名与实乖。虽欲启学，实芜正典。其为愆谬，良足深诫。今悉标出本经，注之目下。抄略既分，全部自显。使沿波讨源，还得本译矣。……”

第九部分专录“撮举义要”之书，“其安公时抄，悉附本录”，不入此篇。第十部分全录道安原文。第十一部分则系“祐校阅群经，广集同异，约以经律，颇见所疑”，“注之于录。并近世妄撰，亦标于末”。第十二部分亦仍安原文，续加近作数种。

综上所述，除特为保安《录》而设之六录外，实只分(1)经论，(2)异出经，(3)律，(4)失译经，(5)抄经，(6)疑经，六部。

祐《录》之特色，不在上述之录，而在录前之记与录后之序及传。前有《集三藏录记》，《十诵律五百罗汉出三藏记》，《菩萨处胎出入藏记》，皆叙佛经结藏之经过，犹之刘歆《辑略》之叙学术源流也。次则为《胡汉译经文字音义同异记》、《前后出经异记》，并释译文异义。录后一部分专抄出经著论之序及后记。一部分则祐所特撰之高僧列传也。揆以刘向《别录》之例，则祐之经序、列传，较向之解题、小传为尤详。向《录》融化篇目、解题、列传于各录中，祐《录》则析之为三，或列书目，或存原序，或撰详传，未能并合耳。

僧祐之撰是录也，为时甚久，为力甚勤，而为功甚艰巨。其所根据之安《录》既甚疏略，众录又紊乱不一，必须“悉更删整，标定卷部，使名实有分，寻览无惑”，实非轻易。读前引各序，已可知之。其所收藏既极丰富，见《梁书·刘勰传》。又复“访讯遐迩”，僧祐《贤愚经记》。“雠校历年，因而后定”，其勤谨尤为少见。同时撰集经录者非只一家，惟祐独传，余并遗佚。此其必有为众录所不及者，然后可以传千四百年而不失也。考其优点，约有四端：一曰葆有多方面之第一手史料，如叙佛典来历及翻译方法，记名僧事迹，抄论序及出经后记，皆显示最初之踪影，极便后世学者之称道与研究。二曰使用多样之体裁，如既有目录，又用记、序、列传以辅之，俾能互相补充，无“知其一、不知其二”之患，而目录之功益显矣。三曰分析经书为多数之部类，既剔出注经、杂经、疑经、伪经、抄经、失译经、古异经、异出经，另成若干部，以别于正式之经论，又析律为另一部。除失译、古异、抄、疑、注、杂各部仿自道安，余例皆为僧祐所自创，实开后此诸家许多法门，促进佛教目录学之进步，为功甚大。其四则于一切经论皆曾作一番考索。甄别其同异真伪，钩出其译人时地。总计录书二千一百六十二部，凡四千三百二十八卷。前乎此者，实未有若是博大者也。隋释法经《众总经录序》谓：道安以后，二百年间，诸家经录，皆未精详。“独有扬州律师僧祐撰《三藏纪录》，颇近可观。然犹小大雷同，三藏杂糅，抄集参正，传记乱经，考始括终，莫能该备。自外诸录，胡可胜言。”法经所论，颇中其失。惟经、律分录，实始于祐。大、小分乘，前人所忽，未可以为祐罪耳。

唐释智昇《开元释教录》卷十。则云:“祐《录》所撰,条例可观。若细寻求,不无乖失。只如第一卷前后出经异记中,‘旧经《怛萨阿竭阿罗诃三耶三佛》,新经《阿耨多罗三藐三菩提》’者,一误。若新旧相对,应云‘旧经《怛萨阿竭阿罗诃三耶三佛》,新经《多陀阿伽度阿罗诃三藐三佛陀》;旧经《阿耨多罗三耶三菩提》,新经《阿耨多罗三藐三菩提》。’二义全殊,不可交互。又如昙摩罗刹与竺法护乃是一人。昙摩云法,罗刹云护。分为二人,二误。异出经论录中,但名目相似,即云重译,而不细料简。大小混杂,三误。《僧伽罗刹集序》云‘众护撰’者,僧伽云众,罗刹言护,众护乃是集经之人。序是翻译者作,题云‘众护’,四误。此诸众作,乖谬全鲜。此亦璠玙之一玷也。”智昇所摘,确中其失,然微细亦已甚矣。据余所见,祐《录》之失,盖另有在。一曰:过尊道安,并存其录,致自紊其例也。夫《经论录》、《注经录》,既包安《录》于其中,不另为一录;则《疑经》、《失译》,胡为又别析为四部乎?此合彼分,必有一误;自相矛盾,其何可辞?安公时抄诸经,既已混入《经论录》;而新集他人抄者,则又新创《抄经录》以容之,且昌言攻其“既使圣言离本,复令学者逐末”,出尔反尔,尤令人齿冷。此皆过尊道安一念误之耳。二曰:所创体例,多而不密,新而不严也。以《传》、《序》辅目录,斯固新奇之作,虽乖体例之纯,益显便利之大。然既已分标四体,则何为又杂以《杂录》?《杂录》所录皆书序也,胡为乎不以入《序》也?《录》为全书之本体,既已分类列目矣,胡为将分律之说记为三录?胡为将无关经论之《小乘迷学记》及《喻疑》二文亦占居两录之位?三曰:考证工夫犹未见精到也。《集三藏录记》及少数列传,述佛氏掌故,半涉荒唐。《本录》收书,颇杂疑经。乃至误信汉明帝遣张骞使月支写经《四十二章》之说,而谬谓“古经现在,莫先于《四十二章》;传译所始,靡逾张骞之使"。此亦由推尊佛氏太过,务欲使其近古乃更为神灵耳。虽然,若僧祐者,不可谓非南北朝诸家之最杰出者也。

僧绍与宝唱

与僧祐同时同地,依其圭臬而撰为宫殿藏经目录者有僧绍与宝唱二家。唱固祐之高徒也。是时梁武帝"大崇佛法,于华林园中,总集释氏经典"。见《隋志》,但卷数未确。"天监十四年,敕安乐寺沙门释僧绍撰""《华林佛殿众经目录》。""绍略取祐《三藏集记目录》,分为四色,余增减之。"见费《录》卷十一。"虽复勒成,未惬帝旨。"见道宣《续高僧传》卷一,下文简称宣《传》。"至十七年",据费《录》,但宣《录》作十五年。又敕新安寺沙门释宝唱费《录》,参宣《传》。"重撰,乃因绍前录,注述合离",宣《传》卷一。"显有无译,证真伪经,凡十七科,实分二十科,此数有误。颇为覼缕"。费《录》卷十一。"一帙四卷,雅惬时望。遂敕掌华林园《宝云经藏》,搜求遗逸,皆令具足。备造三本,以用供上。"宣《传》卷一。据费《录》,卷十五。宝唱所撰者,名《梁世众经目录》,原名必为"大梁",而非"梁世"。其分类之系统最为详细,而略嫌琐碎。

卷一——大乘
- 有译人多卷经
- 无译人多卷经
- 有译人一卷经
- 无译人一卷经

卷二——小乘 { 有译人多卷 / 无译人多卷 / 有译人一卷 / 无译人一卷 }

卷三 { 先异译经 / 禅经 / 戒律 / 疑经 / 注经 / 数论 / 义记 }

卷四 { 随事别名 / 随事共名 / 譬喻 / 佛名 / 神咒 }

“都二十件，凡一千四百三十三部，三千一百四十一卷。”禅经及最后六科，皆前人所未立。书成之时，即僧祐示寂之岁。唱既祐徒，则过从谘禀，必有所受。犹之祐撰前录，亦必参纳宝唱、正度、刘勰之意见。此四人者，固一家之学；僧绍亦可列入为附庸。未可以其分类不同，晦明不一，而区为异宗也。惟勰、绍、唱所录，惟限藏经；佚书阙目，在所不列。此则有异于通记古今存佚之祐《录》耳。

阮孝绪之《佛法录》

同时稍后，阮孝绪撰《七录》，谓“释氏之教，实被中土，讲说讽味，方轨孔籍。王氏虽载于篇，而不在志限；即理求是，未是所安。故序《佛法录》为外篇第一”。“王则先道而后佛，今则先佛而后道。盖所宗有不同，亦由其教有浅深也”。实则因宋帝崇道，梁帝佞佛。《佛法录》凡三卷，分戒律、禅定、智慧、疑似、论记五部。列书“二千四百一十种，二千五百九十六帙，五千四百卷”。书成于梁武帝普通四年之后，较上述诸录为晚出。故诸录所有，必已摄入。而孝绪惟据诸家名簿，并非尽有其书。故其所收卷帙虽巨，未必可靠。不然，则华林所藏即宝唱所录，只有三千七百四十一卷，仅及阮《录》十分之七；纵使“官目多所遗漏”，以僧祐宝唱之勤搜力聚，亦不致遗漏一千六百五十九卷之多。如曰存亡并收，则亦无以逾祐《录》四千三百二十八卷之数。由此论之，则阮《录》之滥收多误，信矣。

分类甚精之李廓与法上

佛教之在南朝，以梁初为最盛，故佛录亦以梁初为最多且最精。至于北朝，则元魏、高齐，先后佞佛，李廓、法上，两度结藏，其所撰录，亦颇可观。魏宣武帝永平年，敕舍人洛阳李廓费《录》卷九。“撰《众经录》。廓学通玄素，条贯经论，雅有标拟”。宣《录》卷一。或载其书成于永熙年，费《录》卷十五。然其录尝述天平年事，则书成之时，已为东魏孝静帝天平年矣。其分类法，与梁代诸录又复不同，亦有独得之处。一为《大乘经目录》，二为《大乘论目录》，三为《大乘经子注目录》，四为《大乘未译经论目录》，五为《小乘经律目录》，六为《小乘论目录》，七为《有目未得经目录》，八为《非真经目录》，九为《非真论目录》，十为《全非经愚人妄称目录》。“都十件，经律论真伪，四百二十七部，二千五十三卷。”费《录》。较之梁录，仅有其半。而未得经者只一十六部，可见其录乃藏经之目，非复通载古今者也。法上所录，齐世众经，即承东魏藏者而稍增益之，故有七百八十七部，二千三百三十四卷。费《录》卷十五。然其分类法则特异于廓《录》。有“《杂藏录》、《修多罗录》、《毗尼录》、《阿毗昙录》、《别录》、《众经抄录》、《集录》、《人作录》，都八件。”后来隋初法经所撰即依其意而略改类名。可见其为世所重矣。宣《传》载：“释法上，朝歌人，魏齐二代，历为统师。昭玄一曹，纯掌僧录，令史员置五十许人，所部僧尼二百余万。而上纲领将四十年。四方诸寺，咸禀成风。崇护之基，罕有继采。”卷八。其所撰录，成于高齐后主“武平年”。费《录》卷十五。综观廓上两录分类之精，远胜南朝诸录，且为隋代诸录之蓝本。不意末世而有此作也！

南北朝之译经目录及梵经目录

上述诸录，或专记一时所藏，或通考古今所出。至于专录一时译经者，除《释正度录》外，尚有道希及真谛二家。宣《传》载：“菩提流支，魏言道希，北天竺人也。以魏永平之初，来游东夏。宣武皇帝处之永宁大寺，以为译经之元匠。”又引李廓《录》云：“三藏流支，自洛及邺，爰至天平，二十余年，凡所出经，三十九部，一百二十七卷。”廓又云：“流支房内，经论梵本，可有万甲。所翻新文，笔受稿本，满一间屋。”费《录》卷十五。则谓流支撰有“《译众经论目录》，一卷”。推其名义，似专录自译经论。然于魏文成帝世释昙曜所译《付法藏传》下注云“见《菩提流支录》”，则支《录》所收又未必限于本人所出，而并取近世译经矣。至于真谛，则原名波罗末陀，“本西天竺优禅尼国人”。“以太清二年始届京邑”。“欲传翻经教，而国难未静，随方翻译”，“亲注疏解”。“至陈宣即位，凡二十三载，所出经论记传六十四部，合二百七十八卷”。“余有未译梵本书，并多罗树叶，凡有二百四十甲。费《录》甲作缚或夹。若依陈纸翻之，则列二万余卷”。其已“译讫，止是数甲之文。并在广州制旨、王园两寺”。据宣《传》卷一。费《录》卷九，卷十一，两载其事。费《录》、宣《传》，并未言其撰有经录。惟法经《众经目录》于《大乘起信论》及《遗教论》目下并注云：“人云真谛译，勘《真谛录》，无此论，故入疑。”因知真谛译经自有目录矣。

道希、真谛并携来多数梵经。又宣《传》载：“那连提黎耶舍，隋言等称，北天竺乌场国人，天保七年届于京邺。文宣皇帝安置天平寺中。三藏殿内，梵本千有余夹，敕送于寺”，“请为翻经。”此项梵经，或为道希携来者。夹数既多，必有梵文或梵汉对照之目录，惜乎无人记述之耳。

南北朝不著名之佛录

费《录》卷十五。列举未尝见本之经录凡二十四家。上文已考出十余家矣。所余者除《灵裕录》出于隋时外，皆南北朝人作品也。有可考者，有不可考者。如《释道凭录》，虽无佚文可辑，然宣《传》卷八。载：凭，平恩人。善讲《涅槃华严四分》。“以齐天保十年卒于邺城西南宝山寺。”凭既未译经，则其所录，殆为宝山寺经藏欤。又如《始兴录》：梵僧之自南洋来者，必经始兴。例如皎《传》之求那跋摩，即停留始兴岁许。始兴即今广东韶州。故费《录》卷九。云：“《始兴录》即《南录》。”其书所载，却不限于南人译经。古自汉末建安二年之昙果，远至河南国今甘肃。之圣坚，河西国之僧伽陀，近则刘宋之法海、道严，萧齐之法度、昙景，皆所收列。并见费《录》转引。故知其为藏经录，或古今通录也。至如《岑号录》，则费《录》惟于汉末严佛调《迦叶诘阿难经》引述一次；《王车骑录》则绝无称道之者：性质皆属不明。除此二十四家之外，余于费《录》又考得三录。一曰《南来新录》，见晋末《祇多密译经》目注。二曰《东录》，见宋文帝世释智严译经目注。三曰《一乘寺藏众经目录》，见周武帝世颂菩提译经目注。而昇《录》述“周《录》之中，引《真寂寺录》、《义善寺录》、《玄法寺录》、《福林寺录》，但引其名，不言卷数，又有《陈朝大乘寺藏录》四卷，并不知何人制作。似是当寺藏经，略记由委。既扃寺名为录，未可通行，故叙录次，阙而不载”。见昇《录》卷十。除陈《录》确属南朝外，其余四录，朝代不明。

隋代之佞佛与撰录

隋代二主，佞佛尤虔。“开皇元年，高祖普诏天下，听令出家。仍令计口出钱，营造经像。而京师及并州、相州、洛州等诸大都邑之处,并官写一切经,置于寺内。而又别写藏于秘阁。”《隋志》。记其“在位,写佛经四十六藏,凡十三万卷,修治故经四百部”。释氏《稽古略》卷三。“天下之人,从风而靡,竞相景慕。民间佛经多于六经数十百倍。”见《隋志》。“二年仲春,访人译经。”费《录》卷十二。季夏,诏起寺曰大兴善。五年,召揵陀罗国沙门阇那崛多为译经元匠。“于大兴善寺更召婆罗门僧达摩笈多,并敕居士高天奴、高仁和兄弟等同传梵语,又置十大德沙门僧林、法粲、法经、慧藏、洪遵、慧远、法纂、僧晖、明穆、昙迁等监掌翻事,铨定宗旨,沙门明穆、彦琮,重对梵本,再审覆勘,整理文义。”及炀帝定鼎东都,乃下敕于洛水南滨上林园内置翻经馆。宣《传》卷二。又“修治故经六百十二藏,计九十万三千五百八十二卷。”《稽古略》卷三。“两代道俗二十余人,所出经论法传等合九十部,五百一十五卷。”宣《录》卷五。奉敕撰经录者,先后有法经、费长房、彦琮、智果四家,而彦琮更有《昆仑经录》。

法经之《大隋众经录目》

开皇十四年“五月十日,太常卿牛弘奉敕须撰《众经目录》”。经《录》上表。即命大兴善寺翻经众沙门法经等二十大德撰修,“扬化寺沙门明穆区域条分,指纵纮络。日严寺沙门彦琮覼缕缉维,考校同异”。费《录》卷十二及《法苑珠林》。总计众经,合有二千二百五十七部,五千三百一十卷。凡为七卷:别录六卷,总录一卷。于七月十四日进呈。法经等以“道安法师创条诸经目录,铨品译材,的明时代,求遗索缺,备成录体。自尔达今,二百年间,制经录者,十有数家，或以数求，或用名取，或凭时代，或寄译人，各纪一隅，务存所见……僧众法经等自称。既未获尽见三国高齐及陈周。经本，校验异同；今唯且据诸家目录，删简可否，总标纲纪，位为九录，区别品类。有四十二分九初六录三十六分，略示经律三藏大小之殊，粗显传译是非真伪之别。后之三录，集传记注。前三分者，并是西域圣贤所撰，以非三藏正经，故为别录。后之三分，并是此方名德所修，虽不类西域所制，莫非毗赞正经，发明宗教，光辉前绪，开进后学，故兼载焉”。《经录上表》。列其系统，则如下表：

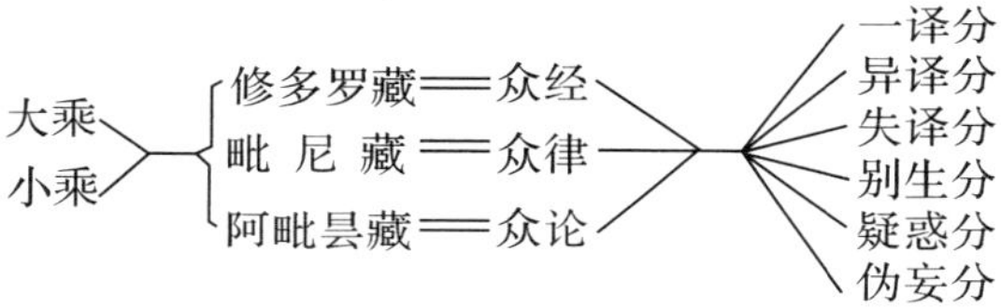

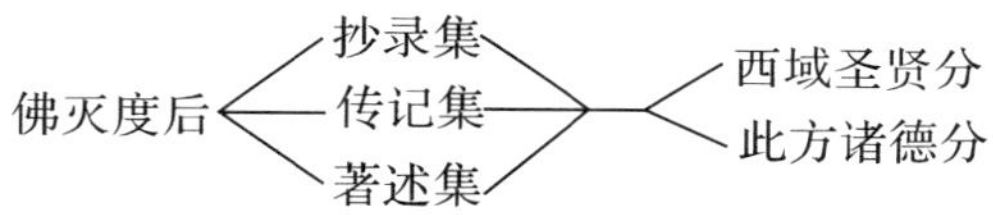

此种分类法实继承法上《齐录》而略整齐补充之。先分教义为大乘、小乘，再各分文裁为经、律、论，最后复将经、律、论之流传情状即体质分为一译、异译、失译、别生、疑惑、伪妄六类。其非经、律、论三藏之杂书，则先分文裁为抄录、传记、著述，再各分地域为西域、此方。即中国。故合计共有九大类，四十二小类。所用分类原则有教义、文裁、地域、体质四项，较南北朝诸录为复杂，而又不失其整洁。体质六分法之意义尤为明了。

一译 =“原本一译。其间非不分摘卷品，别译独行，而大本无亏。故宜定录。”

异译 =“重译。或全本别翻，或割品殊译。然而世变风移，质文迭举，既无梵文校雠，自宜俱入定录。”

失译＝“虽复遗落译人时事，而古录备有，且义理无违。亦为定录。”

别生＝“后人随自意好，于大本内抄出别行，或持偈句，便为卷部，缘此趋末，岁广妖滥日繁。今宜摄入，以敦根本。”

疑惑＝“多以题注参差致惑，文理复杂，真伪未分，事须更详。且附疑录。”

伪妄＝“乖真。或首掠金言，而末申谣谶；或初论世术，而后托法词；或引阴阳吉凶，或明神鬼祸福：诸如此比，伪妄灼然。今宜寝秘，以救世患。”

经《录》之善，可以“整洁”二字褒之。若谓创造，则殊不配。失译、疑伪，创自道安。异译、别生，早见祐《录》。大小分乘，王宗已然。经、律、论鼎足而立，则法上已定其规例矣。数其阙失，反有多端。智昇尝论之曰：“余检寻此录，并无差错。即如昙摩罗刹，晋言法护，总是一人。录中分二，云各出《须真天子经》二卷，编为重译。不识梵晋之言，一误也。如《律二十二明了论》，总是一经。录中分为二部，《律》二十二卷编在律中，《明了论》一卷在于论录。一经之题，分二上录，二误也。其《律二十二》乃是《明了论》半题，今云二十二卷，误之甚也。真谛《摄论》十二卷与十五卷者二本不殊；存其二部，而言重译，三误也。以《仁王经起信论》等编在疑录，四误也。不能备陈，略述如此。”见昇《录》卷十。所攻虽细，要中其失。余更就其体例论之，则不合理者尚有四焉：仅著译人时代，而未详记年、月、日，一也。仅据诸录抄目，却又没其出处，二也。未见原书，不分存佚，三也。同类排列，不依时代先后，不汇一人所出于一处，却又别无排列秩序之定理，四也。法经等徒知讥以前诸录“不至详审”，却亦“不能尽获三国经本及遗文逸法”，而致“造次修撰，多有罔昧”，并经《录》语。惜哉！

费长房之《历代三宝纪》

“时有翻经学士成都费长房，本预细细当为缁之误。衣，周朝从废，因俗博通，妙精玄理。开皇之译，即预搜扬。敕召入京，从例修缉。以列代经录，散落难收；佛法肇兴，年载芜没；乃撰《三宝录》一十五卷。始于周庄之初，上编甲子，下舒年号。并诸代所翻经部，卷目轴别。”宣《传》卷二。长房自序谓“《古》、《旧》二录，条目残亡，士行道安，创维其缺。尔来间存，祖述不同，各纪一方，互存所见，三隅致隔，故多失疑。又齐、周、陈并皆翻译，弗刊录目，靡所遵承。兼值毁焚，绝无依据”。隋一天下，“异出遗文，莫不皆萃”。故于译经之余，“十余年来，询访旧老，搜讨方获，虽粗缉缀，犹虑未周。广博寻求，敬俟来俊。今之所撰集，略准三书，以为指南，显兹三宝……摘彼翠零，成斯纪翮……昔结集之始，并指在某国城。今宣译之功，理须各宗时代。故此录体率举号称为汉、魏、吴及大隋录也。失译疑伪，依旧注之人，以年为先，经随人而次，有重列者，犹约世分。总其华戎黑白道俗，合有一百九十七人；都所出经、律、戒、论、传，二千一百四十六部，六千二百三十五卷。位而分之，为十五轴，一卷总目，二卷入藏，三卷帝年，九卷代录。代录编鉴经翻译之少多，帝年张知佛在世之遐迩，入藏别识教小大之浅深”。费《录》卷十五。其书“外题称曰《开皇三宝录》，其卷内甄为《历代三宝纪》”。入藏录只收经、律、论三藏，不收杂著。而此三者，又各分大乘、小乘,再分有译、失译。自定其例云:“今此藏目惟取有译、失译、单名,自余重翻,同本别出,举一多卷,编以为头。其外二三,具注于下。情乐诵读,任从所抄。简择集疑,悉除伪妄。”故其特色在兼有考年、分代、入藏三体。既能包罗古今存佚,纤悉无遗;对于翻译时代,尤为详尽;又能简择重要经论,抄集入藏。僧祐而后,始见此人。故“录成陈奏,下敕行之,所在流传。”宣《传》卷二。唐初道宣“所集录”,亦“据而本之”。宣《录》卷五。然其过谬,亦如道宣所言“瓦玉杂糅,真伪难分”,宣《传》。“得在繁富,失在核通”。却又“非无凭准”,故又“未可偏削”。宣《录》。智昇更攻其“入藏录中,事实杂谬,其阙本疑伪皆编入藏”。又多误以一经二名为二部。见昇《录》卷十。皆切中其失,无庸讳言。惟费《录》之长,固不在入藏录耳。其书成于开皇十七年十二月二十三日;见《总目》序。然有后人续补及加注之痕迹:如卷三帝年,列有开皇十八年以后事,直至唐武德元年。卷十《大空论》目下注有“《唐内典录》云《十八空》”字样。此则任何书所不能免者耳。

彦琮之《隋仁寿年内典录》

《大藏经》内有《众经目录》五卷,旧题“隋翻经沙门及学士等撰”,不著人名。宣《录》卷十。有“《隋仁寿年内典录》五卷”,注亦不著撰人姓名。而卷五录彦琮著述,亦未言其有此录。卷七则有玄琬“《众经目录》五卷”。故不知者或以《仁寿录》为玄琬所撰。日人中野达慧竟谬谓为“释仁寿撰”。见《续藏经》卷首。然考宣《传》,卷二。《彦琮传》则又明述“仁寿二年,下敕更令撰《众经目录》,乃分为五例，谓单译，重翻，别生，疑伪，随卷有位，帝世盛行”。泰《录》亦云：“仁寿二年，翻经大德彦琮法师等奉敕新定一切经目五部，各自别行。”因知此录必为彦琮等撰，而非玄琬也。读其自序，谓“佛法东行，年代已远。梵经西至，流布渐多。旧来正典，并由翻出。近遭乱世，颇失原起。前写后译，质文不同。一经数本，增减亦异。致使凡人，得容妄造。或私探要事，更立别名。或辄构余辞，仍取真号。或论作经称，疏为论目。大小交杂，是非共混。流滥不归，因循未定。将恐陵迟圣说，动坏信心，义阙绍隆，理乖付嘱。皇帝……降敕所司，请兴善寺大德与翻经沙门及学士等披检法藏，详定经录，随类区辩，总为五分：单本第一，重翻第二，别生第三，贤圣集传第四，疑伪第五。别生疑伪，不须抄写。已外三分，入藏见录。至如《法宝集》之流，《净住子》之类，还同略抄，例入别生。自余《高僧传》等，词参文史，体非淳正。事虽可寻，义无在录。又勘古目，犹有阙本。昔海内未平，诸处遗落。今天下既壹，请皆访取”。披览其录，于前三例之中，亦分大小乘，经论律。然取则过严，立类太少。至如传记抄集，有独立成类者，有附于别生者，有弃而不收者，为例不纯，一致于此。从分类法论之，较之法经前录，疏舛多矣。故宣《录》云：“即今京辇通写盛行，直列经名，仍铨传译，所略过半，未足寻之。”昇《录》更摘其前后差舛者六处以明其误，信非诬也。

彦琮之《昆仑经录》

虽然，彦琮固当时译经最精之元匠也。宣《传》载：“琮，赵郡柏人人。”历齐周二代，及隋开皇元年，“作《辩教论》，明道教妖妄。其年西域经至，即敕翻译”。旋奉教住并州大兴教寺。“至十二年，敕召入京，复掌翻译，住大兴善。”仁寿二年，既撰经录，又奉敕撰《西域传》。炀帝“大业二年，敕于洛阳上林园立翻经馆以处之。新平林邑，所获佛经，合五百六十四夹，一千三百五十余部，并昆仑书，多梨树叶。有敕送馆，付琮披览，并使编叙目录，以次渐翻。乃撰为五卷，分为七例，所谓经、律、赞、论、方字、杂书七也。必用隋言以译之，则成二千二百余卷……琮前后译经，合二十三部，一百许卷”。“大业六年七月二十四日”，“卒于馆”。著有“《辩正论》，以垂翻译之式”。在隋代翻经馆中，彦琮实为最能精通梵汉文字者。上述之昆仑文佛经目录，尤为空前绝后之作，惜已遗佚耳。

释灵裕之《译经录》

隋代译经不少，却无专目。费《录》卷十五载有《灵裕法师译经录》一卷，但卷十二却又不言其有录。宣《录》卷五。谓“裕即道凭之弟子”，亦不言其有录。宣《传》卷九。则述裕擅名邺下，历齐及周，卒于大业元年，但亦不言其有译经事。遍考诸录小注，惟宣《录》卷二。于曹魏世安法贤译《罗摩伽经》目注引《灵裕录》一次。据此孤证，似其书非录其所自译，乃通录所藏或古今所译耳。此则前人所优为，固无取乎架屋叠床也！

智果之《众经目录》

“大业时，又令沙门智果，于东都内道场，撰诸经目。分别条贯，以佛所说经为三部：一曰大乘，二曰小乘，三曰杂经。其余似后人假托为之者，别为一部，谓之疑经。又有菩萨及诸深解异义，赞明佛理者，名之为论及戒律，并有大小及中三部之别。又所学者录其当时行事，名之为记。凡十一种。”《隋书·经籍志》略载其大数。凡一千九百五十部，六千一百九十八卷。并据隋。宣《传》卷三十。述智果初不肯为晋王写书，被囚于江都，守宝台经藏。及晋王为太子，东巡，果上颂，遂被释，召入慧日，终于东都。今按《隋志》所载，其录亦无以大异于法经、彦琮所录耳。

唐代之集大成

唐初本兼崇道佛，后以玄奘义净之西游求法，盛译佛经，道宣、智昇又精撰佛录，诸宗并立，大藏云兴。佛教之隆，转超道教一等。论宗教目录学之盛衰，此时亦已登峰造极，无可比伦矣。

玄琬之《众经目录》

宣《录》卷七。有《众经目录》五卷，云“唐贞观初，普光寺玄琬撰”。但卷十又不著录。昇《录》则云“唐旧录未见其本，似取隋五卷《众经录》，编新经入，余者大同”。宣《传》卷二十二。记“释玄琬，弘农华州人也。于仁寿二年，造经四藏，备尽庄严，诸有缮写，皆资本据。贞观初年，有令造普光寺。召而居之”。“五年，敕于苑内德业寺为皇后写佛藏经，又于延兴寺更造藏经，并委琬监护。”释氏《稽古略》卷三。“琬以二宫所寄，惟各其诚，衹奉不难，义须弘选。自周季灭法，隋朝再兴，传度法本，但存卷帙。至于寻检文理，取会多乘。乃结义学沙门，雠勘正则。其有词旨不通者，并谘而取决。故得法宝无滥于疑伪，迷悟有分于本末。纲领贞明，自琬始也。”宣《传》。玄琬卒于贞观十年腊月七日，亦据宣《传》，但《稽古略》则作九年十月。则其撰定目录必在贞观五年至十年之间，太宗一代，佛录之可考者，惟有此耳。惟泰《录》卷一。则云：“贞观九年四月，奉敕苑内写一切经，大总持寺僧智通共使人秘书郎褚遂良等，附新译经，校定申奏，奉敕施行。”又云：“贞观十一年四月，皇太子于延兴寺造一切经。”亦由智通主持。此其所述，与玄琬为事仿佛。而年月略有参商，殆玄琬未了之业，由智通完成之欤？书已失传，无从断定。

道宣之《大唐内典录》

佛录编撰之业，梁魏齐隋已筑其基，起其宇；装潢光大，为功甚易。又值玄奘译经之盛，大德如林，宝藏如海。道宣崛起，遂集佛录之大成。其《大唐内典录》，体例之完善，内容之精详，殆称空前绝后。稍稍繁词述之，亦非过分：

(1)道宣小传“释道宣，丹徒人也。十五厌俗，诵习诸经，依智颛律师受业。洎十六落发，便隶日严道场。隋大业年中，从智首律师受具。武德中，依首习律。”宣《传》卷十四。“追访贤友，无惮苦辛。”宣《录》卷五。“初晦迹于终南白泉寺。隋末，徙崇义精舍，载丰德寺。三藏奘师至止，诏与翻译。”宁《传》。“贞观末年，方事修缉。”宣《录》。“撰《法门文记》、《广弘明集》、《续高僧传》、《三宝录》等二百二十余卷。”宁《传》。及显庆三年，见《玄奘行状》。“西明寺初就，诏宣充上座”。义《传》。“乾封二年十月三日”卒，年“七十二”。宁《传》。

（2）撰录经过　宣既“少沐法流，五十余载。宗匠成教，执范贤明。每值经诰德能，无不目阅亲谒。至于经部大录，欣悟良多。无论真伪，思闻其异”。宣《录》卷十。以佛经译本，“大约五千余卷，迁贸更袭，浇薄互陈，卷部单重，疑伪凡圣。致使集录奔竞，三十余家，举统各有宪章，征核不无繁杂”。宣《录》卷一。“而缀撰笔削不至详密者，非为才不足而智不周也。直以宅身所遇，天下分崩，疆场关艰，莫阅经部。虽闻彼有，终身不窥。今则九围静谧，八表通同，尚绝追求，诸何纂历，上集群目，取讯僧传等文，勘阅详定，更参祐、房等录。”宣《录》卷十。撰《大唐内典录》十卷。“龙朔四年即麟德元年。春正月，于西明寺出之。”宣《录》卷十。

（3）分类法　宣《录》“总会群作，以类区分，合成一部，开为十例。依条显列，无相夺伦。文虽重张，义绝烦乱”。卷一。

历代众经传译所从录第一——“谓代别出经及人述作，无非通法，并入经收，故随经出”。此录全仿祐《录》及费《录》之代录，按代记人，汇其所译撰，依次顺列，最为详尽。

历代翻本单重人代存亡录第二——“谓前后异出，人代不同，又遭离乱，道俗波迸。今总计会，故有重单，缘叙莫知，致传失译”。此录概“依本经，单复次列，提顿纲维，品目斯备。仍述译人存亡时代”。并分别大小乘，经、律、论，及西梵贤圣集传。

历代众经总撮入藏录第三——“谓经部繁多，纲要备列，从帙入藏，以类相从。故分大小二乘，显单重两译”。皆现存之书，凡八百部，三千三百六十一卷。

历代众经举要转读录第四——“谓转读寻玩，务在要博，繁文重义，非曰彼时。故随部撮举，简取通道，自馀重本，存而未暇”。此录“举大部而摄小经，撮本根而舍枝叶，文虽约而义广，卷虽少而意多。能使转读之士，览其轴日见其功；行福清信，开藏岁增其业”。盖佛经之要目也。

历代众经有目阙本录第五——“谓统检群录，校本则无，随方别出，未能通遍，故别显目访之”。此录因“其类繁多，已备在前篇，故略而不叙”。

历代道俗述作注解录第六——“谓注述圣言，用通未晤，前已杂显，未足申明。今别题杂，使寻览易晓”。

历代诸经支流陈化录第七——“谓别生诸经，曲顺时俗，未通广本，但接初心，一四句颂，不可轻削故也”。此录亦不备列。因“两录列名，定非别生之位。自馀不显，便是支分之经”故耳。

历代所出疑伪经论录第八——“谓正法深远，凡愚未达，随俗下化，有悖真宗，若不标显，玉石斯滥”。故特立一录以别之。

历代众经录目终始序第九——“谓经录代出，须识其源”。

历代众经应感兴敬录第十——“谓经翻东夏，应感征祥，而有蒙祐增信，故使传持远惟”。此录全属记事，绝非目录，狗尾续貂，乖异甚矣。

(4)宣《录》之优点　梁启超称宣《录》之优点可指者略如下：“一、自卷一至卷五之传译所从录，将长房《录》全部摄入，但彼则务炫博而真伪杂收,此则务求真而考证綦审,又一经而有数译本者皆注‘初出’、‘第二出’、‘第三出’……字样,令读者一望而知传译次第。此例虽创自长房《录》,然彼或注或不注,此则略无遗漏。又某经初见于某录,一一注明,既以见著述渊源,亦使旧录虽佚而后世犹得循此以求其面目。”“二、其单重传译有无,分乘入藏,支派陈化,疑伪经论四录,将法经《录》全部摄入。然法经于每类之下皆分一译、异译、失译、别生、疑惑、伪妄六门,其后三门既摈不著录,而仍与前三门同厕于一卷中,未免乱读者耳目。道宣各自为篇,不相杂厕,在组织上最为合理。又别生一项,法经绝对排斥,道宣相对保存。疑惑、伪妄,法经分而为二,道宣合而为一。皆宣优于经之点。”“三、法经于阙本悉置不记;道宣立‘有目阙本’一录,且明言为将来采访之资。抱残守缺,确是目录学家应有之态度。”“四、道宣《录》中最有价值之创作,尤在‘众经举要转读录’一篇。盖佛典浩如烟海,读者本已穷年莫殚;加以同本异译,摘品别行,叠屋支床,益苦繁重。宣公本篇于异译别行诸经,各择其最善一本,以为代表。例如《华严经》,则举佛陀跋陀译之六十卷本,而异译异名之十部《度世》、《渐备》、《信力》、《十住》、《兴显》、《罗伽》、《住法》、《本业》、《兜沙》、《佛藏》。皆该摄省略焉。《涅槃经》则举昙无谶译之四十卷本,《摩诃般若经》则举罗什译之三十卷本,《大集经》则举昙无谶译前三十卷本及耶舍译后三十卷本……诸如此类,其裨益于读者实不少。著书足以备学者顾问,实目录学家最重之职务也。”见《饮冰室专集》第十五册。

(5)宣《录》之误点　智昇论:“宣公所撰,类例明审,实有可观。作者之风,见于兹矣。然少有差杂,未能尽善。述作之事,诚谓难哉。今略叙数科,以详厥误。非欲指陈臧否,实惟甄异是非。

只如人代存亡录中,《新小品》等六经,并云大品之同本者。不然:义理虽通,据会全异。而言同本,一误。《菩萨净行经》与《宝髻菩萨经》,俱云竺法护译。此是一经两名,存其二本,二误。《弘道广显三昧经》与《阿耨达龙王经》亦是一经两名,二本俱存,三误。《须弥藏经》二卷,此是高齐耶舍所翻,前后重上,四误。《摄大乘论》,真谛译者有十二卷本,有十五者,二本俱存,五误。《般若钞经》,大乘录中及集传内二处俱载,六误。又如分乘入藏录中,《深密解脱经》前后重上,前与《菩萨处胎经》同帙,后与《解深密经》同帙,七误。以《旧十轮经》为单本,《新十轮经》为重译,八误。以《起世经》为单本,《楼炭经》为重译,九误。此类非一,不能备举。如举要转读录中,《信力入印法门经》虽是《华严》支类,大部中无同于《度世》、《渐备》等经,摄归大部,不为转读之数,亦不然也。诸部《般若》,唯举《大品》一经,《放光》等九部,云'重沓罕寻,举前以统,大义斯尽。玉华后译《大般若》者,明佛一化,十有六会,得存供养,难用常行'。今谓不然,岂可以凡愚浅智而堰截法海乎?人性不同,所乐各异;岂以自情好略,令他同己见耶?《般若》大经,转读极众。佛记弘阐在东北方,而言'难用常行',窃为未可。又小品大品,据本全殊。一废一兴,二不然也。如《须弥藏经》等,虽是大集,别分大部中,无摄而不行,理为未当。又《须弥藏经》,前则摄归大集,后即别举流行,前后差殊,三不然也。如《楼炭经》等摄入《长含起世》一经,别令转读。《起世》之与《楼炭》,梵本何殊?一废一兴,四不然也。如《安般守意》与《大安般》无殊,此乃何缘,二俱转读?五不然也。如《十八部论》与《部异执》梵本不殊,此复何缘,俱令转读?六不然也。又云'录外有《外道金七十论》、《破外道涅槃论》、《破外道四宗论》,未暇故阙'者。如《金七十论》,外道所撰，非是佛法，除之可。然《涅槃》、《四宗》，同被删削，将为未可。此是内论，破于外宗。一例删除，七不然也。又如人代存亡录及举要转读录，大乘录中，三藏备具；入藏录中，大乘无律。岂可前后俱有，中间独无，自为矛盾？八不然也。如上所列，非无乖舛。而云'革弊'，或所未然。差错极多，卒难陈。"平心论之：智昇所陈，固中其失。虽可原谅，亦无庸为之讳耳。

静泰之《大敬爱寺一切经论目》

"龙朔三年正月二十二日，敕令于敬爱道场写一切经典。""麟德元年正月二十六日，敕取履味沙门十人，惠概、明玉、神察、道英、昙邃等，并选翘楚，尤闲文义，参覆量校，首末三年。又置官寮"，"敕使韩康、李亮、卢行讷、郑祖均等，精加检覆。写旧经论七百四十一部，二千七百三十一卷。又写大唐三藏法师新译经论七十五部，一千三百三十五卷，入藏。其有古来有目而无本者，合三百八十二部，七百二十五卷，随访随写"。见原序。其分类编次，全依琮《录》，绝无变易；惟加入玄奘译经，部数卷数增多耳。

靖迈之《古今译经图纪》

是时又于大慈恩寺翻经院壁"图画古今传译缁素，首自迦叶摩腾，终于大唐三藏"。见《续纪》。翻经沙门释靖迈因撰《古今译经图纪》，题之于壁。其所纪载，节略费《录》之代录，"翻经者纪之，馀撰集者不录”。“逮至唐初，总成四卷。费《录》所错，此亦同然。”见昇《录》卷十。其以译人为主题，先叙译经本事，汇列其经目于次，则与祐《录》、费《录》之先列经目而后叙本事者略殊。其用意惟在说明图画，既非尽录藏经，亦非尽录译经，故所录不能完备，在佛教目录学中别树一格。虽疏略无补，要亦新奇可喜。赞宁《宋高僧传》下文简称宁《传》。载：考释靖迈，梓潼人也。“贞观中选预玄奘译经事，与栖玄、明濬、辩机、道宣同执笔缀文。后著《译经图纪》四卷，铨序古今经目、译人名位、单译、重翻、疑伪等科，一皆修理，见编于藏。”今《大藏经》收有其书，并未分别“单译、重翻、疑伪等科”，赞宁所言，殆不足据。“自兹厥后，传译相仍；诸有藻绘，无斯纪述。”“至开元庚午岁，西崇福寺沙门智昇续纪一卷。”从玄奘后至输波迦罗，皆唐中叶译经者。事亦见宁《传》，书在《大藏》。

明佺之《大周刊定众经目录》

周则天帝天册万岁元年，敕东都佛授记寺沙门明佺等撰定《大周刊定众经目录》。见昇《录》卷十。佺等以祐、唱、经、费、宣等《录》“已编入正目，大小乘经律论并贤圣集传，合二千一百四十六部，六千二百三十五卷。其后唐朝至圣朝，新译经论，及有虽是前代旧翻而未经入目，并虽已入目而错注疑伪，审共定校，事须改正者，前后三件，大小乘经律论，合一千四百七十部，二千四百六卷。悉依明旨，咸编正目。今新入正目，及旧入正目，大小乘经律论并贤圣集传，都合三千六百一十六部，八千六百四十一卷。其间有名阙本，有本失译，见行入藏，及翻译单重，三藏不同；两乘各异，并备出条件,撰为目录,合一十四卷"。又以"伪经既不是经,伪目岂同于正目?"故"别为一轴传写焉"。见俭《录》自序。其书实分(1)大乘单译经,(2)大乘重译经,(3)大乘律,(4)大乘论,(5)小乘单译经,(6)小乘重译经,(7)小乘律,(8)小乘论,(9)贤圣集传,(10)大小乘失译经,(11)大小乘阙本经,(12)见定入藏流行,凡十二类。而《伪经目录》别为一卷。卷末列有撰诸僧衔名,多至七十人,而明佺与道夐并为"都检校刊定目录及经真伪"名义。后来智昇论之曰:"当刊定此录时,法匠如林,德重名高,未能亲览,但指扮末学,会缉撰成之。中间乖失,几于太半。此乃委不得人,过在于能使也。且如第十二卷阙本经数总四百七十八部,六百七十七卷,前十一卷中以含有,讫今通计此数,总成三千六百一十六部,八千六百四十一卷者,此不然也。妄增部卷,推实即无。诸处交杂,难可备记。"见昇《录》卷十。又云"虽云刊定,繁秽尤多。虽见流行,实难凭准"。见昇《录》。"盖此录支经别名,杂沓不伦,致为昇公之所黜矣"。见宁《传》卷二。

至高无上之智昇《开元释教录》

及唐玄宗开元十八年,据昇《录》及《佛祖统纪》,但《佛祖历代通载》作十年,误。西京崇福寺沙门释智昇论目录学之意义曰:"夫目录之兴也,盖所以别真伪,明是非,记人代之古今,标卷部之多少,摭拾遗漏,删夷骈赘,欲使正教纶理,金言有绪,提纲举要,历然可观也。"昇《录》卷一。当时佛录,"存者殆六七家,昇《录》载有祐《录》、经《录》、费《录》、琮《录》、宣《录》、迈《纪》、佺《录》七家。然犹未极根源,尚多疏阙"。昇既

"久事搜寻",因"参练异同,指陈臧否",撰为《开元释教录》二十卷。

其书"开为总别":总录"总括群经"。"从汉至唐,所有翻述,具帝王年代,并译人本事,所出教等。以人代先后为伦,不依三藏之次,兼叙目录新旧同异。"别录"别分乘藏","曲分为七:一、有译有本;二、有译无本;三、支派别行;四、删略繁重;五、拾遗补阙;六、疑惑再详;七、伪邪乱本。就七门中,二乘区别,三藏殊科。具悉委由,兼明部属"。昇《录》卷一。最后复有入藏录。

总录全仿祐《录》、费《录》及宣《录》之历代众经传译所从录,其卷十则仿费《录》之卷十五及宣《录》之历代众经录目终始录。一切依旧,并无创例。

别录则分目最精,创例颇多,实为昇《录》之精华所在。第一为有译有本录,条析类目,最为精详。列其系统,可如下表。*

此录有异于诸录者四端:(1)"寻诸旧录,皆以单译居先。今此录中以重译者居首。所以然者,重译诸经,文义备足,名相楷定,所以标初也。"(2)"旧录中直名重译,今改名重单合译者,以《大般若经》九会单本,七会重译,《大宝积经》二十会单本,二十九会重译,直云重译,撬义不周,余经例然,故名重单合译也。"(3)"旧经之中,编比无次。今此录中,大小乘经,皆以部类编为次第。小乘诸律,据本末而为伦次。大乘诸论,以释经者为先,集解义者列之于后。小乘诸论,有部次第,发智为初,六足居次,毗婆沙等支派编末。圣贤集传,内外两分,大夏神州,东西有异。欲使科条各别,览者易知。"(4)"自古群录皆将《摩得勒伽善见论》等编为下毗奈耶藏。今者寻思,恐将非当。此等并是分部已后,诸圣等依宗赞述,

* 表见下页。——编者注

- 有译有本录
  - 菩萨三藏录—大乘
    - 菩萨契经藏—经
      - 大乘经单重合译
        - 般若经新旧译
        - 宝积经新旧译
        - 大集经新旧译
        - 华严经新旧译
        - 涅槃经新旧译
        - 五大部外诸重译经
      - 大乘经单译
    - 菩萨调伏藏—律
    - 菩萨对法藏—论
      - 大乘释经论
      - 大乘集义论
  - 声闻三藏录—小乘
    - 声闻契经藏—经
      - 小乘经单重合译
        - 根本四阿含经
        - 长阿含中别译经
        - 中阿含中别译经
        - 增壹阿含中别译经
        - 杂阿含中别译经
        - 四阿含外诸重译经
      - 小乘经单译
    - 声闻调伏藏—律
      - 正调伏藏
      - 调伏藏眷属
    - 声闻对法藏
      - 有部根本身足论
      - 有部及余支派论
  - 圣贤传记录—
    - 赞扬佛德
    - 明法真理
    - 述僧行轨
    - 摧邪护法
    - 外宗异执
      - （以上五项合为）—
        - 梵本翻译集传
        - 北方撰述集传

非佛金口所宣，又非千圣结集。今之撰集，分为二例：初明五部正调伏藏，次明诸论奈耶眷属。庶根条不杂，本末区分。”并昇《录》原注。

第二为有译无本录。“有译无本者，谓三藏教文及圣贤集传名存本阙之类也。”“今者讨求诸录，备载遗亡。”其小类系统略如前录：

- 有译无本录
  - 大乘经阙本
    - 大乘经重译阙本
      - 般若部中阙本
      - 宝积部中阙本
      - 大集部中阙本
      - 华严部中阙本
      - 涅槃部中阙本
      - 诸重译经
    - 大乘经单译阙本
    - 大乘律阙本
    - 大乘论阙本
    - 大乘释经论阙本
    - 大乘集义论阙本
  - 小乘经阙本
    - 小乘经重译阙本
      - 根本四阿含阙本
      - 长阿含部分阙本
      - 中阿含部分阙本
      - 增壹含部分阙本
      - 杂壹含部分阙本
      - 诸重译经阙本
    - 小乘经单译阙本
    - 小乘律阙本
    - 小乘论阙本
  - 圣贤集传阙本

第三为支派别行录。“支派经者，谓大部之中，抄出别后，《大般若》第二会之类是也。今统集多端，会归当部，仍删夷旧录，增减有无，具载名题，备详差互。庶使将来学者，览派知源。”此录汇(1)大乘别生经，(2)《般若部》中别生，(3)《宝积部》中别生，(4)大集部中别生，(5)《华严部》中别生，(6)诸大乘经别生，(7)大乘律别生，(8)大乘论别生，(9)小乘别生经，(10)《长阿含部》分别生，(11)《中阿含部》分别生，(12)《增一阿含部》分别生，(13)《杂阿含部》分别生，(14)诸小乘经别生，(15)小乘律别生，(16)贤圣集传别生。

第四为删略繁重录。“删繁录者，谓同本异名，或广中略出，以为繁剩，今并删除。但以年岁久淹，共传讹替，徒盈卷帙，有费功劳。今者详校异同，甄明得失，具为条目。”此录列(1)新括出别生经，(2)新括出名异文同经，(3)新括出重上录经，(4)新括出合入大部经。——删繁与别生不同，别生为从大部中抽出一部单行，并不删节。删繁则将大部书删繁摘要，另为一书也。以前诸录均未为辨别，昇始析之。

第五为补阙拾遗录。“补拾录者，谓旧录阙题，新翻未载之类今并详而具之也。”此录又分四类：(1)旧译大乘经律论，小乘经律及贤圣集传，“并是旧译，今见有本，大周入藏中无，今拾遗编入”。(2)新译大小乘经律论，小乘经律，及贤圣集传，“并是《大周刊定录》后新译，所以前录未载，今补阙编入”。(3)小乘律戒羯磨，“并撰述有据，时代盛行，补阙编入”。(4)此方所撰集传，“皆裨助正教，故并补阙，编入见录”。旧录七种及昇录三种亦在末类。

第六为疑惑再详录。“疑惑录者：自梵经东阐，年将七百，教有兴废，时复迁移，先后翻传，卷将万计，部帙既广，寻阅难周，定录之人，随闻便上，而不细寻宗旨，理或疑焉。今恐真伪交参，是非相涉,故为别录,以示将来,庶明达高人,重为详定。"

第七为伪妄乱真录。"伪经者,邪见所造,以乱真经者也。今恐真伪相参,是非一概,今为件别,真伪可分,庶泾渭殊流,无贻后患。"录中分列(1)《开元释教录》新编伪经,(2)苻秦释道安《录》中伪经,(3)梁释僧祐《录》中伪经,(4)萧齐释道备伪撰经,(5)萧齐僧法尼诵出经,(6)元魏孙敬德梦授经,(7)梁沙门妙光伪造经,(8)隋《开皇众经录》中伪经,(9)隋《仁寿众经录》中伪经,(10)《大唐内典录》中伪经,(11)《大周刊定录》中伪经,(12)隋沙门信行《三阶集录》,(13)诸杂抄经增减圣说。最后一类,"并名滥真经,文句增减;或杂揉异议,别立名题。若从正收,玉石斯滥。若一例为伪,而推本有凭。进退二途,实难诠定。且依旧录,编之伪末"。最前一类,"承前诸录,皆未曾载",乃智昇搜集考定者,如镜照形,无伪不彰。录其《要行舍身经》辨伪语,以概其他。原文云:"右一经,不知何人所造,邪党盛行。经初题云'三藏法师玄奘译'。按法师所译,无有此经。伪谬之情,昭然可见。且述四件,用晓愚心:一,伪经初云'王舍城灵鹫山'者,灵鹫山名,古译经有,奘法师译皆曰'鹫峰',今言'灵鹫',一伪彰也。一,伪经初又云'灵鹫山尸陀林侧'者,按诸传记,其鹫峰山在摩伽陀国山城之内,宫城东北十四五里,岂有都城之内而安弃尸之处?事既不然,二伪彰也。一,伪经中又云'佛说过去燃灯,佛时初愿舍身'者,燃灯如来是释迦牟尼佛第二,无数劫满授记之师,岂有得记当成方能死舍?事与理乖,三伪彰也。一,伪经中又云'若有人杀害有情,遍索诃界四重五逆谤方等经,及盗常住现前僧物如是等罪,合堕地狱,若能舍身,罪必消灭'者。谤经造逆,合堕阿鼻,死舍得除,便无重报。如外道妄计殑伽河浴,罪垢消除,轻命自沉,生天受福也。言死舍除罪与彼妄计何殊。愚夫造恶,用此除愆。智者审思,勿被欺诳。永沦恶趣,无解脱期。事与理乖,四伪彰也。讹殊极多,不能备记。"

升《录》卷十九为大乘入藏录,卷二十为小乘入藏录,末附贤圣集。皆"直述经名,及标纸数,余如广录"。"见入藏者,总一千七十六部,合五千四十八卷。"今存《大藏》本卷末有"兴元年八月一日于正觉寺新写入藏","经法七十六部,一百四卷"之目录,则后五十四年所附加者,非智昇原文也。后世藏经,悉准此入藏录之成法;凡分类,次序及用《千字文》标号,无不垂为永式。其魄力可谓大矣。

- 入藏录
  - 大乘入藏录
    - 大乘经
    - 大乘律
    - 大乘论
  - 小乘入藏录
    - 小乘经
    - 小乘律
    - 小乘论
  - 贤圣集

赞宁称之曰:"释智昇,义理悬通,二乘俱学,然于《毗尼》,尤善其宗,此外文性愈高,博达今古。撰《开元释教录》二十卷,最为精要。何耶?诸师于同本异出,旧目新名,多惑其文,真伪相乱,或一经为两本,或支品作别翻。一一裁量,少无过者。如其旧录江泌女子诵出经,黜而不留,可谓藻鉴,杜塞妖伪之源。经法之谱,无出昇之右矣。"宁《传》卷五。

智昇别录三种

《大藏》又收有智昇《开元释教录略出》四卷,系本录卷十一至十三有译有本录之简明目录、书名卷数、译撰人名及帙数、纸数，皆一一依旧具列，惟删去考证之语，用《千字文》编次字号。较《入藏录》则较详。卷末转载本录卷二十不入藏经目百十八部。后世刻藏者，悉依此为准则，罕有悖者。

《大藏》又收有《续大唐内典录》一卷，序下注云："麟德元年于西明寺起首，移总持寺释氏撰。"元明两本并云："大唐西明寺沙门释道宣撰。"按其文字，前半序目全抄宣《录》卷一，后半略异，且没其译人。仔细比较，知此本决非续录，或为道宣初稿之残本。《大藏》存之，殊无谓也。而昇《录》卷十。载有《续大唐内典录》一卷，自注"开元庚午岁，西崇福寺沙门智昇撰"。并云即"历代众经传译所从录"，又注云："从麟德元年甲子至开元十八年庚午，前录未载，今故续之。"宁《传》亦谓昇有此续录。据此实录，则此书为智昇所撰，并非道宣。而现存之本，亦非昇之旧也。

昇又撰有《续古今译经图纪》一卷。体例全仿迈《纪》，然颇不自惬，故云："前纪所载，依旧录编，中间乖殊，未曾删补。若欲题壁，请依《开元释教录》，除此方撰集外，余为实录矣。"圆照《续开元释教录》有般若三藏《续古今翻译经图纪》二卷，未知是智昇之书否。

毋煚之《开元内外经录》

智昇同时稍后有毋煚等奉敕撰《开元内外经录》十卷，收道释书二千五百余部，九千五百余卷。见《新唐书·艺文志》。"亦具翻译名氏，序述指归。"见《旧唐书·经籍志》引毋煚《自序》。其释书部分殆全依昇《录》为蓝本。然合道释书独为一书者，煚《录》之外固未再见。且从“序述指归”一语推之，则其书亦有提要或小序之属，与其《古今书录》同一体裁。若留传及今，所裨益于佛录学者当属不浅。

圆照二录

及德宗贞元十一年西明寺沙门释圆照以智昇修《释教录》后，“又经六十五年，中间三藏翻经藏内并无收管，恐年代浸远，人疑伪经”，故“录成三卷”，上卷翻经，中卷疏记集，下卷入藏录，名曰《大唐贞元续开元释教录》，于十二月二十五日上之。及贞元十五年十月二十三日，圆照又奉敕改《开元释教录》为《贞元新定释教目录》。至次年四月十五日毕，进上。分类全依昇《录》，惟增《特旨承恩录》于《总集群经录》之前，别析《贤圣集传录》于《乘藏差殊录》之后。大体保存智昇原文，惟加入开元十八年以后六十五年新译入藏诸经，且析二十卷为三十卷耳。在佛录中，最为繁赡。然赞宁既许昇《录》“最为精要”，又谓：“后之圆照《贞元录》也，文体意宗，相距不知几百数里哉！”则照《录》之不为后人所尊，略可知矣。《圆照传》见宁《传》卷十五。

唐宋之译经录

唐代诸僧，译经既多，当各有目录。例如龙朔三年，玄奘临卒，“命僧读所翻经论名目已，总有七十三部，一千三百三十卷”。见宣

《传》卷四。释义净“自天后久视迄睿宗景云,都翻出五十六部,二百三十卷”。见宣《传》卷一。“释不空翻经,起于天宝,迄大历元年,凡一百二十余卷,七十七部,并目录。”亦见宣《传》卷一。此皆卓卓者。其录虽不传,而译书并入藏未佚。至南唐保大四年十一月,右街报恩禅院取德禅大德恒安进呈《大唐保大乙巳岁续新译贞元释教录》一卷。所载译经一百四十部,计四百一十三卷。宋后译经甚少,故译经目录仅有三种:“自唐贞元己巳至宋太宗太平兴国七年壬午,凡一百九十三年,中间并无译人。其年始起译场,至真宗大中祥符四年辛亥,凡二十九年,中间传译三藏六人,所出三藏教文,二百单一部,三百八十四卷。”见庆《录》卷一。赵安仁、杨亿辑其目为《祥符法宝录》。此其一也。“宋真宗祥符四年辛亥,至仁宗景祐四年丁丑,凡二十七年,所出三藏教文一十九部,一百四十八卷。”见庆《录》卷一,但《佛祖统纪》卷四十三作“至景祐三年,编成一百六十一卷”。吕夷简、宋绶辑其目为《景祐法宝录》。此其二也。“自宋仁宗景祐四年丁丑,至至元二十二年乙酉,凡二百五十四年,中间传译三藏四人,所出三藏教文二十部,一百一十五卷。其余前录未编入者,经律论等五十五部,一百四十一卷。”庆《录》卷一。庆吉祥等辑其目为《弘法入藏录》及《拾遗编》。此其三也。

《大藏》刊版所知表

佛录之完备,至唐代已造峰极。宋元以后,《大藏》刊版,多依昇《录》为部次,部卷纵有出入,无关大体。略举所知,不复求备。

大藏通称	刊版人名	刊版地址	刊版时代	西历	部数	卷数
开宝藏	张从信	益州	宋太祖开宝四年至太宗太平兴国八年	971—983	1076?	5048?
崇宁万寿藏	释冲真普明咸晖等	闽州东禅寺	宋神宗元丰三年至徽宗政和二年	1080—1112		6434
契丹藏	释觉苑	南京(北平)	约辽兴宗迄道宗时	1031—1064		6000?
毗卢藏	释本明等	闽州开元禅寺	宋徽宗政和二年至宋孝宗乾道八年	1112—1172		6117
思溪圆觉寺藏	王永从等	湖州圆觉禅院	宋高宗绍兴二年	1132	1421	5480
赵城藏	释祖圆等	解州天宁寺	约金皇统八年至太定十三年	1148—1173		6900?
思溪资福寺藏		湖州资福禅寺	宋孝宗淳熙二年	1175		5740
碛砂藏	释法忠	平江路陈湖碛砂	宋理宗绍定四年至元治二年	1231—1322	1532	6362
普宁寺藏	释如莹	杭州路余杭县	元世祖至元六年至二十六年	1269—1386	1422	6010
弘法寺藏	元世祖敕修	大都?	至元十四年至三十一年	1177—1294	1654	7182
大明南藏	明太祖敕修	南京	明太祖洪武五年以后(一作永乐十八年)	1272	1610	6331
大明北藏	明成祖敕修	北京	明成祖永乐十八年迄正统五年	1420—1441	1615	6361
武林藏	昭庆寺?	杭州	约明世宗嘉靖时			

续表

大藏通称	刊版人名	刊版地址	刊版时代	西历	部数	卷数
径山藏	密藏等	五台及径山	明神宗万历十七年至清康熙十六年	1589—1677	1654	6956
龙藏	清世宗敕修	北京	清世宗雍正十三年至高宗乾隆三年	1735—1738	1662	7168
频伽藏	罗伽陵	上海	中华民国二年	1913		

庆吉祥之《至元法宝勘同总录》

上列各藏，各有目录，然既无以异于昇《录》，何庸赘陈？其中惟元世祖"念藏典流通之久，蕃汉传译之殊，特降纶言，溥令对辩，谕释教总统合台萨里，召西番板底答、帝师拔合思八高弟叶琏、国师湛阳宜思、西天扮底答尾麻啰室利、汉土义学亢理二讲主庆吉祥及畏兀儿齐牙答思，翰林院承旨旦压孙安藏等，集于大都。自至元二十二年乙酉春，至二十四年丁亥夏，大兴教寺，各秉方言，精加辩质，自至元顶踵三龄，诠雠乃毕。经之在是录者，凡一千四百四十部，五千五百八十六卷"。复"命三藏义学沙门庆吉祥以蕃汉本参对楷定大藏圣教，华梵对辨，名题各标。陈诸代译经之先后，分大小乘教之品目，名之曰《至元法宝勘同总录》"。其书"大分为四：初总标年代，括人法之宏纲。二别约岁时，分记录之殊异。三略明乘藏，显古录之梯航。四广列名题，彰今日之伦序"。庆《录》卷一。"于中先出梵语经题，次出此间经题，后出译人及品数。"见《阅藏知津》。

藏文蒙文满文之大藏

及元武宗时，尝刊西藏文大藏。同时又译汉藏为蒙古文，亦付剞劂。清康熙二十二年，重刊西藏文大藏于甘肃之河州，其版至近年始毁。乾隆五十五年，复译汉藏为满洲文，刊版行世。凡此三藏，各有目录，以非汉文，余未及见。

解题最详之《大藏经纲目指要录》

汉唐之间，作佛录者数十家，皆仅明名数，未志内容。犹之佛学，仅汲汲于翻译，未暇于研究耳。王阮、毋煚似已序述指归，而原书已失，莫知其情。及译事既毕，研究方兴，目录之功，亦由外而深入内部。北宋太祖建隆五年，敕沙门文胜撰《大藏经随函索隐》，多至六百六十卷。揣其名义，似为解题之书。而仁宗天圣二年，"释慈云撰《教藏随函目录》，述诸部著作大义"。见《佛祖统纪》卷四十五。则确为提要之籍，惜均不传。及徽宗时，乃有东京法云禅寺住持传法佛国禅师惟白撰《大藏经纲目指要录》，大弘解题释要之业。惟白以"崇宁二年癸未春，得上旨游天台，中秋后至婺州金华山智者禅寺，阅《大藏》，仲冬一日丁丑，援笔撮其要义。次年甲申仲春三日丁未毕之。计二十余万字"。白《录》自述。佛录本浩博渊奥，加以译文隐晦，寻绎维艰。例如《大般若经》多至六百卷，苟无提要，自难识其指归。惟白先明此经之纲领云："总部四处十六会所说，传此方,入藏者七百一十卷。前六百卷,唐三藏玄奘法师在玉华宫重译,西明寺僧玄则述十六序,冠十六会,明其旨也。太宗皇帝御制《圣教序》,高宗皇帝作《圣记》。然此经诸佛之知母,菩萨之慧父,断烦恼之宝刀,度爱河之舟楫,利生之极致,成道之正因,表其尊,故标众经之首也。”次逐卷撷述内容,使读者先得梗概。末段总结云:“右四处十六会所说《般若》六百卷,今逐会标辨品目,逐函分列卷次,逐卷略录义例。然卷帙虽多,研其义例,始自色心,终乎种智,止于八十余科耳。所录者固不能全其义意。使开一卷,看一例,照于前后卷帙,贯通八十科之起复,则八部《般若》昭然可见矣。若或累朝法匠,译梵为华,继有传授,不无其人。唯唐三藏玄奘法师自竺国而还,诏居玉华宫,或创出梵文,或重译旧本,四更星序,八部方周。般若智日圆明至理义天普覆爰是或讲或诵,或注或持,代胜一代,日盛一日,殊应有征,利益无量也。今撮略纲目,欲广见闻,以龙树尊者所造《大智度论》,摘其义意,注于科例,俾看《般若》者披阅其大旨,即成智智也。”所录之书,多至一千零四十九种,《大藏》所收,大半在是。皆能挈要提纲,明法会旨。在佛录中,允推为至高无上之解题杰作。且此种解题工作,功效甚钜。据惟白自述,“其利有五:一、宗师提倡者,得随宜开觉故。何谓也?向上玄枢,应乎大器。俯徇情性,在乎顺机。故弘宗阐教,以方就圆,须假博闻,待乎来问。故集斯录,益真接化,贵言有稽,古道取信于人也。二、法师讲演者,资阐明训徒故。何谓也?传教者宜谈妙义,听习者专谘实理。一部微言,必有所证。或引经律论文,或考疏钞传记。略无所据,义理难信。故集斯录,缓急证其驾说,使有端绪也。三、乐于注撰者,助检阅引文故。何谓也?作歌颂者赞扬妙道,述疏钞者发挥圣言,临文引据,一事一缘,贵出典章,制不妄启。

故集斯录，以待伸纸操毫，而无凝思也。四、有缘看藏者，易晓品义故。何谓也？出家佛子，若曾听经谕，或参问知识，则一览圣教，其义了然。既未然者，不了法味，则空益疲劳。故集斯录，俾见大旨，然后披文，乃深入法藏也。五、无因披教者，知藏乘要义故。何谓也？在家菩萨，居仕宦者，致君泽名，职务骈冗。处黎庶者，家业萦繁，公私逼迫，以故无因披阅藏教。设若有暇，何处取经？故集斯录，使人人知其法义，家家有《大藏》，因缘资乎种智，而脱死生也”。白《录》卷末。惟白本禅宗大师，熟于佛门掌故，尝于建中靖国元年秋，撰《续灯录》。《指要录》末，附述禅教五派宗源，亦能得其脉络。以如是通才，述《大藏》要领，其能不迷指归也固宜。同时虽有居士王古仿其意而有作，固不能与之并驾齐驱耳。

王古之《大藏圣教法宝标目》

清源居士王古《直斋书录解题》作“王右”。徽宗时官至尚书，尝撰《大藏圣教法宝标目》。元成宗大德丙午，释克已序其书，称古“读经该贯，演义深玄，举教纲而目张，览智镜而神智，故兹集要，略尽教条，溥为来机，豁开宝藏。流传既久，贝笈未收，眼目所存，诚为缺事。即有前松江府僧录广福大师管主八续集秘密经文，刊圆藏典，谓此《标目》，该括详明，谨录藏中，随衔披阅，俾已通教理者睹智灯而合照心之解，未阅圣言者掬法流而惑业之垢，一览之余，全藏义海了然于心目之间矣”。观古此目，较惟白所录，远为疏略。每书简或仅著一言，详亦不过数语，多及千字者，间亦有之，惟限大部。譬于《四库》，白《录》有如《总目提要》，古《目》有如《简明目录》，虽精粗有别，繁简悬殊，而相得益彰，委系佛录之要籍。凡初涉佛籍者，固不能舍是二者而他求也。

智旭之《阅藏知津》

上述惟白、王古二家，于分类伦次概不违于昇《录》。直至明末北天目沙门释智旭、始师二家之意而大易昇《录》之次。在解题书中，可称鼎足而立；在分类法中，则实空前创作。智旭以“历朝所刻藏乘，或随年次编入，或约重单分类，大小混杂，先后失准，致使欲展阅者茫然不知缓急可否。故诸刹所供大藏，不过缄置高阁而已。纵有阅者，亦罕能达其旨归，辨其权实。佛祖慧命，真不啻九鼎一丝之惧。而诸方师匠，方且或竞人我，如兄弟之阋墙，或趋名利，如苍蝇之逐臭，或妄争是非，如痴犬之吠井，或恣享福供，如燕雀之处堂，将何以报佛恩哉？唯宋有王古居士创作《法宝标目》，明有蕴空沙门嗣作《汇目义门》，并可称良工苦心。然《标目》仅顺宋藏次第，略指端倪，固未尽美。《义门》创依五时教味，粗陈梗概，亦未尽善。旭以年三十时，发心阅藏，次年晤壁如镐兄于博山，谆谆以义类诠次为嘱。于是每展藏时，随阅随录。凡历龙居、九华、霞漳、温陵、幽栖、石城、长水、灵峰八地，历年二十祀，始获成稿。终不敢剖破虚空，但藉此稍辨方位，俾未阅者知先后所宜，已阅者达权实所摄，义持者可即约以识广，文持者可会广以归约。若权若实，不出一心。若广若约，咸通一相。故名之为《阅藏知津》云”。其书作于甲午重阳后一日，盖清世祖顺治八年也。翌年正月二十一日，智旭即卒，年五十七。其凡例于分类法颇有精微之论。综其所见，有善于以前诸录者五端：(1)别立杂藏，使杂著得有所归。此例虽仿自法上《录》，然中间各录皆所未有。(2)变更部次，以《华严》为首。(3)分出《密部》，使《显》、《密》不致混淆。(4)合单本重本于一处，使一经不分散数处。(5)以符号判别书之优劣缓急，使读者得依照选读。

列其分类之系统，则可如下表：

- 经藏
  - 大乘经
    - 华严部
    - 方等部
      - 显咒
      - 密咒
        - 经
        - 仪轨
    - 般若部
    - 法华部
    - 涅槃部
  - 小乘经

- 律藏
  - 大乘律
  - 小乘律

- 论藏
  - 大乘论
    - 释经论
      - 西土
      - 此土
    - 宗经论
      - 西土
      - 此土
    - 诸经论
      - 西土
      - 此土
  - 小乘论

- 杂藏
  - 西土撰述
  - 此方撰述
    - 忏仪
    - 净土
    - 台宗
    - 禅宗
    - 贤首宗
    - 慈恩宗
    - 密宗
    - 律宗
    - 纂集
    - 传记
    - 护教
    - 音义
    - 目录
    - 序赞诗歌应收入藏此土撰述
      - 释经
      - 密宗
      - 净土
      - 台宗
      - 禅宗
      - 慈恩宗
      - 纂集
      - 传记
      - 护教
      - 目录

日本佛藏目录

佛教东传，远自晋世。始流高丽，终入日本。西来求法诸僧先后载归经藏，辄有目录，不必详记。惟日本延喜二年西902。有天台沙门安然据八家秘录，撰《诸阿阇梨真定密教部类总录》分为二十部类:(1)三灌顶部,(2)胎藏界部,(3)金刚界部,(4)苏悉地部,(5)诸如来部,(6)诸佛顶部,(7)诸佛母部,(8)诸经法部,(9)诸观音部,(10)诸菩萨部,(11)诸经刚部,(12)诸忿怒部,(13)诸世天部,(14)诸天供部,(15)诸护摩部,(16)诸礼忏部,(17)诸赞叹部,(18)诸悉昙部,(19)诸碑传部,(20)诸图像部,实为《密宗》分类最详之录。刻藏之业,二邦屡见史册。其目录多准唐宋诸录,无可特叙。及明治十三年,始创四藏对校之事于弘教书院,迄十八年七月而全藏刻成。及大正十二年高楠顺次郎、渡边海旭等又辑印《大正新修大藏经》,至昭和五年五月始成,收书多至一万二千八百六十四卷。后又续刊三千九百九十二卷。皆用诸本对校,最为精详。所分部类,亦大异于我国诸录。《经》分(1)《阿含》,(2)《本缘》,(3)《般若》,(4)《法华》,(5)《华严》,(6)《宝积》,(7)《涅槃》,(8)《大集》,(9)《经集》,(10)《密教》等部。《律》分九类。《论》分《译经》、《毗昙》、《中观》、《瑜珈》、《论集》五部。《支那撰述》分《经疏》、《律疏》、《论疏》、《诸宗》四部。《日本撰述》再分《章疏》、《宗典》二部。《外篇》分为《史传》、《辞汇》、《目录》、《疑似》、《外教》、《杂》六部。每部皆再各分小类若干,包摄甚广。时又刊《昭和法宝总目录》三卷,汇集《大藏》未收之各种佛经目录,颇便于学者之研究。而大正元年,中野达慧等又辑《续藏》经,采集明清日韩九百五十余人,千七百五十余部,七千一百四十余卷,别为十门六十三类。近世僧俗译作未入《大藏》者,网罗几尽。其分类纲领亦与古录迥异。此等虽人属外国,而其书多汉籍,凡治佛教目录学者,所宜参考者也。

道教与《道经》

事有无甚可记而又不得不记者，为道教及其目录学。道之有教，因佛而兴。道之有经，因佛而成。我国战国时代本有老庄“清静无为”之说，司马谈谓之道德家。汉初虽为文帝及淮南王所尊信，而未成宗教。迄后汉之末，佛经译行，信者渐众，乃有张陵受其暗示而创为五斗米道。两晋之间，得博洽之葛洪为之充实，学理上之基础遂立。及元魏太武帝宠任道士寇谦之，毁灭佛教，而道教大盛。南朝则有陆修静广集道经，见信于刘宋明帝。李唐援李聃为其始祖，爱屋及乌，高宗、玄宗、武宗先后盛崇道教。赵宋继之，真宗徽宗尤为迷信。风声所及，其教益振。后虽经元世祖之禁断，亦无甚损伤。近世稍衰，而信徒之众，犹亚于佛教。参看《史记·自序》、《汉书·艺文志》、《文帝纪》、《淮南王传》、《后汉·刘焉传》、《晋书·葛洪传》、《魏书·释老志》、《宋会要稿》、《元典章》。《道经》之造成，几完全脱胎于《佛经》。而道士讳所自出，故弄玄虚，谬为教自羲农，经出天宫之说。元至元十二年石刻《道经尊经历代纲目》，前半完全荒谬不可信。苟非昏蒙，其谁信之？佛徒所攻，殆近真实。唐僧释法琳云：“道家玄籍，唯《老子》二篇，李聃躬阐。自余经教，制杂凡情。何者？前汉时，王褒造《洞玄经》；后汉时，张陵造《灵宝经》及《章醮》等道书二十四卷；吴时，葛孝先造《上清经》；晋时，道士王浮造《明威化胡经》；又鲍静造《三皇经》，后改为《三清经》；齐时道士陈显明造六十四卷《真步虚经》；梁时陶弘景造《大清经》及《章醮仪》十卷。后周武帝灭二教时，有华州前道士张宾，诏授本州刺史，长安前道士焦子顺，一名道抗，选得开府扶风令，前道士马翼，雍州别驾李运等四人，以天和五年，于华州故城内守真寺挑揽《佛经》，造道家伪经一千余卷。又甄鸾《笑道论》云：‘道家妄注诸子书三百五十卷为《道经》。’又检《玄都目录》，妄取《艺文志》书名，矫注八百八十四卷为《道经》。据此而言，足明虚谬。故知代代穿凿，狂简实繁；人人妄造，斐然盈贯。”“增加卷轴，添足篇章；依傍佛经，改头换尾；或道名山自出，时唱仙洞飞来。”见《法琳别传》。“以此详检”，则其为诡妄，不容辩矣。

《道经》目录及分类之创始

《道经》既晚出，故其目录亦迟至南北朝始完成。而葛洪之《遐览篇》则其大辂之椎轮也。“洪字稚川，句容人。究览典籍，尤好神仙导养之法。从祖玄，以其炼丹秘术授弟子郑隐。洪就隐学，悉得其法。博闻深洽。江左绝伦。精辩玄赜，析理入微。”东晋咸和初，官至司徒谘议参军。见《晋书》卷四十二。著述甚多，其《抱朴子》卷十九为《遐览篇》，自述其义曰：“《遐览》者，欲令好道者知异书之名目也。”首述郑隐得见异书之经过，次则列举异书之名目及其卷数。虽未明白分类，及未尽标著者姓名；而隐约可辨其类别：一曰经，列举《三皇内文天文元文》、《混成经》等经数十种。二曰图，列举《守形图》、《坐亡图》等图十余种。三曰记，列举《蹈形记》、《隐守记》等记十余种。四曰录，列举《玄录》、《集书录》、《黄仙录》等录数种。五曰法，列举《采神药治作秘法》、《登名山渡江海敕地神法》等法十余种。此外尚有名律、名集者，其书较少，或未可自成一类。以上各类，合为《道经》，即所谓“佳书”也。“其次有诸符”，则列举

《自来符》、《金光符》、《太玄符》等符数十种,“此皆大符也。其余小小,不可具记”。据此推详,则当时道教诸书可分为经、图、法、符、记、录六类,或更加律、集而为八类矣。类名皆名逵所起,原文并未分类。洪又历述郑隐言:“道书之重者,莫过于《三皇文》、《五岳真形图》也。”“其变化之术大者,唯有《墨子五行记》。”“其次有《玉女隐微》,亦大术也。”“又有《白虎七变法》,与《墨子》及《玉女隐微》略同;过此,不足论也。”见《抱朴子》,《四部丛刊》本。此数语者,视为《道经》要目,亦无不可。《抱朴子》自叙:“至建武中乃定。”《遐览篇》则称“郑君以泰安元年,东投霍山,莫知所在。”则是篇之作,必在惠帝泰安以后,元帝建武以前。当西历302至317年间。道书目录及分类之早,宜莫过于是矣。

陆修静首创《灵宝经目》

相传“后汉明帝永平十四年,道士褚善信等六百九十人,闻佛法入洛,请求捔试,总将道家经书,合三十七部,七百四十四卷,就中五百九卷是道经,余二百三十五卷是诸子书”。亦见《法琳别传》。佛道捔试之说,本无其事。参看《汉明求法说辩伪》。彼时道教未兴,亦未必有经目。《神仙传》号称葛洪所作,乃云:“老教所有度世消灾之法,凡九百三十卷,符书等七十卷,总一千卷。”其卷数之多,超出《遐览篇》所述者数倍,当不可靠。故葛洪以前,《道经》尚无总目。

迟至刘宋中叶,始有道士陆修静创撰《灵宝经目》,实为《道经》第一部总目录。其书成于宋文帝元嘉十四年。见《云笈七签》卷四《灵宝经目序》。至明帝太始七年,修静答明帝云:“道家经书并药方、咒、符、图等，总二千二百二十八卷，一千九百十卷已行于世，一百三十八卷犹隐在天宫。”见《法琳别传》。年月明确，最近真实。惟后来道士虚增卷数，反而引起佛徒之攻击耳。《法琳别传》云：“案今玄都观《一切经目录》云依修静所上目，乃言有六千三百六十三卷，云二千四十卷见有其本，四千三百二十三卷并未见本。”《至元石刻道藏尊经历代纲目》更虚张其数云：“陆修静经目藏经一万八千一百卷，宋太始七年考功郎中校勘，仅存六千三百有余卷。”徒知夸耀，不顾事实，一至于此。故法琳攻之曰：“既其先后不同，足知虚妄明矣。”又云：“修静为目，已是大伪。”文见《法琳别传》及《辩正论》。《云笈七签》卷四。载修静自序，首段叙《道经》之由来，多虚诞不可信。后段略云：“但经始兴，未尽显行。十部旧目，出者三分……顷者以来，经文纷互，似非相乱。或是旧目所载，或自篇章所见，新旧五十五卷。学士宗竟鲜有甄别。余先未悉，亦是求者一人，既加寻览，甫悟参差，或删破《上清》，或采搏余经，或造立序说，或回换篇目，裨益句章，作其符图。或以充旧典，或别置盟戒。文字僻左，音韵不属，辞趣烦猥，义味浅鄙，颠倒舛错，事无次序。考其精伪，当由为猖狂之徒，质非挺玄，本无寻真之志，而因修窥阅，假服道名，贪冒受取，不顾殃考，兴造多端，招人宗崇。敢以鱼目，厕于隋侯之肆；辄将散砾，托于和氏之门。炫诳愚蒙，诬调太玄。既晚学推信，弗加澄研；遂令精粗糅杂，真伪混行。视听者疑惑，修味者闷烦。上则损辱于灵囿，下则耻累于学者。进退如此，无一可宜。徒倾产疲力，将以何施？夫轻慢之咎既深，毁谤之罪靡赦。余少耽玄味，志爱经书，积累锱铢，冀其万一。若信有可崇，何苟明言坐取风刀乎？虑有未悉，今条旧目已出，并仙公所授，事注解意，疑者略云尔。”据其所述，则《道经》之疑伪杂出，旧目混沌不明，已可概见。修静之作，乃所以去所认为疑伪者，区分类别，以成条目也。观乎后来《玄都观一切经目录》之混乱不治，则知修静此目殊不愧为道录之开山矣。

修静之外，同时稍后，尚有所谓《上清原统经目》。《云笈七签》卷四。载其注序，据云有道士许豫之于元嘉十二年临终时封藏“上清宝经，三洞妙文”，宋明帝泰豫元年逼取至京，元徽元年复归郯县马氏。此撰注者“因神王所撰《宝经》卷三十一首，篇章目第，并指事为名。然天真之言，理奥难寻，或名同而事异，或理合而字乖，灵秘妙隐，不与世合，幸而见之，卒难详辨”，乃“钻研弥龄，始觉仿佛，谨以鄙思，寻校众经，为《上清目义》”。推其语意，亦道经目录之俦也。

王俭与阮孝绪

以儒者撰录而收及道经，始于刘宋王俭。俭与陆修静同时，于元徽元年，特辟《道经录》附见于其《七志》，合《佛经录》为九条。虽“亦不述作者之意，但于书名之下，每立一传，而又作九篇条例，编乎首卷之中。”《隋志》。则始述道书分类条例，备列道书目录入总目录中者，以此志为最先。惜已失传，仅可由《七录》想象之。阮孝绪《七录序》云：“刘氏《神仙》，陈于《方技》之末；王氏《道经》，书于《七志》之外。今合序《仙道录》为外篇第二。王则先道而后佛，今则先佛而后道。盖所宗有不同，亦由其教有浅深也。”《仙道录》分为经戒、服饵、房中、符图四部，收书四百二十五种，一千一百三十八卷。道书之有显明部类，实始见于此。修静《录》之部类，现已不明。《七录》成于梁普通四年以后，上距修静成书之日仅八十七年。其书半依《七志》，半采诸录，虽非尽目睹，而详尽无遗。其所记卷数，较《佛法录》仅及五分之一，足见彼时道书无多，较上述修静《录》亦少七百七十二卷，足证修静《录》之虚伪。其后唐人撰《五代史·经籍志》，即《隋志》。略记道书目录大纲，亦分经戒、饵服、房中、符箓四部，总数则为一千二百一十六卷，与《七录》大同小异，较下述之《玄都录》只及半数，是则唐初修史志者亦已不信玄都观道士之说矣。

《七录》之后，惟“后周法师王延《珠囊经目》，藏经八千三十卷”。见《至元石刻》。如此巨帙，竟倍佛经，其为浮报，不核可知。但目既不传，亦无庸详究耳。

《玄都观一切经目录》

隋炀帝尝命道士撰《道经目录》，《隋志》。其事不显。唐初宏奖道教，特起玄都观以居道士。道士乃大造经目，以示夸耀。贞观初，释法琳撰《辩正论》以攻之曰：“按玄都观道士等所上《一切经目》，云取宋人陆修静所撰之者，依而写送。检修静旧目注：‘《上清经》有一百八十六卷，其一百十七卷已行于世，从世清以下有四十部，合六十九卷，未行于世。’检今经目，并云见在。修静《经目》又云：‘《洞玄经》三十六卷，其二十一卷已行于世；其《大小劫》已有十一部，合十五卷，犹隐天宫未出。’检今经目，并注见在。”“检修静目中，见有经书、药方、符、图等，合一千二百二十八卷，本无杂书诸子之名。而道士今列乃有二千四十卷，其中多取《汉书·艺文志》目，妄注八百八十四卷为《道经论》。据如此状，理有可怪。何者？至如《韩子》、《孟子》，《淮南》之徒，并言道事。又后八老黄白之方，陶朱变化之术，翻天倒地之符，辟兵杀鬼之法，及药方咒厌，并得为道书者。其《连山》、《归藏》、《周林》、《太玄》、黄帝《金匮》、太公《阴符》、《阴阳书》、《五姓宅图》、《七十二葬书》等，亦得为道书乎？案修静目中并无前色，今辄集之，彼将何据？”“然修静为目，已是大伪。今《玄都录》，复是伪中之伪。”法琳所论，虽属一面之辞；然执有真凭实据，固非信口雌黄。故此录之毫无价值可言，实已一言而定，无复疑议也。法琳又请唐太宗，“令大德名僧，儒生道士，对宰辅朝俊，详检内外经史，刊定是非，立石为记，以息邪伪”。其理由则为“古及今佛家立一切经目，具辩翻译帝代，并注疑伪别部，恐惑乱黎民故也。今道家先无翻译，仍立记目，或依傍佛经，或别头假造，而不记年月，不详世代，装潢带轴，与真经一体，诈言空中自出，或道谷里飞来，咸行于世，疑误下愚”。并见《辩正论》。此事若行，则道书可十去其九，惜乎唐太宗不从其言耳。

唐代诸道录

李唐大弘道教，应有详录。然《旧唐志》竟未载一录，《新唐志》仅有毋煚《开元内外经录》十卷。两志并兼收佛论入道家老庄之俦，其荒谬抑甚可笑。煚《录》失传，仅知其收有道释书至二千五百余部，九千五百余卷。据《开元释教录》，佛书凡七千〇四十六卷，除去此数，则煚《录》所收道书有二千五百卷之谱，视《七录》已加一倍矣。而《通志·艺文略》则载有《开元道经目》一卷，《唐朝道藏音义目录》一百十三卷。前者或系开元时代之简目，但非《琼纲目》；后者则恐本非图书目录，而郑樵误入之耳。元《至元石刻》则称“唐尹文操《玉纬经目》，藏经七千三百卷。唐明皇御制《琼纲目》，藏经五千七百卷。唐文宗太和二年，太清宫使奏陈，止见五千三百定数。黄巢之乱，灵文秘轴，焚荡之余，散无统纪。幸有神隐子收合余烬，拾遗补阙，复为《三洞经》。再经五季乱离，篇章杂揉”，所称卷数，并近夸多。三种经目，亦无传本。

宋刻《道藏》之目录

及宋真宗“尽以秘阁道书，太清宝蕴，出降于余杭郡，俾知郡戚纶，漕运使陈尧佐，选道士朱益谦、冯德之等，专其修较。然其纲条漶漫，部分参差，与《琼纲玉纬》之目，舛谬不同。岁月坐迁，科条未究”。其后纶等及司徒王钦若请以张君房专任其事。久之，乃除君房著作佐郎。君房“尽得所降到道书，并续取到苏州旧《道藏》经本千余卷，越州、台州旧道藏经本亦各千余卷，及朝廷续降到福建等州道书，《明使摩尼经》等。与诸道士依三洞纲条，四部录略，品详科格，商较异同，以铨次之，仅能成藏。都卢四千五百六十五卷，起《千字文》天字为函目，终于宫字号，得四百六十六字，且题曰《大宋天宫宝藏》。天禧三年春，写录成七藏以进之”。《云笈七签》序。“卷目之首，冠《宝文统录》之名。”《至元石刻》。此藏为现存《道藏》之祖，其目录及分类亦为后来所沿用。君房载其分类之理由于《云笈七签》之《道门大论》中，据以推究，则知《道藏》之分类依据道教之系统。而道教之系统，则定自不知何世何人所撰之《正一经》。道教本有所谓三洞之说。《玉经隐注》云：“三洞经符，道之纲纪。”而“三洞者，洞言通也。通玄达妙，其统有三，故云三洞。第一洞真,第二洞玄,第三洞神”。“修学之人,始入仙阶,登无累境,故初教名洞神神宝。其次智渐精胜,既进中境,故中教名洞玄灵宝。既登上境,智用无滞,故上教名洞真天宝也。”又有所谓四辅者:《正一经》云:“《太清经》辅洞神部,金丹以下仙业。《太平经》辅洞玄部,甲乙十部以下真业。《太玄》辅洞真部,五千文以下圣业。《正一》法文宗道德,崇三洞,遍陈三乘。”故道教可分七部,《正一经》定其次序曰:“一者洞神部,二者洞玄部,三者洞真部,四者太清部,五者太平部,六者太玄部,七者正一部。”而后四部不能独立,并入三洞,谓之三乘。《正一经》云:“三乘所修,各十二部。”《道门大论》云:“夫十二部道义,通于三乘。今就中乘为释,余例可知。十二者:第一本文、第二神符、第三玉诀、第四灵图、第五谱录、第六戒律、第七威仪、第八方法、第九众术、第十记传、第十一赞颂、第十二表奏。(1)言本文者,即三元八会之书,长行元起之说,其例是也。紫微夫人云:‘三元八会之书,太极高真所有,本者始也,根也,是经教之始,文字之根,又为得理之元,万法之本。文者分也,理也,既能分辨二仪,又能分别法相,既能理于万事,又能表诠至理,如木有文,亦名为理也。不名真文者,十二义通三乘真文教主中洞,非通义也。’(2)神符者,即龙章凤篆之文,灵迹符书之字是也。神则不测为义,符以符契为名。谓此灵迹神用无方,利益众生,信若符契。(3)玉诀者,如河上释柱下之文,《玉诀》解《金书》之例是也。玉名无染,诀语不疑,谓决定了知,更无疑染。(4)灵图者,如合景五帝之像,图局三一之形,其例是也。灵,妙也;图,度也;谓度写妙形,传流下世。(5)谱录者,如生神所述三君,立本所陈五帝,其例是也。谱、绪也;录、记也;绪记圣人,以为教法;亦是绪其元起,使物录持也。(6)戒律者，如六情十恶之例是也。戒者，解也，界也，止也；能解众恶之缚，能分善恶之界，防止诸恶也。律者，率也，直也，栗也；率计罪愆，直而不枉，使惧栗也。(7)威仪者，如斋法典戒，请经轨仪之例是也。威是俨巍可畏，仪是轨式是宜，亦是曲从物宜为威法也。(8)方法者，如存三守一，制魄拘魂之例是也。方者方所，法者节度，修行治身，有方所节度也。(9)众术者，如变丹炼石，化形隐景之例是也。众，多也；术，道也；为趣至极之初道也。(10)记传者，如《道君本业》，《皇人往行》之例是也。记，志也：传，传也；谓记至本业，传示学人。(11)赞颂者，如《五真新颂》、《九天旧章》之例是也。赞以表事，颂以歌德。故《诗》云：'颂者美盛德之形容。'亦曰偈。偈，憩也，以四字五字为憩息也。(12)表奏者，如《六斋启愿》、《三令谒请》之例是也。表，明也；奏，凑也。'谓表心事上，共凑大道。通言部者，以部类为义，亦以部别为名，谓别其义类，以相从也。'又释其十二部先后次序之义曰：'本文是生法之本，数自居前。既生之后，即须扶养，故次辩神符。八会云篆，三元玉字，若不谙炼，岂能致益？故须玉诀释其理事也。众生暗钝，直闻声教，不能悟解，故立图像，助以表明。圣功既显，若不祖宗物情，容言假伪，故须其谱录也。此之五条，生物义定，将欲辅成，必须鉴戒。恶法文弊，宜前防止，故有戒律。既舍俗入道，出家篮于师宝，须善容仪，故次明威仪也。又前乃防恶，宿罪未除，故须修斋轨仪，悔已生恶也。仪容既善，宿根已净，须进学方术，理期登真要假。道术之妙，显乎记传。论圣习学，以次相从也。亦是学功既著，名传竹帛，故次记传。始自生物，终乎行成，皆可嘉称，故次有赞颂。又前言诸教，多是长行散说。今论赞颂，即是句偈，结辞既切，功满德成。故须表申灵府，如斋讫言功之例，故终乎表奏也。又前十一部，明出世之行。后之表奏，祛世间之灾。如三元涂炭，子午请命之流，皆关表也。’‘三乘之中，乘各有十二部，故合成三十六部。’”以上并据《云笈七签》，《道藏》本卷六。

综上所述，则道教可分洞神、洞玄、洞真三洞，及太清、太平、太玄、正一四辅。四辅附属于三洞。三洞各分本文、神符、玉诀、灵图、谱录、戒律、威仪、方法、众术、记传、赞颂、表奏十二部。《道藏》纲领，具在于斯。唐代所写《琼纲》、《玉纬》，或已依此分部；宋刻《道藏》，尤当所遵承；然皆漫无痕迹，未识真相。观后来明刻《道藏》之部类悉与《道门大论》所说相同，则唐宋元各本当亦不能超出例外也。

而《通志略》载有《宋明道宫道藏目录》六卷，《洞玄部道经目录》一卷，《太真部道经目录》二卷，《洞神部道经目录》一卷，王钦若等《三洞四辅经目录》七卷，《道藏经目》七卷。郑樵既未见其书，自不能明其同异，析名复出，徒见其烦。约略推求，实即张君房等所修《道藏》之目录，由王钦若领衔奏进耳。惟钦若上书，据《宋史》卷八，在大中祥符九年。而张君房写录成七藏在天禧三年。当系先上正本，复写副本耳。道教目录学单纯之极，实无异支别派可为陈述也。

《云笈七签》

惟张君房“因兹探讨，遂就编联，掇云笈七部之英，略宝蕴诸子之奥，总为百二十卷”，名曰《云笈七签》。盖《道藏》之辑要，亦即道教之类书也。其卷八卷九《三洞经教部》经释之属，概系道经解题，实前此所未见，颇能挈道经之要领。如释《七经》云：“道学七经，经者、径也，由也，常也，成也。径直易行，由之得进。常通不塞，正以治邪，转败为成，经纬相会也。玄素、黄帝、容成、彭铿、巫咸、陈赦、习学《七经》，演述阴阳，生生为先，先仁之志，非但七人，七人迹多，亦号七经。天门玉子，皆传斯道。外儒失道，不知道为儒本，儒为道末，本末不知，致无长寿之人，遂为淫乱之俗也。至于外儒，《五经》备有，《诗》首《关雎》，《礼》贵婚嫁，传嗣之重，历代所同，无后之罪，三千莫大。而知男女气数，阴阳兴衰，闻之疑怪，蚩鄙成灾，良可痛念。智者悟之，能归内道，救理外儒。《诗》、《礼》、《传》、《易》，至于《尚书》、《礼》、《乐》、《孝经》，敛末崇本，本孝合乎道，习乐同乎德，道德弘深，仁义备举，礼智恒用，信不暂亏，缘末入本，引外还内，上学之功，于此乎在。《七经》者：一曰《仁经》。男女婚嫁，恩爱交接，生子种人，永世无绝。二曰《礼经》。既生当长，壮不可恣，失清妇贞，内外分别，尊卑相敬，和而有节。三曰《信经》，既知礼节，亲疏相间，朝野忠直，无相违负。四曰《义经》。既知忠直，有与有取，罚恶赏善，更相成济。五曰《智经》。既知赏罚，防有枉滥，抑扬通流，除邪入正。六曰《德经》。治邪保正，五德均平，无偏无苦，常乐长存。七曰《道经》。常乐常存，腾泰无上，上德不德，教化立功，功成身退，权变无穷。凡人学道，共修七经。经有所明，各有多少。《仁经》恩多，余事皆少。少不受称，多故立名，名为《仁经》，亦有礼、义、信、智、德、道。六同若斯，唯道独多。少行均平，故号大道，一切所宗也。”《云笈七签》既为选集前人之作，则此项《道经解题》亦未必为张君房所为。其殆唐人手笔欤？

元明以后之道录

宋《藏》刻成，道教大兴。徽宗政和三年，诏求道教仙经于天下，又置道官，立道学，置博士，撰《道史》。声势之隆，空前绝后。参《宋史》卷八。南宋初年，郑樵撰《通志》，其《艺文略》录道家书，分为《老子》、《庄子》、《诸子》、《阴符经》、《黄庭》、《参同契》、目录、传、记、论、书、经、科仪、符录、吐纳、胎息、内视、道引、辟谷、内丹、外丹、金石药、服饵、房中、修养，凡二十五种，一千三百二十三部，三千七百六卷。其分类法与上述《宋道藏》目录迥异。"迨后丙申属难，经藏俱废。"元兴，"有披云子、宋真人收索到藏经七千八百余帙，锓梓于平阳府永乐镇东祖庭藏之"。见《至元石刻》。旋遭至元十八年之焚禁，一时又尽。见《元典章》。至明英宗正统十年，重辑《道藏》，以《千字文》编次，自天字至英字。神宗万历三十五年，又辑《续道藏》，自杜字至缨字。三洞，四辅，十二类，都五百二十函，五千四百八十五册。经厂刊版。至清光绪二十六年八国联军侵入，乃毁于大光明殿。一九二三年，商务印书馆取北京白云观藏明本影印。见重印缘起。《明藏》部类悉依《宋藏》，无所发明。惟其中有《道藏阙经目录》，题下注云："于旧目录内抄出。"而其卷上载有《上清源统经目注叙》、《众经目录》、《三洞要录》、《洞玄灵宝三洞经箓品格训目录》、《洞神三皇五岳目录》，卷下载有《宋万寿道藏三十六部经品目》，《宋万寿道藏经目》十卷，《金万寿道藏三十六部经品目》，《金万寿道藏经目录》十卷，此则道录阙本之可知者，观其多分三十六部，则亦无以异于《宋藏》耳。

总之，元明以后，道录殆无可称，所宜述者，惟明天启丙寅白云观道士白云霁撰有《道藏目录详注》。然亦非逐书皆作提要，名虽为"详注"，实则仅择少数要书略加数语说明耳。此在荒芜之道教目录学中，已属绝无仅有之创作矣。

专科目录篇

专科目录之作用及其源流

藏书目录随藏家之嗜好而发展，亦随藏家之兴衰而生灭。虽汉唐盛世之《七略》与《群书四部录》亦不能留传后世。学者恨焉，乃借重于史志，而不幸史志亦不能包举一代而无遗蕴！学者欲通晓古今，洞识所学，乃不得不各自就其本科目录作彻底之研究。此专科目录所以发达于现代，一也。藏家无论公私，多假以自炫，初无专精一科之志，故煌煌巨册，非不丰美；而平均分配，各科皆备；及专家用之，辄感其不精不足；势须独具只眼，另行搜求。此专科目录所以早已脱离藏书目录而独立，二也。百科竞出，群籍充栋，初学者望洋兴叹，茫然不知从何下手。洞明其学者，各就其所赏识，选拔要籍，以作读本，实为学术进步之第一阶段。此专科目录所以先乎藏书目录而产生，迄乎现代而尤盛，三也。溯自汉初韩信、张良即已次序兵法，删一百八十二家为三十五家，专科目录，莫之或先。《七略》不收散文，汉、魏渐有文集，故晋初荀勖、挚虞皆撰集《文章篇目》以补其阙。佛法传来，经无所附，其徒乃自撰经录以纲纪之。书画渐兴，宋齐遂有书画之录。他如史目起于李唐，金石原于赵宋，时代愈晚而专科目录愈多。其始多就现存之书专门深入；明清以来，则上穷往古，遍考存佚；及乎现代，更横越东西，分支百学。数量之富，实质之精，迥非一般藏书目录所能望其项背矣。

经解目录

自《七略》首纪六艺，《晋中经簿》改称甲部，《七志》正名经典，《隋志》定为经部，经书入录，由来远矣。然自始即兼容史传、小学，《七志》且分半席与史记杂传，《七录》始排除纪传而成专科。北魏卢昶有《甲乙新录》，陈承香殿有《五经史记目录》，唐人李肇有《经史释题》。四部平分，皆非完璧。《宋志》载欧阳伸一作坤。《经书目录》十一卷，实为经书专录之始。又载杨九龄《经史书目》七卷，《通志》载佚名《经史目录》三卷。其时代并不明，殆皆宋人也。一般所谓经籍，通指一切书籍，故如《千顷堂书目》所载王佐《经籍目略》，佚名《国朝经籍考》，皆未必专记经书，惟"《古经解书目》一卷"方得确认为经解目录。《崇文总目》有《授经图》一卷，叙五经、三传之学，其书不传，未详体制。宋章俊卿《山堂考索》尝溯经学之宗派，各为之图，未能精备。明嘉靖中，朱睦㮮乃因章氏旧图而增订之。首叙授经世系，次记诸儒列传，次录诸儒著述及历代经解名目卷数。清初黄虞稷、龚翔麟为之补校而刻之。睦㮮原录经解一千七百九十八部，虞稷等新增七百四十一部，睦㮮又撰《经序录》，取诸家说经之书，各采篇首一序，编为一集。二书虽非纯粹目录体裁，而实开通考古今经书，移录原序之创例。清初朱彝尊遂仿其遗意，为目录学辟一新大陆焉。彝尊以康熙三十年据陈廷敬所撰墓志铭推。归隐小长庐，以近日谭经者局守一家之言，致先儒遗编失传者什九，因仿马端临《经籍考》之例，而推广之，著《经义存亡考》三百卷。首录御注、敕撰之书，以下分易、书，诗、周礼、仪礼、礼记、通礼、乐、春秋、论语、孝经、孟子、尔雅、群经、四书、逸经、毖纬、拟经、承师、宣讲、立学、刊石、书壁、镂板、著录、通说，凡二十六类，末附家学、自序二篇。又欲为补遗二卷。草稿粗定，即以次付梓。其宣讲、立学、家学、自序四篇，以及补遗，属草未具，不幸遘疾，校刻逮半，鸿业未终。越数十年，乾隆甲戌乙亥间，卢见曾、马曰琯始捐赀刻版，改名《经义考》。是书以书名为纲，先注历代目录所著卷数、著者或注疏者之姓名。次以另一行分别注明"存"，"佚"，"阙"，或"未见"。以后钞录原书序跋，古今著作论及或述及该书之语，依时代为次。使读者一读而尽知古来各家对该书之意见，则该书之内容与价值自然明了。朱氏纯用客观态度，照录原文，不易一字，亦不参加己见。虽已阙佚过半之书，犹必为之稽其爵里，条其同异。毛奇龄谓"非博极群书，不能有此"。陈廷敬"以为经先生之考定者，存者固森然其毕具，而佚者亦绝其穿凿附会之端，则经义之存又莫有盛于此时者。微竹垞博学深思，其孰克为之?"毛、陈之论，确非虚誉。原书本无目录，至一九三三年，罗振玉始补写之。附校记一卷。又其囊括千古，不能毫无遗漏，故乾隆中，沈廷芳已有《续经义考》。见《隐拙斋诗文集》。乾隆末年，翁方纲又撰《经义考补正》十二卷，凡一千零八十八条。助其事者为丁杰、王聘珍等。先是清初，纳兰成德刊唐、宋、元、明人说经之书一百三十八种为《通志堂经解》，原无目录，方纲补之，并考订焉。道光间，阮元刊《皇清经解》于学海堂，共百八十八种，有目录。沈豫为之撰《提要》。光绪间，王先谦辑刊《续编》二百九种。近人有合撰正、续二编之目录为一书者，清儒经说大半在是矣。其专录一经之书者，雍乾间，有全祖望之《读易别录》，现代有吾友蒋复璁君之《易经集目》、《四书集目》、《论语集目》、《孟子集目》、《孝经集目》，金受申之《清代经学家治诗书目》，张寿林之《清代诗经著述考略》，吾友陆侃如君有《诗经参考书提要》。

译书目录

自清末曾国藩创办制造局，以译西书为第一义。数年之间，成者百种。而京师同文馆及西士之设教于中国者，后先译录。迄光绪二十二年，可读之书，约三百种。先师梁任公先生谓："国家欲自强，以多译西书为本；学者欲自立，以多读西书为功。此三百种者，择其精要而读之，于世界蕃变之迹，国土迁异之原，可以粗有所闻矣。"故为西书作提要，缺医学、兵政二门未成。而门人问应读之西书，及其读法，先后之序，乃作《西学书目表》四卷，《札记》一卷，示之。其体例如下：

（一）译出各书为三类：一曰学、二曰政、三曰教。指宗教。除未录教类之书外，自余诸书分为三卷。上卷为西学诸书，其目曰：(1)算学，(2)重学，(3)电学，(4)化学，(5)声学，(6)光学，(7)汽学，(8)天学，(9)地学，(10)全体学，(11)动植物学，(12)医学，(13)图学。中卷为西政诸书，其目曰：(1)史志，(2)官志，(3)学制，(4)法律，(5)农政，(6)矿政，(7)工政，(8)商政，(9)兵政，(10)船政。下卷为杂类之书，其目曰：(1)游记，(2)报章，(3)格致总，(4)西人议论之书，(5)无可归类之书。

（二）"明季、国初，利、艾、南、汤诸君，以明历见擢用，其所著书见于《天学汇函》、《新法历书》者，百数十种。又制造局、益智书会等处，译印未成之书，百余种。通商以来，中国人著书言外事，其切实可读者，亦略有数十种。掇拾荟萃，名为附卷。”

（三）“西学各书，分类最难。凡一切政，皆出于学。则政与学不能分。非通群书，不能成一学；非合庶政，不能举一政；则某学某政之各门不能分。今取便学者，强为区别。其有一书可归两类者，则因其所重。如《行军测绘》不入兵政而入图学，《御风要术》不入天学而入船政，《化学卫生论》不入化学而入医学是也。又如《电气镀金》、《电气镀镍》等书，原可以入电学；《脱影奇观》、《色相留真》、《照像略法》等书，原可以入光学；《汽机发轫》、《汽机必以》、《汽机新制》等书，原可以入汽学；今皆以入工艺者，因工艺之书，无不推本于格致，不能尽取而各还其类也。又如《金石识别》，似宜归矿学类，又似宜归地学类，而皆有不安，故归之化学。《海道图说》，似宜归地学类，又似宜归海军类，而皆有不安，故归之船政。此等门目，亦颇费参量，然究不能免牵强之诮……”

（四）“门类之先后，西学之属，先虚而后实，盖有形有质之学皆从无形无质而生也。故算学、重学为首，电、化、声、光、汽等次之，天地人，谓全体学。物谓动植物学。等次之；医学、图学，全属人事，故居末焉。西政之属，以通知四国为第一义，故史志居首；官制、学校，政所自出，故次之；法律所以治天下，故次之；能富而后能强，故农、矿、工、商次之，而兵居末焉。农者地面之产，矿者地中之产。工以作之，作此二者也。商以行之，行此三者也。此四端之先后也。船政与海军相关，故附其后。”

（五）“已译诸书，中国官局所译者，兵政类为最多。盖昔人之论，以为中国一切皆胜西人，所不如者兵而已。西人教会所译者，医学类为最多，由教士多业医者也。制造局首重工艺，而工艺必本格致，故格致诸书，虽非大备，而崖略可见。惟西政各籍，译者寥寥，官制、学制、农政诸门竟无完帙。今犹列为一门者，以本原所在，不可不购，悬其目以俟他日之增益云尔。”

（六）此表分为数格，分列书名，撰译年号，圈识，撰译人，刻印处，本数，价值，识语。其例言云：“书目例标撰人姓氏。今标译人，不标撰人者，所重在译也。译书率皆一人口授，一人笔述，今诸书多有止标一人，原本不两标，故仍用之，名从主人也。”

（七）“收藏家最讲善本，故各家书目于某朝某地刻本，至为断断。今所列皆新书，极少别本；仍详列之者，不过取便购读，与昔人用意微殊。其云在某某书中者，无单行本也。其云《格致汇编》本，《万国公报》本，其下不注本书价值者，亦无单行本也。”

（八）“古书用卷子本，故标卷数。后世装潢既异，而犹袭其名，甚无谓也。故今既标本数，不标卷数。”

（九）“目录家皆不著价值，盖所重在收藏，无须乎此。今取便购读，故从各省官书局之例，详列价值。其标若干两，若干钱者，银价也。其标若干千，若干百者，制钱价也。其标若干元，若干角者，洋银价也。制造局、同文馆、天津学堂之书，概据原单。其家刻本，乃西士自印本，据格致书室单。”

（十）“表下加识语，表上加圈识，皆为学者购读而设。体例不能雅驯，所不计也。”

（十一）“附卷所载通商以前之西书，多言天算、言教两门。今除言教之书不著录外，自余诸书，不能以类别，故以著书人为别。”

（十二）“附卷所载中国人言西学之书，搜罗殊隘。其海内通人，或有书成而未刻，刻成而鄙人未及见者，当复不少。管窥蠡测，知其孤陋。若夫坊间通行之本，有裨贩前人割裂原籍，以成书者，乃市侩射利之所为，方闻之士所不屑道，概不著录，以示谨严，非罣漏也。”

（十三）“中国人言西学之书，以游记为最多，其余各种，亦不能以类别。今用内典言‘人、非人’，化学家言‘金、非金’之例，区为游记类、非游记类二门。”

（十四）“近人颇有以译本之书，而归入自著书之中，不标译字者，概为疏通证明，仍入诸译书表中，不援名从主人之例。”

（十五）“表后附札记数十则，乃昔时答门人之语，略言各书之长短，及某书宜先读，某书宜缓读。虽非详尽，初学观之，亦可以略识门径。故窃取‘过而存之’之义，附见末简，名曰读书法……”据《饮冰室合集》第一册。

《西学书目表》于光绪二十二年九月登载于《时务报》，后又单行。见《慎始基斋丛书》本。对时人曾发生极大之影响。受其启发而研究西学者遂接踵而起。目录学家亦受其冲动，有改革分类法者，有专录译书者。沈桐生撰《东西学书录提要总叙》，徐维则撰《东西学书录》，顾燮光补之，近年犹刊其旧著《译书经眼录》焉。专录一国文字之译籍者，则有魏以新之《中译德文书籍目录》。专录一图书馆收藏之译籍者，则有金天游之《浙江图书馆汉译西文书目索引》。

哲理目录

哲学方面之目录，自古著录寡闻。勉强凑合，惟宋高似孙之《子略》或足当之。其体例与《史略》同。近代则清黄以周有《子叙》，王仁俊有《周秦诸子叙录》，现代胡韫玉有《周秦诸子书目》。而王重民之《老子考》则专考一书之版本。对于西洋哲学，则查士元有《世界哲学名著提要》，介绍穆勒(J. S. Mill)等十一人之书十一部。心理方面，则有张耀翔之《心理学论文索引》，张德培之《心理学论文引得》。二书互相衔接，止于一九三四年六月。其分类采用美国 Psychological Index 之例，分普通心理、神经系、感觉与知觉、情感与情绪、动作、注意记忆与思想、个体社会功能、特殊心理状态、人类心理发展、教育心理、动物与植物行为十一类，各类皆有小目。其内容后者较前者增加论文发表年月及杂志出版处，尤为完善。

宗教目录

宗教目录以佛教目录特别发达之故，已独立成篇。现代研究此学者，则有李翊灼之《佛学伪书辨略》，刘天行之《佛学入门书举要》，陈鸿飞之《佛教典籍分类之研究》，南亭之《华严宗著述汇目》，刘国钧之《三国两晋佛典录》，冯承钧之《大藏经录存佚考》。皆非藏目。惟翊灼尝撰燉煌经卷为《未入藏经论著述目录》。编制书目引得者，则有燕京大学引得编纂处将《大藏》、《续藏》及《道藏》之子目依《中国庋撷法》分别成书。

文字目录

文字之学，古名小学。历代目录，概附经部而为一类。然《尔雅》、《说文》之属皆释文字之义，未尝解经，强厕经部，权作附庸。专门目录，向未之闻。朱彝尊《经义考》亦止详于《尔雅》，而未及《说文》以下。翁方纲欲广此门，亦未及实行。乾隆六十年，谢启昆始采杭州文澜阁之书为《小学考》，以补朱氏之阙。嘉庆三年，再官浙江，更理前业，延陈鳣、胡虔等任其事，越五年刊成五十卷，卷首专录清朝奉敕撰著之书。此外分为四类，(1)训诂，续《经义考》、《尔雅》类而推广于方言，通俗文之属。(2)文字，录《史篇》，《说文》之属。(3)声韵，录声类，韵集之属。(4)音义，录训读经史百氏之书。谢氏以为“训诂、文字、声韵者，体也。音义者，用也。体用具而后小学全焉”，原无总目，近始有罗福颐补之。百余年来，文字学日益发达，记其目录者亦渐专门。清末已有尹彭寿撰《国朝治说文家书目》，叶铭撰《说文书目》，近年有王时润撰《郘学考目》及《研究说文书目》，马叙伦撰清人所著《说文之部书目初编》，丁福保撰《说文目录》，黎经诰撰《许学考》，李克弘撰《说文书目辑略》，吾友刘盼遂君撰《古小学书辑佚表》，陈光尧撰《关系简字书举要》。吾友夏廷棫君与陈钝撰《旧籍中关于方言之著作》。明朝之《关于汉字汉音之日籍目录》，而业师胡朴安先生撰有《文字学书目》，则未刊。

教育目录

古无教育书目，有之乃近十余年之事。其介绍要籍者，首为郑宗海之《英美教育书报指南》，虽杂有购书阅书之法，实目录之别体也。次则有查士元之《世界教育名著提要》，庄泽宣之《一个教育的书目》。庄著亦有解题，分教育概论、教育心理、发育心理、学科心理、教学法、学习指导、课程、测验、统计、教育史、教育哲学、教育行政、学校行政及管理、各级教育、职业教育及指导、体育与卫生、其他等十七类，甚便初学。此外则有专录教育论文索引者，以清华学校教育学社亦受庄泽宣指导。为最早，续编数次，各文皆有简略说明，而未为完备。后来中山大学教育研究所受邰爽秋指导。扩大编制，得八千余篇，分教育通论、普通教育行政、学校行政、各种教育问题、教学法、比较教育、教育报告七集。彭仁山增订之，删去解题而保存简目，其材料止于十八年底。自十九年后，有《中华教育界》按期发表各杂志教育论文索引，遂无专编。惟刘澡撰《民众学校论文索引》，则偏重一部分者也。其专录书目者，则有吕绍虞之《中国教育书目汇编》，前半为分类目录，详析为四十类。后半为书名及著译者混合索引，颇便检寻。而教育部社会教育司之《民国十六年来之民众教育刊物》"表"，则书报兼收，舒新城之《中国教育指南》则图书提要与论文索引并重。

社会科学目录

自先师梁任公先生撰《西学书目表》及《西书提要》后，继起效法者数家。其专录社会科学书目者，有沈兆祎之《新学书目提要》。其《法制类》单行本所收多当时新出译本，虽冠以国人著作二三种，不过装点门面而已。名虽为法制，实则举凡政治、社会、法律、经济、财政、外交、教育、家政、世界各国史及现况之译著无不包括在内。“其于群籍之中，旨趣离合，纪载详略，既存甄表之微，间有异同之议。”“多引原文，以资众览。”“又或因其篇章以推之事实。”其人亦维新之士，识见甚高，评衡得失，甚中肯綮。所收之书虽仅九十五种，在当日固一指南之作也。尚有历史、舆地、文学、西学、西艺、杂录、小说等七类，余未见其传本，故不复别论。其书出版于光绪二十九年。越二十余年而有查士元、士骥之《世界社会经济名著提要》、徐嗣同之《社会科学名著题解》、萧瑜之《社会学书类编》，皆对于西洋名著详为解题。查著较略，徐著偏重学术之思想，萧著偏重书目之说明，皆入门之书也。其专录某种问题之目录者有《食货半月刊》之《中国经济社会史重要论文分类索引》，许士廉、牛鼐鄂之《关于中国人口垦殖种族诸问题中英书目》，内政部图书馆之《内政问题论文索引》，分民政、警政、土地、水利、统计、礼俗六项。言荣彰之《社会调查及社会统计书目》，其专考古今法律书目者，有孙祖基之《中国历代法家著述考》，谢冠生之《历代刑法书存亡考》。见《东方杂志》二十三卷三号。孙著最博，分法理、立法、治狱、检验、实务五类，大抵根据历代史志、补志及各家书志而加以考证批评，知之较切者则稍详述其内容。惟不注版本，盖亦仿《经义考》而不悟其失耳。乌山图书馆有《十年来国内出版法学书目》，震旦大学图书馆有《法学书目》，则仅据现藏，未为完备。

自然科学目录

科学之在古代，惟天文历算比较有人研究。至于声、光、化、电，则未之闻。自西学输来，亦首由历算之学入手。清康熙中，梅文鼎尝列其所著历学书六十二种，算学书二十六种，各撰提要，名曰《勿庵历算书目》。近代则有刘铎撰《古今算学书录》，丁福保撰《算学书目提要》，并兼收中西焉。近年治算学书目者有裘冲曼、钱宝琮、李俨、刘朝阳等数家。裘有《中国算学书目汇编》，李有李俨所藏《中国算学书目录》及续编，《明代算学书志》、《二十年来中算史论文目录》、《近代中算著述记》，钱有《若水斋古今算学书录》，刘有《中山大学添购旧本算学书目》、《补裘编中国算学书目》。至于一般自然科学目录，刊行者尚不多。惟清末王景沂有《科学书目提要初编》，近年交通大学图书馆有《三十五年来中国科学书目初编》，震旦大学图书馆有《科学书目》。

应用技术书目

中国古代对于历算皆视为应用技术，此外则惟注重医药、农业及军事，故此三种之书籍特多。兵法在二千一百三十八年前已有目录，详《溯源篇》。在历代公私总目中，兵书皆能占一类位置。惟自荀勖并诸子、兵书为一部，以实技合于虚理，殊为不伦，而后录莫能纠正，兵书亦多沦亡。近年始有陆达节自史志古录摘录有关用兵之书目，并录存佚，不分类别，但以时代为次，断自清季，共得一千三百零四部，其现存者仅二百八十八部。名其书曰《历代兵书目录》。又续撰《兵书考》，想亦已成。在此学中，允推独步。至收藏现代中外军书最多者，则为中央陆军军官学校图书馆，有《军事学图书目录》。分中文、日文、西文三部，每部皆分十三类。(1)总类、(2)军制、(3)军事教育、(4)作战、(5)兵器、(6)交通、(7)步兵、(8)骑兵、(9)炮兵、(10)工兵、(11)空军、(12)海军、(13)杂类。此外各图书馆，皆逊不如焉。农业之书，则古录皆归入主张重农之农家一类。后录亦有改入谱录类者，其不得当一也。近代始有介绍西书之专录，起于清末王树兰与英人傅兰雅合译之《农务要书简明目录》，于各书皆有说明。其遍考古人书目者，则有毛雝之《中国农书目录汇编》。从七十三种旧录中摘出有关旧式农业之书名或篇名，卷数或册数，著作人，注明出处，分类二十一。(1)总记、(2)时令、(3)占候、(4)农具、(5)水利、(6)灾荒、(7)名物诠释、(8)博物、再分四类。(9)物产、(10)作物、(11)茶、(12)园艺、再分五类。(13)森林、(14)畜牧、(15)蚕桑、(16)水产、(17)农产制造、(18)农业经济、(19)家庭经济、(20)杂论、(21)杂类。每类皆依书名之笔数为次，如辞典式。惟不收近人译本及谈新法之书。得书凡三千余种，而方志尚不列焉，可谓富矣。毛雝之作，实在金陵大学。该大学同时又令陈祖槼等撰《农业论文索引》，罗致中文杂志三百十二种，丛刊八种，在我国出版之西文杂志及丛刊三十六种，得有关农业之论文，中文三万余条，西文六千余条，用勃朗(Brown)式之主题法，编为索引。一文而涉及数题者则互见之，一题而与他题有关者则互注之。其书多至九百面，在现代各项论文索引中实为最详细者。且不数年又有朱耀炳等之续编，又得中文一万三千八百余条，西文一千六十余条。金陵大学对于我国农业研究向来有良好之成绩，此种目录及索引亦与有功焉。此外中国农村经济研究会，有《中国农村经济参考资料索引》，汪仲毅有《中国昆虫学文献索引》，收一千七十七篇。水利处有《水利论文索引》，沙玉清有《中国水利旧籍书目》，茅乃文有《中国河渠水利工程书目》，万国鼎有《中国蚕业书籍考》，见《农林新报》九期。冯泽其有《世界棉作名著汇录》，《中华棉产改进会月刊》。骆启荣有《二十年来中文杂志中生物学记录索引》，彭曾沂有《中国古蚕书目拾零》。《新苏农季刊》。其他为著者所不及知者，当更不少。由书目之繁多，则知国人之研究农学亦非不力矣。至于医书，则《七略》早已见收，且分为四种。后世各录，或并为二，或合为一，或附于艺术类。如《明志》。宋太宗尝大征医书，命贾黄中等编为《神医普救方》一千卷，见《资治通鉴长编》卷二十二及二十八。引书多至数百部，必有引书目录，惜其不传。其专作医书目录者，始于明代殷仲春之《医藏目录》。北平图书馆有钞本。然日人多纪元胤讥其"妄仿缁流，名义先悖；况品题失当，亏漏亦多；纤仄小品，何以充学者之视听乎?"见《医籍考》。《千顷堂书目》又载有李嵩渚《医书目》四卷，注云李濂撰。濂为正德、嘉靖间人，熟于掌故，又撰有《医史》，似其书目必有可观，惜亦未见。清末则有丁福保撰《历代医学书目》，存佚并收，有书千六百余种，未能毕备，故自称"浅陋无精义，或目未之睹者，则不与焉"。别其门类，为二十有二。间注著者，不详版本。大辂始于椎轮，亦可谓难得矣。最近又有沈仲圭撰《国医学界参考书目》，曹炳章撰《历代医学书目考》，又撰《中国医学大成总目提要》，后者虽为营业之作，而收书三百六十五种，分类十三，以时代为次，各书皆有提要。其在国内非但为分量最多之医学丛书，抑且为罕睹之医书解题，弥足重焉。至于通考古今存佚之录，则日人已先我为之。多纪元胤撰《医籍考》八十卷，体例一仿《经义考》，而于见存者则必辨其雅俗，鉴其真伪。有书目三千数百种，分为医经、本草、食治、藏象、诊治、明堂经脉、方论、史传、运气专门等九类。书成已久，近始印行。而另有二日人黑田源次、冈西为人，凭藉满洲医科大学中国医学研究室之藏书，撰有《中国医学书目》一巨册，分类二十四，体例除同于一般目录者外，特注重版本。此二书者，所录皆我国医籍，且为我国目录所不及详，故附著焉。

艺术目录

我国艺术，最尚书画，故书画目录发生甚早，论其先后，仅次于文章志及佛经录。刘宋时，虞龢首撰《二王》、羲之、献之。《镇书定目》各六卷，《羊欣书目》一卷，《钟张书目》一卷。见《虞龢论书表》。其后梁傅昭有《法书目录》，见窦臮《述书赋》注。殷钧“又受诏料检西省法书古迹，别为品目”。见《梁书》卷二十七。隋姚最有《法书录》，见《述书赋》注。而隋炀帝“聚魏已来古迹、名画，于‘观文’殿后，起二台，东曰妙楷台，藏古迹，西曰宝台，藏古画”。见《隋志序》。所聚既多，必有目录，而《隋志》不载。有《法书目录》六卷，不著撰人，但《唐志》作虞龢撰。唐朱景玄有《书品目录》，见《百川书志》。褚遂良有《右军书目》。惟后者尚存，记王羲之正书四十帖，行书三百六十帖。然犹有目无录也。迄宋宣和二年内臣奉敕撰《宣和书谱》始分列篆隶正行草分六体,于作品之前,详载作者小传,兼论书法优劣特点,夹叙夹议,最为翔实。同时米芾撰《书史》,见《百川学海》、《说郛》、《书学汇编》等丛书。记其目睹法书,详录藏家、纸本、印章、跋尾,兼及故事轶闻,或加评论。语语精到,后世宗之。明人张丑撰《南阳法书表》,据《知不足斋》、《述古丛钞》、《翠琅玕馆》各本。但卞永誉之《式古堂书画汇考》则作韩朝延。则创分五格,列时代正书、行押、草圣、石刻,各记其跋者姓名及收藏印记。其体例迥异他书。此外,历代专录所见所藏之法书者尚复不少,无庸详及。图画之目,则始于南齐。齐高帝尝命侍臣科选古画之尤精者,不以远近为次,但以优劣为等第。自陆探微至范惟贤四十二人,为四十二等,共得二十七帙,三百四十八卷。见何法盛《中兴书辑本》。郭若虚《图画见闻志》谓南齐高帝撰有《名画集》,殆即此书。唐人裴孝源《贞观公私画史》列举古画名目,俱以"《太清目》所有","《太清目》所无"分注。因知梁武帝太清初年撰有《图画目录》。《隋志》有《名手画录》一卷,未知撰人。唐人窦蒙有《齐梁画目录》亦不传。传者以《贞观公私画史》为最古。史一作录。其书前列画名,后列作者,简略已极。宋人米芾撰《画史》,始评论优劣,记述裱褙,兼叙赏鉴收藏之杂事。徽宗敕撰之《宣和画谱》,每人一传,尤为详明。画分十门,(1)道释、(2)人物、(3)宫室、(4)蕃族、(5)龙鱼、(6)山水、(7)鸟兽、(8)花木、(9)墨竹、(10)蔬果,类名准确,前此所无,惜不互见,故分配不能无误。明张丑之《南阳名画表》则并为时代、道释人物、山水界画、花果鸟兽、虫鱼墨戏,其体例亦与其《法书表》同。张泰阶之《宝绘录》则以卷册与挂幅分类,近代庞元济之《虚斋名画录》则以卷子、立轴、册页分类,秦晋之《曝画纪余》则以卷、册、直幅、横幅、扇面、杂件分类,此皆庋藏之法，未可与论分类原理也。历代藏家标目品题之作，不可胜纪。仅标图目者，如《清南薰殿尊藏图象目》、《茶库贮藏图象目》；考证图象者，如清胡敬《南薰殿图象考》、阮元《石渠随笔》；备录题跋者，如近人吴芝瑛《小万柳堂王恽画目》；详述画意者，如清张庚《图画精意识》。以其非关目录学本身，不复尽载之矣。又向来收藏，多书画并收，故其目录每不分列。其收藏最富，品题最精，著录最详者，当推清乾隆九年敕撰之《秘殿珠林》二十四卷，《石渠宝笈》四十四卷，惟后者以贮藏地址为别，殊不足法。推溯此种书画并录之体例，当创始于陈《秘阁图书法书目录》。见《隋志》。宋遗民周密撰《云烟过眼录》，兼收古器与书画，至张丑之《清河书画表》又专录书画。其备录原文及款识题跋者，则始于明朱存理之《珊瑚木难》及项药师之《历代名家书画题跋》。其杂记书画见闻者，则始于明都穆之《寓意编》，及张丑之《法书名画见闻表》。分时代、目睹、的闻、会计四格。其搜集藏家目录者，则始于明汪砢玉之《珊瑚网》。其记述内容而加以论辨者，则始于明遗民顾复之《平生壮观》。而清初高士奇之《江村消夏录》，就其所见书画，考订源流，详记绢素、题跋、图记，附加已见，其体裁较密，遂为上述之《秘殿珠林》、《石渠宝笈》所宗，成为清代流行之风气。康熙间卞永誉撰《式古堂书画汇考》，通考古今，分门别类，纲举目张，眉注圈识，正文外录，体例之精明，收罗之广博，遂集书画之大成焉。然以上所述皆系法书（美丽之字）之目录与图画之目录，其内容为单独之法书与图画而非记载书画之目录，犹之文章志乃篇目而非书目也。洎乎近年，始有余绍宋创撰《书画书录解题》，分书画之书为十类：

- 书画书录解题
  - 史传
    - 历代史（记载历代书画家者）
    - 专史（专记一类或一地一品之书画家者）
    - 小传（虽非史传体制而附有略传者）
    - 通史（现代通叙书画流派之作）
  - 作法
    - 体制（书之篆隶真草以及别体，画之院体，界画，没骨，双钩以及指头）
    - 图谱（执笔结构样式之图范）（不录应试书及无说明、无关画理者）
    - 歌诀（口授作法之歌诀）
    - 法则（不属前三目而言法则者）
  - 论述
    - 概论（统论大体者）
    - 通论（通于大体，分列节目，较有系统之作）
    - 专论（专就源流派别或作家、鉴赏家之得失立论者）
    - 杂论（随笔札记之文）
    - 诗篇（论书画之诗）（题赠之作不列此目）
  - 品藻
    - 品第（分列四目九等，考定其高下者）
    - 评骘（评议得失，仍列品目者）
    - 比况（品评之词，涉于比拟形容而不列等第者）
    - 杂评（其他）
  - 题赞
    - 赞颂（书部居多）
    - 题咏（全属画部）
    - 名迹跋（关于赏鉴及考证者）
    - 题自作（多发挥妙义，抒写怀抱者）
    - 杂题（合前二目之作）
  - 著录
    - 记事（用记事之文，记书画之内容）
    - 前代内府所藏（著录藏品之内容）
    - 一家所藏（同前）
    - 鉴赏（目睹鉴定后，著录其内容）
    - 集录（得自传闻，或辑自他书，及搜集一人所作者）
  - 杂识
    - 纯言书画者
    - 不纯言书画者（言书画多于他事者）

- 丛辑
  - 丛书
  - 类书
  - 丛纂（采辑成书，或加以诠解删订，似丛书而非丛书）
  - 类纂（自定体例而辑成文，加以改编，似类书而非类书）
  - 摘抄（最无聊而又不能弃者）
- 伪托
  - 书部
  - 画部
  - 书画部
- 散佚
  - 书部
  - 画部
  - 书画部

对于未见之书，则别辑一篇，列于十类之后。首作总目叙略，略说其归类之由，并于总目各书下略注撰人及书之内容。各类皆先列书部，后列画部，并各依时代为次。但属一事之书，仍列一处。一书而跨二类以上者，用互见之例，入其重者之类，其他类中则于后低一格书之。分类一以书之本质为断，不问书名为何，文体为何。凡同名之书，加某氏于后出者之上以别之。又有一真一伪者，加别本于伪本之上以别之。一书而大同小异，别有异名者，用附目之例，注于总目叙略原目之下。单篇论文之在唐以前者，悉录。唐以后，则录其篇叶较多者。现代杂志文字，则不录。各书俱有解题，于说明内容之外，辄加评论，并节录最有关系之序、跋。散佚及未见者，仍作解题，注明见于何处，或何处征引，或未见全文，并考证其疑义，征引其佚文。版本则非其所注意，仅约略注出，不求完备。附有著书时代一览表，分著者、年略、书名、成书年分、类别五格，最后复有著者索引。其体例甚精，考证甚备，固不仅为空前之作也。余氏之外，有吴辟疆尽购画学之图书，二百三十余种，准余书之分类，撰《有美草堂画学书目》，自谓“妄欲集其大成”，而其实不能毫无遗漏。书画之外，周庆云搜藏琴学之书，得三百数十种，撰有《琴书存目》六卷，《琴书别录》二卷。袁同礼有《中国音乐书举要》。杜竟有《知见音乐书草目》。周连宽有《中国美术书举要》。

文学创作目录

文学创作之有专门目录，自曹植始开其端。参看个人著作目录之章。前此之《七略》，虽有诗赋略，而不载散文；后此之《晋中经簿》，其丁部虽“有诗、赋、图赞、汲冢书”，而未知已收散文否。盖两汉文学侧重诗赋，个人创作尚少结集，至曹植始结集录目也。晋初始有秘书监挚虞撰《文章志》四卷，集合诸家诗赋文章之篇目为一志。《三国志注》引其佚文：“刘季绪名修，著诗赋颂六篇。”《陈思王传》。《世说注》引其佚文：“崔烈，灵帝时官至司徒太尉。”《文学篇》。《后汉书注》引其佚文：“桓麟文见在者十八篇，有碑九首，诔七首，说一首，《沛相郭府君书》一首。”《桓彬传》。据此推测，其体例实与《别录》、《七略》相似，确为目录无疑。虞尝集诸家诗文为《文章流别集》六十卷，见《隋志》集部总集篇中，原注又有“志二卷，论二卷”。似四卷之《文章志》或即并志论而单行，殆为《流别集》之目录也。较虞稍早者有荀勖，亦尝为秘书监，《隋志》载其“《杂撰文章家集叙》十卷”，《新唐志》作“《新撰文章家集叙》五卷”，虽无佚文可考，然叙、录二字古义相通，《世说》注引邱渊之《文章录》，有时作《文章叙》，有时又作《新集叙》，其体例亦与《文章志》相同。故《三国志·王粲传》注又引作

“《文章叙录》”。“新撰”云者，前此诸家文章多单篇散行，今始撰为一集也。“新集叙”云者，新集之叙录也。故推原文学创作总目录之渊源应以荀勖为滥觞焉。勖、虞之后，一度无闻。晋末始有顾恺之撰《晋文章纪》。见《世说·文学篇》注。刘宋则三家并作，傅亮有《续文章志》二卷，宋明帝在藩时有《晋江左文章志》三卷，丘灵鞠为序。二志并见《隋志》。邱渊之有《晋义熙以来新集目录》三卷。《世说》注作《文章录》、《文章叙》、《新集叙》；《艺文类聚》作《文章叙录》；《玉海》作《别集录》。齐、梁间，沈约又撰《宋世文章志》二卷。见《隋志》。《梁书》本传则作三十卷。摭拾遗文，传记作者，批评著录，一时称盛。王俭、阮孝绪先后承其积业，遂辟《文翰志》、《文集录》于其《七志》、《七录》。《文集录》分为楚辞、别集、总集、杂文四部，收书至一千四十二种，在《七录》内篇中高据首席。卷数则稍次于《纪传录》，若合外篇比较，则种数亦次于《佛法录》，而卷数却又四倍之。《隋志》以下，遂以集部为四部之一，小类亦多仍《七录》之旧，惟或易杂文为词曲，或增加诗文评耳。参看分类。专录一切文学创作目录者，遂不复多见。独《宋志》载有沈建《乐府诗目录》一卷，实为专录一种创作之始。《千顷堂书目》载有《国朝名家文集目》一册，或为专录一代文集书目之始。上述之文章志为专录文集篇目之作。而选集名文以作读本者，则自挚虞以后，迄今不少衰焉。此虽非关藏书目录，然其分类之法亦可为目录学家之参考，故稍述之。《文章流别集》“自诗赋下，各为条贯，合而编之”，见《隋志》。确有类别，而莫之知。今存选本，以梁昭明太子《文选》为最古。《古文苑》系伪书，韩元吉《南涧甲乙稿》卷十五有《古文苑记》，已致其疑。赋以对象，诗以对象，体裁各析为十数小类。余体则有骚、七、诏、册、令、教、文、表、上书、启、弹事、笺、奏记、书、檄、对问、设论、辞、序、颂、赞、符命、史论、史述赞、论、连珠、箴、铭、诔、哀、碑文、墓志、行状、吊文、祭文，凡三十七类，支离复沓，多不合理。然千四百年来，选文章者，编文集目录者，皆多奉为圭臬。首赋次诗，几为定例。改革之论，反难通行。盖其选文甚精，家诵户晓，故蔚为权威耳。宋人姚铉之《唐文粹》，吕祖谦之《宋文鉴》皆不能大作更张。真德秀始综合为辞命、议论、叙事、诗歌四类，见《文章正宗》。简括得体而略嫌广泛。清初储欣又分为奏疏、论著、书状、序记、传志、辞章六门。见《唐宋八大家类选》。乾隆中，姚鼐又分为论辨、序跋、奏议、书说、赠序、诏令、传状、碑志、杂记、箴铭、赞颂、辞赋、哀祭十三类。见《古文辞类纂》。清末，曾国藩则改书说为书牍，论辨为论著，加叙记、典志而删赠序、箴铭、赞颂，并传、状、碑志为传志，故有十一类。见《经史杂钞》。综而论之，莫不重体裁而轻作用，从未有以作用之性质为类别。其唯一之特色为写实主义。凡非实写之小说故事，旧目录学家皆归之子部小说家；鬼神传记则有归之史部传记类者；戏曲则史志完全不收；要之皆不承认为文学，故未尝厕入集部焉。此种观念，直至近年始克改变。录文学创作之目者，已闯出文集之藩篱，而招致虚无之小说词曲为一家矣。统观现代诸家有选录要籍者，如吾友储皖峰君所辑之吴虞《中国文学选读书目》，王浣溪之《中国文学精要书目》，吴宓之《西洋文学精要书目》、《西洋文学入门必读书目》，章炳麟之《中学国文书目》皆是也。有撰别集解题者，如钱基博之《清代别集解题》，孙雄之《同光两朝别集提要》是也。有专录别集书目者，如浙江图书馆之《别集索引》，南京国学图书馆之《集部总目》是也。有编制别集或杂志之篇目引得者，如北平图书馆王重民等之《清代文集篇目分类索引》，张陈卿之《文学论文索引》是也。有专录词书目录者，如唐圭璋之《全宋词初编目录》，陈慕德之《丛书中关于词学书目》，赵尊岳之《词籍考》、《词籍提要》、《惜阴堂汇刻明词提要》是也。有专录戏曲者，如先师王静安先生之《曲录》，黄文旸之《重订曲海总目》，支丰宜之《曲目表》，宾芬之《元曲叙录》，杜颖陶之《玉霜簃藏曲提要》、《曲海总目提要》及坊本《传奇汇考之子目综合索引》，吾友卢前君之《散曲书目》，傅惜华之《缀玉轩藏曲志》，黎锦熙之《元杂剧总集曲目表》，应飞伦之《中文戏剧书目》，宋春舫之《褐木庐藏剧目》，姚逸之之《湖南唱本提要》，以及国剧学会图书馆之书目，皆是也。有专录小说目录者，如孙楷第之《中国通俗小说书目提要》、《日本东京大连图书馆所见中国小说书目提要》，蒲梢之《中译苏俄小说编目》，皆是也。有专录新译书目者，如曾虚白与蒲梢之《汉译东西洋文学作品编目》是也。有专录文学史目录者，如杨殿珣之《中国文学史译著索引》是也。有专录民众文艺者，如陈光尧之《中国古今民众文艺书目提要》是也。有专录国文选本者，如黎锦熙之《三十年来中等学校国文选本书目提要》是也。有专考辞赋者，如朱保雄之《汉志辞赋存目考》是也。其他尚多，未暇毕述。

地理目录

地理书之有目录，当始于南齐。《隋志》称“齐时陆澄聚一百六十家之说，依其前后远近，编而为部，谓之《地理书》”。一百四十九卷，录一卷。梁任昉又增陆澄之书八十四家，谓之《地记》。二百五十二卷。此二书者，搜罗宋齐以前之地理书。既达二百四十四家之多，其引书目录殆可视为古代地理书籍之专科目录。阮孝绪《七录》所以特立地理部，即得助于陆、任二家之书。《隋志》又承其业，故其地理类录书至一百三十九部，而在陆、任二家所记之内，别无单行者，尚不与焉。《唐志》稍少，只有九十三部。《新唐志》增多五十六部。原文统计数字有误。《宋志》突跃至四百七部，五千一百九十卷。明代则《文渊阁书目》、《内阁书目》及清初黄虞稷之《千顷堂书目》，所收地理书皆极多。《四库提要》则分地理类为宫殿疏、总志、都会郡县、河防、边防、山川、古迹、杂记、游记、外记，子目凡十。其所著录及存目之书共五百八十一部，且各有提要，于学者莫便焉。然以上所述，皆总目录中之一部分，非专录地理书目者。专录之作，起于近代。最早者当推清初顾栋高之《古今方舆书目》。见《方志月刊》七卷。三四十年来，各地图书馆，内如北京学部图书馆——后并入北平图书馆、故宫博物院、燕京大学、清华大学、南京国学图书馆、金陵大学、上海涵芬楼——即东方图书馆、徐家汇天主堂、九峰旧庐、南洋中学、天津天春园、南浔嘉业堂及北平之东方文化事业委员会图书馆，上海之自然科学研究所、东亚同文书院，外如日本之内阁文库、静嘉堂文库，美国之国会图书馆，所藏之地方志书皆在一千种以上，十九皆有专门目录。最多者当推北平图书馆，一九三三年五月以前，已有五千二百余种，除去重复，亦有三千八百余种，而近年所增尚不与焉，可谓富矣。该图书馆《方志目录》依今制省境分类，同省依清制府州厅县之次序排列，一地而有数志者，再依时代之先后为序。每志皆注明书名、卷数、撰人、刊年、册数、存缺数，并标出其有金石、目录二编者。所惜未将丛书中之方志编入，否则当更便于研究也。藏志目录之外，通考古今方志者，自清中叶章学诚之《史籍考》已有方志一门，清末余苹皋之《史籍纲领》且特别注重方志，不但录其序目，且更述其义例。惜此二书，皆无传本。详下《历史目录》章。道光中，周广业撰《两浙地志录》，今存。

近年则有瞿宣颖撰《方志考稿》，取材于任凤苞天春园藏志，大抵仿《经义考》之例，每书必严定其名称，详述其撰年、撰人、旧志沿革、类目、体例，最后评论其体例之得失，尤注意于其所含之特殊史料。自谓“仅为随笔记笺之体”，不敢比于《四库提要》之谨严。全书未成，先刊江苏、河南以北八省，署曰甲集。一以现存之志为断，不能遍考佚志。实际乃藏书提要而非存亡并考也。以全国古今方志为对象存亡并考者，有朱士嘉，既撰《中国地方志统计表》，见《史学年报》第四期。《中国地方志备征目》，复以五年之力，采访国内外藏书家五十处，检查丛书四十九部，罗集方志名目，五千八百三十二种，以表格体详列其书名、卷数、撰人、撰年、版本、藏者，名曰《中国地方志综录》。附有统计表十七种，统计图十五种。其师顾颉刚誉其书“直接为目录学家创一新例，间接为史地学者开一大道”，对于研究方志源流者、修志者、研究史学者、采购方志者，皆有利便。虽其内容过广，未能完备正确，聂崇岐、薛澄清、见《大公报·史地周刊》五三期。萨士武见《福建方志考略》。俱能指正其谬，然从大体而论，为功亦已溥矣。其以一省方志为对象，存亡并考者，除薛澄清之《闽南方志经眼录》为目睹外，萨士武有《福建方志考略》，张维有《陇右方志录》，广西统计局有《广西省志书概况》。尤以张氏为最有精识。其书包括今制甘肃、宁夏、青海三省，得书二百五十有六部，分省志、郡县志、县志、杂古今录四类，以时代为次，详考其撰人、年代、卷目、存佚，并录其内容纲领。其案语多确论，可供方志学者之参考。即如分别主修者与秉笔者，欲使寒士著述不为达官贵人所掩取，一字之间，亦复不苟，其谨严可知矣。至于广义之地理书目则以金陵大学图书馆《地理书目》为最早。其专录研究一地之书目者，如黑白学会有《研究中国东北参考书目》，胡怀琛有《关于上海的书目提要》,吴玉年有《西藏图籍录》,姜仲明有《康藏问题论文索引》,金云铭有《福建文化研究书目》,丁骕有《西文云南论文书目选录》。专考古代图籍者,则吾友王庸君有《明代北方边防图籍考》,汧支有《先秦两汉地理图籍考略》。专收藏一方面图籍者,则有朱启钤之《存素堂入藏图书河渠之部目录》。通录地理论文者,于古代之书则有王重民之《清代学者地理论文目录》及《关于禹贡之论文目录》;于现代之期刊,则有吾友王庸及茅乃文之《地学论文索引》及续编,而后者尤便于稽寻,分为(1)地志及游记、(2)地文、(3)民族、(4)政治、(5)交通、(6)经济、(7)历史、(8)地理图书,凡八类,每类各有子目。至于舆图之目录,向为各图书馆所轻视。编录最早者当为一九一八年之京师图书馆,然未刊行。刊行最早者当为地质调查所之《地图目录甲编》。嗣后北平图书馆且特设舆图部,吾友王庸君尝主其事,撰有《中文舆图目录》及二编,《特藏清内阁大库舆图目录》。故宫博物院亦有《清内府造办处舆图房图目初编》。

金石目录

古物多种,概以金石,记其目录,体制有四:器物之名称,一也;拓印之文字,二也;研究之题跋,三也;集考著录前三者之书目为一目录,四也。《隋志》收汉魏石经拓文于小学类,至《直斋书录解题》始收金石书入书目类。汇集金石题跋为一书,创于北宋欧阳修之《集古录跋尾》。其子棐又撮录其略为《集古录目》。正名为《金石录》者,则两宋间赵明诚、李清照夫妇也。赵李之录,凡三十卷,前十卷以时代为次，录古物二千之目；后二十卷有跋尾五百二篇，皆辨正之文。自此以后，金石之学大盛。郑樵特撰《金石略》于《通志》中，断代记目。陈思撰《宝刻丛编》，王象之撰《舆地碑记目》，则依郡县区分，并见《四库全书》。盖依明诚《诸道石刻目录》之例也。见《宋志》。其专记一地者，则始终田概之《京兆金石录》，见《直斋书录解题》。以人名为纲，且分人名为八类者，则始于宋末佚名之《宝刻类编》。《四库》。金元浸衰，明、清转盛，撰金石之目录者百数十家。或记一地之发现，或录一家之收藏，或述此学之史传，或考一物之底蕴，或断代为考究，或保存其图文。乃至录存碑目，表列器名，无不各以古物为对象，极一时之盛焉。顾此种金石文字，或器物之著录及研究，在学术界限上久已对目录学宣告独立。以其研究之对象为金石之器物或文字，目的在求得其所代表之历史事象，而于分类编目之道非所特重，用意或与目录学家有殊。故《四库全书总目提要》瓜分金石之书为三分，“以集录古刻，条列名目者，从《宋志》入目录；其《博古图》之类，因器具而及款识者，别入谱录；石鼓文音释之类，从《隋志》别入小学”，且分目录类为经籍、金石两属，俨然分庭抗礼，不复依傍门户焉。目录学之对象为书籍之分类与编目，自不宜与金石学争夺地盘。顾对于金石文字之目录，迄今犹有总集所知，分编引得之必要。盖欲使学者参考之资料，从书本上之文字扩大及于器物上之文字，非有目录学家为之效劳不可。故目录学之不能放弃金石文字，正与不能无视书籍内容相同。然此一方面之进展，尚有待于今后之努力。昔人所已开辟之蹊径，惟在金石书籍之目录方面而已。清道光二年，李遇孙撰《金石学录》录古今金石学家四百余人，各记其有关金石之事迹及金石著作。有《古学汇刊》本。其后陆心源、有《潜园丛书》本。褚德彝有排印本。先后续补之。

书虽以传人为主，而人各有书，犹同书录。遍考古今金石书目者，始于清乾嘉间章学诚撰《史籍考》，于目录部设金石一类。道光间许瀚亦撰《史籍考》，亦辟金石为一门。传本虽皆未之见，而《攀古小庐文集》载瀚序目，知其类名为（1）金、（2）石、（3）金石总、（4）钱币、（5）玺印、（6）砖瓦、（7）文字。张之洞《书目答问》亦于史部立金石门，分（1）目录、（2）图象、（3）文字、（4）义例四类，而钟鼎、彝器、款识、法帖之属仍入小学门，未为的当。专著一书广罗金石书目者，似以沈涛之《金石著录考》为最早，涛字匏庐，卒于同治中。然无传本。迄宣统二年，始有叶铭撰《金石书目》。自此以来，魏稼孙、凌霞、田士懿、黄立猷、林钧、容媛六家迭起。魏《目》传自凌尘遗，所录仅二百种，最为简陋。凌《目》虽增至四百种，而漫无部属。叶《目》亦不著时代，不分种类，所收虽有四百九十二种，而有误收重出者，且并未尽见原书，故注文尤多舛谬。田《目》名《金石名著汇目》，收六百六十二种，以时代为次，间注版本，颇多遗漏。黄《目》亦名《金石书目》，分（1）金文、（2）石文、（3）匋文、（4）骨文、（5）地方、（6）法书、（7）义例、（8）题跋、（9）汇考、（10）目录十类。或以物之性质，或以书之体例，颇嫌不一，未收印谱说文而附录美术杂志。收书八百七十八种，自谓以所藏所见者为限，只知其名目者不录。然实际上则舛误亦所不免。容《目》出版最后而分类最精，以器物为纲，体例为目。系统如下：

- 金石书录
  - 总　类
    - 目录之属
    - 图象之属
    - 文字之属
    - 通考之属
    - 题跋之属
    - 字书之属
    - 杂著之属
    - 传记之属
  - 金　类
    - 目录之属
    - 图象之属
    - 文字之属
    - 通考之属
    - 题跋之属
    - 字书之属
    - 杂著之属
  - 钱币类
    - 图象之属
    - 文字之属
    - 题跋之属
    - 杂著之属
  - 玺印类
    - 图象之属
    - 文字之属
    - 通考之属
    - 字书之属
    - 附封泥
  - 石　类
    - 目录之属
    - 图象之属
    - 文字之属
    - 通考之属
    - 题跋之属
    - 义例之属
    - 字书之属
    - 杂著之属

- 玉　类
  - 目录之属
  - 图象之属
  - 通考之属
- 甲骨类
  - 图象之属
  - 文字之属
  - 通考之属
  - 义例之属
  - 字书之属
- 匋　类
  - 图象之属
  - 文字之属
- 竹木类—文字之属
- 地志类
  - 目录之属
  - 图象之属
  - 文字之属
  - 题跋之属
  - 杂著之属

此目收书八百二十三种，并择录杂志论文，附录方志中之金石志。又有人名书名通检，实为最精详之作。容氏又有《金石书录》，尚未刊行，故先刊其目如是。以上诸家皆无解题，有解题者惟林钧之《石庐金石书志》一种，仿藏书志之例，略述各书大旨，权其同异，录其题跋印记。所藏所志之金石书凡九百六十九种，而金石拓本二万余通尚不与焉。分类大纲有十二：(1)分地、(2)断代、(3)录文、(4)存目、(5)图谱、(6)石经、(7)记载、(8)考证、(9)释例、(10)字书、(11)法帖、(12)杂著，其法仿自叶昌炽之《语石》，以书之体例为准，初不问古物之为何种。然石经法帖又在例外，且同类之中以时代为次，又不复依古物之性质分子目，书之体例可分隶数类者亦不互见，故分类颇有失宜者。其优点在解题，以其书尽手藏，故能撷述梗概，甚少讹误。对于版本尤为注意。欲治金石之学者，固不能少此向导也。至于专录一种古物文字之书目者，于甲骨文则有陈振东之《殷契书录》、李星可之《甲骨学目录》、陈准之《殷契书目录》、邵子风之《甲骨书录解题》及《甲骨论文解题》，于印谱则有叶铭之《叶氏印谱存目》、罗福颐之《印谱考》、李文裿之《冷雪盦知见印谱录目》及佚名之《雪云庄知古铜印谱目录》，于钱币则有宗惟恭之《癖泉书室所藏泉币书目》。宗氏又欲撰《历代泉币著述考》，故先布其目。为此学者，渐有愈趋愈专之势焉。

历史目录

有篇目、书目、解题三种。最早撰历史篇目者，当为刘宋之裴松之。《史记·五帝本纪正义》引松之《史目》云："天子称本纪，诸侯曰世家。本者系其本系，故曰本；纪者理也，统理众事，系之年月，名之曰纪。第者次序之目，一者举数之由，故曰《五帝本纪第一》。"据此推测，则其体制隐约可知，盖所以比较历史篇目，研究其意义，以便撰史者之参考也。《旧唐志》有杨松珍《史目》三卷，《隋志》不载，《通志》认为唐人，《宋志》则有杨松珍《历代史目》十五卷，殆已经宋人补充，故增至五倍也。《宋志》有商仲茂《十三代史目》一卷，《郡斋读书志》作三卷，云"唐殷仲茂撰，辑《史记》、两《汉》、《三国》、《晋》、《宋》、《齐》、《梁》、《陈》、《后魏》、《北齐》、《周》、《隋》史籍篇次名氏。国朝杜镐以《唐》、《五代》书目续之"。则三卷本乃合并杜镐补续之本，故《宋志》又有杜镐《十九代史目》二卷。惟《崇文总目》及《通志》又有宋朝舒雅等撰《十九代史目》二卷，盖系官修之书具名各异，其实即杜镐之本也。《新唐志》有宗谏注《十三代史目》十卷，书名与殷仲茂之书相同，殆无二致。章学诚谓“宗谏略止三卷殷仲茂详至十卷”意是而数误。《新唐志》尚有孙玉汝《唐列圣实录目》二十五卷，据百衲本及《宋志》。开明版及《通志》均误“实”为“贤”。佚名《河南东斋史目》三卷。后者当与杨、殷之作同一体制，实录之目则推玉汝为首创，且其通录列代，较《通志》所载《太祖实录目》二卷、《太宗实录目》二卷之为一书之目不同。其实一书之目便应附书而行，不得别称为一书，故《新唐志》之《唐书叙例目录》一卷，《通志》之太宗《新修五代史目》三卷，高氏《小史目》一卷，《汉书叙例目》一卷，宋敏求《唐余录目》一卷，皆不得与于史目之列焉。惟《宋志》之《曾氏史鉴》三卷，《通志》作《史鉴目》三卷，当为兼录正史、通鉴之书。此种撰述史目之作，直至近代犹有人续之。嘉庆间有洪饴孙撰《史目表》，光绪间有江标、王仁俊补之，民国初年又有钱恂改订之，最近吾友王钟麒君又增补之。见《二十五史补编》第六册。郑鹤声撰《史部目录学》，为正史篇目结一总帐。正史以外，史裁尚多，则尚无人研究也。至不录篇目而录书目，最早有北魏卢昶之《甲乙新录》，陈承香殿之《五经史记目录》，皆专记经史二部之书，不收其他，似系偶无子集，并非有意专收。《宋志》则有杨九龄《经史书目》七卷，《通志》于杨《目》之外，另有《经史目录》三卷，其体制如何，均无考。后代专收史书者少。直至最近，始有故宫博物院文献馆撰《现存清代实录总目》，首列清各朝实录总表，次列清太祖、太宗、世祖三朝实录初纂本及康熙时重修本表。又次为乾清宫、皇史宬、实录馆三处所藏汉、满、蒙文三种实录存佚目录，最后为清史馆现存汉文实录稿本目录。各列其起讫年月、函数、卷数、纂修及告成年月，监修总裁官之姓名，或更分别著录存者及佚者之年月卷数。考清代实录存亡异同者，有此目足以了然矣。

此外，则有北平研究院史学研究会撰《史部书目稿》，人文图书馆撰《中国近代史书目初编》。皆就其藏书为录，未遑遍考存亡。盖史书最多，通录殊不易也。至于史书解题之作，似亦起于唐代。《新唐志》载有李肇《经史释题》二卷，《宋志》作《经史释文题》三卷。望文生义，似系解题之书。其实解题亦殊不难，远有《别录》，近有《群书四部录》及《古今书录》，俯拾即是，不待费思。而此学并不发达。直至宋末始有高似孙撰《史略》。书凡六卷：卷一录《史记》及有关《史记》之书，卷二录《汉书》迄《五代史》，卷三录《东观汉记》、实录、起居注、会要、玉牒之类，卷四录史典、史表、史略、史钞、史评、史赞、史草、史例、史目、通史、通鉴之类，卷五录霸史、杂史、《七略》、中古书、东汉以来书考、历代史官目、刘勰论史，卷六录《山海经》、《世本》、《三苍》、《汉官》、《水经》、《竹书》。其体例庞杂，有似书目者，有似提要者，有尽钞名文者，有移录旧事者，然其大体既近目录，且其对象纯为历代史籍，集中有关史籍之书目于一处，以备学者之研究，颇为有功。所惜似孙学识低暗，徒录成文，无所发明；虽自谓"仍依刘向《七录》法其实刘向之书不名《七录》。各汇其书，而品其指意"。实际则有逊刘向远矣。然书成于宋理宗宝庆元年，距今已七百余年，侥幸留传，足备一格。后来朱彝尊之撰《经义存亡考》，未始不受其启发焉。元、明史学尤衰，直至清乾隆五十二年，始有章学诚藉河南巡抚毕沅之力，于开封集众撰修《史籍考》，助其事者有洪亮吉、凌廷堪、武亿等。至五十三年秋，毕沅升任湖广总督，其事中辍。五十五年，学诚始得毕沅同意，再集众于武昌以续前功。至五十九年，全书将成，不幸因毕沅降职罚俸，事又中辍。沅既无力续修，藏稿于家。延至嘉庆三年，学诚始得浙江巡抚谢启昆之助，取得残稿，在杭州再行编辑。次年启昆调任广西巡抚，学诚年老病瞽，未能从行。《史籍考》之成书刊行与否，未有文字证明。详见著者《补订章实斋年谱》。一九二八年，著者有意另撰，以补学诚之遗憾。忽睹北平各报新闻，谓此书忽发现于美国国会图书馆，及驰书问讯，该馆中文部主任 Prof. Arthur W. Hummel 复书否认，乃知其诬。著者又亲往绍兴章氏、南康谢氏访查，亦未发现。据杨复所藏《章氏遗书》，今归清华大学图书馆。载有《史籍考总目》，多至三百二十五卷。据学诚《与阮学使论求遗书书》，则在武昌五年，“《史籍考》功程已十之八九”；再加以杭州之一年余，则所未成之一二当亦已补完。且启昆在杭同时所修之《小学考》及在广西所修之《广西通志》，并已刊行；岂独屏《史籍考》而不付剞劂？据此推之，则此书之已成且已刊，殆可不假实证而姑武断言之也。所可怪者，书倘未刊，稿亦不易失传；书倘已刊，何以绝无传本？异日倘能一旦发现，造福史学，是诚著者所衷心企盼者也。兹录其先后条例于此，以见其规模。首宜转述者为学诚在开封所撰之《论修史籍考要略》：

“一曰古逸宜存。史之部次后于经而史之源起实先于经。《周官》：外史掌三皇五帝之书。苍颉尝为黄帝之史。则经名未立，而先有史矣。后世著录，惟以《史》、《汉》为首，则《尚书》、《春秋》尊为经训故也。今作《史考》，宜具原委。凡《六经》、《左》、《国》、周秦诸子，所引古史逸文，如《左传》所称《军志》、《周志》，《大戴》所称《丹书》、《青史》之类，略仿《玉海艺文》之意，首标‘古逸’一门，以讨其原。

“二曰家法宜辨。校雠之学，与著录相为表里。校雠类例不清，著录终无原委。旧例以二十一家之言同列正史，其实类例不清。马迁乃通史也，梁武《通史》，郑樵《通志》之类属之。班固，断代专门之书也，华、谢、范、沈诸家属之。陈《志》，分国之书也，《十六国春秋》、《九国志》之类属之。南、北《史》，断取数代之书也，欧、薛《五代》诸史属之。《晋书》、《唐书》，集众官修之书也，宋、辽、金、元诸史属之。家法分明，庶几条理可贯，而究史学者可以溯源流矣。他若编年、故事、职官、仪注之类，折衷历代艺文史部子目，以次区分可也。

“三曰翦裁宜法。史部之书，倍于经部；卷帙多寡，约略计之，仅与朱氏《经考》相去不远。盖一书之中，但取精要数语，足以概括全书足矣。篇目有可考者，自宜备载。其序论题跋，文辞浮泛，与意义复沓者，概从删节。但记作序作跋年月衔名，以备参考而已。按语亦取简而易明，无庸多事敷衍。庶几文无虚饰，书归有用。

“四曰逸篇宜采。古逸之史，已详首条。若两汉以下，至于隋代，史氏家学，尚未尽泯。亡逸之史，载在传志，崖略尚有可考。其遗篇逸句，散见群书称引，亦可宝贵。自隋以前，古书存者无多，耳目易于周遍，可仿王伯厚氏采辑郑氏《书》、《易》、《三家诗训》之例，备录本书之下。亦朱竹垞氏采录《纬候》逸文之成法也。此于史学所补，实非浅鲜。

“五曰嫌名宜辨。《史记》之名，起于后世，当时止称《司马迁书》。《汉书》因东京而横加《前汉》，固俗称也。《五代》之书，薛氏称《五代史》，欧阳则称《新五代史记》。至于《汉记》之有《东观》，异乎刘贾之所叙录。曹氏自有《魏书》，异于陈寿之分子目。古人之书，或一书歧名，或异书同名者，多矣。皆于标题之下，注明同异名目，以便稽检。仍取诸书名目，仿《佩文韵府》之例，依韵先编档簿，以俟检核。庶几编次之时，乃无遗漏复叠之患。

“六曰经部宜通。古无经、史之别，《六艺》皆掌之史官，不特

《尚书》与《春秋》也。今《六艺》以圣训而尊，初非以其体用不入史也。而经部之所以浩繁，则因训诂、解义、音训而多。若《六艺》本书，即是诸史根源，岂可离哉？今如《易部》之《乾坤凿度》，《书部》之《逸周诸解》，《春秋》之《外传》、《后语》，韩氏传《诗》，戴氏记《礼》，俱与古昔《史记》相为出入。虽云已入朱氏《经考》，不能不于《史考》溯其渊源，乃使人晓然于殊途同归之义。然彼详此略，彼全此偏，主宾轻重，又自有权衡也。

"七曰子部宜择。诸子之书，多与史部相为表里。如《周官》典法多见于《管子》、《吕览》，列国琐事，多见于《晏子》、《韩非》。若使钩章鈲句，附会史裁，固非作书体要；但如《官图》、《月令》、《地圆》诸篇之鸿文巨典，《储说》、《谏篇》之排列记载，实于史部，例有专门。自宜择取要删，入于篇次，乃使求史者无遗憾矣。

"八曰集部宜裁。汉、魏、六朝，史学必取专门；文人之集，不过铭、箴、颂、诔、诗、赋、书、表、文、檄诸作而已。唐人文集，间有纪事，盖史学至唐而尽失也。及宋元以来，文人之集，传记渐多，史学文才，混而为一。于是古人专门之业，不可问矣。然人之聪明智力，必有所近。耳闻目见，备急应求，则有传记、志状之撰，书事纪述之文。其所取用，反较古人文集征实为多。此乃史裁本体，固无专门家学，失陷文集之中，亦可惜也。是宜取其连篇累卷，入史例者，分别登书。此亦朱氏取《洪范五行传》于曾王文集之故事也。

"九曰方志宜选。既作《史考》，凡关史学之书，自宜巨细无遗，备登于录矣。乃有不得不去取者，府、州、县志是也。其书计数盈千，又兼新旧杂糅，不下三十余种。而浅俗不典，迂谬可怪，油俚不根，狷劣可憎者，殆过半焉。若胥吏簿书，经生策括，犹足称为彼善于此者矣。是以言及方志，搢绅先生每难言之。又其书散在天下，非一时人力所能汇聚。是宜仅就见闻所及,有可取者,稍为叙述;无可取者,仅著名目;不及见者,亦无庸过为搜寻。后人亦得以量其所及也。

“十曰谱牒宜略。方志在官之书,犹多庸劣;家谱私门之记,其弊较之方志,殆又甚焉。古者谱牒掌于官,而后世人自为书,不复领于郎令史故也。其征求之难,甚于方志,是亦不可得而强索者矣。惟于统谱类谱,汇合为编;而专家之谱,但取一时理法名家,世宦巨族,力之所能及者,以次列之。仍著所以不能遍及之故,以待后人之别择可耳。

“十一曰考异宜精。《史籍》成编,取精用宏,其功包经子集,而其用同《经义考》矣。然比类既多,不能无所抵牾,参差同异,势不能免。随时编次之际,取其分歧互见之说,赅而存之。俟成书之后,别为《考异》一编,庶几无罅漏矣。

“十二曰板刻宜详。朱氏《经义考》后有刊板一条,不过记载刊本原委;而惜其未尽善者,未载刊本之异同也。金石刻画,自欧、赵、洪、薛以来,详哉其言之矣。板刻之书,流传既广,讹失亦多。其所据何本,校订何人,出于谁氏,刻于何年,款识何若,有谁题跋,孰为序引,板存何处,有无缺讹,一书曾经几刻,诸刻有何异同,惜未尝有人仿前人《金石录》例而为之专书者也。如其有之,则按录求书,不迷所向。嘉惠后学,岂不远胜《金石录》乎?如有余力所及,则当补朱氏《经考》之遗,《史考》亦可以例仿也。

“十三曰制书宜尊。列圣宝训,五朝实录,巡幸盛典,荡平方略,一切尊藏史宬者,不分类例,但照年月先后,恭编卷首。

“十四曰禁例宜明。凡违碍书籍,或销毁全书;或摘抽摘毁,其摘抽而尚听存留本书者,仍分别著录。如全书销毁者,著其违碍应禁之故。不分类例,另编卷末,以昭功令。

“十五曰采摭宜详。现有之书,钞录叙目凡例。亡逸之书,搜剔群书纪载。以及闻见所及,理宜先作《长编》。序跋、评论之类,钞录不厌其详。《长编》既定,及至纂辑之时,删繁就简,考订易于为力。仍照朱氏《经考》之例,分别存、佚、阙与未见四门,以见征信。”见《章氏遗书》。

学诚后在杭州撰《史考释例》,用谢启昆语气,故有“予既为朱氏《补经考》”指撰《小学考》。之语。兹节录于下:上略。

“古无史学,其以史见长者,大抵深于《春秋》者也。陆贾、史迁诸书,刘、班部于《春秋》家学,得其本矣。古人书简而例约,虽治史者之法《春秋》,犹未若后世治经学者之说《春秋》繁而不可胜也。故《春秋》之义行而名史皆能自得于不言之表焉。马班陈氏不作而史学衰,于是史书有专部而所部之书转有不尽出于史学者矣。盖学术歧而人事亦异于古,固江河之势也。史离经而子集又自为部次,于是史于群籍画分三隅之一焉。此其言乎统合为著录也。若专门考订为一家书,则史部所通,不可拘于三隅之一也。史不拘三隅之一,固为类例之所通;然由其类例深思相通之故,亦可隐识古人未立史部之初意焉。

“盖史有立宪志而卦气通于律宪,则《易》之支流通于史矣。史有艺文志而诗书篇序为校雠目录所宗,则《诗》、《书》支流通于史矣。《禹贡》天文,《洪范》五行,《雅》、《颂》入乐,姑勿具论。史有职官志而《周官》可通;有礼仪志而《礼》、《乐》二经可通。后儒攻《春秋》于讲义者,不通于史。若《春秋》地理国名之考,长历灾变之推,世族卿联之谱,则天文、地理、五行、谱牒何非史部之所通乎?故《六经》流别,为史部所不得不收者也。

“自夫子有知我罪我之言，明《春秋》之所作，而战国诸子遂以《春秋》为著书独断之总名，不必尽拘于编年纪月，而命名亦曰《春秋》，此载籍之一大变也。然年月终不可拘而独断必凭事实，于是于自摭其所见所闻、所传闻者笔之于书，若史迁所叙，铎椒、虞卿、吕不韦之所撰述，虽曰诸子家言，实亦史之流别矣。又如隋唐而后，子部列有类家，而会要典故之书，其例实通于史。法家《子部》。之有律令，《史部》。兵家《子部》。之有武备，《史部》。说家即小说家，亦隶于《子部》。之有闻见，《史部》。谱录古人所无，《遂初堂书目》所创，亦隶于《子部》。之有名数，《史部》。是子库之通于史者什之九也。

“文集仿于东京，至魏晋而渐广，至今则浩如烟海矣。然自唐以前，子史著述专家，故立言入子。与记事入史。之文不入于集，辞章诗赋所以擅集之称也。自唐以后，子不专家而文集有论议，史不专家而文集有传记，亦著述之一大变也。彼虽自命曰文，而君子以为是即集中之史矣。指传记言。况内制外制，王言通于典谟，表状章疏，荩臣亦希训诰，是别集通乎史矣。至于总集，尤为同苔异岑。人知汉晋《乐志》分别郊庙房中，而不知乐府之集实备志之全。人知金石著录创于欧赵诸目，而不知梁元《碑集》，已为宋贤开创。是则集部之书又与史家互出入也。

“盖史库画三之一，而三家多与史相通，混而合之则不清，拘而守之则已隘；是则决择去取，不无搔首苦心。《史考》之牵连，不如《经考》之截然划界也。自隋唐诸志，分别史为四库之乙，其大纲矣。史部条目，如正史、编年、职官、仪注之属，少者不过十二三门，隋唐。多者不过十七八门，焦氏《经籍志》，黄氏《千顷堂》。盖为四分之一，大略不过如此，非为简也。今既广充类例，上援甲而下合丙丁，则区区专门旧目，势不足以穷其变也。是则创条发例，今分十二纲，析五十七目。不无损益折衷。毕宫保原稿分一百十二子目，以其太繁，今为并省。《史考》之裁制，不如《经考》之依经为部，不劳分合也。

“制书弁首，冠履之义也。朱氏《经考》，盖分御制、敕撰，今用其例。史宬金匮之藏，外廷无由得窥，史部不同经籍者也。一以钦定《四库》书入史部者为主；不见于《四库》著录，不敢登也。入《四库》之著录而不隶于史部者，亦不敢登，义取于专部也。不敢妄分类例，谨照书成年月，先后恭编。犹史之本纪，所以致谨严之意。仍注《四库》部次于下，所从受也。

“古史必先编年，而今以纪传首编年者，编年自马、班而下，《隋志》即以纪传为正史，而编年则称为古史矣。其实马、班皆法《春秋》，命其本纪谓之《春秋考纪》，而著录家未之察也。《唐志》知编年之书后世亦未尝绝，故改《隋志》古史之称而直题为编年类，事理固得其实，然未尽也。《隋志》题古史，犹示编年之体之本为正也。《唐志》以纪传为正史，而直以编年为编年，乃是别出编年为非正史矣。是以宋人论史，乃惜孙盛、凿齿之伦不为正史，几于名实为倒置也。夫刘氏二体，以班、荀为不祧之祖，纪传编年，古人未有轩轾焉。自唐以后，皆沿《唐志》之称，于理实为未安，故《史考》以纪传编年分部，示平等也。不以正史与编年对待，则平等矣。

“或问纪传、编年同列是矣，何纪传之中又立正史子目耶？答曰：此功令也。自史氏专官失传而家自为学，后汉、六朝，一代必有数家之史是也。同一朝代，同一纪传，而家学殊焉，此史学之初变也。然诸家林立，皆称正史，其传久与否，存乎人之精力所至，抑或有数存焉。自唐立史科，而取前史定著为十三家，则史颁学校而为功令所范围，益为十四而不能，损为十二而不可矣。故家自为学之风息，而一代之兴，必集众以修前代之史，则史学之再变也。自是之后，纪传之史，皆称功令。宋人之十七史，明人之二十一史，草野不敢议增减也。故《史考》于纪传家史，自唐以前，虽一代数家，皆归正史，自唐以后，虽间有纪传之书，亦归别史子目，而隶杂史焉。虽萧常、郝经之《后汉书》，义例未尝不正，而必以陈寿为正史，不敢更列萧、郝者，其道然也。

“正史一门，毕宫保原稿但称纪传，而纪传中又分通史、《史记》是也，又附入梁武《通史》，郑樵《通志》，今应改入别史。断代、班、范以下是也。集史、南、北《史》是也。国别、《三国志》是也。不免繁碎。今以学校颁分《二十四史》为主，题为正史；应将原稿改正。而冯商、褚少孙、班叔皮诸家之续《史记》者，附《史记》后；华峤、谢承、袁山松诸家之《后汉书》，与范氏《后汉书》，依先后时代编次；何法盛、谢灵运、臧荣绪诸家之《晋书》，与唐太宗御撰《晋书》，依先后时代编次；六朝诸史皆仿此。盖书传有幸不幸，其初皆正史故也。魏吴诸书之于《陈志》亦然。若唐宋以后，正史自有一定，无出入矣。国史从无流传之书，而史志著录，与诸书所称引者，历有可考。要以后汉班固与陈宗、尹敏诸人修《世祖纪》与新市、平林诸传，载纪为最显著。自后依代编纂，与编年部之实录、记注，可以参互，皆本朝臣子修现行事例也。

“史稿向不著录，今从诸书记载采取而成，乃属创始之事，若无凭藉，尚恐不免遗漏，盖前人于此皆不经意故也。但古人作史，专门名家，史成不问稿也。自东观集众修书，而后同局之中，人才优劣敏钝，判若天渊；一书之中，利病杂见；若不考求草稿所出，则功罪谁分？窃谓集众修书，必当记其分曹授简，且详识其草创润色，别为一编，附于本书之后，则史官知所激劝。今之搜辑史稿，正欲使观者感兴也。但宋元以来，文史浩繁，耳目恐有未周。姑立此门，以为权舆。如有好学专搜此事，自为一书，亦佳事也。

“编年之中，原分实录、记注二门，今以日历、时政记、圣政等记均合于实录，而以记注标部。盖此等皆是史宬备削稿资，例不颁行于外，于义得相合为部次也。若专记一事，则当入传记部之记事门。若特加纂录，如《贞观政要》之类。则入杂史。

“编年之书，出于《春秋》，本正史也。乃马、班之学盛而史志著录皆不以编年为正史。然如荀悦、袁宏以后，魏晋即有《春秋》，六朝往往继出，自应入于编年。但其书不尽传，如《隋志》所标古史、杂史，其中多编年书，不知尽属编年否也。今以义例可推者，入于编年断代之下。其著录不甚分别而义例不可强推者，概入于杂史云。

“图表专家，年历经纬，便于稽考世代之用，故亦附编年为部。其年号之书，无类可类，虽非图表，亦以义例而类附焉。

“古人史学，口授心传，而无成书。其有成书，即其所著之史是也。马迁父子再世，班固兄妹三修。当显肃之际，人文蔚然盛矣；而班固既卒，《汉书》未成，岂举朝之士，不能赞襄汉业？而必使其女弟曹昭就东观而成之，抑何故哉？正以专门学家，书不尽意，必须口耳转授，非笔墨所能罄，马迁所谓藏名山而传之必于其人者也。自史学亡而始有史学之名，盖史之家法失传，而后人攻取前人之史以为学，异乎古人以学者为史也。史学之书，附于本史之后。其合诸史或一二家之史以为学者，别为史学之部焉耳。

“史学专部，分为考订、勘误之类。义例、《史通》之类。评论、管见之类。蒙求鉴略之类。四门，自应各为次第。若专攻一书之史学，已附入本书后者，不复分类，但照时代后先，编入本门部次足矣。

“杂史一门，原分外纪、《轩辕本纪》之类。别裁、《路史》、《绎史》之类。史纂、自为门类，如《十七史纂》，《宋史新编宏简录》之类。史钞、随文删节如《史记节要》之类。政治、如《贞观政要》之类。本末、纪事本末,《北盟会编宏简录》之类。国别,《国语》、《国策》、《十六国春秋》之类。共为七门。今恐钲析太过,转滋纷扰,合并杂史一门,较为包括。而原分名目,仍标其说于部目之下,则览者不致讶其不伦。

"割据与霸国之书,初分二门,今合为一,亦谓如《越绝书》、《吴越春秋》,下至南唐诸家皆是也。惟《华阳国志》、《隋志》入于霸史,后人多仍其目,或入地理。按此书上起鱼凫蚕丛,中包汉中、公孙述二刘蜀汉,下及李氏父子,非为一国纪载,又非地志图经,入于霸国固非,而入于地理尤非,斯乃杂史支流,限于方隅者耳。如《建康实录》、《滇载记》、《炎徼纪闻》,皆是选也。此例前人未开,缘种类无多,均强附霸史或地记耳。今创斯条,将后有类此者,可准例焉。故名杂史方记,暗分子目,与地理志方隅之记名同而实异也。

"星历四门:天文记天象,非关推步。历律记历制,非关算术。五行记灾祥,非关占候。时令记授时政令,非为景物。此则《史考》当收之义,不然则混于术数诸家矣。但嫌介疑似,亦有在术数与史例之间者,姑量取之,宁稍宽,无缺漏也。此等著录,部目多在子家,而史家志篇目,实不能阙,可以识互通之义矣。

"谱牒有专家、总目之不同,专则一家之书,总则汇萃之书。而家传、家训、内训、家范、家礼皆附入专谱门中,以其行于家者然也。但自宋以来,有乡约之书名,似为一乡设,其实皆家范家礼之意,欲一切乡党为之效法,非专为所居之乡设也。施纵可遍天下,语实出于一家,既不可上附国典,又不可下入方志,故附之也。

"谱学古人所重,世家巨族,国家所与为休戚者也。封建罢而第流品之法又不行,故后世之谱学轻。如谓后世不须谱学,则几于汩彝伦矣。律令：人户以籍为定，良贱不相昏姻，何尝无流品哉？荫袭任子，虽不通行，而科第崛起之中，亦有名门巨族，簪缨世胄，为国家所休戚者，皆运数也。但礼不下于庶人，原不能尽取齐民户籍入史考也。且其书不掌于官，仅能耳目闻见，载籍论次之所及，而于源委实有所考者，则编次之，耳目未周，不能遍及也。

"地理门类极广，毕宫保原稿为二十二门，分荒远、总载、沿革、形势、水道、都邑、方隅、方言、宫苑、古迹、书院、道场、陵墓、寺观、山川、名胜、图经、行程、杂记、边徼、外裔、风物，二十有二，不免繁碎。今暗分子目，统于五条之下，一曰总载、二曰分载、三曰方志、四曰水道、五曰外裔。其暗分子目，以类相从，观者可自得也。

"方志自前明以来，猥滥已甚，与齐民家谱，同一不可揽撷。今亦取其著录有征及载籍论次所及，则编次之。其余不胜录也。

"水道之书，与地志等，但记自然沿革者，方入地理。其治河、导江、漕渠、水利等类，施人力者，概入于故事部'工书'条下。

"外国自有专书，如《高丽图经》、《安南志》之专部，《职贡图》、《北荒君长录》之总载，则入地理外裔之部。如《奉使琉球录》及《星槎胜览》，凡册使自记行事者，虽间及外国见闻，而其意究以记行为重，则皆入传记部中'记事'条下。

"故事原分一十六门，今并合为十门。出君上者为训典，臣下者为章奏，统该一切制度者为典要。专门制度之书，则分吏户礼兵刑工六科，其例最为明显。而其嫌介疑似之迹，无门不与传记相混。其详辨见传记。惟确守现行者为故事，规于事前与志于事后为传记，则判然矣。官曹次于六书之后，亦故事之书也。名似与吏书相近，而其实亦易辨。吏书所部，乃铨叙官人，申明职守之书，官曹乃即其官守而备尽一官之掌故也。古者官守其法，法具于书，天下本无私门,故无著录之事也。官私分而著述盛,于是设官校录,而部次之,今之著录皆从此起也。官曹之书,则犹有守官述职之意,故以是殿六曹之后焉。

"目录一门,不过簿录名目之书,原无深义。而充类以求,则亦浩汗难罄。合而为七略四部,分而为经史百家,副而为释道二藏,其易言耶? 且如诗文之目,则有挚虞之《文章志》、钟嵘之《诗品》,亦目录也。而《诗话》、《文心》,凡涉论文之事,皆《诗》、《书》小序之例,与《诗》、《书》相为发明,则亦当收矣。图书之目,则书评、画鉴得以入之。金石之目,则《博古》、《琳琅》诸籍得以入之。故曰:学问贵知类。知类而又能充之,无往而不得其义也。

"传记门目,自来最易繁杂,其志创于《隋志》杂传,而《隋志》部次,已有混淆。盖非专门正史,与编年纪传显然有别者,凡有记载,皆可混称传记。著录苟无精鉴,则一切无类可归者,皆恃传记为龙蛇沮也。毕宫保原稿本分传记子目一十有七,斟酌增减,定著十门,亦不得已也。

"小说始于《汉志》,今存什一;而委巷丛脞之书,大雅所不屑道。《续文献通考》载元人《水浒演义》,未为无意,而通人鄙之。以此诸家著录多不收稗乘也。今亦取其前人所著录而差近雅驯者,分为琐语、异闻两目,以示不废刍荛之意。

"朱氏《经考》体例,先分四柱,今仍用之。首著书名,名下注其人名,次行列其著录卷数,三行判其存、佚及阙与未见也。惟著录卷数,间有不注所出,今则必标出处,视朱为稍密矣。如汉隋唐志并有,则以最先之书著录;其两三史志并有而篇卷不同者,则著其可征之数,而以他录同异注其下;或史志及官私著录所无而旁见他书记载者,必著其说于下曰:'见某书,不著录。'又有见于他书所称述而并无其篇卷者，则必著“无篇目”字。此朱氏未有之例也。所以明其信而有征也。或全书之中，摘取数篇，别有当署之名目，如欧、苏等集内之外制及奏疏，又如欧集内之《归田录》，韩集内之《顺宗实录》。则必著现在某书。如但于文集传志类中叙其人生平著有某书，而他著录所无，则必著云‘见某篇所引’。惟近代人，其书现存而未著录者，始用朱氏不载出处之例。朱氏引书，皆现存者。惟阮孝绪《七录》已佚而仅见于《隋经籍志》注文称‘梁有某某书，卷若干’者，朱氏皆直书《七录》，一似《七录》至今存者，引古之例，似有未合。然据法应‘著《隋志》注引《七录》文云云’，方合于例。而其文繁累无取，且此事本亦人所共知，朱氏不为欺人，是以今仍其例。

“存佚必实见而著‘存’，知其必不复存而著‘佚’，然亦有未经目见而见者称述其书，确凿可信，则亦判‘存’。又有其书久不著录，而言者有征，则判‘未见’。如《后汉》谢承之书，宋后不复录，而傅山谓其家有藏本，曾据以考《曹全碑》，虽琴川毛氏疑之，然未可全以为非，则亦判为‘未见’，所以志矜慎也。又如古书已亡，或丛书刻其畸篇残帙，本非完物，则核其著录而判‘阙’。亦有其书情理必当尚存，而实无的据，则亦判为‘未见’。他皆仿此。”下略。

学诚此考之最后分类表如下*。据杨本。

学诚之立论及分类，皆不能无误，然一眚不足以掩大德，要其旷识宏图，气包千古，殊足钦佩。而其“扩史部而通之”之意见，尤为修正《七略》、《七录》以来最大错误之必要措置。今人不解史学之真义，乃谓学诚之意系指一切书籍都是史料，曾不知学诚本旨乃谓凡有时间性之人事皆为史料。盖无时间性之书籍仅为各科科学

* 表见下页。——编者注

- 史籍考
  - 制书
  - 纪传部
    - 正史
    - 国史
    - 史稿
  - 编年部
    - 通史
    - 断代
    - 记注
    - 图表
  - 史学部
    - 考订
    - 义例
    - 评论
    - 蒙求
  - 稗史部
    - 杂史
    - 霸国
  - 星历部
    - 天文
    - 历律
    - 五行
    - 时令
  - 谱牒部
    - 专家
    - 总类
    - 年谱
    - 别谱

- 地理部
  - 总载
  - 分载
  - 方志
  - 水道
  - 外裔
- 故事部
  - 训典
  - 章奏
  - 典要
  - 吏书
  - 户书
  - 礼书
  - 兵书
  - 刑书
  - 工书
  - 官曹
- 目录部
  - 总目
  - 经史
  - 诗文(即文史)
  - 图书
  - 金石
  - 丛书
  - 释道

- 传记部
  - 记事
  - 杂事
  - 类考
  - 法鉴
  - 言行
  - 人物
  - 别传
  - 内行
  - 名姓
  - 谱录
- 小说部
  - 琐语
  - 异闻

之独立记录，非史家所能一一过问，必将单独零乱之万事万物联缀为有系统之片段或整部之记录，然后乃得称为史籍也。姑舍是而言续撰《史籍考》之史事。道光间，日照人有许瀚为泾县人潘锡恩修《史籍考》，其《攀古小庐文》载有例目。此书与后述之《史书纲领》，著者皆疑为学诚传本之化身，非另起炉灶之创业也。《史书纲领》为光绪初长沙人余苹皋其名未悉。所撰，俞樾序之，称其“可与《经义考》并为不朽之大业，有此两书，而甲乙两部固已得其管辖矣”。“盖欲网罗古今史书、志书义例以垂示后世，使后世之修史者、修志者皆于是乎得其义例之所在，而不至无所适从。故于史书不徒录其序目而已，其有凡例者亦备录而无遗，盖视《经义考》加详焉。”惜“此书卷帙繁重，视《经义考》不啻倍之，写录一通已非易事”，引《春在堂杂文续编》卷二。故其刊本今犹未出。但其序目似已刊行，且时代近接，未必失传，著者已托友人余楠秋君回里访求，倘得发箧载来，刊播史界，真幸事也。今人叶仲经有《拟重订章学诚史籍考类目》，傅振伦亦有一文，皆可参考。除上述三家通考古今史籍而外，断代考录而有良好成绩者，允推吾友谢国桢君之《晚明史籍考》及《清开国史料考》、《晚明流寇史籍考》、《清初三藩史籍考》，及朱希祖君之《萧梁旧史考》、《西夏史籍考》。指示参考资料者，则吾友夏廷棫君有《五代史书目》，王钟麒君有《廿五史参考书目》，皆可作学者之向导。此外又有专考个人传谱者，清张澍撰《姓氏书总目》，又名《古今姓氏书目考证》，钞本，藏清华图书馆。吾友梁廷灿君撰《年谱考略》，皆并考存佚。汪訚撰《国学图书馆藏历代名人年谱目》，陈乃乾撰《共读楼所藏年谱目》，其书今归东方图书馆。则专收现存。进一步而制篇目引得者，则有田继琮之《八十九种明代传记综合引得》，杜联喆之《三十九种清代传记综合引得》。档案目录则如张德之《清季各国照会目录》，故宫博物院之《内阁大库现存清代汉文黄册目录》、《雍正珠批谕旨不录奏折总目》，国学图书馆之《陶风楼藏清季江宁局署档案目》，皆是也。

国学论文目录

近人有所谓国学者，其词本不典，而或释其义为对中国文化史——国故之研究也。杂志论文，此生彼灭，阅者难周，故引得(Index)尚焉。十载以还，作者渐起。其以国学为对象者，始于王重民之《国学论文索引》。而徐绪昌、刘修业继之。其范围愈续而愈大，寖假而有关于现代中国各种问题之论文亦择要收入，非复以国故为限矣。其分类表如下：

国学论文索引
- 总论
- 群经(分通论,石经,易,书,诗,礼,春秋,孝经,四书,附孔教九目)
- 语言文字学(分通论,形义,声韵,方言,专著,杂著,字说,文字革命及国语统一,修辞学及文法学,九目)
- 考古学(分通论,新发掘,金石,杂考,四目)
- 史学(分通论,专著,历代史料,中外史料,民族,传记年谱,杂考,七目)
- 地学(分通论,专著,疆域,附都市古迹,河流,水利,省县志,五目)
- 诸子学(分通论,周秦诸子,汉魏以后诸子,杂著,四目)
- 文学(分通论,评传,辞赋,乐府,诗,词,戏曲,小说,专著,九目)
- 科学(分通论,天文,历法,算学,医学,动植矿物及其他,六目)
- 政治法律学
- 经济学(附货币、实业、商业等)
- 社会学
- 教育学
- 宗教学(分佛教、摩尼教、天主教、伊斯兰教等四目)
- 音乐
- 艺术
- 图书目录学(分图书馆学、目录学二目)

其不名国学而性质相近者,尚有于式玉之《日本期刊三十八种中东方学论文篇目》,美人贝德士(M. S. Bates)之西文《东方学报论文举要》,法人高地爱(Gordier)之《西人论华书目》,及李小缘之《西文中国问题论文索引》。于著分类略仿上表,而同类之篇目则依《中国庋撷法》为次,不似前者之凌乱。高著将有关于中国之西文书籍及杂志，依性质分类，并有引得。贝著略似高著，所异者为专载十八种研究东方学之学报有关于中国之篇目耳。故以学报为纲，篇目为目，间有解题。而分类引得，著者引得亦附焉。李著较以前诸家特为详尽，然其材料断自一九二一至一九三〇年而止。

特种目录篇

特种目录与专科目录之分野

专科目录为记载各种学术之书目，必自成系统之学科始有独立之目录。与藏书总目录及史志皆属不同。此外尚有许多性质特别而又不限于一科者，如地方著作、丛书、禁书之类，莫不各有目录。其所贡献于学术者并不下于专科目录。然欲起一名以总摄之，颇属不易，故姑名之曰特种目录焉。其最著者为丛书、个人著作、地方著作、禁书、刻书、阙书、版本、善本、敦煌写本、举要、解题、辨伪十二种。此外则妇女著作亦有目录，如单士厘之《清闺秀艺文略》是也。家族著作亦有目录，如钱师穆之《嘉定钱氏艺文略》，钱仪吉之《庐江钱氏艺文略》，周悫之《娄东周氏艺文志略》是也。学派著作亦有目录，如刘声木之《桐城学派著述考》，是也。日报要闻亦有目录，如中山文化教育馆之《日报索引》是也。杂志论文亦有目录，如岭南大学之《中文杂志索引》，中山文化教育馆之《期刊索引》是也。《人文月刊》每期附见。杂志名称亦有目录，如北平图书馆协会之《期刊联合目录》，浙江图书馆之《期刊目录》是也。参考书辞典、年表之类。亦有目录，如邓衍林之《中文参考书目举要》是也。书评亦有目录，如郑慧英之《书评索引汇编》是也。外族文字书籍亦有目录，如康有为之《日本书目志》，于道泉、李德启之《北平图书馆故宫博物院满文书籍联合目录》，周叔迦之《北平馆藏西夏文经典目录》是也。类书标题亦有改编之目录，如钱亚新之《太平御览索引》是也。而《四库全书总目提要》之篇目，更有许多方法不同之目录。首有范志熙之《四库总目韵编》，邢志廉尝勘其误。陈乃乾有《四库总目索引》，杨立诚有《文澜阁目索引》，皆依笔数顺序。美人魏鲁男（James R. Ware）有《四库总目及未收书目引得》，翁独健为之校订，则用中国庋擷法排列。

丛书目录

诗、书者，上古之丛书也。秦始皇焚"诗、书、百家语"，《史记》卷六。人知百家语之非只一家，而不知诗、书之为普通名词。夫先秦所谓诗、书，犹吾人所谓歌曲、历史。故《左氏》引《诗》，多属《国风》之篇，而《商颂》、《周颂》不在其列，《大雅》、《小雅》则举篇名。可知《雅》、《颂》非诗，后人始选辑最著名最通俗之《国风》与《雅》、《颂》合并为一丛书，乃通称之曰《诗》耳。《书》为史官所记，自《虞书》、《夏书》、《商书》、《周书》乃至《郑书》、《楚书》，各有专门名词，每一书中各有篇目；其始也，何只千篇；及流传既久，遗失日多，剩余之二十八篇，乃独占书名而删省其冠辞矣。《易》之为杂凑同类而成之丛书，原非一人系统之作，尤属显然。四经三礼，除《春秋》自有线索，《周礼》组织甚密外，其余皆为丛书。《小戴礼记》中之《三年问》又见于《荀子》，《中庸》、《缁衣》又见于《子思子》，《弟子职》又见于《管子》，其《明堂》、《阴阳》、《乐记》则各自单行。由此参详,可以想见古代单篇之流动不居,如浮萍然,随处依靠于各丛书中。故如《韩非子》中有张仪之说,有死后之文,近人撷其矛盾而悉指为伪托,而不知先秦遗存之书多属丛书,原无固定之篇目,收藏者随意排比废置,即偶然附丽成一书矣。此种流动不居之现象,固因有系统著作之出现如《春秋》、《吕氏春秋》、《太史公书》等等。而渐渐减少,然最后乃至向、歆校书著录而后如水落平湖,大势安定。盖《别录》已有篇目,《七略》复有书目,则藏家遇偶尔错乱之本,亦得据《录》、《略》而改正之也。所不幸者,有一部分丛书,自前汉各朝即已被经师据为干禄之用,抱残守阙,以少冒多。致向之大部丛书,至汉时摭拾一二残篇,即冒用丛书之名为一书之名,而《诗》、《书》、《易》、《礼》、《春秋》遂成专家之学,二千一百年来之中国学术遂始终困束于此数部残书之中。此种残书所载之智识原极有限,而后人复不敢“离经叛道”;文化之所以无进步,民族之所以无发展,莫不导源于此。故著者认为若知四经、三礼之为古代丛书百一之残本,则知陋儒所谓文、武、孔、孟之道原不只此区区;欲自立于现代,亟宜广求知识于世界,而不应抱骷髅以寻欢也。人知《说郛》之陋而不知《六艺》亦犹《说郛》之断简残编也。以上所论,虽似稍轶范围,而实关系重大。即就目录学而论,亦为洞澈本源之要着。盖《诗》、《书》、《易》、《礼》除《周礼》。既为丛书,便非专家之学。自汉以辞解经之书虽多至万种以上,诸家目录所存不过十一,实际必不只万种。自识者观之,不过一种训诂学耳。彼辈注《诗》,非为吟咏,解《易》又岂知卜筮?纵有若干理解,施于政治,施于哲理,然此乃发言者本身之思想,托古以自圆其说,岂古书之本义哉?故汉代之阴阳五行说,晋代之清谈,宋代之道学,清代之考据学,莫不依托于《四经》、《三礼》。《四经》、《三礼》其独尧、舜乎!“孔子、墨子俱道尧、舜,而取舍不同，皆自谓真尧舜。尧舜不复生，将谁使定儒墨之诚乎？”《韩非子·显学篇》。若知其为丛书而非专家之学，为类名而非书名，则后世专家之学尽可离经而独立，同类之书尽可附经而合群；岂有《诗》不入《诗赋略》，《七略》。《春秋》不入《纪传录》《七录》。之恶现象哉？故丛书之义不明，则分类之理不通。《分类篇》中所陈种种异说，谁能不立经类者？以是知中国目录学史中，竟无一种合理之分类法也。而近人推溯丛书之源仅及宋末，此其暗陋，抑何可笑！纵使不敢主《诗》、《书》、《易》、《礼》为丛书之说，岂《汉志》所载“刘向所序六十七篇”，“扬雄所序三十篇”亦不敢认为个人自著丛书之始乎？若曰此二者乃班固所妄加，原非结集之总名；则汉灵帝刊于石碑之《五经》，学士竞摹其本，摹本合订，亦非丛书乎？若曰此未必合订也。则齐梁僧祐已抄集众经结为一藏，隋、唐相继，经论皆以入藏为荣，宋太祖且雕印《佛经》一藏，其前后目录亦已多矣。看《宗教目录篇》。此种《佛》、《道》经藏，则丛书之尤大者也，若竟拒之丛书之外，则难乎为目录学矣！而陋儒方且拒异端而不许也，岂足与议哉？即依其说，而求之于儒书之中，则后唐至后周镂刻《九经》印板，且先有《印本五经字样》一书，二部即有百三十册，见《玉海·艺文部》。实即除《周礼》、《仪礼》、《公羊》、《穀梁》以外之《五经》。晋时只刻成其五，周初乃完成《九经》也。则以《五经》、《九经》名书，其犹后世之为丛书另成一名也明矣。故丛书之源远流长，昭彰若此。而后知钱大昕、顾修之说之为断流忘源也。彼辈谓开后世丛书之体例者，自宋宁宗嘉泰元年俞鼎孙刻《儒学警悟》始。后七十二年而有左圭刻《百川学海》，此皆杂抄唐宋以来之短书小品于一集，另命以新名，若一书然。而保存原状，并不改编先后，故与类书又异。即后世所谓丛书也。切实言之，自雕版发明后，刊丛书者，五代有《九经》，北宋有

《七史》，皆由国子监刊行。私人之始，应推南宋初年井孟刊《眉山七史》，见晁、陈二《录》。后蜀毋昭裔未刻丛书。北宋应有刻者，未及详考。及中平岳珂之刻《九经》。而俞鼎孙之地位，则汇刊杂书为一丛集之第一人耳。若论私人刊刻丛书，尚在井孟、岳珂之后也。自井、俞迄今八百年间，私人之力专向杂书发展，而经史刊版则由国子监，元明皆然，亦颇推及杂书，而甚不广，至清武英殿始稍稍扩大焉。私刊丛书，自自著至杂抄，多至五六千种，可谓盛矣。然乾隆以前，总数犹不甚多。自《四库》开馆，武英殿用聚珍版即活字版。印书多种后，巨商大吏闻风竞起。洎乎现代，以印刷术及推销术之进步，文化水平线之提高，丛书之产量有时反超越单行本，盖购者可无选择之烦而售者有大量生产之益也。丛书目录所以产生于嘉庆——乾隆《四库》之后，及发达于现代，即是之由。试以表格显其出现之先后及概况，则如下：

年代	编者	书名	册卷数	体制	内容	版本
嘉庆四年	顾修编	汇刻书目初编	十册	随手摘录	二百六十一种	桐川顾氏刻
嘉庆二十五年	松泽老泉编	汇刻书目外集	六卷六册			日本庆元堂刻
同治九年	佚名续编	汇刻书目正续合编	十二册		增四十八种	崇雅堂木活字排
?	吴式芬补编?	汇刻书目			增补编一卷新补编一卷	吴氏重刻

续表

年代	编者	书名	册卷数	体制	内容	版本
光绪元年	陈光照补编	汇刻书目初编	十二册		采补编续编三卷增新补编二卷	无梦园刻
光绪元年	北京琉璃厂书坊	增补汇刻书目	十册			琉璃厂坊刻
光绪二年	傅云龙续编胡俊章补遗	续汇刻书目	十二册	遵四库目分类	五百种	善成堂刻
光绪元年编十一年刊	朱记荣编	行素草堂目睹书录	十册	分类	三百五十三种	槐庐家塾刻
光绪十二年刊十五年成	朱学勤增补王懿荣重编	汇刻书目	二十册		五百六十七种	福瀛书局刻
民国三年	罗振玉续编	续汇刻书目	十册		增光宣间丛书目三百余种	双鱼堂刻
民国三年	罗振玉续编	续汇刻书目闰集	一册			罗氏刻
民国三年	杨守敬原编李之鼎补编	丛书举要	六十卷四十四册		九百〇一种	宜秋馆铅印
民国七年	李之鼎增订	增订丛书举要	八十卷四十册		增七百〇四种共一千六百〇五种	宜秋馆铅印

续表

年代	编者	书名	册卷数	体制	内容	版本
民国八年	周毓邠续编	汇刻书目二编	六册		采朱学勤本续其未备	千顷堂石印
民国十三年作十八、九年行	王謇续编	续丛书举要				苏州图书馆刊一二号
民国十七年	沈乾一编	丛书书目汇编	四册	辞典式	约二千二百种	医学书局铅印
民国十八年	刘声木编	续补汇刻书目	三十卷五册			直介堂丛刊
民国十九年	刘声木编	再续补汇刻书目	十六卷二册		七百八十余种	直介堂丛刊
民国二十年	杜联喆编	丛书书目续编初集			二百种	燕京大学铅印
民国十九年初版二十四年增订	金步瀛编	丛书子目索引	一厚册	辞典式	四百种	初版浙江图书馆印增订版开明书店印
民国二十三年	孙殿起编	丛书书目拾遗	十二卷	分类	五百二十三种	孙氏铅印
民国二十四年	刘声木编	三续补汇刻书目	十五卷		约七百种	直介堂丛刊
民国二十四年	曹祖彬编	丛书子目备检著者之部		辞典式	三百六十余种	金陵大学印

续表

年代	编者	书名	册卷数	体制	内容	版本
民国二十五年	施廷镛编	丛书子目书名索引	一巨册	辞典式	一千二百七十五种	清华大学印
民国二十五年	杨家骆编	丛书大辞典	二巨册	辞典式	约六千种	辞典馆印

概括言之：首刻各丛书子目为一书者，顾修也，其书名《汇刻书目》。随手摘录，排列无定序，收丛书仅二百六十一种。以丛书名为纲，注其刻书人代于下，而备列其子目为目，各注撰人卷数。事系初创，颇便检寻，故不二十年即有日本翻刻本。又二年即有日人松泽老泉纂《外集》。后经太平天国战争，一度停顿，故久之始有无名氏纂《续编》，所增仅四十八种，崇雅堂遂合正续二编而为一书。同时又有吴某亦纂《补编》别行。光绪初，陈光照及琉璃厂某书坊各起而增补之。此丛书目录之第一期也，其特色为不分类，种数不出五百。第二期亦自光绪初年起，三家并作。傅云龙率先刊行，增至五百种，遵照《四库总目》，分为经史子集等类。朱记荣与傅同时而不相知，其目名为《行素堂目睹书录》，隐约中亦分类，种数少于傅十三。朱学勤稍迟亦稍多，增至五百六十七种。此第二期也，而民国初年罗振玉所续亦附焉，皆能补顾修之不足。其特色为依《四库》略分类。第三期可谓补足时期，由杨守敬开其端，取材于国外及佛道诸教，李之鼎增补至三倍，遂逾千种，名其书曰《增订丛书举要》。于分类之外，又分地方、分时代焉。周毓邠、王謇、杜联喆、刘声木、孙殿起等继之，拾遗补阙，后出愈胜；而刘氏尤为努力，再续

三续，数逾三千，在诸家中，成绩最钜。此一派也。其异军突起，蔚为第四期者，则以沈乾一之《丛书书目汇编》为最早，其特色为不分类，不分时地，综合为辞典式，以便寻检。然沈氏仍以丛书书名为纲，仅便顺读丛书者；倘使未知某书在某丛书中，则犹苦未能检获也。一九三〇年吾友金步瀛君服务于浙江图书馆始创为“子目索引”之法，以丛书中之每一书名为纲，而注其撰人及丛书名为目。于是寻书名者一检而众本毕备，有左右逢源之乐矣。所惜收入丛书只及四百种。母校清华大学图书馆藏丛书千二百七十五种，一九三六年一月以前。施廷镛编其《书名索引》，体例仿金君而数量三倍之。金陵大学图书馆曹祖彬则以每书撰人为纲而注其著作及丛书名为目，与书名索引有相得益彰之用，而收书益少。最近有杨家骆纂《丛书大辞典》，则参采丛书名、各书名、撰书人名为纲，互注其关系名目于下，混合编制，依四角号码检字法为顺序，读者无论从何方面联想，以分秒之光阴即可找得其所欲得之资料，便利极矣。然犹有可惜者，则每条子注殊嫌简略，有时须辗转搜索，始明概念耳。此辞典收丛书多至六千种，抱宁滥无阙之旨，盖工具书原与著作不同，此义亦良可取也。最后尚有一事宜联述者：为丛书在总目录类之位置。昔人既不承认《诗》、《书》、《易》、《礼》为丛书而尊之为《六艺》，强占数类。别集、总集原是丛书，亦各成独立之类。故丛书在唐、宋以前之目录并无位置，至《宋志》始附之于《类事类》。首先提出丛书为一类者，始于明万历间祁承㸁之《澹生堂书目》。而清末张之洞《书目答问》虽于四部之外有丛书目，却不敢称部。至民国初年始有特设丛书部者。今则多附入总类矣。著者主张拆散丛书分入各部，详其说于《结论篇》。

个人著作目录

有著者自定者;有他人代撰者。著者自定,始于魏之曹植。《三国志·陈思王传》:"前后所著赋、颂、诗、铭、杂论,凡百余篇。"《晋书·曹志传》:"志……植之孽子也。帝尝阅《六代论》,问志曰:'是卿先王所作耶?'志对曰:'先王有手所作目录,请归寻案。'还奏曰:'案录无此。'帝曰:'谁作?'志曰:'以臣所闻,是臣族父冏所作。'"《三国志·王粲传注》亦引《嵇康集目录》。姚振宗推定"当时撰著繁富者,皆各自为目录。"殆事实也。其后文集日多,目录多附集以行,故必有专门著作甚多者乃有目录单行。似迄南宋郑樵始有《夹漈书目》一卷,《图书志》一卷。陈振孙曰:"郑樵记其平生所自著之书。志者,盖述其著作之意也。"《直斋书录解题》。此种体制,盖自《史记自序》、《汉书叙传》而来。彼虽仅记一书著作之旨,众篇之目,较诸郑樵,只有数量之差,并无内质之异。《千顷堂书目》,中有明人杨升庵《著述目录》一卷,清钱大昭有《可庐著述十种叙例》,俞樾《春在堂全书》有《录要》一卷,皆此类也。此外则有学者对于先哲之著作,撰文考录者,清王昶之《郑氏书目考》实开其风。序见《春融堂集》卷三十四。自先师梁任公先生撰《戴东原著述纂校书目考》见《戴东原二百年生日纪念论文集》。后,作者纷起,如吾友储皖峰君之《王静安先生著述表》,见《国学月报》第二卷。顾颉刚君之《郑樵著述考》,见《国学季刊》第一卷。赵万里君之《王静安先生著述目录》及《手校手批书目》,见《国学论丛》第一卷。谢国桢君之《彭茗斋先生著述考》,见《北平图书馆月刊》第三卷。吴其昌君之《朱子著述考》，见《国学论丛》第一卷。刘盼遂君之《高邮王氏父子著述考》，见《北平图书馆馆刊》第四卷。徐景贤君之《徐光启著述考略》，见《新月月刊》。冯贞群之《南雷遗书目录》，见《国风月刊》。皆能尽括一家之作。著者亦尝撰《章实斋著述考》及《年表》，考出章氏所尝经手之著述逾五十种，并将其整部著述及单篇论文皆编年入表，兼记其撰文之地点及动机焉。

地方著作目录

始于北齐、北周之间。《史通·书志篇》载："近者宋孝王《关东风俗传》亦有《坟籍志》，其所录皆邺下文儒之士，雠校之司，所列书名，唯取当时撰者。……语曰：'虽有丝麻，无弃菅蒯'，于宋生得之矣。"考《北齐书·宋世轨传》，知孝王之书，原名《别录》，会周平齐，改为《关东风俗传》。书虽兼具传记、方志之体制，然专录一方人士之著作，实开后世方志著录书目之风气。《宋志》有《川中书籍目录》二卷，《诸州书目》一卷。考孝宗淳熙六年吏部侍郎阎苍舒请秘书省录见有书目送四川制置司参对四路军州官书目录，如有所阙，即令本司缮写上之。诏可。见《宋会要稿》第五十五册。十三年，秘书郎莫叔光乞诏诸路监司，诸郡守臣，各以本路本郡书目解登至秘书省，听本省以《中兴馆阁书目》点对，如有未收之书，即下本处取索。诏从之。见《宋会要稿》第七十册。据此，则《宋志》所载二目乃川中及诸州藏书之目，并非完全本地人士所著作也。宋代方志极多，传者却少。嘉泰《会稽志》惟录整篇诗文，偶记求遗书之故事，而并无书目。独高似孙《剡录》卷五有书有文。其所谓"书"者，乃罗列戴逵、阮裕、王羲之、谢玄、孙绰、许询、支遁、秦系、吴筠、灵澈、郑言、谢灵运、顾欢、葛仙翁十四人著作及阮、王、谢三氏家谱之名目，共四十二部，各有卷数。其所谓“文”者，则移钞谢安、戴逵等之单篇文章十五篇，皆有关于剡者，并非皆出于本地人之手。卷六录“诗”亦同“文”例。其书成于嘉定甲戌，方志之有书目莫之先焉。专撰一书以述一方著作者，始于明万历间祁承㸁之《两浙著作考》，多至四十六卷，见《千顷堂书目》。必有解题及移录序跋。此外，周天锡《慎江文征》卷三十八载明永嘉姜准撰有《东嘉书目考》。惜皆无传本。传者当推于明末曹学佺之《蜀中著作记》。学佺尝官四川按察使，故熟于四川文献。其书凡十二卷，见《千顷堂书目》。残本四卷见于《图书馆学季刊》第三卷。按其体制，堪称创作。前此之《史略》、《授经图》，后此之《经义考》、《小学考》皆同一系，而微有不同。或征引古书，述其撰人及内容；或确有其书，钞其序跋，所异于《经义考》者，惟未明标存佚耳。后世方志之能录书序入《艺文志》者，如乾隆《大名县志》、嘉庆《广西通志》，不数数见也。明清志家，多钞诗文而少于目录。然亦有仿《剡录》而兼收者。如《吴兴备志》之分录经籍遗书，康熙《嘉兴府志》之分录艺文书籍，康熙《钱塘县志》之分录经籍、艺文，皆是。乾隆重刻《归德府志》则特异，其《艺文略》分立(1)学官经籍、(2)名家著述、(3)金石文字、(4)郡县志乘四目，一扫过去混藏书、著书为一之弊，识者嘉焉。三百年来，自通志府志，以至县志，皆多有艺文一栏，亦有钞诗文入艺文，列目录为经籍者。今人李濂镗撰《方志艺文志汇目》以综之，颇便寻索。见《图书馆学季刊》七卷二号。其专成一书，或作考证者，乾嘉间有邢澍撰《全秦艺文录》，见《更生斋甲集》卷三。嘉道间有管庭芬撰《海昌艺文志》。数十年来，则孙诒让撰《温州经籍志》三十六卷，吴庆焘撰《襄阳艺文略》，胡宗楙撰《金华经籍志》二十七卷，蒙起鹏撰《广西近代经籍志》七卷，皆谨守《经义考》之例而为书。此外则王献唐撰《山左先哲遗书提要》，广西统计局撰《广西省述作目录》，金云铭撰《福建协和大学陈氏书库福建人集部著述解题》，潮安饶锷宗颐撰《潮州艺文志》，陈诒绂撰《金陵艺文志》，亦就其所知或所藏而为书。此外有从《四库总目》钞出本省书目者，如湖北、江西、河北是也。有专考一县古今著作者，如丁祖荫之《常熟艺文志》，陈谧之《瑞安经籍目》是也。而专藏一方著述者，亦颇有人。如张菊生先生之于海宁，金嗣献、项士元之于台州，胡宗楙之于金华，冼玉清之于广东，皆搜藏甚富而各有目录。各地所刊丛书亦多有以一方为范围，如《畿辅丛书》、《豫章丛书》、《湖北先正丛书》，一省丛书也；《永嘉丛书》、《四明丛书》、《绍兴先正遗书》，一府之丛书也；《盐邑志林》，最早之一县丛书也。其总目亦无殊于地方著作目录。而吾友张崟君撰《浙江郡邑丛书简表》，实为此方面最良好之模范。此外有专记一国著作目录者，始于康有为之《日本书目志》。其书分门别类，列举日人著作，既非我国已译之本，又非某图书馆收藏之书，盖亦地方目录之俦也。近代则世界各国出版日富，每年多至数万种，欲总括其目，实属不易，故继康氏而起者未之或闻。而各国皆有图书年鉴或某年总目录之类。

禁书目录

禁书有录，殆起秦皇。诗、书、百家语、诸侯史记，皆在焚烧之列，而其书名不限四五。篇名何止万千？必有目录，以资循索，可无疑也。至刘"宋大明中，始禁图谶。梁天监已后，又重其制"。及隋"高祖受禅，禁之逾切。炀帝即位，乃发使四出，搜天下书籍与谶纬相涉者，皆焚之。为吏所纠者至死。自是无复有其学，秘府之内亦多散亡"。《隋志》"录其见存"，仅有十三种。则前此之四次搜禁，所以按图索骥者亦已甚备矣。唐初所禁法琳《辩正论》及《法琳别传》等书，至贞元中始解禁入藏。疑当日禁书，亦有目录。宋太祖尝"禁元象器物、天文图谶、七曜历、太一雷公、六壬遁甲等"书。《资治通鉴长编》卷十三。仁宗宝元二年，"学士院言奉诏详定阴阳禁书，与司天监定须禁书籍十四门，为目录一卷。请除《孙》、《吴子》、历代史天文、律历、五行志，并《通典》所引诸家兵外，余悉为禁书。从之"。《玉海》卷五十二。《宋志》载"《禁书目录》一卷"，注云"学士院司天监同定"，即其目也。南宋初，秦桧尝禁野史。《挥麈录》七。蒙古世祖时，尝一禁阴阳图谶等书，《元史》卷八。再禁《道藏》，《佛祖历代通载》卷二十一。似皆未必有录。清世宗雍正中，屡兴文字之狱，禁书甚多，查故宫博物院《史料丛刊》与《文献丛编》尚可见其书单多种。乾隆中，因修《四库全书》之便，焚毁牴触清室之书，自三十九至四十七年，先后奏销二十四次，焚书五百三十八种，一万三千八百六十二卷。其他未焚而经抽毁及改易字句者，不计其数。光绪初，姚觐元尝刊《四库馆奏准销毁抽毁书目》一册。后又续得《禁书总目》一部，则前所刊者亦在其内，尚有军机处奏准《销毁书目》、《浙江省奏缴书目》。再后又得《河南奏缴书目》，遂合刊之于《咫进斋丛书》中。光绪末，邓实得江宁官本《违碍书籍目录》一册，其后半《江宁本省奏缴书目》及《各行省咨禁书目》，为姚本所无，因合刊之。李掞有补辑本。此外尚有江西、湖北、广东各省《奏缴书目》及《分次奏缴总目》，为陈乃乾所得，近年陈氏删并重复,校补缺失,编为索引式的《禁书总目》。以首字笔数为次,分为全毁、抽毁二类,附录禁毁书版目、石刻目、毋庸销毁书目,查办禁书谕摺,四库馆查办违碍书籍条款,及旧本序、跋。白蕉有《校异》。自此书刊行以后,清代禁书情形始公开于世;不仅于目录学有所贡献,亦治清代史者之重要资料也。

刻书目录

摹字刻版,印刷成书,始于唐末。《石林燕语》引柳玭《家训序》,载玭在蜀见有售雕版印纸浸染之书者,时为唐僖宗中和三年,距今一千〇五十五年矣。及后唐明宗长兴三年,朝廷遂令国子监刻《九经》印版,至后周太祖广顺三年,尚书左丞田敏始以《印版九经》进呈。《五代会要》。北宋诸朝亦命国子监刊行《七史》。《宋会要稿》。诸州官亦多刻书,川中尤众。故《通志》载有《国子监书目》一卷,《川本书籍录》三卷。而《宋志》亦有《三川古刻总目》一卷,古字倘使非石字之讹,则亦刻书目录也。明代之有《西湖书院重整书目》,为黄裳等所编,实为今存之最古者。则有《内府经厂书目》二卷,《国子监书目》一卷,《南雍总目》一卷,周弘祖《古今书刻》二卷。并见《千顷堂书目》。最后一种,今有传本。此外传本尚有梅鷟《南雍志经籍考》、郭磐《明太学经籍志》,刘若愚《内板经书纪略》,非书目,在《酌中志》卷十八。毛晋《汲古阁校刻书目》。清郑德懋有《补遗及刻板存亡考》。近代自曾国藩倡设官书局后,刊书甚多。今人朱士嘉尝合编其书目。新书坊刊印新书日新月异,各有目录,无庸述及。惟商务印书馆出书,占全国总量之半,贡献于新文化最钜;该馆书目《图书汇报》自改用《中外图书统一分类法》后，一扫过去凌乱之弊，影响且及于图书馆之目录焉。近数年来，渐有综合全国各地新出版物为一总目者，现代书局、开明书店、生活书店皆尝为之，其挂一漏万也，不过在百步五十步之间。惟杨家骆撰《图书年鉴》，虽亦不备，颇能摄取一部分新书之解题，稍可观。而先师王静安先生撰《五代两宋监本考》、《两浙古刊本考》，则又开一考证古版之例。叶德辉撰《书林清话》又有《余话》。则专考刻书掌故。

阙书目录

搜求遗书，必有目录以资循觅。汉"成帝时，以书颇散亡，使谒者陈农求遗书于天下"。《汉志》。倘使秘府原无目录，则何以知其"书颇散亡"？倘使不备阙书目录，则陈农求得之书何以知其为秘府所阙？故以意推之，此时殆已有此种特殊目录矣。然史志所载，则始于《隋志》之《魏阙书目录》一卷。其序云："孝文徙都洛邑，借书于齐，秘府之中，稍以充实。"则此录或即孝文帝向南齐明帝借书之用欤？《宋志》有《唐四库搜访图书目》一卷，两《唐志》皆不载，盖必昭宗"命监察御史韦昌范等诸道求购"《新唐志序》。之录也。北宋太宗"诏三馆以《开元四部书目》阅馆中所阙者，具列其名，悬奖征募。"《资治通鉴长编》卷二十五。后世屡次求书，亦必各有阙目。如《通志》所载《嘉祐访遗书诏并目》一卷，《求书目录》一卷，是也。南宋高宗时，"向子固乞下秘书省：以唐《艺文志》及《崇文总目》应所阙之书，注阙字于下，镂板降付诸州军，照应搜访。从之"。《宋会要稿》五十五册。《直斋书录解题》有《秘书省四库阙书目》，徐松有辑本。即其目也。其秘书省续编到《四库阙书目》，迄今犹存。见《观古堂书目丛刻》。同时郑樵按秘书省所颁《阙书目录》集为《求书阙记》七卷，《求书外记》十卷。《玉海》卷十二及《宋志》。其《校雠略》有《编次必记亡书论》、《书有名亡实不亡论》、《编次失书论》、《阙书备于后世论》、《亡书出于后世论》、《亡书出于民间论》、《求书之道有八论》，对搜求阙书之原理方法，贡献甚多。元末则有危素撰《史馆购书目录》。《补元史艺文志》。洎乎清初，黄虞稷、周在浚有《征刻唐宋秘本书目》。叶德辉有《考证》。《四库》征书，则但令各省呈缴所得书目而不闻先备阙书目录。《四库》以后，郑文焯撰《国朝未刊书目》，范希曾有笺。朱记荣撰《国朝未刊遗书志略》，刘世瑗撰《征访明季遗书目》，刘声木撰《直介堂征访书目》，皆记其所知之近代著作，以备征存之用。而杨守敬之《日本访书志》十七卷，王重民辑补。张增荣译《佚存书目》，则多记流在日本之中国古籍。

版本目录

刘向校书，即已广罗异本。版本之学，此其祖也。古人藏书，能自读者，莫不善于校雠。所谓校雠，即取众本比勘字句篇卷之异同也。如梁之任昉，唐之韦述，宋之李淑、宋祁、王钦臣，其藏本之善，每胜于秘阁。盖秘阁之书全由官校，每多敷衍了事。而此诸家则本是专门学者，其博闻精识足以校定讹误也。然古录失传，传者惟南宋初年尤袤之《遂初堂书目》独并注众本于各书目下。说者乃以版本学之创始推之，竟不知其前尚有多数版本专家，参看《善本目录》之章。何其陋也？清代则自钱曾《读书敏求记》特别注重版本优劣、流传源委、题记特点后,《天禄琳琅》书目亦遵其例,成为善本目录之规程,另见别条。其私人藏书,备注版本者,则嘉庆十年秦恩复敦夫。《石研斋书目》,是中兴尤袤旧法者也。顾广圻称之曰:"由宋以降,板刻众矣。同是一书,用较异本,无弗敻若径庭者。每见藏书家目录经某书,史某书云云;而某书之何本,漫尔不可别识。然则某书果为某书与否,且或有所未确,又乌足论其精粗美恶耶?今先生此目,创为一格,各以入录之本,详注于下,既使读者于开卷间目憭心通而据以考信,遂不啻烛照数计。于是知先生深究录略,得其变通,随事立例,惟精惟当也。特拈出之,书于后,为将来撰目录之模范焉。"见《思适斋集》卷十二。自是以来,藏家目录多能注重版本。现代各图书馆目录尤少例外。且能备注出版年份焉。而专门考究一书之版本者,有王重民之《老子考》,实为最早之杰作。系统论版本学之理法者,则有钱基博撰《版本通义》,陈义甚精,治目录学者所不可不知者也。

善本目录

隋代,观文殿有正御书,北宋馆阁有黄本书,王钦臣有镇库书,皆善本也,而其目不传。自南宋初尤袤撰《遂初堂书目》,往往一书而兼载数本,谈版本者宗焉。岳珂校刻《九经》,对于版本之选择尤为矜慎。晁、陈之作,亦颇注意版本。明晁瑮《宝文堂分类书目》每书皆注明某刻。明代文渊阁藏宋元古刻最多,惜无人为之考证,故其书目最为简陋。明末清初钱谦益绛云楼搜善本及孤本甲于古今,惮于扬播,未有完整目录。今存《绛云楼书目》乃其追忆所得,不尽不实。其族孙钱曾撰《读书敏求记》,独载其述古堂中最佳之本,仿欧阳修《集古录》之意,每书皆撰解题,论其缮写刊刻之工拙、异同,及流传之源流。“见闻既博,辨别尤精。”在目录学史中,实为奠定版本学基础之创作。善本目录,莫之先焉。其书二百年来,翻版达十数次,校证管庭芬。补辑章钰。迭有其人。其为后世所推重可知。而《四库全书总目》乃以其轻视考证而屏诸存目,竟忘《天禄琳琅书目》亦受其影响甚大矣。同时有曹溶、朱彝尊、徐乾学亦富于古刻,溶撰《静惕堂书目》,彝尊撰《潜采堂宋金元人集目录》,乾学撰《传是楼宋元本书目》,一时竟成风气。《天禄琳琅》之书选于乾隆九年,四十年始编定目录。以版本朝代为分类之纲,每代各以经史子集为次,每书首举书目,次详考证,次订鉴藏,次胪阙补。其考证偏重锓版年月,且于藏家印记,则仿《清河书画舫》之例,皆用真书摹入,并一一考其时代爵里,以显授受之经过。原有题跋,亦为附录。后来撰善本目录者,莫不谨守其法焉。私人藏书,则乾嘉间盛推黄丕烈之士礼居。丕烈于《求古居宋本书目》之外,又撰《百宋一廛书录》,载宋本百二十一种,完缺各半,皆世间罕传者。丕烈长于鉴别,其题跋语语精到。如《宋文鉴跋》云:“北宋字体带方”;《朱庆馀诗跋》云:“墨钉最多,多为妄人填补”;《许丁卯集跋》云:“凡旧版印久模糊处,最忌以新本填补。”诸如此类,皆不刊之论。故目录学家群推为版本学之泰斗,无异辞焉。后人辑其他种善本题识散在各方者,迄今未已。最早有潘祖荫辑《士礼居藏书题跋记》;后来缪荃荪一再续之。近年孙祖烈、李文裿又分别续之补之。荃荪又与章钰、吴昌绶同辑《荛圃藏书题识》,近年王大隆又续录之。撰善本目录者,莫不准为圭臬。若汇刊为一书,尤盛事也。与黄丕烈同时齐名者,有顾千里、孙星衍,稍后则有孙从添、张金吾、汪士钟，清末则有瞿镛、陆心源、叶昌炽、丁丙、杨绍和、姚覲元、缪荃荪等，皆各就其藏本为目，而顾千里、叶昌炽、丁丙尤为卓绝。千里之《思适斋集》，内多善本题跋，近年复有蒋祖诒、邹百耐辑其《集外书跋》为一书。星衍有《廉石居藏书记》、《平津馆鉴藏记书籍篇》，洪颐煊撰。从添有《上善堂书目》，金吾有《爱日精庐藏书志》，士钟有《艺芸书舍宋元本书目》，瞿镛有《铁琴铜剑楼藏书目录》，昌炽为潘祖荫撰《滂喜斋藏书记》及《宋元本书目》，绍和有《海源阁宋元秘本书目》及《楹书隅录》，心源有《皕宋楼藏书志》，李宗莲作。覲元有《咫进斋善本书目》，丁丙有《善本书室藏书志》。缪荃荪有《艺风藏书记》，心源之作最多，一百二十卷。而漫钞序跋，时作夸词，比较最差。其余并精善，可备藏家之参考。自清末京师图书馆成立以后，缪荃荪首撰馆藏《善本书目》，印入《古学汇刊》。江瀚王懋镕先后删增，各有新稿。夏曾祐改正补充，另刊一本。及并入北平图书馆后，吾友赵万里君，复有新作。截至一九三三年底，该图书馆善本甲库已有书三千七百九十六部，凡七万八千一百九十九卷，而乙库尚不与焉。在国内实首屈一指。而丁丙之书，流入江南图书馆，现已改名国学图书馆，该图书馆亦选撰为《善本书目》。此外各图书馆，提出善本另为一录者亦颇有之。如浙江图书馆，吾友毛春翔君新撰甲编，考订名实，极精慎。惟陶湘撰《故宫殿本书库现存书目》，则格于禁例，未能通合，其分类编目最为凌乱。至亦详述内容为善本书志者，各图书馆皆有，散见于馆刊中。私家藏书，则以傅增湘《双鉴楼善本书目》、《藏园群书题记》，邓邦述《群碧楼善本书录》、《寒瘦山房善本书目》，张钧衡《适园藏书志》为最精。除此种实藏目录外，亦有录其目睹，不必实藏者。清末莫友芝之《宋元旧本经眼录》即其最善者也。而现代于震寰撰《善本书目编目法》，论此道颇精。

敦煌写本目录

甘肃敦煌鸣沙山莫高窟，俗名千佛洞。北宋时代窟，藏两晋以来迄宋初写本书籍甚富。阅八百余年，至清光绪二十六年，佛龛坍塌，故书遗画暴露于外，稍稍流布。三十三年，英人斯坦因（Sir Mark Aurel Stein）、法人伯希和（Paul Pelliot）先后闻风而至，择其精者，捆载而去。伯氏道过北京，行箧携有秘籍若干种，罗振玉、王仁俊、蒋斧等争往索观，以其所见，勒为著述。盖岩窟所藏，都二万余轴，凡经典、史籍、释藏、道箓、摩尼教、袄教之绝本，以及历书、文牒、契约、簿录，莫不具备。大足以证经史，存佚籍，细足以窥见古今俗尚、制度、文字、语言之迁流。其数量之多，效用之宏，远胜孔壁、汲冢。自发现后，对于各种古学之考究皆有莫大之影响焉。罗振玉首将伯氏所述，类次为《鸣沙石室秘录》。王仁俊则撰《敦煌石室真迹录》，见《孔教会杂志》一号。刘师培则撰《敦煌新出唐写本提要》。见《国粹学报》七卷一至八号。日僧橘瑞超闻风踵往，得四百余轴，著有《将来敦煌藏经目录》。吉川小一郎亦得百余种，遂附见于《橘录》。罗振玉子福苌录法人沙畹（Chavannes）所录及伦敦陈列目录为《伦敦博物馆敦煌书目》，又译伯氏所已编次者为《巴黎图书馆敦煌书目》。仅七百号，见《北大国学季刊》一卷四期。业师叶誉虎先生则有《旅顺关东厅博物馆所存敦煌出土之佛教经典》一文。见《图书馆学季刊》一卷四号。《历史丛刊》一卷一至三号。始合编为《海外所存敦煌经籍分类目录》。然犹未备。西游之士，从伦敦巴黎抄得一二寡见之史料，持归自炫以名家者，各科皆有。至尽录内外所有以为总目录，则尚有待焉。国内所有，则始于宣统二年，学部悉将洞窟残卷运回北京，但为权贵所豪夺巧取，藏于京师图书馆者仅八千余轴。一九二二年，业师陈援庵先生长馆事，与俞泽箴尽阅所藏，编为目录。十三年后录其副目，按部排比，略仿赵明诚《金石录》前十卷体式，每轴著其原号、自甘肃解部所编之号。起止纸数、行数及内容。稿成，名曰《敦煌劫余录》。十八年，陈先生又应中央研究院之属，重理旧稿，删其复出，补其漏载，正其误考。又明年，刊行于世。国有残本，至是始有完备之目录，学者可按图以索骥矣。

举要目录

书籍繁多，初学每苦不得要领，故举其要目，俾易着手，亦目录学之任务也。宋张洪、齐熙辑朱熹言论为《读书法》，略有此意。然尚无书目。清道光末，龙启瑞撰《经籍举要》，始择取诸生急需精读之书，略述其内容得失，指示读法，过于简陋，故邵懿辰诋之甚力。然其于经史子集四类之外，复以约束身心、扩充学识、博通经济、文字音韵、诗古文词、场屋应试、六项分类，颇合初学之用。张之洞之《书目答问》，即仿其意而作者也。之洞略例自叙云："诸生好学者，来问应读何书，书以何本为善。偏举既嫌挂漏，志趣学业亦各不同，因录此以告初学。""读书不知要领，劳而无功，知某书宜读，而不得精校精注本，事倍功半。此编所录，其原书为修四库书时所未有者，十之三四；四库虽有其书，而校本注本晚出者，十之七八。今为分别条流，慎择约举，视其性之所近，各就其部求之。又于其中详分子目，以便类求。

一类之中，复以义例相近者，使相比附。再叙时代，令其门径秩然，缓急易见。凡所著录，并是要典杂记，各适其用。皆先辈通人考求论定者。总期令初学者易买易读，不致迷罔眩惑而已。”弇陋者当思扩其见闻，泛滥者当知学有流别。观其略例，除上述（1）详分子目，（2）依照时代叙次外，（3）“经部举学有家法，实事求是者；史部举义例雅饬，考证详核者；子部举最近古及有实用者；集部举最著者。”每一类之后，低一格者，为次录。（4）“多传本者，举善本；未见精本者，举通行本；未见近刻者，举今日现存明本。”子史小种，多在通行诸丛书内；若别无精本及尤要而希见者，始偶一举之；有他善本，即不言通行本。凡云有某本者，有异同。（5）“两类相关者，间亦互见，注其下。”（6）“凡无用者，空疏者，偏僻者，淆杂者，不录。古书为今书所包括者，不录。注释浅陋者，妄人删改者，编刻讹谬者，不录。古人书已无传本，今人书尚未刊行者，不录。旧椠旧钞，偶一有之，无从购求者，不录。”若今人著述有关经史要义，确知已成书者，间附录其书名，以备物色，且冀好事为刊行之。是书以光绪元年始业，见卷首略例。次年写定。见原刻本签题。据《艺风堂自订年谱》，知出于缪荃荪之手。叶德辉盛称其书，“损益刘、班，自成著作。”书成以来，翻印重雕，达数十次。承学之士，视为津筏，几于家置一编。参范希曾《书目答问补正跋》。其所以如此盛行者，固由张之洞之自炫及提倡，亦由其书能予读者以正确之指导也。其书之特点，一在选取必读之书，指定最善之本，使读者不为闲书、劣本所误。一在不尽用前人书目体例，分类加注，时有创见，如仿祁承㸁之例，于四部之外，别立丛书目，又有所谓别录目，专载初学读本为一部，并为大胆之作。虽未能破坏四部内质，然已示人以四部之不必拘守，且为举要目录奠一基础焉。后人重视其书，有为之笺补者，江人度。有为之斠补者，叶德辉。有为之补正者。范希曾。可谓盛矣。及五四运动后,《清华周刊》记者曾请先师梁任公先生编撰国学书目,于是任公先生有《国学入门书要目及其读法》之作。其书分入门书为五类:(1)修养应用及思想史关系书类,(2)政治史及其他文献学书类,(3)韵文书类,(4)小学书及文法书类,(5)随时涉览书类。每类各举要籍数十种,每种各略述其内容及读法,间或指示与此书有关系之参考书数种。附录最低限度之必读书目,列举《四书》、《五经》、"五子"、"七史"、"七集",共二十八种。谓"若并此未读,真不能认为中国人矣。"梁先生之论,亦有过于主观者。其优点不在书目而在读法,后来又撰有《要籍解题及其读法》,学者宗焉。对于近年各种文化史之研究,影响绝大。此外,不待问而撰要目以名家者,有李笠之《三订国学用书撰要》,陈钟凡之《治国学书目》,支伟成之《国学用书类述》,陈伯英之《国学书目举要》,曹功济之《国学用书举要》,杨济沧之《治国学门径书》,医学书局之《国学书目提要》,而日人长泽规矩也亦有《支那书入门书略解》。李、支最繁,恐著者亦未一一触手。陈、曹稍简。然诸家通弊,在视国学为一盘散沙,只就盘上画限界线,撮出沙粒,矜示于人曰:此金沙也!未能分别阶段,排定先后,使学者由浅入深,如钱有贯。此则梁公所不免,他何论焉?国学之外,受张之洞之影响,推广及于一般学术者,清末已有黄庆澄撰《普通学书录》。之洞尝忧中学今谓国学。失传,故主"中学为体,西学为用。"庆澄则"以为学无中西。其书之历劫不磨者,必其人之精灵不可埋没者也。中国自唐虞以来,神圣相传,书种之亡,必无可虑。所虑者,峨冠博带,终岁咿哑,皓首芸编,迄无寸得。行见新学未兴,中学之传,不亡而亡,斯为可惧耳。"故其选录要籍,中西并重。中学于经、子、史、文、丛刻书之外,又立入门书一类,西学于入门丛刻之外,分各种科学为二十一类。见分类篇。最后复将天学、即天文学。地学、即地理学。人学即医学。三类独成一部，其意若谓此三学较为高深，须普通学略有根柢，乃可问津也。每类列举书名，各注评语，颇多独到见识。例如列章学诚《文史通义》于入门书之第四，而评云："融合经子史，监其脑而抉其髓，透辟处多发前人未发，是学者万万不可不读之书。"又评刘知幾《史通》云："容有过激处，然才识之卓，横绝千古。凡启发灵性，读经不如读史；而读全史，不可不读《史通》。"评王引之《经义述闻》云："研究古籍，如拨云见天，开后学无数法门。"评王充《论衡》云："最足长人智识。"此皆真知灼见，非陋儒所能道只字者。而评当日新旧之争，尤具卓识！其言曰："今之据高头讲章，岸然道貌者，动曰：'吾习旧学，不屑新学也。'今之翻洋板新书，昂然自命者，动曰：'吾习新学，不屑旧学也。'嗟乎！学亦何新旧之有？尼山未老，《六经》均系新出之书。秦劫不灰，诸子皆擅时流之誉。庆澄愚以为学而切用，其学为地球之公学，其书即为地球之公学书，不必问为旧学，为新学也。且地球之理，日出而不穷，不特非今日旧学所能尽，亦岂今日新学所能尽乎？行远必自迩，积小以高大，推陈以出新，握经而待变。海内有道诸君子其亦不河汉我言欤！"卷末附录家塾读书入门要诀，家塾授徒简便课程，亦《书目答问》附录《輶轩语》之意，其人似颇注意史学，尝言"拟作《中国五千年大事表》，"又言"庆澄有《西史简明大事表》，未出书。"盖一有志经世之士也。晚近则有杜定友撰《普通图书馆图书选目》，亦中西新旧并重。

解题目录

解题之名，始于宋陈振孙之《直斋书录解题》，夫书录即为解题而设，何必叠词成赘？虽然，较之刘向《别录》以来之叙录固亦略有其异点焉。唐李肇已有《经史释题》，未知其内容何若。若就振孙之作论之，与稍早之《郡斋读书志》详略略等。通观古今目录，似与《七略》、《七志》同一系统。而殷淳之《四部序录》，毋煚之《古今书录》，高儒之《百川书志》以及清代之《四库简明目录》，皆相附而成流派。盖较之自《别录》、《群书四录》、《崇文总目》至《四库全书总目提要》，则具体而微；较之一般有目无叙录者则增出解题之语。适在二者之间也。然此皆典藏目录，非所语于现代所谓解题。现代之解题实即读书指南，非复古义矣。吕思勉之《经子解题》出版最早，其自序云："此书有益于初学之处凡三：切实举出应读之书，及其读之之先后；与泛论大要，失之肤廓，及广罗参考之书，失之浩博，令人无从下手者不同，一也。从前书籍解题，多仅论全书大概，此多分篇论列，二也。论治学方法及书籍之作，亦颇浩繁，初学读之，若不知孰为可据；此所举皆最后最确之说，且皆持平之论，三也。"先师梁任公先生撰《要籍解题及其读法》，同时并起，出版稍迟。对于上古经史子集十余种要籍，皆一一考定其编撰者及其年代，内容之真伪及是非，并指示读究之方法，开列参考之书目。又有钱基博撰《四书解题及其读法》，见解互有异同，用意则归一致。其他各科，亦多有人解题，别见专科目录篇。

辨伪目录

孟轲谓“尽信《书》不如无《书》,吾于《武成》,取其二三策而已。以仁者伐不仁,何致血流漂杵也。”怀疑古籍,始见于此。司马迁谓“百家言黄帝,其文不雅驯,荐绅先生难言之。”《史记》卷一。“世言苏秦多异,异时事有类之者,皆附之苏秦。”《史记》卷六十九。书之有伪,由来久矣。故刘向《别录》辨《周训》云:“人间小书,其言俗薄。”辨《黄帝泰素》云:“或言韩诸公孙之所作也。”《汉志》师古注引。辨别伪书,至为精晰。《汉志》自注所引尤多。王充《论衡》且撰《书虚》、《儒增》、《艺增》、《语增》四文以力攻古书之多失真相。晋道安撰《综理众经目录》,且别列可疑之经于一处。后来经录多依其例。明佺《大周众经目录》甚至提出伪经,别为目录,不以混于总目之中焉。柳宗元致疑于《国语》、《鹖冠子》等书,为文以非之。及入宋代,疑古之风大炽。欧阳修疑《易十翼》,王安石疑《春秋》,司马光之疑《孟子》,朱熹之疑《孝经》,或指出各篇之矛盾,或断定全书为可疑。然皆未专著一书以辨许多古籍之伪。至元末始有宋濂撰《诸子辨》一卷,对于各种子书皆致其怀疑之理由,或评论思想之是非。此实辨伪目录之创始。万历间,胡应麟撰《四部正讹》,则扩其范围于四部,且发明多种辨别伪书之方法。辨伪之事至此乃成专门科学矣。清初姚际恒撰《古今伪书考》,亦沿应麟之意,而互有异同。中叶有崔述撰《考信录》,则为分辨群经真伪而作,意在去其疑伪而葆其真实,一本司马迁“考信于《六艺》”之旨,有时不免仍为古人所迷。清末康有为撰《新学伪经考》,则以今文学派之立场,力攻古文各经之伪，武断傅会，在所不免。晚近辨伪专家纷起，然多集中于史事之研究。其专考一书之伪者，则以马叙伦之《列子伪书考》为最精。

结论篇

著者对于古代目录学之感想

我国古代目录学之最大特色为重分类而轻编目，有解题而无引得。分类之纲目始终不能超出《七略》与《七录》之矩矱，纵有改易，未能远胜。除史部性质较近专门外，经子与集颇近丛书。大纲已误，细目自难准确。故类名多非学术之名而为体裁之名，其不能统摄一种专科之学术也必矣。编目之法，仍依类别为序；同类之中，多以时代为次。活页编次之道、检字引得之术、编号插架之方，皆素不讲究，殊不便于寻检，非熟于目录学者莫能求得其所欲见之书。此因藏书者多不公开，寻书者多属熟手，故无需研求易寻易得之法，亦无憾焉。其优于西洋目录者，仅恃解题一宗。至于历代成书之草率，则指不胜屈。其校书撰录也，每任意去取删改，不能保原书之真。其删为史志也，但据藏目，不能尽一代之所有。其通考古今也，惟经学、小学有之，余则未闻。堪称完备者，只佛教目录耳。

著者对于现代目录学之感想

现代目录学，粗视之，若大反古代；细察之，则古代之缺点未及尽祛，而其优点且已丧失矣。废书本而用活页，此体式之异也。废四部而用十进，此分类之异也。循号码以索书，此编目之异也。而不校异同多寡，不辨真伪是非，删解题之叙录而古录之优点尽矣。知经书之为丛书而不知子集亦然，则分类仍不能尽革古人之弊。知书目之不足而不知扩而及篇目，则编目亦不能补救古人之穷。严格论之，现代目录之稍进于古录者，惟在索书号码之便利与专科目录之分途发展耳。目录之内容，分类之纲领，究未适合书籍之需要也。

著者对于将来目录学之希望

目录学之前途，将何往乎？著者以为宜如树枝之纷披，愈分而愈细，不可如港汊之湾亘，亦不可如箭矢之径直也。其分类也与其依学术而十进，不若依事物而标题。其编目也，与其详列篇目，不若精撰解题。而最重要之转变，实在插架目录即书库目录。与寻书目录即阅览室目录。之分家。窃谓插架不妨略依学术而排列，而寻书必循事物以追求。求书目录之卡片尽可另有排列法，而插架号码必须记于卡片中。非但丛书文集之俦必有分析目录以便寻书，即科学历史之书亦非撷出其所叙事物之主题以为目录不可。但非径以篇目为目录之谓。现代目录学之趋势，编目者喜创分类表，制引得者喜创检字法，人自为法，圕（图书馆）自为政，统一之期，渺茫无望。此风不改，进步良难。中华图书馆协会负有改良图书馆学与目录学之责任，宜联络统一分类标题编目检字之专家，举行会议，从长讨论，折衷划一；俾治书之业，寻书之法，易学易做。然后目录学成为最通俗之常识，人人得而用之，百科学术庶有豸乎！至于藏书目录以外之专科目录与特种目录，除由专家分头撰述外，宜特筹的款，另组专会，分时，分地，分科，分派，通考古今存佚著作，撰为各种图书辞典或著述考，以统摄古来全貌，并每年刊一年鉴，以继续之，俾我国学术之源流，了然无余蕴，岂不懿欤？

后记

王重民

姚名达先生《中国目录学史》的编写与出版将近二十年了,今天我们来翻印它,是由于它本身到现在还有一定的功用和价值。在过去几十年内,关于"中国目录学史"的专著和论文不下二三十种,不论在采辑资料方面,或在编写内容方面,都应该以姚先生这部著作为最好。

姚先生在1935—1937年间编写这部目录学史,年方三十二——四岁,正是年富力强的时候。为了"博搜精考",他曾利用过北京、上海、杭州的许多藏书最丰富的大图书馆中的书籍,曾编写成多种有关的历史文献资料,经过两次改写,方成此书。但是,姚先生自己还不表示满意,在《自序》里指出:有些地方"论断""不惮立异",不够切实;有些地方"详略""失均","精懈""不等",在全书的组织上不够平衡,所以姚先生希望在"他年""痛改而重造之"!现在,再版的机会到来,姚先生逝世已十四年,不能由他自己来改编或修正,这是一大损失,也是我们极为痛心的一件事!

这次翻印,经姚名达先生的夫人巴怡南同志同意叫我来校阅一过,我首先考虑的是校阅的范围。我认为:在今天翻印这部书的目的,主要是由于它本身的资料性功用和价值,所以我不应该根据姚先生或我自己的意见加以笔削;今天的观点和二十年前当然有所不同,这是另写新著作的问题,更不应该把姚先生的组织体系加以改变;就是在姚先生的时代,有些资料应该列入而没有列入,因为资料是无穷的,我也不必多事增补。因此,我在校阅过程中,只做了下列两件事:

一、原书文字上的错误不少,有的是引用上的错误,有的是排印上的错误。我一共修正了一百零六处,另外还改正了标点断句二十九处。

二、姚先生在书内还保留了一些问题,没有得到解决。这些问题,有的是由于当时所掌握的资料不够,有的是由于用错了资料。我这次就其中的六个问题提供了一些新资料。但不敢补入原书,因作为这次翻印本的后记。

1. 伪本《菉竹堂书目》 原书页97—98,述明代不遵守四部的分类法,言及:《文渊阁书目》"分类法虽陋,然能不守四部之成规,实开有明一代之风气。"接着指出:"叶盛之《菉竹堂书目》,即全仿其分类名次。"页107又称:"《文渊阁书目》既已废弃'四部'法,而其新法又不足为永制,故除叶盛之《菉竹堂书目》以外,未有谨遵之者。"这是不对的,由于姚先生没有使用前人的考证成果,受了骗。陆心源曾经指出:粤雅堂刻的《菉竹堂书目》是从《文渊阁书目》抄撮,改头换面以欺人的;所以这个伪本自然"全仿其分类名次",自然只有它是"谨遵"《文渊阁书目》了。《仪顾堂题跋》卷五《粤雅堂刻伪菉竹堂书目跋》云:

《菉竹堂书目》六卷,粤东伍氏刊本。前有文庄《自序》,与文庄集《泾东稿》所载合;后有五世孙恭焕,七世孙国华跋。校以明《文渊阁书目》,书名、分类、册数,一一皆同,惟卷首《圣制类》删去祖训、文集、实录、官制、法令等书数百种,卷末删《旧志》、《新志》两类，《古今志》一类则删《岛夷志》以下数十种而已。阁书每书皆载数部，注明全缺，此则每书只录一部，不注全缺，但取阁目册数最多者录之。文庄原序为卷二万有奇，册四千六百有奇；今册计二万三百有奇，浮于原序五倍，卷虽无考，以《书录解题》、《千顷堂书目》所载，约计当在二十万外，浮于原序十倍。

陆心源根据这些特征，怀疑粤雅堂刻本是假的。但又指出：《四库全书总目·目录类》存目著录的两淮盐政采进本是真的。《提要》云：

《菉竹堂书目》六卷，明叶盛撰。此其家藏书之目，中为经、史、子、集各一卷，首卷曰制，乃官颁各书及赐书、赐敕之类；末卷曰后录，则其家所刊及自著书。有成化七年《自序》。其叙列体例，大率本之马端临《经籍考》。然如《集部》别出《举业类》，而无《诗集类》，亦略有所增损矣。又别有《新书目》一卷附于后，中载夏言、王守仁诸人集，皆不与盛同时，盖其子孙所续入也。

陆心源在跋文内又根据《提要》的记述和粤雅堂刻本相比较，进一步指出粤雅堂刻本是怎样伪造出来的。他说：

案此本卷首虽有圣制而不曰制，又无后录，亦无附目。卷中有《诗集》而无《举业》，序末亦无成化记年。证与文庄《自序》，固多牴牾；与《提要》尤无一合。盖书贾抄撮《文渊阁书目》，改头换面，以售其欺，决非馆臣所见两淮经进之本也。恭焕及国华跋，恐亦非真。《粤雅丛书》世颇风行，恐误后学，不可以不辨。

伪《菉竹堂书目》在没有粤雅堂刻本以前，就有很多的钞本流传，而且骗了不少的人。《带经堂书目》卷二引周星诒的话说：

此书世多伪本，诒藏两钞本，皆是录《文渊阁书目》，删去《地志》所成。伍氏丛书本亦然。须以《文渊目》对过，不同，乃是真本。竹汀先生《养新录》所记，亦伪本也。

姚先生没有使用这些参考资料，又没有作深入的研究，以致同样的受了骗，认为《菉竹堂书目》的“分类名次”，是“全仿”、“谨遵”《文渊阁书目》的，就成了基本的错误。我在这里把陆心源、周星诒的考证，不殚其繁的引用出来，正是陆心源“恐误后学，不可以不辨”的意思。

2. 倪灿没有修过《明史·艺文志》 原书页182论《宋史·艺文志》对于“咸淳以后新出之书，又未及收录”，因述及“清初黄虞稷《千顷堂书目》即有意拾其遗书。康熙中，倪灿修《明史·艺文志》，亦特补苴《宋志》之缺，乾隆中，卢文弨又为之校正”。按倪灿没有修过《明史·艺文志》，最初的《明史·艺文志》是由黄虞稷分纂，《千顷堂书目》就是《明史·艺文志》的初稿；后来卢文弨从黄虞稷《明史·艺文志》稿摘出《宋史艺文志补》，把黄虞稷误成倪灿，这就是倪灿修《明史·艺文志》和撰《宋史艺文志补》的由来。此后，各种目录学撰述里面都相继沿袭了这一错误。姚先生没有辨别明白，也就犯了同样的错误。现在统为疏通证明如后。

黄虞稷在康熙二十年（1681）进入明史馆。他进入明史馆以后，就担任了《明史·艺文志》的分纂工作。当他没有进入明史馆以前，即在1679—1681年间，已经搜辑到了不少的资料，所以这一工作进行很快，到了康熙二十四年（1685），《明史·艺文志》的初稿就接近完成了。这时候，由明史馆里另一位纂修官倪灿，分纂了一篇《明史艺文志序》，这篇序是很有名的。《清史稿》卷四八九《文苑传》说："'倪灿'撰《艺文志序》，与姜宸英《刑法志序》，并称杰构。"又《耆献类征》卷一一七引《国史本传》，也说："'灿'与修《明史》，所为《艺文志序》，穷流溯源，与姜宸英《刑法志序》并称杰作。"这说明倪灿所撰的仅是《艺文志序》，而不是《明史·艺文志》。志与序可以由两人分撰，《刑法志》也是一例。为了责任分明，当时的《明史·艺文志》稿一定题写着撰序的是倪灿。

康熙二十八年（1689）黄虞稷写定了《明史·艺文志》稿，交给总裁官徐乾学，次年，他随着徐乾学到包山书局去纂修《大清一统志》，从此就和明史馆脱离关系了。黄虞稷自己当然还保留着一份《明史·艺文志》的原稿，后来用"千顷堂书目"的名称流传出来。

康熙二十八年到五十四年（1689—1715），由于明史馆纂修工作陷于半停顿状态，《明史·艺文志》稿也就没有人再加修正。杨椿《再上明鉴纲目馆总裁书》，指出康熙五十四年王鸿绪"乃仅取徐公旧志：《河集》、《食货》、《艺文》、《地理》删改之，其他俱仍其旧"。王鸿绪这一删改，方才成了现在《明史·艺文志》的样子。把宋、辽、金、元四朝的艺文都删去，把倪灿所作2189字长的原序删成573字，（《鹤征录》说倪《序》"不下数千百言"，《金陵通传·倪灿传》却说"括以数百言"，是误以删序当原序。）还把一些没有卷数的书名删掉了。后来张廷玉进呈《明史》的时候，就完全袭用了王鸿绪的删本。当时有见识的学者如杭世骏、全祖望等都不赞成这样作法，而拥护黄虞稷的作法。全祖望《移明史馆帖子一》就极其痛切的指斥说："倘如横云山人（王鸿绪）所作，此等义例，（黄氏仿"宋、隋二志之例"）一切灭裂殆尽矣。"（《鲒埼亭集外编》卷四十二）可是明史馆诸公，一点没有考虑全祖望等人的意见。而由于学者的重视，黄虞稷《明史·艺文志》的原本，也从明史馆传钞出来，与《千顷堂书目》共同在藏书家和学者们中间流传。

几十年以后，黄虞稷的两种稿本越流传越多，越被有见识的学者所重视。卢文弨、吴骞、钱大昕都想把黄虞稷补的宋、辽、金、元四代书目，"别梓之以传"。首先从事这一工作的是卢文弨，他摘出了《宋史艺文志补》一卷，《补辽金元艺文志》一卷。他在《宋史艺文志补序》中说：

> 《宋史》本有《艺文志》，咸淳以后，尚多阙略，至辽、金、元三《史》，则并不志艺文。本朝康熙年间议修《明史》，时史官有欲仿《隋书》兼《五代史志》之例而为之补者，余得其底稿，乃上元倪灿阁公所纂辑也。今俗间传有温陵黄虞稷俞邰《千顷堂书目》本，搜采虽富，而体例似不及倪本之正。今略为订正，且合之余友海宁吴骞槎客校本，庶为完善。亟为传之，以补四代史志之阙。具载倪《序》于首，使后人知其初意如此。宋有志而补之，辽、金、元本无志，故今所录，各自为编云。

卢文弨这样把宋、辽、金、元四代艺文摘录出来，刻入《群书拾补》，实现了杭世骏、全祖望以来的愿望。一百多年以来，又产生了不少的翻刻本。

但卢文弨做出了一件大错误。他所根据的《明史·艺文志》正是保存着明史馆的原稿样式,序文下题着“史官倪灿撰”五个大字,但他一点不加思考,就把黄虞稷的“底稿”,认为“乃上元倪灿闇公所纂辑也”,顷刻之间,把黄虞稷十多年的劳动果实,归在撰序的倪灿身上。一百多年以来,也没有人加以思考,指出卢文弨这个错误;在《中国目录学史》内,是应予以辨证的。

3.《众经别录》　原书212—214,着重的介绍了这部佛经目录,称它为“空前精善之《众经别录》”,是姚先生有见解的地方。按《贞元新定释教目录》卷十八已称:“今寻本未获。”所以姚先生说“此书至唐初尚存”,但没有想到敦煌石窟里还给我们保存了一个残卷。可惜的是这个残卷出现以后,就被帝国主义强盗伯希和劫走了。该卷现藏巴黎国家图书馆,编号为“伯三七四七”。

原卷首尾残缺,没有原来的书名,仅有书内的《类目》名称:《三乘通教经录第二》和《三乘中大乘录第三》。按费长房《历代三宝记》卷十五所记的《众经别录》类目,第二、第三正是这两个类目,还记《三乘通教录》著录的佛经是“五十一部,九十七卷”,残卷所载的也正是五十一部。所以,可以断定这个残卷就是《众经别录》的残本。此残本现存部分,包括:《大乘经录第一》的15部,(原有370部,这仅是370部中的末15部。)《三乘通教经录第二》的51部,《三乘中大乘录第三》的开端14部。这又可证明这一残存部分是《众经别录》第一卷中的中间部分。

这八十部佛经的著录都有简略的解题;解题内记载着译人和译时,和后来佛经目录没有什么差别;另外,还极其扼要的揭示佛经的宗旨和体质,则是后来佛经目录所没有的。如第一类目内的佛经都揭示着“以……为宗”，第二第三类目内的佛经，则揭示“明……为宗”。每种佛经下面，又指明“文”，“质”，或“文质均”。这一种体例是我国古代目录学遗产中的新发现，是值得研究和发挥的。

这是我国现存第一部最古佛经目录，也是仅次于《汉书·艺文志》的第二部最古目录。大约纂成于第五世纪的中叶，在第六世纪的末年，费长房已经不知道它的著者姓名。姚先生想“竭精殚思以求得其姓名”，意义不大，当然也没有得出什么效果。但姚先生对它首先加以重视，是完全正确的。

4.《大隋众经目录》　原书页228引法经等《经录上表》：“总标纲纪，位为九录，区别品类。有四十二分九初六录三十六分。”因原本“初”上脱一“录”字，以致标点有误，文亦不通。原文和标点应作：“总标纲纪，位为九录；区别品类，有四十二分。九‘录’：初六录，三十六分。”盖“录”指部类，“分”指类目。此谓把九“录”区分为两组，初六录三十六分；后三录包括前三分，后三分，故总为九录，四十二分。通看上下文是非常明白的。

5.《史籍考》　原书页307—324，用一万多字着重的介绍了章学诚的《史籍考》，在全书内占着很重要的部分。但有些地方并没有交代清楚，还保留了不少的缺点。如对于《史籍考》的纂修过程，在毕沅时期记述较详，谢启昆时期稍嫌简略，潘锡恩时期则过于简略。又由于对谢、潘二时期掌握的资料不够，就不能说明他们的前后关系。如页302说：清乾隆间章学诚撰《史籍考》，道光间许瀚为泾县人潘锡恩修《史籍考》，著者疑为学诚传本之化身，非另起炉灶之创业也。对于纂修过程既缺乏正确认识，对于流传始末就更不能有清楚的记述，反而虚置怀疑，妄受谣惑，如页308既知章学诚原稿在美国的谣传为不可信，复疑谢启昆等纂修本“之已成且已刊”，竟要“不假实证而姑武断言之”，殊不知毕、谢原本与潘锡恩增订本早已在咸丰六年（1856）同付一炬。现将乾隆五十九年（1794）以后的续修和增订，与1856年被焚的经过，补述于后，更能显示出这一巨大目录工作的重要意义。

乾隆五十九年（1794）毕沅停止了对章学诚等在武昌的资助，因而中断了《史籍考》的纂修工作，章学诚对于《史籍考》是非常重视的，1794—1797年中间，迭向毕沅、阮元、朱珪、谢启昆求资助，终于在1797年见到了谢启昆，次年，又得继续了这一工作。

这时候，谢启昆做浙江巡抚，正聘请钱大昭、陈鳣、胡虔等纂修《小学考》；胡虔曾在武昌参加过《史籍考》的纂修工作，1798年《小学考》完成，大概是由于胡虔的介绍，就由这一班人又开始了续修《史籍考》的工作。次年（1799）谢启昆给孙星衍写信说：

> 毕宫保《史籍考》之稿，将次零散，仆为重加整理。更益以《文渊阁四库全书》，取材颇富，视旧稿不啻四倍之。腊底粗成五百余卷，修饰讨论，犹有待焉。竹垞《经义考》有逸经一门，今《史考》无逸史者，以史多不胜载故也。（《树经堂文集》卷四。）

谢启昆又记当时的纂修情形说：

> 竹垞《经义考》之阙，予既作《小学考》以补之，成五十卷矣；又扩史部之书为《史籍考》，以匹《经义》。因葺官廨西偏屋数十楹，聚书以居友人。庭故有高梧二株，予每以公暇，对梧

编勘，欣然忘疲。凡古来政治之得失、山川人物之同异，上下数千年间，得诸友人相与商校，又深契乎丽泽讲习之意，遂以名西偏之廨曰兑丽轩。（《兑丽轩诗集自序》。）

谢启昆开馆纂修《小学考》和《史籍考》，对于参加纂修工作的学者们是很尊重的，如前所指的钱大昭、陈鳣、胡虔都是。《兑丽轩诗集》内有《三子说经图》诗，就是指的他们三人。诗云："近者研此同操觚，兑丽轩开实佐余。《小学考》补如贯珠，史籍日夕供咿唔。"又《己未三月同覃溪师饭于三花树斋》第二首诗注："钱晦之、胡雒君二君，助予修《史籍》、《小学》二考者也。"《题孙渊如礼堂写经图》第六首："六书兼史籍，荟萃赖通儒。"但通儒里面没有举出章学诚，这是因为章学诚是实际上的总纂，他执行着谢启昆的名义和地位。

参加这一工作的，除上述三子外，还有袁钧和张彦曾。

袁钧字秉国，号陶轩，鄞县人。阮亨《瀛舟笔谈》卷十说他"从谢蕴山中丞秦小岘观察游最久。尝客中丞丽泽轩，按当作兑丽轩。修辑《史籍考》。"

张彦曾字蜚闻。嘉定人。《嘉定县志》卷十九说他："受业钱大昕通经史算术。尝佐谢巡抚启昆纂《史籍考》。"

《史籍考》所包括的范围较广，不像《经义考》、《小学考》那样有数的十几部书，所以必须集合多数的人力，经过较长的时间，才能达到一定的成就。章学诚是通儒，对于史籍有他独到的见解和理论，但武昌并不是图书荟萃之区，没有具备编纂《史籍考》的优越条件。可是 1795 年学诚《与阮学使论求遗书书》，说他在武昌五年，"《史籍考》功程已十之八九"，这很明显的是他有意夸张，或者当时对于这一工作所要求的质量并不高。到纂修地点移到杭州以后，有《文渊阁四库全书》作参考，杭州又是著名的藏书地区，所以不到两年功夫，就能够“视旧稿不啻四倍之，粗成五百余卷”。这就是说：武昌稿和杭州稿比较起来，武昌原稿不过一百卷，杭州稿就成了五百多卷。但这五百多卷的稿子非常粗糙零乱，所以“修饰讨论，犹有待焉。”正在这个时候，谢启昆调了广西巡抚，这一工作又告中辍。由于没有完成定稿，当然不能付梓，所以过了46年，即道光二十五、六年，（1845—1846）又有潘锡恩增订《史籍考》的故事。

潘锡恩字芸阁，泾县人。嘉庆十六年（1811）进士。很有学问，尤关心水利问题。道光二十三年（1843）做了南河河道总督兼漕运总督，驻节袁浦，拟请刘文淇、王凤翼等“借写书阁斠正百家。”过了两年，招请了更多的学者，一方面校刻《乾坤正气集》，一方面增订《史籍考》。潘锡恩的儿子骏文，在《校印乾坤正气集跋》内追述此事说：

> 先公尚有增订《史籍考》一书，亦与斯集同时雠校。系因毕秋帆、谢蕴山两先生原本，为卷三百三十有三。第原书采择未精，颇多复漏。先公因延旌德吕文节，日照许印林瀚，仪征刘伯山毓崧，同邑包孟开慎言诸先生，分类编辑，删繁补缺，仍照朱竹垞《经义考》定为三百卷。而补录存佚之书，视原稿增四之一，详审顿觉改观。写成清本，待付手民。

参加这次增订工作的包慎言有《广英堂遗稿》，刘富曾刘毓崧的儿子。在《遗稿》跋文中也追述说：“道光丙午（1846）秋，先生包慎言。客游袁浦，与先君子刘毓崧。同校《史籍考》，共晨夕者两载。”

由此可知《史籍考》的增订工作正式开始于1846年秋，1848年潘锡恩辞职回家的时候，已经写成清稿三百卷。分卷虽说比谢启昆时代少，但内容却增多了四分之一，所以“详审顿觉改观”。

许瀚、刘毓崧、包慎言、吕贤基（吕似未参加实际工作）皆饱学，对于图书的经验也比在武昌和杭州的诸学者丰富一些，所以这次的增订是达到了一定的水平。

许瀚在增订工作中起着领导作用，姚先生在他的《攀古小庐文集》内看到《增订史籍考》的“例目”，是关于这次增订工作的一篇重要文献，可惜没有引证出来，和谢启昆的稿本作一比较。《印林存稿》内保存了另外一篇重要文献——《史籍考校例》，从《校例》，可以推测谢稿所达到的水平，也可看出这次增订的方向，所以依是书页308—323详引章学诚《论修史籍考要略》和《史考释例》的意义，把这篇《校例》节录于后：

“一曰繁冗者宜删　案《四库全书提要》于《经义考》议其序跋诸篇，与本书无所发明者，连篇备录，未免稍冗。本书体例全仿《经义考》，此弊首宜湔除。今拟：《提要》全录，《自序》、《自跋》全录，诸家著录有解题全录；至各家序跋必于其书义例原委有关系者全录，其或空言腐论，旁生枝节，横发牢骚，实与本书无涉，酌为芟薙。如《遂初堂书目》毛并序，洒洒五百言，求其视切才百余字，岳氏《书目》徐明善《跋》高谈反约蓄德，竟无一语疏及岳书；高文虎《兰亭博议序》，谈山阴之清游，慨右军之高致，读至终篇，不辨《博议》为何等书；《兰亭考》高似孙《序》，齐硕《跋》，亦多闲文；孙承泽《跋欧阳集古》，数行而后，忽牵及朱子《家藏金石目序》一篇，一字不遗；《明文海》无名氏《艺文志序》一篇，通体从鸟言兽语用意，莫测所谓，其《艺文志》或系新书，抑或即斥为史志，无由而明；《榕城诗话》载全谢山七古一篇，此例一开，恐题词咏史，美不胜收。凡此之类，皆为繁冗，或当存要语，或竟削全文，惟求于本书有发明而已。又如《坟籍志》乃《关东风俗传》之一体，《金石略》亦《通志》之一篇，前人未尝摘出别行，何由刺取入录？当随《隋志》。准此类推，孰去孰留。况同一《通志》，《金石类》则收《金石略》，《总目类》又不收《艺文志》，揆诸义例，尤为不允。此类不惟删其序跋，拟兼删其目。

一曰重复者宜并　朱珪《名迹录》既见《金石类》，又见《图书类》；《金石类》录《提要》一篇，《图书类》录秦约《序》一篇。案《名迹录》皆刻石之文，自当移并《金石类》。蔡梦弼《草堂诗话》既见《文史》三，又见《文史》五，三录《提要》一篇，五采《居易录》一条。案梦弼宋人，自当移并《文史》三。又《文史》三既收沙门神或《诗格》，又有僧神彧《诗格》，一据《书录解题》，一据《宋艺文志》也。《总目》一既收张萱等重编《文渊阁书目》，又有孙能传等重编《内阁书目》，一据《经义考》，一据《曝书亭集》也，其实皆一书耳。《总目》一元行冲等《四录》下引《唐会要》一条，毋煚《古今书录》下引之，详略稍异，此书目重复者。《金石》三《集古录》下引张汉又曰一条，《金石》四叶梦得《金石类考》下又引之，一字不殊。叶盛《菉竹堂碑目》下引赵均《金石林序》数语，而赵《序》全文即在十叶之后；陈思《宝刻丛编》下引《居易录》引陈直斋《序》八行，而陈《序》全文即在两叶之前。又有其书虽异，其文则同。如《石墨镌华》下《陕西通志》一条与《陇蜀余闻》一条，一字不异，此题跋之重复者。凡此之类，不可胜举，均宜删并。至作者、姓字、爵里，节采史传，亦当与诸题跋详细相因；其或一人数书，当详于初见，以后但注见某处可也。

一曰漏略者宜补　采辑书目多据焦竑《国史经籍志》，而焦书未著。诸提要中每引蔡正孙《诗林广记》，钱大昕《潜研堂金石跋尾》，而蔡书、钱书未著。《金石类》既录叶万之《续金石录》，而《金石后录》未著；既录王澍之《竹云题跋》，而《虚舟题跋》未著；既录张弨之《瘗鹤铭辨昭陵六骏赞》，而《济宁学宫汉碑释文》未著。《文史类》既录赵执信之《谈龙录》，而《声调谱》未著；（《声调谱》或已别入谱录，然以《主客图》、《集句图》、《诗式》、《诗格》等书例之，亦当入《文史类》也。）《文心雕龙》既录黄叔琳注，黄《注》实因梅庆生注，而梅《注》未著。王应麟《汉书艺文志考证》近附《玉海》而未著，或入《考证类》。尤侗《艺文志》、崔铣《文苑春秋序录》并见《四库书目》而未著。丛书一类，校以《汇刻书目》亦多未备。盖古今载籍实繁，必欲囊括无遗，诚非易之；惟应就耳目所及，准以年限，量为辑补。其余但采解题，原书序跋未经入录者，遇有所见，亦当补之。此皆失之眉睫之前。至于希有之珍，流传未广，群书所载，搜讨偶疏，更不知凡几。

一曰舛误者宜正　《总目》开端引《周策府》一条，《鲁太史氏书》一条，《七略》后又列《东观新书》一条，案策府藏书之地，非书也；宣子观书太史氏，不闻即名《鲁太史书》也；《隋书》称光武于东观及仁寿阁集新书，班固、傅毅依《七略》为书部，名目史阙不传，意或仍沿《七略》，不闻即名《东观新书》，如有《东观新书》，亦当有《仁寿阁新书》，何以不并著乎？是皆当为案语。《黄宗羲金石要例》，意主论文，非纪金石之书而入《金石类》，正《史通》所谓貌是心非者矣，当改入《文史类》。姜夔《绛帖平》本二十卷，《曝书亭四库目》仅六卷，其十四卷已阙，乃注云《书录解题》一卷，存，不知何以悬殊若此！"（据赵孝孟："许印林先生与《史籍考》"转引。载

1934 年十一月《华北日报·图书周刊》第一、四期。）

从这次增订本的校例，不难推测这次增订工作，是达到了较高的成就。这还可从《史籍考》的三个阶段来断定。

章学诚在武昌五年，是为《史籍考》发凡起例和打基础的时期。经过杭州两年的增补，才使基础扩大和渐趋巩固，但还有待于整理和提炼。谢启昆说是“粗成”，“修饰讨论，犹有待焉”，当是非常正确的估价。这次在袁浦校理增订，方才做到了深入和精炼，潘锡恩决定写成清本，准备刊行，就是由于《史籍考》的内容，至此已经达到了一定的水平。我国目录学上这一部名著，在整整六十年内，经过章学诚、毕沅、洪亮吉、凌廷堪、武亿、谢启昆、钱大昭、陈鳣、胡虔、袁钧、张彦闻、潘锡恩、许瀚、刘毓崧、包慎言、吕基贤十六位第一流的学者三次努力，才完成了这样一部三百卷大目录，的确是我国目录工作上一大成就，值得表彰和纪念的。可惜的是正好在一百年前——1856 年，毕、谢原稿，和潘锡恩增订清写稿，一同焚毁了。

潘骏文在《乾坤正气集跋》内又追述：1848 年潘锡恩从袁浦回家泾县。以后，把《史籍考》的增订稿清写本和毕、谢的原稿本，连同藏书三万余卷，都藏在家里，不幸在咸丰六年（1856）藏书失火，《史籍考》“清本，与藏书同归一炬，并原稿亦不复存！”《史籍考》这一悲惨结局很少有人知道，因而才有流出国外的谣传。我今恰恰在一百年后追述它的原委，表彰它的成就，以纪念我国目录学史上这一巨大纂修工作。

6.《关右经籍考》　原书页 338“乾嘉间有邢澍撰《全秦艺文录》。”这当是最初的名称。北京图书馆藏有邢澍的《关右经籍考》，为嘉庆间刻本，当是后来改定的名称。初稿本凡八十卷，北京图书馆藏本仅存卷一至十一,不知刻本共若干卷。

我对上述六个问题,提供了这些补充资料,请读者和姚先生原书互相参考。如有不妥当或不够清楚的地方,敬希指正。

当姚先生这部遗著就要重新出版的时候,我们对于姚先生自然兴起敬仰和悼念,因略述姚先生的事迹于后。

姚名达先生字达人,号显微,江西兴国人。1928 年毕业于清华研究院,到上海专心写读。1932 年日寇进攻上海,先生恨敌入骨。1937 年抗日战争开始,先生慷慨激昂,恨不能杀敌。1942 年日寇侵入江西,先生方在中正大学教书,奋身参加战地服务团,为杀敌战士服务。在新淦遇敌,死于石口村,年仅三十九岁。遗著有《目录学》、《中国目录学史》、《中国目录学年表》、《刘宗周年谱》、《邵念鲁年谱》、《朱筠年谱》、《章实斋年谱》七种;其他遗稿,详王咨臣《显微先生著述目略》中。一九五六年七月王重民记。

姚名达先生学术年表*

1905 年(清光绪三十一年)

3 月 16 日(农历二月十一日),出生于江西兴国县。字达人,别号显微。父姚芳权通经史,工诗文,学识渊博。

1918 年

2 月,入赣县中学,喜读文史书籍。

1920 年

11 月,与黄心勉结婚。

1923 年

6 月,自赣县中学毕业,次年秋,入上海南洋公学国学专修科。

1925 年

9 月,考入清华国学研究院,研究专题定为"章实斋之史学",始受教于导师梁启超,深得器重。

1926 年

2 月,撰《邵念鲁年谱》。

3 月,撰《六国年表寻源》。

6 月,拜访胡适,商议增补《章实斋先生年谱》一事。

7 月,撰《会稽章实斋先生年谱》。

---

* 本年表由高路明撰写,收入本书时略有增补。

9 月，梁启超讲授“儒家哲学”和“历史研究法补编”，由学生周传儒和姚名达整理合辑，在《清华周刊》第 284—402 期连载。

冬，编成《章实斋先生著作年表》，采用新的分类方法改编《章实斋遗著》。

1927 年

1 月，《章实斋之史学》刊于《国学月报》第 2 卷第 1 号。

2 月，撰《章实斋遗著叙目》，次月刊于《国学月报》第 2 卷第 3 号。《章实斋之史学》（续）、《邵念鲁年谱叙例》刊于《国学月报》第 2 卷第 2 号。

3 月，撰《朱筠年谱》，1933 年由商务印书馆出版。开始为胡适修订《章实斋先生年谱》。

4 月，《会稽章实斋先生年谱》刊于《国学月报》第 2 卷第 4 号。

5 月，在清华国学院创立史学会，王国维、梁启超、陈寅恪、李济等出席成立大会。

6 月，《达人史话小序》刊于《国学月报》第 2 卷第 6 号。

7 月，《达人史话》之《史话之史话》、《史学院的需要》刊于《国学月报》第 2 卷第 7 号。

9 月，《余姚邵念鲁先生年谱》刊于《国学论丛》第 1 卷第 2 号。

10 月，《观堂集林批校表》、《王静安先生年表》、《友座私语》刊于《国学月报》第 2 卷“王静安先生专号”。

1928 年

2 月，作《邵念鲁与章实斋》，作为《邵念鲁年谱》之附录，同年春于商务印书馆出版。

3 月，《王国维先生年谱》刊于《清华周刊》第 29 卷第 9 期。

6 月，作《章实斋著述考》。

9 月，与胡适商谈《章实斋先生年谱》的增订体例，将新增的史料插入原文，与原谱合为一书。次月，为增补本作序。

是年，撰《荀卿和史学史的关系》。

1929 年

3 月，离开清华国学院至上海，经何炳松介绍，任商务印书馆编辑兼特约撰述。为《章实斋先生年谱》（增订本）作《校后补记》。

4 月，开始编印《万有文库》第一辑。

5 月，开始撰写《刘宗周年谱》，于 1931 年 8 月 17 日完成。

11 月，撰写《目录学》，后成为《国学小丛书》第一种。

1930 年

5 月，为《中国历史研究法补编》作跋。

10 月，为《朱筠年谱》作序。

1931 年

8 月，致信胡适说明自己的游美计划及史学史研究计划。为《刘宗周年谱》作序。

1932 年

1 月，"一·二八"事变爆发，日本军队进攻上海闸北，炸毁商务印书馆，姚家亦被焚毁，家具、藏书、十数部手稿化为灰烬。姚名达在复旦大学兼课，协助校方组织义勇队。

2 月，补撰被毁年谱，重撰《目录学》。

3 月，姚氏夫妇创办女子书店。

1933 年

年初，辞去商务印书馆职务。前往复旦大学、暨南大学讲授历史。

3 月，《女子月刊》创刊，姚名达任社长，黄心勉任主编。

5 月,《刘宗周年谱》出版。

10 月,传记《郑和》由商务印书馆出版。

11 月,重撰《目录学》完稿,并作序。

1934 年

2 月,传记《成吉思汗》由商务印书馆出版。

5 月,与黄心勉合写《我为的是什么》和《夹攻中的自白》刊于《女子月刊》第 2 卷第 4 期,历数办刊的宗旨和艰辛,反驳世人的攻击。

1935 年

3 月,《我为什么肯当社长》刊于《女子月刊》第 3 卷第 3 期。

6 月,《黄心勉女士传》,刊于《女子月刊》第 3 卷第 6 期。

冬,重撰《中国目录学史》。

1936 年

6 月、12 月,参加上海文化界的爱国运动,与文化界知名人士联合发表宣言,号召文化界展开抗日救国运动。

1937 年

4 月,《程伊川年谱》由商务印书馆出版。

夏,先后在兴国、赣州、武宁等地,继续中国史学史研究。

7 月,作《中国目录学史》序。次年 5 月,由商务印书馆出版。

12 月,与巴怡南结婚。

1939 年

2 月,撰成《中国目录学年表》,为该书作序。次年 5 月由商务印书馆出版。

1940 年

9 月,应胡先骕之邀,就任江西国立中正大学文法学院副教授,采用分类专题讨论的方法,讲授"国史综析"。任教期间,先后撰写了《史官制度》《史观史》《作史方法史》《史书体例史》《史学的起源》《佛家史学史》《史理学》等论著。

1941 年

8 月，任江西国立中正大学研究部教授，重视研究资料的搜集整理工作。

1942 年

3 月，在《民国日报》第一版创办《史理与地理》专刊，发表发刊词《约束与期待》和《史理释义》。

6 月，日寇进犯江西。姚名达联合中正大学爱国师生组成抗日战地服务团，担任团长。率领团员奔赴抗日前线，救护伤员，进行战地报道等工作。

7 月 7 日，日军包围了服务团驻地，姚名达临危不惧，在石口村与日军搏斗，壮烈牺牲。1943 年，国民政府发布褒扬令，表彰姚名达"见危受命，为国殉难"，配祀江西乡贤祠。1987 年，江西省人民政府批准姚名达为革命烈士。

（姚名达生平主要参考依据江西省兴国县志编纂委员会编《兴国县志》，兴国县印刷厂 1988 年印刷；姚名达《黄心勉女士传》，《女子月刊》1935 年第 6 期；王咨臣原著，姚果源整理《姚名达年谱简编》，《姚名达文存》，江苏人民出版社 2012 年版。姚名达的主要著述情况，参考王重民为姚名达《中国目录学史》所写的《后记》。）

《中国目录学史》述评

高路明

姚名达的《中国目录学史》是一部体大思精、具有里程碑意义的著作。自1937年完成此书到现在,76年过去了。在这七十多年的岁月里,有关目录学的著作不断涌现,但是从对中国古代目录的论述与总结来看,若论全面、系统、详细、资料丰富,至今还没有一部著作可以超越姚著。早在1956年,王重民在为姚名达《中国目录学史》重印所写的《后记》中说:"在过去几十年内,关于'中国目录学史'的专著和论文不下二三十种,不论在采辑资料方面,或在编写内容方面,都应该以姚先生这部著作为最好。"①距离王重民说这番话已经半个世纪过去了,今天再读《中国目录学史》,这一评价仍未过时。

中国古代的目录学有悠久的历史。如果从西汉后期刘向、刘歆校书编目算起,直至清代,中国目录学的历史贯穿了整个封建社会。自1840年鸦片战争以后,中国进入了半封建半殖民地社会。随着封建社会的瓦解,西方的坚船利炮打开了中国封闭的国门。西学东渐,新的思想文化及学术思潮涌入中国,与之相联系的是新书籍的大量传播。传统的经史子集四部分类法已无法部类新的典

---

① 王重民:《中国目录学史·后记》,本书第358页。以下凡出自本版,均随文括注页码。

籍，中西文化、古今典籍在图书分类领域中碰撞交错。西方的图书分类法也在传入并催生新的、更适宜的分类法的产生。在这种新旧交融、中西错杂的形势下，从目录学领域来说，非常需要一部能够站在现代学术的立场，对中国古代的目录及目录学给予全面的、科学性总结的著作，而姚名达的《中国目录学史》，正是这样一部巨著。

姚名达一生短暂，著作却很多。而与目录学有关的著作有三种，即《目录学》、《中国目录学年表》、《中国目录学史》。其中又以《中国目录学史》为最全面、最重要，也最具代表性。

《中国目录学史》完成于1937年。全书分十篇，即叙论篇、溯源篇、分类篇、体质篇、校雠篇、史志篇、宗教目录篇、专科目录篇、特种目录篇、结论篇。十篇基本是以主题的方式相区别，各个主题均从历史溯源展开论述，各篇之间相互呼应，互为补充，相互辅翼。即姚名达所说，“特取若干主题，通古今而直述，使其源流毕具，一览无余”（第17页）。各自从不同的方面展开，从而组成完整的中国目录学史的全貌。

为了叙述的方便，根据中国古代目录学的特点，以下将《中国目录学史》大致概括为三个方面：目录学的概念、分类法的演变、古籍目录的种类，以表述这部著作的要点及姚名达的主要贡献。

一

中国古代的目录产生得很早，但是目录学作为一门学科被人们所认同，却是到清代才有的事。中国古代第一部综合性的政府藏书目录是刘歆的《七略》。而《七略》的形成是从刘向校书开始的。姚名达说："古代秘阁藏书，自购求至插架，不似现代之便易，必须经过一番整理校雠工夫，使书之体质固定，内容整洁，然后始可分类编目，插架庋藏。"（第8页）刘向等人校书的过程、步骤，姚名达将其概括为：一、广罗异本；二、互相补充，除去复重；三、条别篇章，定著目次；四、雠校脱文脱简，写定正本；五、命定书名。（第32—36页）经过了这一系列的工作，堆积如山、杂乱无章的竹简才能变成固定的书籍形式，然后才可进行编目。因此，刘歆的编目工作，必定是在整理典籍之后。由于受到书写材料的限制，最早的编目工作必须从整理简牍开始，也由于这样的历史原因，传统的校雠学是包含整理典籍、编纂目录在内的。清人章学诚说：南宋时郑樵"取历朝著录，略其鱼鲁豕亥之细，而特以部次条别，疏通伦类，考其得失之故，而为校雠"①。郑樵著有《校雠略》，他摒弃狭义的对于字句的校勘，而以广义的求书、分类、编目等项作为校雠学的主要任务。章学诚所指郑樵的校雠学，实际上正是目录学。章学诚还说："校雠之学，自刘氏父子，渊源流别，最为推见古人大体。而校订字句，则其小焉者也。绝学不传，千载而后，郑樵始有窥见，而未尽其异，人亦无由知之。世之论校雠者，惟争辨于行墨字句之间，不复知有渊源流别矣。近人不得其说，而于古书有篇卷参差，叙例同异，当考辨者，乃谓古人别有目录之学，真属诧闻。"（第9页）姚名达指出，章学诚"直不承认有所谓目录学，而欲以校雠学包举之。实则学诚之所谓校雠学，正吾人亟应提倡之真正目录学，而

---

① ［清］章学诚：《文史通义·附校雠通义》卷一，上海书店1988年据商务印书馆旧版本影印，第51页。

其所鄙薄之目录学,却又相当于狭义之校雠学——校勘学也”(第9页)。那么,究竟什么是目录学呢?姚名达说:“目录学者,将群书部次甲乙,条别异同,推阐大义,疏通伦类,将以辨章学术,考镜源流,欲人即类求书,因书究学之专门学术也。”(第10页)又进一步解释:“目录学实负有指导各种学术之责任。浅言之,将繁富乱杂之书籍编次为部别州居之目录,使学者自求之,目录学家之职务也。深言之,不特使书籍有一定之位置,且能介绍其内容于学者,使学者了然依南针以前趋,尤目录学家之功勋也。”(第10页)姚名达重视目录辨章学术,考镜源流的功用,特别强调古代目录中解题的作用,抓住了自刘向以来我国目录学的优良传统。姚名达在《校雠篇》里,从中国目录学产生的角度,阐明了校雠与目录之间的关系:“校雠之义,近乎整理,非只校勘字句”;“校雠在目录之先,目录为校雠之果。古之书籍,未经校雠,难于著录,故两事相因,不易分辨。中世以藏书为炫耀,秘府往往钞写旧书为一律之体式,故校勘整理俱所不免,写定之后,亦有目录。近世私家善读书者,则广勘众本,考定异同,择善而从,蔚成专科之学。藏者不必能校,校者不必自藏,目录学之与校雠学(校勘),遂截然两途矣。”(第147页)此处阐明了校雠与目录之间存在的渊源关系及日后的发展变化,并“取历史上几番大规模之校雠(整理)工作与目录学有重大而密切之关系者,略述为《校雠篇》。而私家藏书校雠(校勘)最精者亦稍稍附及焉。”(第147页)结合中国古代编目必自校书始的传统,从汉代到清代,分为官校与私校,加以论述考辨。《校雠篇》的内容,与其对校雠学、目录学概念的辨析相辅相成、互为补充。并且提供了有关历代校书的丰富史料,颇具参考价值。他在《叙论篇》中专设“目录之种类与目录学之范围”一节,全面论述了目录学与相关学科的关联以及界限，站在现代目录学的角度和立场，对目录学这一学科作出了科学的界定。姚名达以历史发展的眼光对传统校雠学与目录学之间的关联及区别加以辨析，使校雠学与目录学的概念一直以来相互缠绕、混淆不清的现象得以廓清，至今仍具有指导意义。

二

姚名达的《中国目录学史》是以主题的形式论述中国目录学的历史。他在《叙论篇》中自称全书最重要的是《分类篇》和《体质篇》。古籍目录的分类和演变，与中国古代文化及学术的发展密切相关。古籍目录分类的历史，从汉代直至清代，贯穿封建社会的始终。《分类篇》从分类的起源到中国历史上第一部政府藏书目录《七略》的分类，直至清末民初，西方分类法的输入、经过改造的新的分类法的出现等，对这一整个历史时期目录分类的历史，分为几个阶段论述。《分类篇》所占篇幅也是全书十篇中最多的。

针对古籍目录的分类发展演变的历史，为了突出不同历史阶段分类的特点，姚名达以小标题的方式将中国古籍目录分类的历史划分为不同的阶段。

中国古代目录的分类，简言之，分为这样几个阶段：西汉后期《七略》的分类法；魏晋时期以荀勖、李充为代表的甲乙丙丁四分法；南北朝系四分法与《七略》分类法并立的时期；唐初所修《隋书·经籍志》确立了经史子集四部分类法的正统地位，直至清代，四部分类法的正统地位无可取代。《分类篇》正是在相关历史阶段突出重点加以论述。在“《七略》之分类法”一节，详列《七略》的分类，认为其所分六大类三十八小类，分类的标准不统一，并指出“《七略》之功远逊于《别录》，而其分类律例亦无足重轻”（第60页）。在“五分法之偶现与四分法之代兴”一节，分析以荀勖、李充为代表的最初的四分法，指出荀勖《中经簿》不同于《七略》的特点。从西晋至南朝的政府藏书目录，是四部分类法为主，虽然以荀勖、李充之四部分类为依准，但却不立小类。此阶段间有五部分类的目录，即四部分类加佛经或加术数等。由于荀勖、李充之四部并无小类，因此不同于后世之四部。“《七志》与《七录》”一节，详细分析了《七志》与《七录》的分类，认为《隋书·经籍志》的分类，近承《七录》，远接《七略》，无以大异于《七录》的分类。“自荀勖经李充至梁、陈之四部目录，仅为以甲乙丙丁部次书名之分类法，确可谓之单纯四分法，最多仅可认为四部目录之第一时期。与后世《隋志》以下迄《四库全书总目》之四部绝对不同。”（第69页）《隋志》之四部非荀、李之后裔，乃《七录》之嫡血。这一分析相当精辟，明确指出荀、李之四分法与《隋书·经籍志》的四分法有本质上的不同。《七录》的分类法对《隋书·经籍志》有很大的影响，其在古籍分类史中具有承前启后的关键地位，姚名达给予了恰当的评价。“五代史志之经籍志”一节，是对《隋书·经籍志》分类法的分析，并指出《隋书·经籍志》在分类法上存在四部之间界限并不谨严的情况，等等。“正统派四部分类法之源流”一节，指出自《隋书·经籍志》采用《七录》之分类法，删并为四部四十种后，一千二三百年来，官簿私录，十九沿袭，视为天经地义，未敢推翻另创。故第二时期之四部分类法，实为中国目录学史之主要潮流，亦即分类史之正统派。自《隋书·经籍志》确立了经史子集四部分类法的正统地位，直至清代，在这一历史阶段中，历朝的目录都未能取而代之。姚名达将遵循四部分类法的正史艺文志、私家目录、官修目录等诸多目录，其类目的变化、分合、因革等逐一进行分析、对比，并有《四部分类源流一览表》，备列《七略》、《七录》、《隋书·经籍志》、《古今书录》、《新唐书·艺文志》、《崇文总目》、《郡斋读书志》、《遂初堂书目》、《直斋书录解题》、《文献通考·经籍考》、《宋史·艺文志》、《明史·艺文志》、《四库全书总目》，从汉代到清代历代留存的重要目录的分类，列于分类表中，甚便于考察古籍目录分类法的演变过程。《隋书·经籍志》确立了经史子集四部分类法的正统地位，而遵循其分类法的古籍目录也占据了多数，是古籍目录中的主流。"《隋志》以后闯出'四部'牢笼之十几种分类法"一节，列出自宋代至清代不守四部分类法的目录，逐一分析，述其源流。"对于《隋志》部类之修正与补充"一节，论述的是虽然守四部大纲，但对类目有所修正的目录。其中以明代祁承㸁的《澹生堂藏书目》最为突出。祁氏自述其目录的分类特点，如因、益、通、互等，姚名达认为："实有古人未发者两端。其所谓通，即后来章学诚所谓别裁；其所谓互，即学诚所谓互著。"（第113页）并说："此种四十六分法，承㸁虽自承为因'四部'之定例，而实际兼具反'四部'之精神。""历观古今'四部'目录，未有能超录此《澹生堂书目》者也。"（第116页）对祁承㸁《澹生堂藏书目录》的分类，给予很高的评价。在《分类篇》里，姚名达把众多古代目录大致分为守"四部"，不守"四部"，基本守"四部"而又有所修正的三类，逐一列出其分类，评其优劣，论其因革源流，眉目清晰，重点突出。其中总括了从汉代到清代留存的官修目录、史志目录、私人藏书目录及私修目录，可谓全面。除了对古代目录的论述，另有"新分类法创造之尝试"，"西洋近代分类法之进步”，“杜威‘十进法’之接受与修正”等几节，概述了自清末至民国时期，中国目录学所经历的变化，西方新分类法传入之后的代表性目录的分类，参考西方分类法加以改进的目录等，可知当时图书分类法所呈现出的复杂情况。

统观《分类篇》，对中国古代至近现代的图书分类法做了历史的总结，完整而详赡，叙述源流，明其因革，论其优劣。有此一书在手，可尽知古代至民国时期目录之分类发展演变的过程。资料翔实，极具参考价值；论述精辟，颇具可读性。

三

中国古代的目录数量很多，可以从不同的方面加以区分。如果从目录形成的过程、方式来说，除去官修目录及私家藏书目录，史志目录也是重要的一支。中国古代的史志目录一般都是以官修目录作为依据，但是官修目录流传下来的很少，而史志目录作为正史的一部分，却往往能够借助正史流传下来。“历代史籍颇有采取书目入志者，以其内容繁富，可备为政为学之参考，故得留传千古。”（第170页）自班固修《汉书·艺文志》，后世修史者纷纷效仿。姚名达在《史志篇》专门论述中国古代的史志目录。按照年代顺序，对历代史志目录加以分析。对每一部目录的特点及不足都给予分析评价。比如，认为《汉书·艺文志》著录典籍“独不依当时秘书之目而反墨守《七略》之旧，倘非惮烦，即为浅识。”（第173页）《隋书·经籍志》则“通记存亡而非专录见存者”，并“以意去取”、“凭主观为鉴别”。虽然“有异于班固之全抄《七略》，实启后世任意废书之恶习。”(第178页)对于《群书四部录》、《古今书录》、《旧唐书·经籍志》之间的关系,指出《旧唐书·经籍志》“实为《古今书录》之节本,既非通撰古今,亦未备录唐代”。(第180页)鉴于“史志之任务,或专记一代著述,或通录一代典藏,或尽收前代书目,三者必有其一”。(第181页)而《旧唐书·经籍志》却但录开元盛世,遗弃后百余年之撰述,严格论之,殆非史志之体。因此又有“《新唐艺文志》,加录唐代学者自为之书,多至二万八千四百六十九卷。而后唐人所著与唐代官府所藏,约略俱备焉。”(第181页)凡所涉及的目录,无不是一针见血地指出了问题所在,醒人耳目。《宋史·艺文志》则是根据《宋国史艺文志》而来,《明史·艺文志》的修撰也经历了曲折的过程,等等。对于历代史志目录的修撰,都能够突出各自的特点,侧重于目录的价值与功用。由于已修的史志目录存在不足,后人就有考证、拾补之类的著作,姚名达对这一类著作也进行分析、评论。中国古代的史志目录本来就是不完备的,并不是所有的正史都有艺文志,有些正史在修撰的当时就未修艺文志,所以后人会有补志之作。在二十五史中,只有汉隋唐宋明清几部正史有艺文志,其他均付阙如。后人补作的艺文志,有相当的数量。姚名达对后人补作的艺文志、经籍志也一一加以分析。他的《史志篇》实际囊括了前人所修及后人补作的所有史志目录。阅读《史志篇》,即可对中国古代的史志目录有全面而完整的了解,而他的详细论述、中肯犀利的评论,也为后人使用这些目录提供了重要的参考和指导。“其删为史志也,但据藏目,不能尽一代之所有。”(第355页)姚名达对中国古代史志目录的这一评价确实击中了要害,但也是历代修史志所遵循的通例。

中国古代的目录数量很多，如果从目录编制的体例来看，不外乎几种类型。姚名达在《体质篇》里，概括了中国古代目录的几种编制体例。他说："夫所谓体质者，构成目录之质料，构成目录之体式，皆是也。通俗言之，则为编目。然现代所谓编目，含义略狭，未能广包。故改用'体质'以统摄编目、解题、引得、小序、总序等等构成目录之质料。"（第138页）姚名达详述《七略》、《隋书·经籍志》的编目体例，因为后世都是以之为效法的。古代目录的编制体例大致有三种类型：有小序，如《汉书·艺文志》；有解题，如《郡斋读书志》；数量最多的是只记书名而无小序也无解题的目录。姚名达最钟情于解题目录，认为我国古代目录"其优于西洋目录者，仅恃解题一宗。"而现代目录"删解题之叙录而古录之优点尽矣。"（第355、356页）自刘向校书，"每一书已，向辄条其篇目，撮其指意，录而奏之"①。对于撰人之履历、思想，书之内容、得失，校书之曲折，皆一一述之。遂开后世解题一派。这也是中国目录学的优良传统。刘向《别录》所开之风气，后世有完全接受者，有撮取精华者，有偏举局部者。姚名达对这几种不同类型的解题目录分别举例加以说明。对古代目录的编制体例的论述，还包括了检字法、引得法等。除了对中国古代目录的体例加以论述，还涉及西方图书馆编目方法的体例。西方图书馆之编目法传入我国，有不同的著录方式，如形式不同，改书本为活页；体例不同，有索书号码而无解题叙录。它们对中国图书编目的改进，产生了影响。《体质篇》概述了从古代到现代目录的编制所采用的体例、编纂方式等。通过《体质

① ［汉］班固撰，［唐］颜师古注：《汉书·艺文志》，中华书局1962年版，1975年印，第1701页。

篇》,对中国古代目录的编制体例即能有完整、全面的了解。

中国古代的目录按其性质及功用来说,又可区分为不同的类型。最为常见的是以经史子集四部分类的综合性目录,除此之外还有其他类型。姚名达在《中国目录学史》中,将常见的以经史子集四部分类之外的目录,又分为《宗教目录篇》、《专科目录篇》、《特种目录篇》。《宗教目录篇》侧重于佛教目录,道教目录次之。对佛教目录的论述极为详细,弥补了中国古代由于排斥佛教而忽略其学术价值的情况,给佛教目录以应有的地位。"自汉武帝'罢黜百家,表章六经','设科射策,劝以利禄',儒术遂成一尊之学。前此并肩之诸子百家,后来崛起之佛道诸教,咸莫能与之京。""正统派之目录学家既自局于四部之范围,坚拒异端,高自标置。而佛道之徒亦别立门目,不复寄人篱下,抄集结藏,著录成目,其造诣转有胜于正统派者。"(第189页)姚名达简明扼要地概括了佛教目录在封建时代遭到排斥的境遇以及后来的独自发展。梁启超著有《佛家经录在中国目录学之位置》,充分肯定了佛经目录在中国目录学史中所应有的地位及价值。姚名达评价梁启超的功绩说:"自尔以还,恍如敦煌经洞之发露,殷虚卜辞之出土焉,目录学宫黑暗之一角,重幕骤揭而大放光明。"(第190页)作为梁启超的学生,姚名达继前人之踵武并发扬光大。其《宗教目录篇》的大部分篇幅是论述佛经目录。认为古代目录"堪称完备者,只佛教目录耳。"(第355页)在"佛教目录之全貌"一节里,对古代佛教目录作一概述,并配有《中国历代佛教目录所知表》,列为录名、卷数、存佚、性质、撰人、撰成年代、收书部数、收书卷数、出处等项,从汉代到清代所修的历代佛教目录,以其所知备列其中。对与佛教目录有关的重要人物及重要佛录以时代先后为顺序，逐一论述，每一节都有小标题，概括出重点。并列有《〈大藏〉刊版所知表》，从宋代到民国时期所刊之大藏经，“略举所知，不复求备”。（第251页）姚名达对佛教目录的论述，实际上就是一部佛教目录的简史。其全面、详细、精到，都是前人所没有的，弥补了目录学史上这一学术空白。值得一提的是姚名达对《众经别录》的研究。所谓《众经别录》，是一部已经佚失的南朝时期的佛经目录。姚名达在未见原书的情况下，通过研究前人记载的资料，推论出它的价值，称之为“其类例之善，实为空前所未有”（第214页），并在“空前精善之《众经别录》”一节里作了详细的分析。对此，白化文先生有专文论述说：“近现代开始重视《众经别录》，认识到它的价值，并向学术界重点介绍的，始于姚名达先生。”姚名达在《宗教目录篇》内，“根据后来各种经录中的片段记录，竟勾稽出《众经别录》的轮廓来。姚先生对此书赞扬备至，称之为‘空前精善之《众经别录》’”，“姚先生的这些论断，现在看来，基本上都是正确的。姚先生在未知未见原书残卷的情况下，仅凭后来几部经录的引据，竟得出如见原书的结论，其治学用心之缜密与洞察力之透辟，实实令人惊佩。”①白化文先生的这一评价十分准确。姚名达治学的缜密与洞察力之透辟，在全书中处处可见，时常于人们熟视无睹之处有所发现，其卓越的见解常能给人以启迪，这也正是至今他的著作仍具有价值的一个重要原因。

在《专科目录篇》及《特种目录篇》中，姚名达对于性质、功用不同的各种目录都作了全面而详细的论述。对每一类型的目录都叙

① 白化文：《敦煌学与佛教杂稿·中国存世第二部最古书目》，中华书局2013年版，第76—79页。

述历史源流，论述其价值、功用，为读者完整地了解各类目录提供了参考及便利。

通观《中国目录学史》，从目录的概念，目录的分类及发展演变，目录的编制、体例，目录的种类、功用等各个方面，对中国古代以及近现代的目录进行了全面、系统、详细的分析论述，评价其优劣，指出其不足。全书体大思精，重点突出，资料翔实。并对所涉及的目录、著作注明出处，使得《中国目录学史》同时具备很强的资料性和实用性。毫无疑问，直至今日，无论是了解、利用中国古代的目录，还是学习、研究中国目录学的历史，姚名达的《中国目录学史》都是必读的经典之作。

四

应当提及的是，《中国目录学史》这部书，正如姚名达在《自序》中所说，“绝非成熟之作。如能假以岁月，或可保持最初彻底研究之精神，求得明确详备之知识”（第 2 页）。由于时间紧迫，再加其生命短暂，未及继续深入，书中遗留有未及解决的问题，也有疏略及失误。如关于《汉书 · 艺文志》收书不全的问题，姚名达认为，《七略》完成之时距王莽灭亡还有三十年，在这三十年的时间里，所产生的新的典籍定然不在少数。而班固修《汉书 · 艺文志》，对西汉典籍只增加了刘向、扬雄两家，班固典校秘书，完全有条件增补《七略》未收的西汉书籍，而他却墨守《七略》之旧不予增补。他批评班固：“创此不问存亡但问时代之例以后，历代史志并根据前代秘书目录，随意转誊，既非尽收古来一切书目，又非当代确实保藏之物，而惟虚应故事，漫充篇幅而已。”（第174页）似乎是针对姚名达的质疑作出回应一样，余嘉锡在《古书通例》一书中说：“亦实有明见于《汉书》纪、传，确为刘、班时书，而本志不收者数种。”他分析不收的原因：“《七略》及《汉志》，皆有不著录之书也。以班固本书之说推之，其故有三：一则民间所有，秘府未收也。……一则国家法制，专官典守，不入校雠也。……《七略》不录国家官书，故不得而入之也。一则前汉末年人著作，未入中秘者，《七略》不收，《汉书》亦遂不补也。《七略》之作，由于奉诏校书，故当时人著作，成书较后者，皆不收入。班固直录《七略》，新入者仅三家，刘向、扬雄，以大儒负盛名，杜林《苍颉训纂》，因其为小学书，家弦户诵，故破例收入，其余皆不甚留意。……《艺文志》于汉时书，不尽著于录，证之本书，章章可考。其他古书，真出于西汉以前而不见于志者，皆可以三例推之。”①所列三点理由，确凿有据。姚名达在论述《隋书·经籍志》时，未提到魏徵主持修撰《隋书·经籍志》一事，只是在提到唐人校书时说：“唐太宗、高宗二朝，自魏徵至崔行功，校书不绝，前后亘连，至少四十七年。可谓久矣。旧、新《唐志》并未载徵等之目录。然毋煚《古今书录序》攻击《群书四录》之五大罪状，其一宗为‘所用书序，咸取魏文贞；所分书类，皆据《隋经籍志》’。考文贞为魏徵之谥，则魏徵校书，撰有序录，确然无疑。世南、师古以下，踵其前规，想亦就其所校写本各撰序录。故开元时撰《群书四录》，‘四万卷目，二千部书名目，首尾三年，便令终竟’，良由成例

① 余嘉锡：《古书通例·案著录第一》，上海古籍出版社1985年版，第4—5页。

具在，钞撮非难，故其所成之书多至二百卷，实为数十年来先哲渐积之功。”（第156页）姚名达根据毋煚所说，认为魏徵校书并撰有序录，成为之后唐人校书、撰写目录的规范及基础，却并未提及魏徵与《隋书·经籍志》的关系。实际上，姚名达误读了毋煚的这段话，毋煚所谓“书序”、“书类”，是指《隋书·经籍志》的小序和分类，之所以将魏徵与《隋书·经籍志》相提并论，正是由于《隋书·经籍志》是魏徵主修。余嘉锡也曾引毋煚《古今书录序》同一条材料“所用书序，咸取魏文贞；所分书类，皆据《隋经籍志》”，[①]并考据说：“案据此知《隋经籍志》成于魏徵之手。《四库提要》卷四十五云‘宋刻《隋书》之后，有天圣中校正旧跋，称旧本十志内，惟《经籍志》题侍中郑国公魏徵撰’，与此正合。”[②]余嘉锡的考证，证实了主持修撰《隋书·经籍志》的是魏徵，恰好可修正姚名达的疏忽。

王重民也有对《中国目录学史》存在失误的纠正。[③] 如《明史·艺文志》，最初是由清人黄虞稷所修，姚名达误认为是清人倪灿修。实际上，倪灿只作了《明史艺文志序》，并未修过《明史·艺文志》。黄虞稷曾入明史馆，完成《明史艺文志稿》，并补修宋辽金元四代书目。后来清代完成的《明史·艺文志》，就是在黄虞稷《明史艺文志稿》的基础上删削而成的。清人卢文弨所作的补宋辽金元四代艺文志，是录自黄虞稷所修《明史艺文志稿》，但是卢文弨却以为是倪灿所修。姚名达未察，沿卢文弨之误，王重民对此作了纠

---

① ［唐］毋煚：《古今书录序》，《旧唐书》卷四十六，中华书局1975年版第1964页。

② 余嘉锡：《目录学发微·目录书之体制三·小序》，商务印书馆2011年版，第68页。

③ 王重民对姚名达《中国目录学史》的辨析、纠正，见王重民所写《后记》。

正。关于《众经别录》，姚名达曾根据前人记载的有限资料，分析、推论其价值。姚名达的《中国目录学史》出版不久，王重民在巴黎国家图书馆见到了被伯希和所劫掠的敦煌藏经洞的卷子。其中编号为“伯3747”的原卷，正是《众经别录》的残卷。[①] 王重民通过对《众经别录》残卷的研究，发现了更多的价值，并得出结论：《众经别录》“是我国现存第一部最古佛经目录，也是仅次于《汉书·艺文志》的第二部最古目录”（第365页）。进一步扩充和完善了对《众经别录》的研究。余嘉锡和王重民都是著名学者、目录学研究大家，他们的研究弥补、纠正了姚名达的失误，推进并完善了目录学的研究，真可谓姚名达的诤友。姚名达、余嘉锡、王重民，三位目录学研究大家之间这种学术研究上的纠缪、传承、接续，也可视为目录学史上一段“珠联璧合”的佳话吧。

① 有关姚名达及王重民对《众经别录》的研究，白化文有专文论述。可参看白化文《中国存世第二部最古书目》一文，见于白化文《敦煌学与佛教杂稿》。